edition
filmbulletin Band 6

SCHÜREN

Wahrnehmung stören

Johannes Binotto

Essays zu Film und Kino

HSLU Hochschule Luzern

Publiziert mit der Unterstützung von:
Hochschule Luzern
Else von Sick Stiftung

Gestaltung: Weltformat, Zürich
Redaktion: Michael Kuratli
Korrektorat: Oliver Camenzind

Umschlag, vorne oben: Still aus Contre-jour (2009) von Christoph Girardet und Matthias Müller, mit freundlicher Genehmigung der Künstler; vorne unten: Noisefields (1974) von Steina und Woody Vasulka, mit freundlicher Genehmigung von Steina Vasulka und BERG Contemporary. Hinten: Still aus Fantastic Voyage (1966), Regie: Richard Fleischer

Druck: druckhaus köthen, Köthen
Printed in Germany
ISBN 978-3-7410-0485-8

Bibliografische Informationen der Deutschen Nationalbibliothek
Die Deutsche Nationalbibliothek verzeichnet diese Publikation in der Deutschen Nationalbibliografie; detaillierte bibliografische Daten sind über dnb.d-nb.de abrufbar.

www.schueren-verlag.de
www.filmbulletin.ch

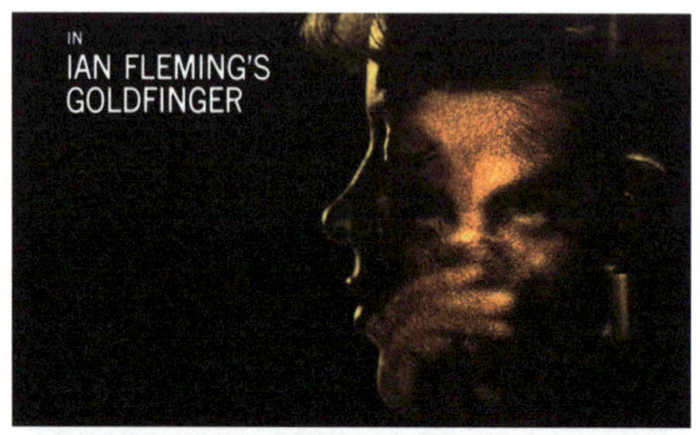

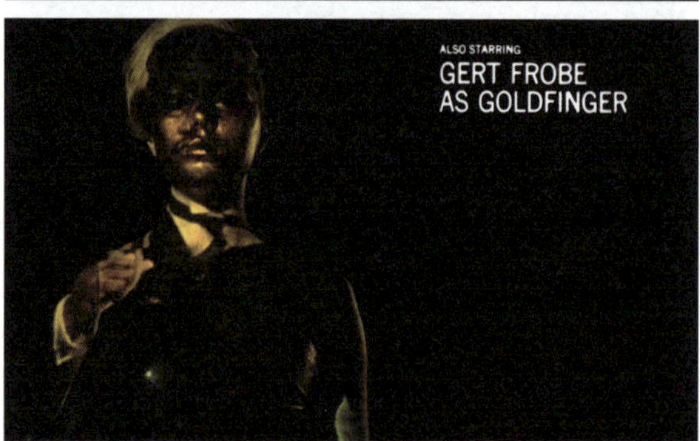

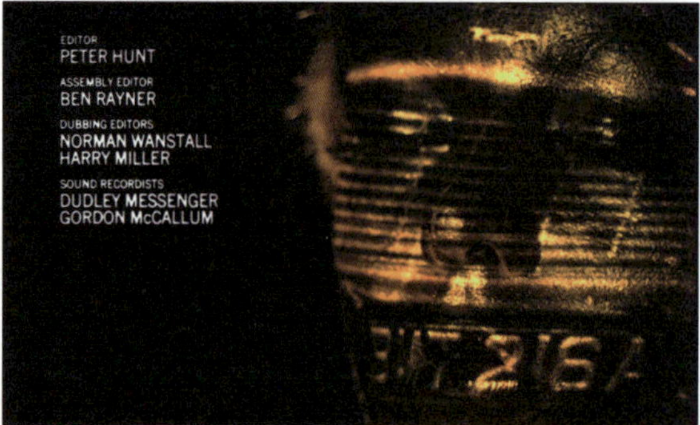

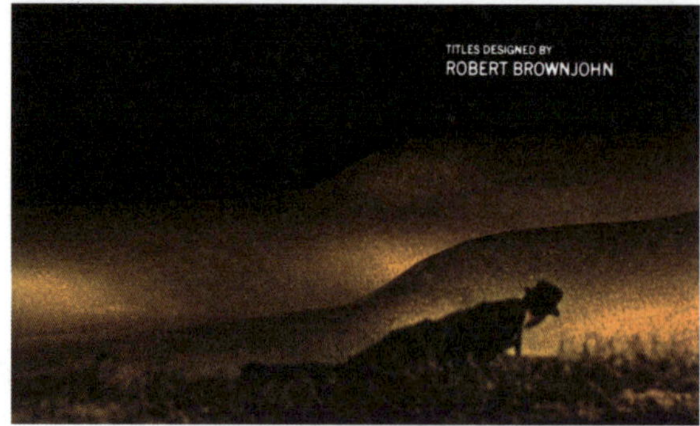

Vorspann Goldfinger (1964) Design: Robert Brownjohn

Vorläufiges

Sieben Thesen zum Vorspann

I. Der Vorspann ist nicht der Anfang

Wann fängt der Film eigentlich an? Wir kennen das: Der Vorspann läuft schon, aber im Kino reden die einen immer noch weiter, während die anderen bereits konzentriert auf die Leinwand schauen. Es hat ja noch gar nicht recht angefangen, finden die einen. Es geht schon los, wissen wir anderen. Diese unterschiedliche Einschätzung gehört zum Vorspann. Notwendigerweise.

Denn der Vorspann scheint selber unentschieden. Er ist ein Schwellenphänomen, und wie die Schwelle eines Gebäudes führt er unterschiedliche Bereiche zusammen und gehört damit zu beiden Bereichen zugleich: Einerseits gibt der Vorspann Information darüber, wie der Film und wie die Leute heißen, die ihn gemacht haben. Ein Vorspann ist also wie das Geschriebene auf der Rückseite einer Raviolibüchse, wo man die Zutaten nachlesen kann. Wer unter Allergien leidet, schaut hier besser genau nach. Doch im Unterschied zum Infokästchen auf der Büchse gehört der Vorspann bereits selbst zu dem, was er ankündigt.

Der Vorspann mit seinen Informationen über den Film ist selber schon Teil des Films. Wir haben schon begonnen, die Ravioli zu essen, während uns noch die Zutaten genannt werden. Obwohl der Vorspann seinem Namen nach noch vor dem Film kommt, hat der Film immer schon angefangen, wenn der Vorspann läuft.

Statt bloß den Anfang zu markieren, macht die Schwelle des Vorspanns es also in Wahrheit gerade unmöglich, den Anfang genau zu bestimmen. Das zeigt sich eindrücklich bei einem der wohl bekanntesten Vorspanne überhaupt, den der Designer Robert Brownjohn für den James-Bond-Film <u>Goldfinger</u> gestaltet hat. Denn nicht nur, dass dieser Vorspann erst läuft, nachdem James Bond in einer sogenannten Pre-Title-Sequence bereits seinen ersten Auftrag erfüllt, das erste Drogenlabor in die Luft gesprengt, die erste Frau geküsst und den ersten Schurken niedergestreckt hat. Auch der Vorspann selbst will nicht am Anfang bleiben, sondern springt schon in die Handlung vor, die er doch erst ankündigen sollte: Während Shirley Bassey den Titelsong singt und das Personal des Films aufgeschrieben wird, werden dazu auf goldene Frauenkörper Szenenbilder projiziert, die aus eben jenem Film stammen, der erst noch kommen soll.

Der Vorspann ist also auch gleich noch Vorschau, so wie natürlich auch die goldenen Frauenkörper, die als Träger dieser Vorschaubilder dienen, selber jene berühmte spätere Filmszene vorwegnehmen, in der eine Frau ganz mit Gold überzogen in Bonds Bett liegen wird. Der Vorspann greift vor. Und auch zurück. Denn mindestens eines der Bilder, das in diesem Vorspann auftaucht, stammt gar nicht aus Goldfinger, sondern aus dem Vorgängerfilm From Russia with Love. Der Vorspann von Robert Brownjohn ist damit Erinnerung und Vorwegnahme zugleich. Der Vorspann ist alles mögliche, nur kein simpler Anfang.

II. Der Vorspann ist ein Experiment

Mit der Idee, Menschenkörper als Projektionsfläche für Filmbilder zu nutzen, praktiziert der Goldfinger-Vorspann genau das, was man in der Underground-Kunstszene «expanded cinema» nennt. Auch wer glaubt, sich für abstrakten Kunstfilm nicht zu interessieren und immer von sich gemeint hat, nur wegen spannender Geschichten ins Kino zu gehen, hat demnach mit an Sicherheit grenzender Wahrscheinlichkeit schon eine ganze Menge Op-Art gesehen. Bei jedem Ticket für einen Bond-Film kriegt man einen Experimentafilm gratis dazu. Und auch im Hollywoodfilm der Fünfziger- und Sechzigerjahre gilt: Je größer der Film, desto ausgefallener der Vorspann.

So ist es von besonders hübscher Ironie, dass ausgerechnet in der kommerziellen Filmindustrie nicht nur das reibungslose Erzählkino auf die Spitze getrieben wird, sondern zugleich auch die Avantgarde ihren festen Platz bekommt. Mit eigener Abteilung. Denn als die separaten Mini-Experimentalfilme, die sie sind, werden die Vorspanne nur in den wenigsten Fällen von denselben Leuten gemacht, die den Rest des Films verantworten; vielmehr sind Künstler und - in jüngerer Zeit auch immer mehr Künstlerinnen - eigens auf diese Form spezialisiert. Einer darunter, der wohl als erster über den internen Kreis der Filmindustrie bekannt geworden ist, war der amerikanische

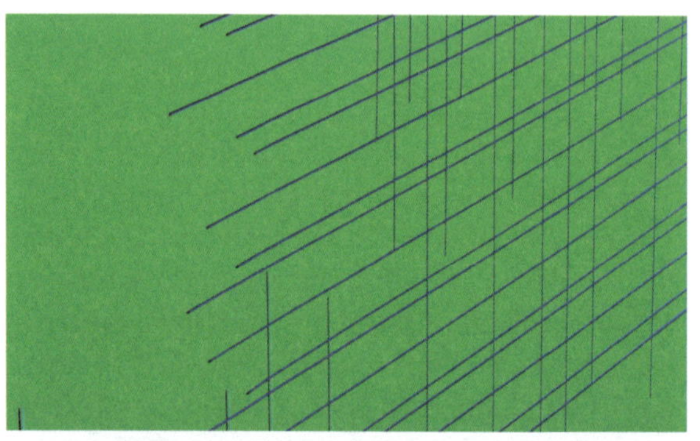

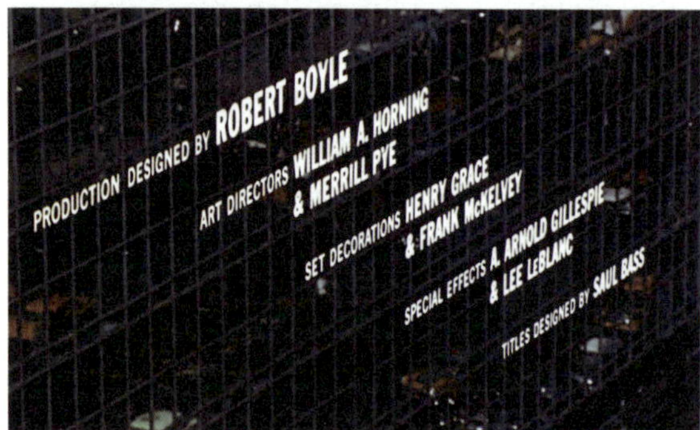

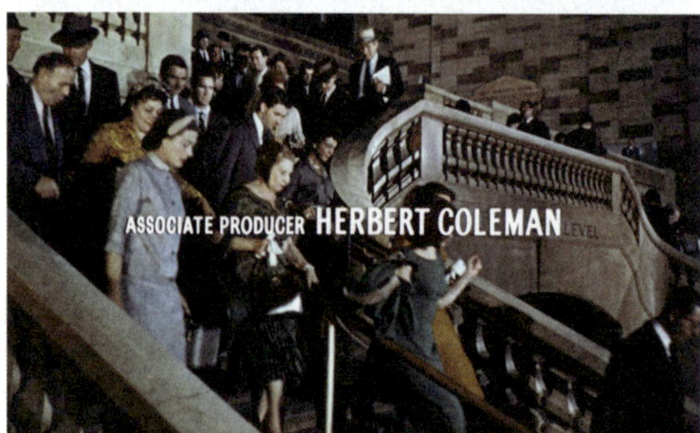

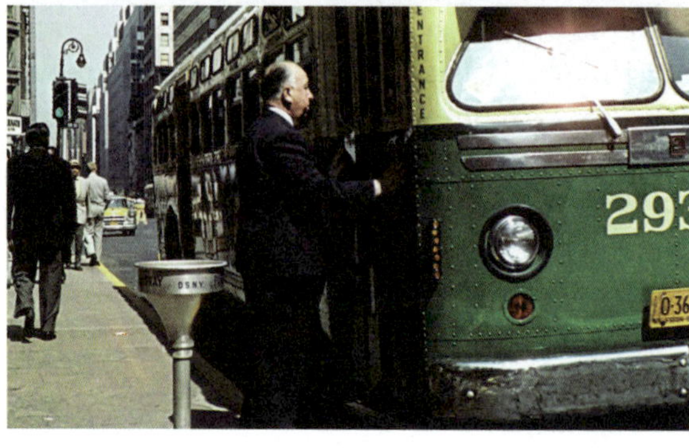

Vorspann
North by Northwest
(1959)
Design: Saul Bass

Graphic Designer Saul Bass. Mit seinen längst selbst zu Klassikern gewordenen Vorspannen für die Filme von Otto Preminger, Alfred Hitchcock, Billy Wilder oder John Frankenheimer war er besonders einflussreich, den Vorspann als eigene Kunstform zu etablieren. Und wenn er auch nicht der erste Innovator auf dem Gebiet des Vorspanns war, als der er sich selbst gerne inszenierte und bis heute gern gehandelt wird, so lässt sich bei ihm doch besonders schön zeigen, wie der Vorspann zum Ort des Experiments wird.

In Alfred Hitchcocks North by Northwest taucht Bass die Leinwand zunächst in ein leuchtendes, an die Rückseite der Dollarnoten erinnerndes Grün, über das Linien zu fahren beginnen, horizontal und vertikal, bis die ganze Leinwand in ein Raster eingeteilt ist, auf dem dann Filmtitel und Starnamen ins Bild hinein- und hinausfahren können. Formen in Bewegung: So lautet auch die Minimaldefinition von Film. Der Vorspann ist Kino in seiner experimentellen Grundform. Das Erzählen kommt später.

III. Der Vorspann ist Deutung

In seiner radikalen Reduktion inszeniert der Vorspann zu North by Northwest also zunächst nichts als ein bloßes Spiel von Linien, Farben und Bewegungen. Doch damit weist der Vorspann zugleich darauf hin, dass auch Hitchcocks folgender Film letztlich ein ganz abstraktes Interesse verfolgt: pure Bewegungen zeigen, Vektoren aufzeichnen und schauen, was passiert, wenn Kraftlinien kollidieren. Genau wie die Linien im Vorspann wird sich später auch im Film der Weg der langweiligen Hauptfigur mit den Wegen von Killern und Agenten kreuzen. Und auch dass die Linien bei Bass von rechts nach links, also gegen Leserichtung verlaufen, scheint schon anzudeuten, wie auch im folgenden Film die sonst üblichen Vorgänge sich verkehren werden. Alles in diesem Vorspann wird zum Zeichen: Das abstrakte Raster entpuppt sich alsbald als gläserne Fassade eines Hochhauses von der Sorte rationalistischer Architektur, in der sich der Verkehr mitsamt den gelben Taxis spiegelt. Dass wir in Manhattan sind, ist uns damit schon klar, und zugleich will das Bild gelesen werden als stilisierte Verdichtung von Hitchcock-Themen wie Verdoppelung und dem Einbruch des Zufalls ins Raster des Rationalen.

Danach bringt Bass dokumentarische Aufnahmen von Passanten. Und ausgerechnet über diesen Bildern wird der bestens bekannte Spruch eingeblendet: «Alle Handlungen, Personen und Firmen in diesem Film sind rein fiktiv.» Als Überschrift über die Aufnahmen des realen Stadtgewusels ist das ein Widerspruch in sich und damit genau so paradox wie die folgende Story, in der fiktive Agenten echte Tote produzieren. Von der drohenden Gefahr wissen die Passanten im Vorspann noch nichts, sind aber trotzdem gestresst. Alle sind unterwegs, und niemand weiß, wohin. Trepp auf, Trepp ab, von hier nach dort und zurück. Rasende Sinnlosigkeit. Am Ende fährt gar der Bus dem Regisseur Hitchcock, der noch in diesem Vorspann seinen obligaten Auftritt hat, vor der Nase weg. Der Film nimmt Reißaus. Und wenn uns der über alle Logik triumphierende, pure Bewegungsdrang von North by Northwest mitreißt und verwirrt, dann hat uns der Vorspann von Saul Bass eigentlich schon gewarnt. Der Experimentalfilm zu Beginn war eigentlich bereits die Deutung des Spielfilms, der ihm auf den Fersen folgt.

IV. Der Vorspann ist das Verdrängte des Films

Doch nicht nur, dass der Experimentalfilm des Vorspanns zugleich in kondensierter Form bereits die Analyse des nachfolgenden Films beinhaltet und es dabei mitunter überflüssig macht, sich diesen überhaupt noch anzusehen (nicht wenige Vorspanne sind besser als der ganze Film, zu dem sie gehören). Der Vorspann kann neben den Themen des ihm folgenden Films auch das beinhalten, was sich in Filmen eigentlich gar nicht zeigen lässt.

In Jean-Luc Godards Le Mépris werden die Namen der am Film Beteiligten nicht, wie sonst im Vorspann üblich, als Schrift eingeschrieben, sondern von Godards Stimme verlesen. Dazu sehen wir im Bild einen leeren Platz im Sonnenschein und weit hinten eine Schauspielerin und neben ihr ein Filmteam von vier Leuten, die Kamera auf Schienen gestoßen, die uns entgegen kommt, bis wir am Ende nur noch die Kamera, den Kameramann sowie ein Stück der Mikrofonstange bildfüllend vor uns haben. Godard geht derweil nahtlos von der Auflistung der Interna der Filmproduktion über zu einem André Bazin zugeschriebenen Zitat: «Das Kino ersetzt für unseren Blick eine Welt, die unserem Begehren besser entspricht.» Und Godard fügt hinzu: Le Mépris erzählt die Geschichte dieser Welt.» Und in dem Moment wird die Kamera, die schon ganz nah ist, herumgeschwenkt, ihr Objektiv wird gesenkt. Auf uns. Was wir sehen, blickt uns an.

Die Kamera kann sich bekanntlich nicht selbst filmen. Unter allen Gegenständen der physischen Welt ist sie das, was ihr selbst auf immer verschlossen ist. Diese Kamera, ohne die es im Kino gar keine Bilder zu sehen gäbe, wird selber aus dem Bereich des Sichtbaren unentwegt ausgeklammert. Als Voraussetzung und Verdrängtes zugleich steht sie demnach nie im, sondern immer nur vor dem Film. Umso bedeutsamer ist, dass sie bei Godard nun ausgerechnet in einem Vorspann ihren Auftritt hat, ausgerechnet in jenem Teil also, der irgendwie schon zum Film dazugehört und ihm zugleich vorgelagert ist. Auch unsere Erkenntnis, dass die Kamera, die wir im Bild zu sehen kriegen, natürlich nicht dieselbe sein kann, wie die, die dieses Bild gemacht hat, das wir jetzt grad sehen, sondern nur wieder «eine andere Kamera» ist - diese Erkenntnis macht diesen Moment nicht weniger frappant. Vielmehr wird uns damit nur noch deutlicher klar, wie merkwürdig es doch eigentlich ist, dass wir im Kino derart in den Bildern versinken können und dabei immer die Gerätschaften verdrängen, mit denen diese Bilder eigentlich entstehen.

V. Der Vorspann ist Arbeit

Dass sich im Vorspann jenes Verdrängte zeigt, worauf ein Film im Wesentlichen gründet, das ist freilich nicht nur bei Godard, sondern eigentlich bei jedem Film mit einem Vorspann der Fall. Selbst dann, wenn sich der Vorspann nicht so auffällig wie in Le Mépris, sondern nur als spröde Texttafeln mit weißer Schrift auf schwarzem Grund

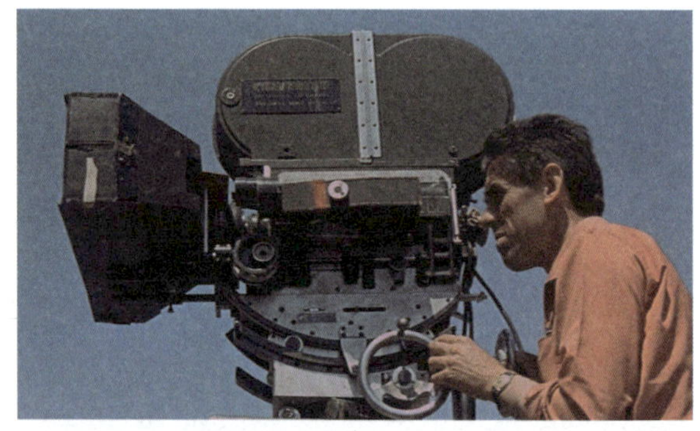

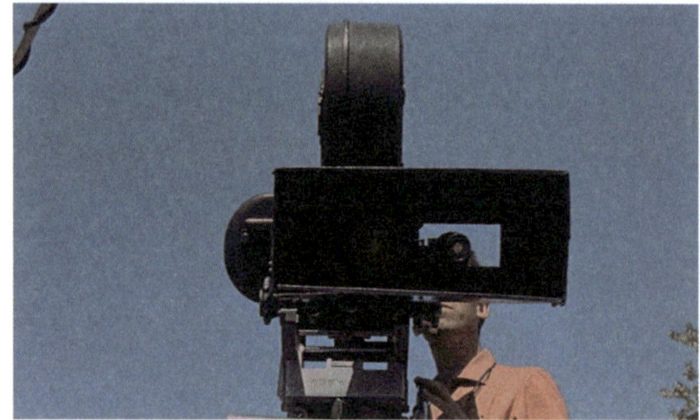

Le Mépris (1963)
Regie: Jean-Luc Godard

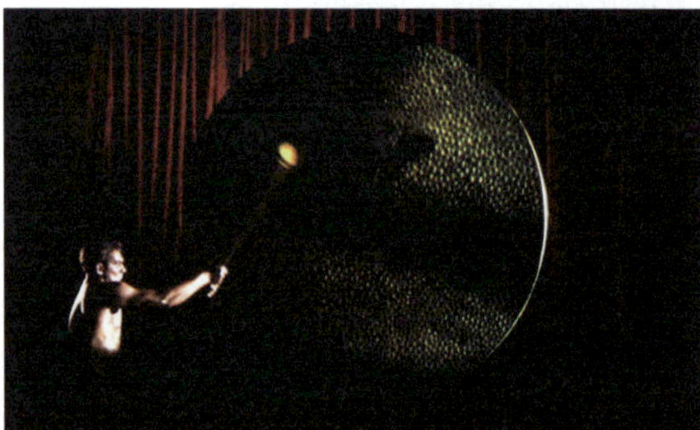

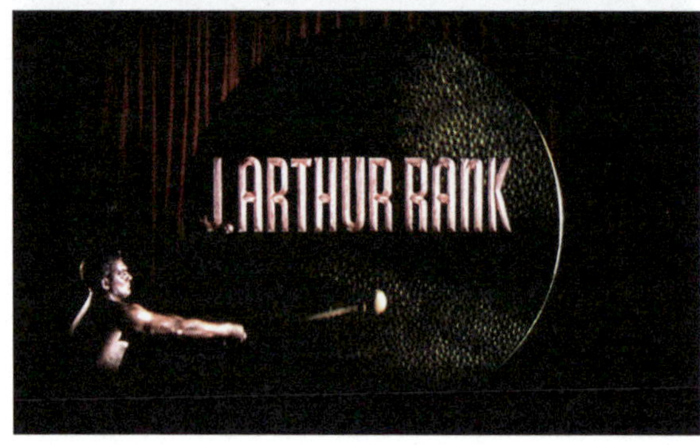

Logosequenz
The Rank Organisation

präsentiert, dann kommt darin doch etwas zur Sprache, was ebenso offensichtlich ist, wie es gerne vergessen geht: nämlich, dass auch ein Film das Produkt der Arbeit vieler Hände ist. So kriegen im Vorspann neben den obligaten Stars auch die unsichtbaren Arbeitenden des Films, die Drehbuchautor*innen und Kameraleute, die Schnittpersonen und Austatter*innen wenn nicht ein Gesicht, so doch wenigstens einen Namen. Wobei auch der Vorspann fleißig weitere Hierarchien installiert. Denn natürlich werden im Vorspann nicht wirklich alle, die am Film beteiligt waren, aufgeführt, sondern nur die, die als wichtig genug gelten, um schon jetzt und nicht erst in den Rolltiteln am Schluss aufzutreten. Auch Designer von Vorspannen werden in diesen erst genannt, wenn sie selbst bereits Starstatus erlangt haben - wie Saul Bass oder Robert Brownjohn.

Eine Vertretung all der Namenlosen, die am Film mitarbeiten, findet sich indes zuweilen trotzdem, so etwa bei den Filmen des britischen Produzenten Joseph Arthur Rank. Dessen Firmenlogo, das jeweils sogar noch vor dem Vorspann lief, also quasi als Vorspann des Vorspanns, zeigt einen halbnackten Muskelmann, der einen riesigen Gong schlägt. Zweifellos gedacht, um der eigenen Firma einen Anstrich von antikem Monumentalpathos und exotischer Erotik zu verpassen, lässt sich der namenlose (und im Verlauf der Firmenkarriere auch von unterschiedlichen Darstellern gespielte) «gongman» zugleich auch einfach als Vertreter all jener Arbeitenden lesen, die mit ganzem Körpereinsatz schuften müssen, um die Unterhaltungsindustrie überhaupt am Klingen, Zeigen und Laufen zu halten.

Als Kind habe ich jeweils geglaubt, dieser imposante Mann sei selber jener «J. Arthur Rank», dessen Name nach dem Gongschlag ins Bild geschrieben stand. Ich war mit dieser rührenden Fehlinterpretation wohl kaum allein. Und eigentlich ist der Irrtum ja gar keiner, sondern stellt vielmehr richtig, was in der Industrie überall Sache ist: dass eine Firma zwar nach dem Besitzer benannt ist, aber eigentlich auf den Anstrengungen derer basiert, deren Namen man nie auf der Fassade des Fabrikgebäudes liest. Bei der Rank-Filmproduktion spielt zumindest im Firmenlogo der Arbeiter eine

Hauptrolle. Der Vorspann bringt die sozialen Klassen durcheinander. Ganz unbeabsichtigt.

VI. Der Vorspann ist Netzwerk

Solch eine Vertauschung der Rollen, die namenlose Arbeitende an die Stelle mächtiger Magnaten treten lässt, scheint dem Vorspann umso leichter zu fallen, als bei ihm ja die Vermischung ohnehin Prinzip hat. Als hybrides Gebilde, in dem die unterschiedlichsten Medien - Text, Typografie, Animation, Fotografie und Bewegtbild - ganz selbstverständlich durcheinander gemischt werden, eignet er sich ganz besonders, um jene «Gemenge und Verwicklungen», zu zeigen, «aus denen unsere Welt besteht», wie es bei Bruno Latour heißt.

Wie die sonst sorgsam getrennten Bereiche alle miteinander zusammenhängen und Netzwerke bilden, lässt sich in einem Vorspann wie dem von Karin Fong für die leider nur kurzlebige Fernsehserie Rubicon nachschauen. Passend zum Serienplot um einen Informationsanalysten, der glaubt, einer globalen Verschwörung auf die Spur zu kommen, zieht der Vorspann auch ganz buchstäblich Linien von einem Bereich zum andern: Der Strich eines Gelbstifts macht Kringel um eine Formel, fährt rüber auf die Dollarnote, über Textseiten, deren Zeilen laufend eingeschwärzt werden, weiter zu Kreditkartenchips, Produktestrichcodes, Schachzügen, elektrischen Schaltplänen, Überwachungsbildern, Kreuzworträtseln.

Alles hat mit allem zu tun. Das ist die beängstigende Logik der Paranoia, in der es nichts gibt, was nicht bedeutsam wäre, und zugleich eine recht akkurate Beschreibung unserer vernetzten Existenz. In gerade mal 43 Sekunden instruiert uns der Vorspann von Rubicon nicht nur, wie es in der nachfolgende Serie, sondern auch wie es in der Welt zugeht.

Und wieder ist es kein Zufall, dass es ausgerechnet der Vorspann ist, in dem so exzessiv alle Kanäle aufgemacht werden. Ist man erstmal drin in der filmischen Fiktion, mag das Durcheinander wieder schön sortiert werden nach den vertrauten Storymustern des Thrillers. Der Vorspann hingegen, dessen Status als Schwellenphänomen und Hybridform ja bereits selbst uneindeutig ist, braucht sich noch nicht festzulegen. Welchen Weg der Lauf des Film nehmen wird, von Anfang bis Schluss, werden wir dann schon sehen. Der Vorspann hingegen zeichnet nur die Netzwerkkarten dessen, was alles noch möglich ist.

VII. Der Vorspann ist die Kindheit des Kinos

Springen wir zurück vom Spielraum des Netzwerks zu dem der Kinder und vom Globalzusammenhang in die Zigarrenkiste: Diese zeigt uns der von Stephen Frankfurt gestaltete Vorspann zu To Kill a Mockingbird als erstes Bild. Dann greifen die Hände eines vor sich hin summenden Kindes hinein, klappen den Deckel auf und geben den Blick frei auf den Krimskrams im Innern: Schlüssel, Kreide, Murmeln, Messerchen. Zwei geschnitzte Figuren und eine kaputte Taschenuhr ohne Zeiger. Was man mit solchen Schätzen alles anfangen kann, das haben die Erwachsenen längst verlernt. Dieser Vorspann aber bringt es uns wieder bei. Die Kinderhand malt auf Papier, und der Filmtitel erscheint – jedoch nicht so, dass der Farbstift die Buchstaben malen würde, vielmehr erscheinen diese im Negativ als leere Stellen, an denen der Wachsstift nicht aufträgt. Lauter Widersprüche auch im Folgenden: Statt auf den Linien des Papiers malt der Farbstift einen Strich quer drüber, und bei der Nahaufnahme der kaputten Uhr beginnt es auf der Tonspur zu ticken.

Eine Murmel beginnt zu rollen, und als sie an eine andere stößt, sagt die Kinderstimme «Bing», die Musik von Elmer Bernstein schwillt an, und wir lesen eingeblendet das Wort «Introducing». Damit ist zunächst gemeint, dass die beiden Kinder Mary Badham und Phillip Alford, deren Namen gleich danach eingeblendet werden, in diesem Film ihre ersten Rollen spielen. Doch darüber hinaus scheint dieses «Introducing» auch uns alle zu adressieren. Auch wir werden eingeführt. Nicht nur in diesen Film, sondern in ein Universum. Eine ganze magische Welt tut sich auf in dieser Schachtel, und wir dürfen eintreten. So versetzt uns dieser Vorspann zurück

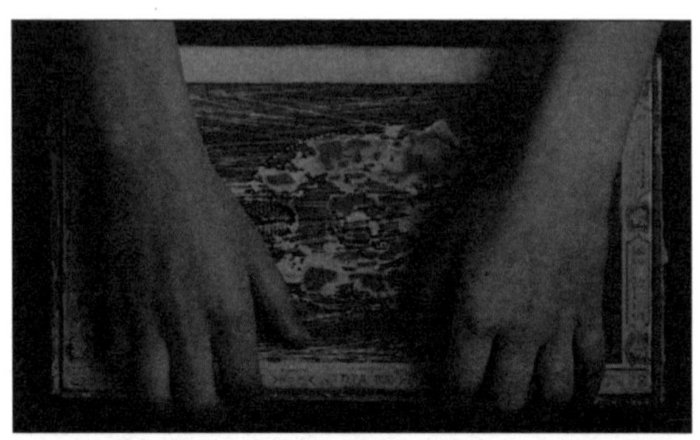

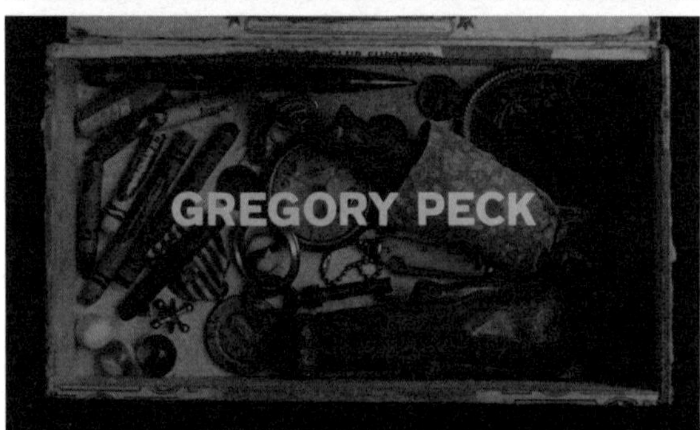

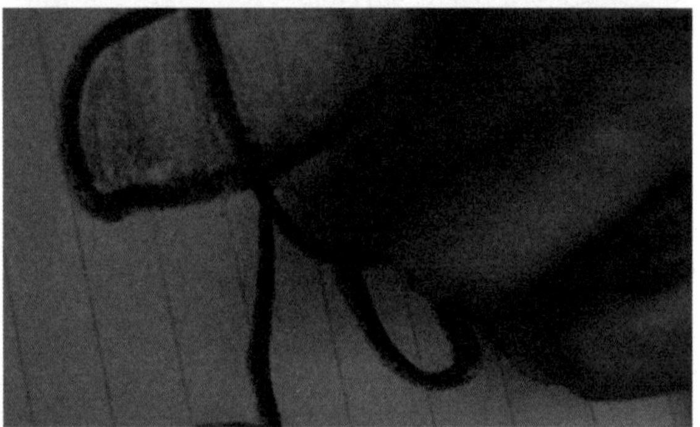

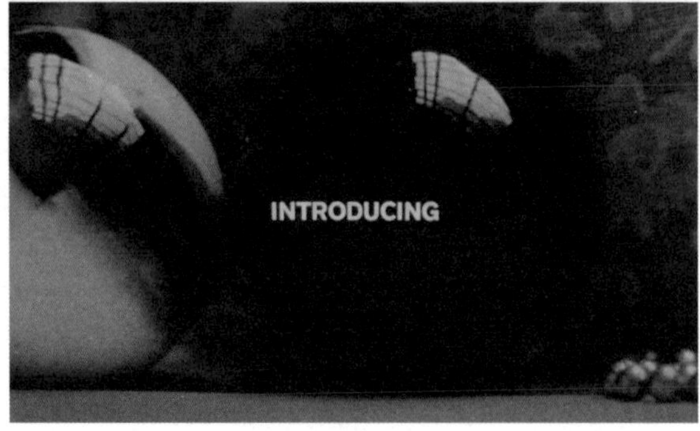

Vorspann
To Kill a Mockingbird
(1962)
Design:
Stephen Frankfurt

in die eigene Kindheit und in die Erinnerung an die eigenen Schatzkisten, in denen noch alles Platz hatte. Zugleich aber versetzt uns dieser Vorspann auch in die Kindheit des Kinos, in einen Zustand, in den auch dem filmischen Medium noch alle Optionen offen zu stehen schienen: Die Sequenz ist dokumentarisch mit seinen unkommentierten Beobachtungen der Kinderhände und fiktional zugleich, wenn wir lernen, dass diese Hände der jungen Protagonistin der folgenden Geschichte gehören.

Wir haben Schrift, Zeichnung, Fotografie, Animation. Als «Stellen, die imstande sein können, alle Register zu ziehen», hat Rembert Hüser den Vorspann bezeichnet, als jenen Ort, wo wir den Basistyp von Film per se vor uns haben: «der dokumentarische Avantgardeanimationsspielfilm». Und wo trifft das offensichtlicher zu als hier.

Restlos alles steckt in diesem Vorspann drin, die Zeitparadoxien des Goldfinger-Vorspanns und die Filmanalyse und Selbstreflexion von Bass und Godard, die Arbeit der Hände und die Farbstiftlinien der Netzwerke. Aber sogar das alles gilt nur vorläufig. Am Ende zerreist das Kind das Blatt, auf dem es gezeichnet hat, begleitet von einem lustvollen Laut der Stimme. Damit alles wieder von vorne anfangen kann. Und vielleicht bewegt uns deswegen dieser Vorspann so sehr, weil er uns in seinen drei Minuten das Kino noch einmal neu gibt, als für alle Möglichkeiten, Genres und Formate offen. Noch immer nicht erwachsen, sondern gerade erst geboren.

für Rembert

Alexander Böhnke, Rembert Hüser, Georg Stanitzek (Hg.): Das Buch zum Vorspann. Berlin 2006.

Bruno Latour: Wir sind nie modern gewesen. Frankfurt a. M. 2013.

Nicole de Mourgues: Le générique du film. Paris 1994.

Gemma Solana, Antonio Boneu: Uncredited. Graphic Design and Opening Titles in Movies. Barcelona 2007.

Les Quatre Cents Coups (1959)
Regie: François Truffaut

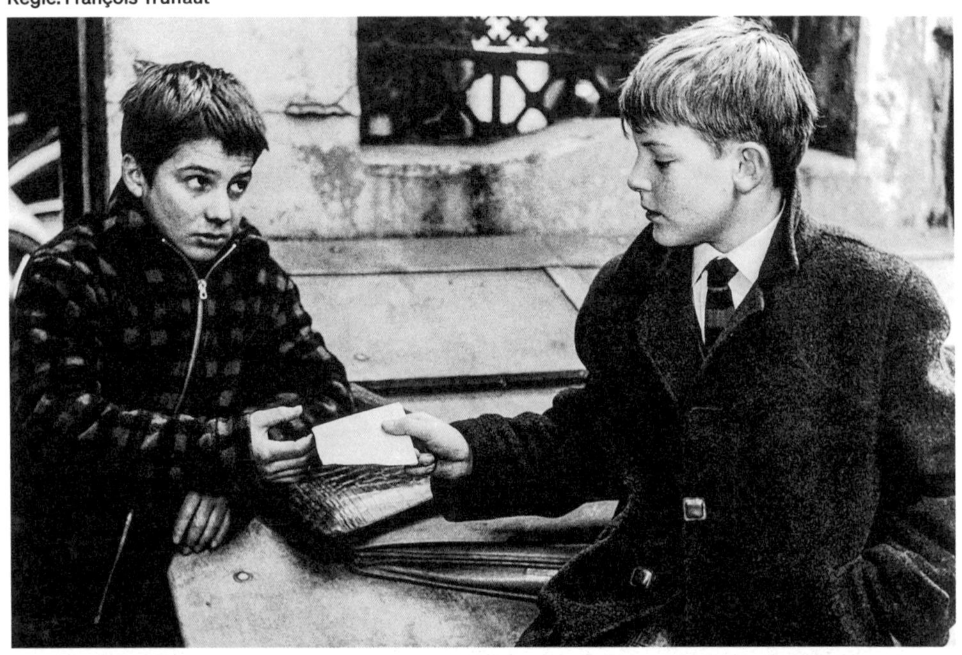

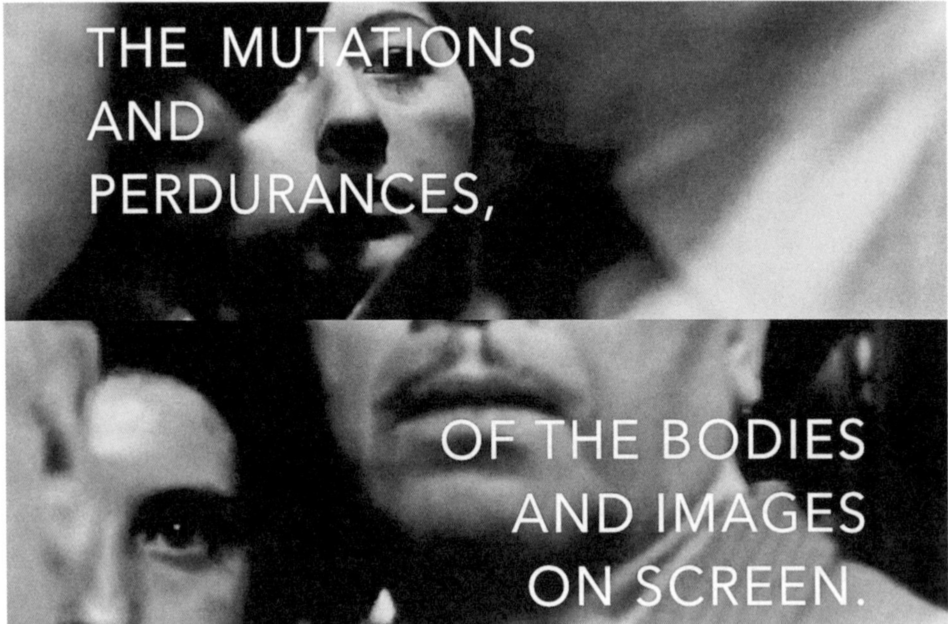

Carnal Locomotive (2015)
von Catherine Grant

Wahrnehmung auf Abwegen

Was Filmbildung sein könnte

Statt in die Schule geht Antoine Doinel ins Kino. Während das Klassenzimmer mit seinen Techniken des Überwachens und Strafens eher einem Kerker gleicht, verschafft ihm die Leinwand einen freieren Blick. Der Lehrer mit seinem Rohrstock möchte das noch junge Subjekt klein und gefügig machen. Das aber bildet sich woanders: im Kinosaal. So ist es zu sehen in François Truffauts Les Quatre Cents Coups. Natürlich spiegelt sich in dieser Überwindung eines grausamen Schulsystems durch die Möglichkeiten des Films auch der Glaube des Regisseurs selbst ans Kino als Ort einer anderen Bildung. Kino entpuppt sich als besserer Unterricht. Treffend darum auch, dass jenes lange Fernsehgespräch von 1981, in dem der Filmemacher anhand von zahlreichen Ausschnitten sein Œuvre Revue passieren ließ, mit «La leçon de cinéma de François Truffaut» überschrieben war. Dort erklärt Truffaut denn auch, er sei ein Autodidakt wider Willen, der gerne eine fundiertere Schulbildung genossen hätte. Seine Filme indes beweisen, wie weit jene andere Bildung führen kann, die einem im Kinosaal widerfährt.

Der Film bildet. Und zwar bereits im engeren Wortsinn: Der Film macht Bilder vor und entsteht damit erst im Fortgang der Vorführung. Während eine Skulptur im Raum, ein Gemälde an der Wand oder eine Fotografie in der Hand mehr oder weniger stabile Gegenstände der Betrachtung sind, ist die Flüchtigkeit der Kino-Kunst für alle Zuschauenden offensichtlich. Wenn der Film zu Ende ist, bleibt auf der Leinwand bekanntlich nichts zurück. In derselben Bewegung, in der der Film sich zu sehen gibt, entzieht er sich zugleich auch - darauf beruht seine Technik. Freilich gibt es auch beim Film Träger von mehr oder weniger großer Stabilität: Filmrollen, Videobänder, Silberscheiben, Festplatten. Aber eine Festplatte auszustellen, so wie man eine Skulptur ausstellt, würde gewiss nicht als Filmvorführung durchgehen, und genauso wenig wäre das Kinopublikum zufrieden, würde der Operateur, statt den Film auf Leinwand zu projizieren, bloß die Filmrollen durch die Sitzreihen reichen. Was wir meinen, wenn wir davon sprechen, einen Film zu sehen, ist nicht ein solider Gegenstand, sondern eine Performance. Oder anders gesagt: Film ist nicht. Film wird. Er *bildet* sich.

Abweichende Bewegungen

So zwingt uns der Film stärker als vielleicht jede andere visuelle Kunst, Bildung als Prozess zu verstehen. Denn auch jene Bildung, von der man in der Pädagogik spricht, ist nie einfach vorhanden, sondern muss andauernd entstehen. Während man zwar im Alltag durchaus davon spricht, dass jemand über Bildung verfüge, ist diese Ausdrucksweise eigentlich irreführend, weil sie so tut, als wäre Bildung eine Sache, die man ein für alle Mal besitzen könne. Genauso wenig aber wie Bildung sich in einem Arsenal an auswendig gelerntem Wissen erschöpfen darf, kann sie ein fixer Gegenstand sein, dessen man sich ein für alle Mal bemächtigt. Bildung hat man nicht. Man erfährt sie. So muss Bildung als Bewegung verstanden werden, die nicht auf einen Abschluss zielt, sondern sich immer weiter fortsetzt, potenziell unendlich. Und es sind gerade die immer neu entstehenden Bilder der *motion pictures,* die uns diese Bildung, die nicht aufhören mag, sondern sich immer weiter entfalten will, vorführen.

Wenn Antoine am Ende von Les Quatre Cents Coups endlich die Flucht gelingt, rennt er vom Sportlehrer der Jugendanstalt, der eigentlich nur ein Gefängniswärter ist, einfach davon. Und die Kamera mit ihm. Statt sich einsperren zu lassen, folgt Antoine der Lektion des Kinos. Und wir rennen mit. Die «mouvements aberrants», die abweichenden Bewegungen, seien es gewesen, schreibt David Lapoujade in seinem gleichnamigen Buch, die den Philosophen Gilles Deleuze so am Kino interessiert hätten: jene Fluchtlinien, die sich nicht in das Raster der Rationalität, des Zweckmäßigen und Zielgerichteten fügen, sondern die eine andere Logik etablieren, eine Logik der Überschreitung und des Abweichens. Die Flucht Antoines, wenn er plötzlich vom klar umgrenzten Fußballfeld der Anstalt abhaut, unterm Zaun hindurch, an der Brücke vorbei, dem Feld entlang, erweist sich als Beispiel für jene Fluchtlinie, die dem Medium Film insgesamt eigen ist: nicht stehen bleiben, immer weitergehen.

Wahrscheinlich sind es aber gerade die abweichenden Bewegungen des Films, die dessen Integration in den schulischen Unterricht bis heute so schwierig machen. Dem Medium ist ein renitenter Bewegungsdrang eigen, der mit dem schulischen Disziplinierungssystem unweigerlich in Konflikt geraten muss. Nun gehören zwar Klassenzimmer wie jenes in Les Quatre Cents Coups unterdessen glücklicherweise der Vergangenheit an. Ganz problemlos lässt sich der Film trotzdem nicht in Lehrpläne integrieren, weil er nicht auf zuvor klar definierte Lernziele hinauslaufen will. Denn anstelle eines messbaren Wissens, das sich besitzen ließe, ist die Lektion des Films vielmehr, sich auf einen Bildungsprozess der abweichenden Bewegung einzulassen, mit offenem Ergebnis.

Anders sehen lernen

Tatsächlich aber zählt gerade diese abweichende Bewegung zu jenen Fähigkeiten, die zukünftige Generationen nötig haben werden: nämlich als Vermögen, anders und Anderes wahrzunehmen. Nur wer sehen kann, wie andere noch nicht gesehen haben, ist zur Innovation fähig. Aufgabe der Bildung wird sein, sich darin zu üben, wie sich die eigene Wahrnehmung entgrenzen lässt. Und das Kino ist ein Labor dieser Entgrenzung.

Bereits 1923 betont der russische Filmpionier Dziga Vertov, dass das Potenzial der Kamera nicht darin liege, sich möglichst geschickt der menschlichen Wahrnehmung anzupassen, sondern vielmehr darin, diese radikal zu überschreiten: «Von heute an werden wir die Kamera befreien und werden sie in entgegengesetzter Richtung, weit entfernt vom Kopieren, arbeiten lassen. [...] Ich bin Kinoglaz. Ich bin ein mechanisches Auge. Ich, die Maschine, zeige euch die Welt so, wie nur ich sie sehen kann.» In Der Mann mit der Kamera wird Vertov deshalb die Kamera nicht auf Augenhöhe belassen, sondern durch die Luft werfen oder von einem Zug überrollen lassen. Wo das menschliche Auge versagt, fangen die Möglichkeiten des Kinos erst an. Die Bilder des Films, so macht schon Vertov klar, können sich nicht in bloßer Reproduktion unserer Sinne erschöpfen, ebenso wenig wie es das Ziel von Bildung sein darf, bloß verfügbares Wissen wiederzugeben.

Statt also Film nur in den Unterricht eingliedern zu wollen als ein Fach unter anderen, das es zu beherrschen gilt, dessen Geschichte man kennen und dessen kanonische Werke man gesehen haben muss, wäre vielmehr Film als jenes Wahrnehmungslabor wiederzuentdecken, das er schon seit seiner Erfindung ist; als Ort des Experiments, in dem neue Sichtweisen ausprobiert werden. Sich auf Filmbildung einzulassen, hieße nichts Geringeres, als vom Film die eigene Wahrnehmung aus- und umbilden zu lassen und sehen zu lernen, wie man noch nie zuvor gesehen hat.

Ein Film, der dieses andere Sehen besonders eindrücklich vorführt, ist interessanterweise als Schulfilm im Rahmen des Mathematik- und Geometrieunterrichts bekannt geworden, zumindest in den USA. Der von Charles und Ray Eames für die Firma IBM realisierte Kurzfilm Powers of Ten soll Exponentialrechnung und die Wichtigkeit von Größenverhältnissen veranschaulichen. Der Film beginnt mit einer Aufnahme aus der Vogelperspektive, die ein Paar beim Picknick in einem Park zeigt. Dann bewegt sich die angebliche Kamera (tatsächlich arbeitet der größte Teil des Films nicht mit fotografischen Aufnahmen, sondern mit Animationen) mit exponentiell wachsender Distanz von diesem Schauplatz in die Höhe, sodass sich alle zehn Sekunden der Abstand zum ursprünglichen Sujet um das Zehnfache vergrößert. So gelangt man in nur 24 Schritten vom Paar auf dem Rasen zu den äußersten Grenzen des Universums. Bei der umgekehrten Bewegung, bei der wir gleichsam in die Hand des schlafenden Mannes hineinzoomen, brauchen wir nur 16 Schritte, um von der Haut bis ins Innerste der atomaren Zellkerne vorzustoßen.

Die Faszination, die der Eames-Film auf Generationen von Schüler*innen ausgeübt hat, dürfte indes kaum darin gründen, wie plausibel hier mathematische Funktionen bebildert werden, sondern vielmehr darin, mit welcher Virtuosität hier das Medium Film als eines vorgeführt wird, das ganz mühelos mit anthropomorpher Wahrnehmung zu brechen vermag. Filmbildung als Horizonterweiterung im buchstäblichen Sinn. Auf der Skala, die vom außerirdischen Makro- bis zum subatomaren Mikrokosmos reicht, ist der Mann auf seiner Picknickdecke nur ein Zwischenzustand unter anderen.

Der menschliche Maßstab, sowohl was Größenverhältnisse als auch was Wahrnehmungsfähigkeit angeht, ist für den Eames-Film nur noch der Ausgangspunkt, von dem man dann mit exponentieller Geschwindigkeit in alle Richtungen abweicht.

Wahrnehmungsexperimente

«Man hört in pädagogischen Kontexten oft die Maxime, die Schüler müssten *da abgeholt werden, wo sie stehen.* Uns scheint es vielversprechender, sie ohne Umwege dahin zu bringen, wo sie noch nicht gewesen sind», schreiben Volker Pantenburg und Stefanie Schlüter in ihren «Zehn Anmerkungen zur Filmbildung» in der Zeitschrift «Nach dem Film». Experimentalfilme wie Powers of Ten machen es vor. Im Unterricht wäre es darum gerade interessant, sich neben dem Erzählkino, mit dem die Schüler bereits vertraut sind, auch das anzuschauen, was gar nichts erzählt, dafür aber direkt unsere Sinne attackiert. Die von Hand in den Filmstreifen gekratzte optische Poesie von Norman McLarens Blinkity Blank oder der Lichtpunkt einer abgefilmten Kathodenstrahlröhre, der in Mary Ellen Butes Abstronic wundersame Tänze aufführt, oder die Bildstörungen, die sich ergeben, wenn man wie in Curdin Schneiders Camkiller das Aufnahmegerät anzündet - in solchen Experimenten präsentiert sich Film als Phänomen, das weniger verstanden als vielmehr erlebt werden will.

Dass einem vom bloßen Zusehen schwindlig werden kann, wie angesichts der stroboskopischen Aufnahmen in Peter Tscherkasskys Instructions for a Light and Sound Machine, dass Filme also gar nichts erzählen müssen, dafür aber umso mehr körperliche Erfahrung sein können, dürfte Lernende wie Lehrende verblüffen. Und hoffentlich inspiriert es dazu, selber gemeinsam optische Täuschungen und visuelle Tricks zu basteln, um die eigene Wahrnehmung herauszufordern.

Über die Geschichte des Films hat man damit ganz nebenbei auch noch etwas Wichtiges gelernt: Auch die ersten Filmschaffenden nutzten den Film weniger als narratives Medium denn als pures Spektakel, als «Kino der Attraktionen», wie es beim Filmhistoriker

Tom Gunning heißt. Auch die gefilmten Zaubertricks des Kinopioniers Georges Méliès geben als Story nichts her, sondern zielen auf die unmittelbare Verblüffung des Publikums. Dass wir noch heute unweigerlich lachen müssen, wenn Méliès in Un homme de têtes seinen eigenen Kopf vervielfältigt und mit diesen Kopien zusammen ein Ständchen singt oder in Les Cartes vivantes aus einer Spielkarte eine lebendige Herzdame steigen lässt, belegt eindrücklich, wie uns das Kino allein mit seinen Verfahren zu affizieren vermag.

Das ist auch nach 120 Jahren Filmgeschichte nicht anders, wenn ein zeitgenössischer Vertreter des Attraktionskinos wie George Millers Mad Max: Fury Road uns allein durch den Einsatz seiner Mittel den Atem nimmt. Die Handlung ist hier derart rudimentär, dass sie in einen einzigen Satz passt: eine Verfolgungsjagd quer durch die Wüste, einmal hin und dann zurück. Was uns indes unwiderstehlich packt, sind der schiere Geschwindigkeitsrausch dieses Films, seine rasende Kamera und sein schreiender Sound. Zwei Stunden lang werden wir mitgerissen auf jene abweichenden Bewegungen, die das Kino auszeichnen.

Spurenlesen

Hat man sich den Blick von den Bewegungen des Films erst einmal verdrehen lassen, wird man vielleicht auch am angeblich so vertrauten Erzählkino noch besser entdecken, was dieses so besonders macht. Filmbildung müsste betonen, nicht wie ähnlich, sondern wie eigenartig Kino im Vergleich mit anderen Medien erzählt. Statt beispielsweise Literaturadaptionen danach zu beurteilen, wie treu der Film der Vorlage folgt, müsste gerade die Abweichung als eigentliche Qualität in den Fokus gerückt werden.

Ein Deutschunterricht hingegen, in dem Filme höchstens am Schluss des Semesters und als bloße Illustration jenes Klassikers vorkommen, den man gerade durchgenommen hat, wird einem kaum etwas anderes beibringen als nur wieder jenen alten Dünkel, der sich im stereotypen Vorwurf äußert: «Der Roman ist halt schon viel komplexer als der Film.»

Wer von Filmen erwartet, dass sie wie Bücher funktionieren, hat von beiden Medien nichts verstanden. Filme wirklich lesen zu lernen, bedeutet hingegen, sich auf deren eigenwillige und einzigartige Schreibverfahren einzulassen und diese nicht immer schon auf das zurückführen zu wollen, was man schon von woanders kennt.

Zu lernen, bei Filmen genau hinzusehen, würde einem vielmehr zeigen, was sich alles in den Bildern an Rätselhaftem versteckt und möglicherweise im Widerspruch steht zu dem, was angeblich erzählt werden soll. In ähnlicher Weise plädiert auch der Medien- und Erziehungswissenschaftler Manuel Zahn in seinem Buch «Ästhetische Filmbildung» für einen Umgang mit Filmen, der mehr einem neugierigen Spurenlesen als dem falschen Ideal eines restlosen Ausdeutens verpflichtet ist. Gewiss, Filme wollen verstanden und die von ihnen ausgelegten Fährten sollen nachgezeichnet werden – doch nicht, um sie damit gleichsam zu erledigen und abzuhaken, sondern, um die Filme aufzuschließen und um aufzuzeigen, was alles an ungeklärten Fragen nach wie vor zur Diskussion anstachelt. In seinen abweichenden Bewegungen eignet dem Film immer etwas, das sich dem restlosen Verständnis entzieht, das uns aber umso mehr affiziert, uns packt und uns weiter dazu antreibt, unsere Wahrnehmung noch mehr zu schärfen, unsere Spurenlese noch weiter zu verlängern.

Derart unterschiedliche Werke wie die wimmelbildartigen Komödien Jacques Tatis oder die Thriller David Finchers sind zugleich auch *Lektionen in Kino,* indem sie vorführen, dass die Lust des filmischen Spurenlesens nicht in der Erreichung einer letztgültigen Botschaft liegt, sondern im Prozess des Spurenlesens selbst. Die Gags in Tatis Les Vacances de Monsieur Hulot oder in seinem überbordenden Playtime werden uns nicht didaktisch erklärt, sie müssen von den Betrachtenden gesucht werden – ohne Aussicht auf Vollständigkeit. Jedes Wiedersehen dieser Filme hält neue Entdeckungen bereit, und wenn wir bei deren Anblick lachen, dann ist es nicht, weil wir den Film im Griff haben, sondern vielmehr umgekehrt, weil wir merken, wie er mit uns spielt. Die Lust zum Beispiel, die wir empfinden, wenn wir am Ende von Playtime im Autokreisel ein

Karussell erkennen, besteht nicht darin, den Witz verstanden zu haben, sondern vielmehr in der überraschenden Erkenntnis, dass man die eigene Wahrnehmung so erweitern kann, bis man einen simplen Autostau als Poesie erlebt. Wie das Karussellfahren auf dem Jahrmarkt, das ja auch nirgends hin, sondern nur immer im Kreis führt, dessen Reiz also nicht in einem Ziel, sondern im Vorgang selbst liegt, lässt sich auch der Genuss, den wir bei dieser Szene empfinden, nicht auf eine *message* bringen, sondern besteht im schieren Erleben des Films als Medium: Dass sich da plötzlich etwas dreht, dass da plötzlich Farben leuchten und Musik erklingt, mithin, dass der Film etwas macht, was wir noch immer nicht ganz verstehen, das ist es, was uns so packt. Als notwendig dynamisches Phänomen ist der Film nie ganz zu erledigen, sondern bleibt offen. Film ist immer auf Abwegen.

Gegen die Zähmung des Films

Aber ist es nicht heikel, für eine Filmbildung zu plädieren, die, statt eindeutige Deutungsmuster zu vermitteln, nur noch stärker den Rätselcharakter von Filmen betont? Die weniger Kanon und Regelwerk, sondern vor allem tappende Neugier lehren will? Sind die Schüler*innen von heute nicht ohnehin schon derart von der Flut der auf sie einströmenden Bewegtbilder überfordert, sodass ihnen die Medienpädagogik dringend Werkzeuge geben muss, um diese Bilder eindeutig ordnen und klassifizieren zu können?

In der Tat ist nicht zu bestreiten, dass wir in deutlich höherem Maß Bewegtbildmedien konsumieren als alle Generationen zuvor. Die Mobiltelefone, die wir mit uns herumtragen, sind bekanntlich allesamt auch Vorführgeräte, die es uns erlauben, pausenlos und vor allem überall Filme zu schauen. Fragwürdig aber bleibt, ob diese Allgegenwart bewegter Bilder tatsächlich auch noch Erfahrungen einer anderen Wahrnehmung bereithalten. Wie Lars Henrik Gass in seiner Streitschrift «Film und Kunst nach dem Kino» argumentiert, droht mit dem Auszug des Films aus den Kinosälen und seiner Ausbreitung auf unseren Heimgeräten zugleich auch eine Verharmlosung seiner

Der Mann mit der Kamera (1929)
Regie: Dziga Vertov

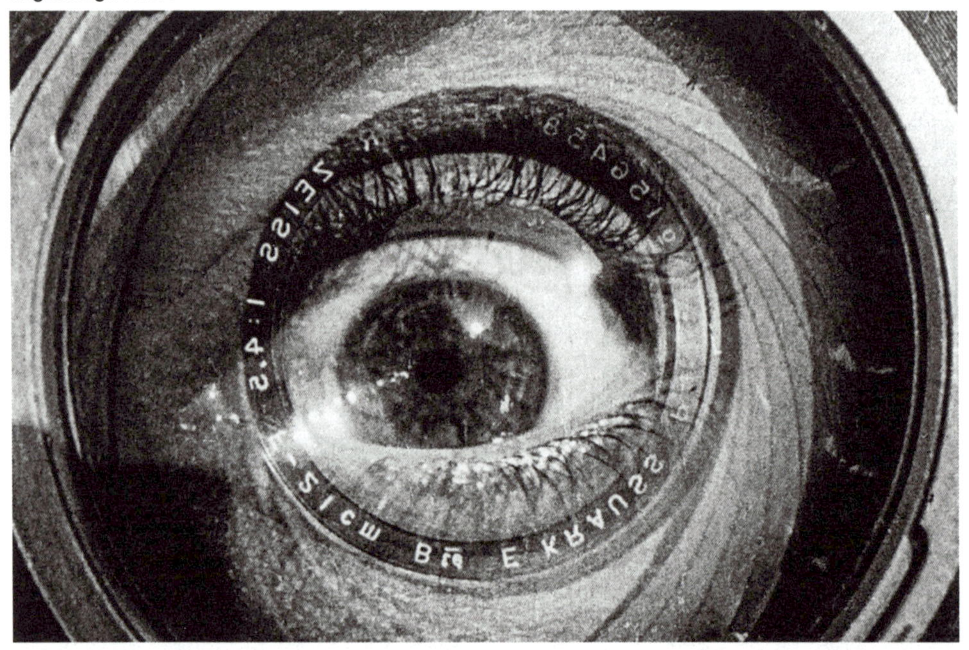

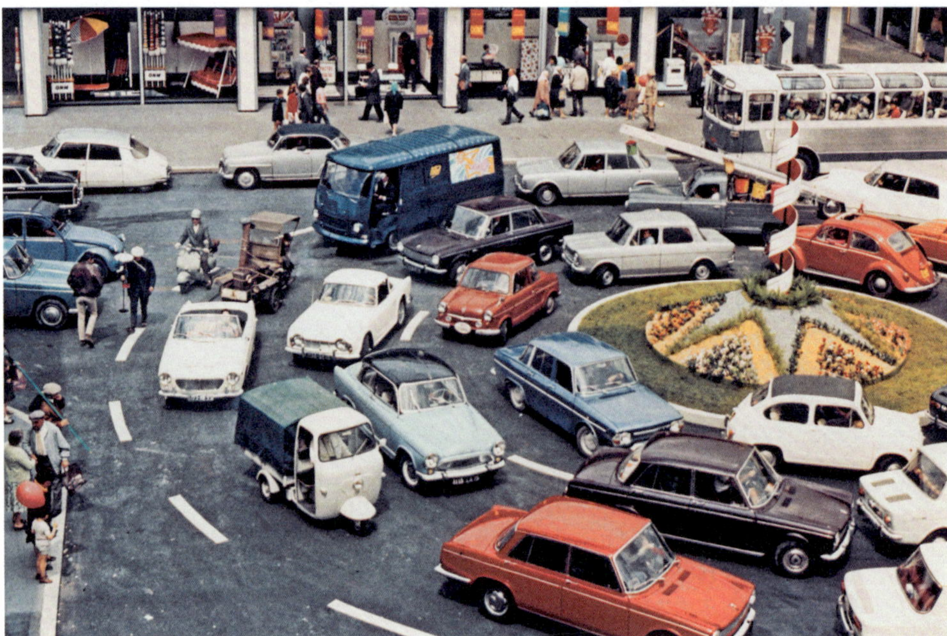

Playtime (1967)
Regie: Jacques Tati

Andersartigkeit. Das Kino, schreibt Gass, war nicht zuletzt darum bedeutsam, weil es schon ob seiner Einrichtung zu einer fremden Wahrnehmung zwingt: Im Kino kann man als Publikum den Film nicht anhalten, und die Dunkelheit des Saals lässt uns kaum eine andere Wahl, als das anzuschauen, was auf die Leinwand projiziert wird. Wir sind einer Erfahrung ausgesetzt, die wir nur in geringem Maß bestimmen können, der wir uns vielmehr überlassen, in sie eintauchen, um uns, für die begrenzte Dauer eines Films, in ihr zu verlieren.

Demgegenüber hat der Filmkonsum auf meinem Tablet etwas merk-würdig Gezähmtes. Wo im Kino der Film mein ganzes Gesichtsfeld einnimmt, findet er auf dem Computerscreen bloß als ein Fenster unter anderen statt. Und auch wenn ich in den Vollbildmodus wechsle, habe ich damit die Umgebung um mich herum noch nicht ausgeschaltet. Während das Kino mich zur Fokussierung gezwungen hat, schenke ich dem Film auf meinem Display meine Aufmerksamkeit immer nur zum Teil. Die Unsitte, während man einen Film schaut nebenher noch etwas anderes zu machen, wird von unseren Geräten nicht nur begünstigt, sondern ist eigentlich deren Standardeinstellung, etwa wenn sich beim Eingehen einer Mail eine Info-Anzeige vor das Filmfenster schiebt. Und statt dass wir den Bewegungen des Films folgen müssen, passen wir ihn unserem Willen an: Bereits ein Knopfdruck genügt, und der Film stoppt. Wo er mir zu lang zu gehen scheint, spule ich vor. Das ist praktisch und fatal zugleich. Die erleichterte Handhabung ist gerade das, was die Möglichkeiten des Films als Wahrnehmungsexperiment zu unterhöhlen droht. Indem ich den Film in meine Gewalt bringe, drohe ich damit nur immer wieder meine bereits eingefahrenen Sehgewohnheiten zu bestätigen.

Mit den neuen Möglichkeiten, den Film unter Kontrolle zu bringen, scheint nicht zuletzt auch unsere Geduld zu schwinden. Je länger wir bei einem Film ausharren sollten, umso mehr juckt es uns in den Fingern, weiterzuklicken. Unsere Aufmerksamkeitsspanne reicht nur noch einen Clip lang, was sich in unseren Sehgewohnheiten niederschlägt. In den Statistiken von Youtube wird ein

Film bereits als «gesehen» verbucht, wenn man nur zehn Sekunden daran hängen geblieben ist. Bei Facebook ist der Leitwert gerade mal drei Sekunden. Um das Eintauchen in eine andere Wahrnehmung, das machen diese Zahlen unmissverständlich klar, kann es hier kaum gehen. Ganz im Gegenteil soll gerade alles vermieden werden, was den geradlinigen Konsum ins Stocken und auf Abwege bringen könnte. Die digitalen Interfaces werden so gestaltet, dass man möglichst glatt von einem Clip zum nächsten scrollen kann. Die Timeline droht alle Differenzen einzuebnen.

Für eine andere Zeitlichkeit

Darum wäre zu überlegen, ob unser Problem mit der aktuellen Bilderflut vielleicht gar nicht daran liegt, dass wir mit so vielen verschiedenen Erfahrungen konfrontiert sind, sondern vielmehr daran, dass alles so gleichförmig anmutet. Statt durch widersprüchliche Eindrücke hysterisiert zu werden, leiden wir vielleicht eher an einer Erschöpfungsdepression, weil auf unseren kleinen Displays alles so schrecklich gleich aussieht. Unsere Angewohnheit, möglichst rasch von Clip zu Clip zu eilen, ohne uns lange aufhalten zu lassen, hat paradoxerweise keine überraschenden Abweichungen, sondern nur Monotonie zur Folge. Die abweichenden Bewegungen eines Films wahrzunehmen, setzt hingegen voraus, dass man sich überhaupt die Zeit nimmt, sich auf diese Bewegungen einzulassen. Was uns heute an Filmen überhaupt als das Abweichendste und Provozierendste vorkommt, ist wohl genau, dass sie über eine andere, gedehntere Zeitlichkeit verfügen. Dass man nicht nur sekunden-, sondern minuten-, ja stundenlang verbleiben kann auf einem Gesicht wie in Sergio Leones C'era una volta il West, auf einer Landschaft wie in James Bennings Los, in einer Küche wie in Chantal Akermans Jeanne Dielman oder auf einer Skyline wie in Thomas Imbachs Day is Done ist heute noch unerhörter als zum Zeitpunkt ihrer jeweiligen Premiere.

Filmbildung hieße demnach nicht zuletzt, den Filmen wieder zu erlauben, dass sie sich ihre Zeit nehmen. Diesbezüglich war das Dispositiv des Kinos eine Konzentrationshilfe. Wenn diese fehlt, wird man sich Alternativen überlegen müssen, wie man es schafft, die Geräte um einen herum auszuschalten und sich selbst ganz auf den Film einzustellen. Für die Pädagog*innen hieße es, sich mit ihrer Klasse nicht nur an einen Film heranzutrauen, sondern auch bei diesem zu bleiben und sich die Zeit zu nehmen, ihn mehrmals anzuschauen - nicht um etwas einzupauken, sondern um Vielfältigkeit zu zeigen. Denn gerade die Wiederholung, schreibt Roland Barthes in «S/Z», bringt Pluralität hervor: «Eine wiederholte Lektüre - eine Operation, die den kommerziellen und ideologischen Gewohnheiten unserer Gesellschaft zuwiderläuft, die es gerade nahelegen, die Geschichte ‹wegzuwerfen›, sobald sie konsumiert worden ist - sie allein bewahrt den Text vor der Wiederholung (wer es vernachlässigt, wiederholt zu lesen, ergibt sich dem Zwang, überall die gleiche Geschichte zu lesen), vervielfältigt ihn in seiner Verschiedenheit und in seinem Pluralen.» Wer immer nur weiterzappt, -wischt oder -klickt, sieht überall dasselbe. Wer das Gleiche mehrmals sieht, erkennt laufend Anderes.

Zukunft der Filmbildung

Während sich unsere Schulen aufgrund ihrer eng getakteten Lehrpläne kaum Zeit für die Betrachtung von Filmen und schon gar nicht für ein wiederholtes Sehen zu nehmen trauen, sind aktuelle Beispiele, wie ein solcher Unterricht aussehen könnte, anderswo zu finden. Videoessays auf Onlineplattformen führen etwa vor, dass die neuen Möglichkeiten des Internets, die einerseits zu der oben beschriebenen Homogenisierung von Wahrnehmung führen können, sich im Gegenteil auch nutzen lassen, um Filmen ihre Andersartigkeit wieder zurückzugeben. So wie einst Jean-Luc Godard mit seinen Histoire(s) du cinéma oder Harun Farocki mit Filmen wie Der Ausdruck der Hände das Medium Video genutzt haben, um über die Verfremdung vom analogen Kino- zum elektronischen Fernsehbild zu zeigen, was im Film immer schon fremdartig war, widersetzen sich auch Videoessays von Forschenden wie Kevin B. Lee, Catherine Grant oder Chloé Galibert-Laîné dem eiligen, glatten Konsum.

Kevin B. Lees brillante Analyse vom Verwertungssystem des zeitgenössischen Blockbuster-Kinos in Transformers. The Premake oder Catherine Grants Befragungen des Filmbilds in sensiblen Videos wie Un/Contained oder Carnal Locomotive haken sich an eben dem fest, was an Filmen noch immer nicht verstanden ist. Sie führen die neuen digitalen Möglichkeiten, sich einen Film anzueignen, als Methode vor, gerade deren Unzähmbarkeit besser wahrzunehmen.

Und dies ist natürlich auch die Rolle, die der Filmkritik zukommt. Gerade weil das Dispositiv des Kinos im Verschwinden begriffen ist, wird es umso wichtiger, an andern Orten jenen Raum zu schaffen, wo sich das Wahrnehmungsexperiment des Films entfalten kann. Das Lesen über Film wird nach dem Ende des Kinos nicht obsolet, sondern sogar noch wichtiger. Auch Filmzeitschriften und Bücher wie dieses verstehen sich als essenzieller Beitrag zur Filmbildung, indem sie sich mit ihren Texten die Zeit nehmen, um den abweichenden Bewegungen des Films nachzugehen. Hingegen mitzumachen bei der Anpassung des Films an unsere Konsumgewohnheiten, indem man ihn zum schnellen Häppchen reduziert, das sich mittels Kritik in Tweet-Länge und schnell überschaubarer Sternchenvergabe verdauen lässt – solche Anbiederung ist nicht nur überflüssig, sondern sie wird auch das Interesse an dieser Kunstform nicht erhalten können. Wenn nämlich Film nur noch vertraute Wahrnehmung bestätigt, braucht es ihn tatsächlich nicht. Dann wäre das Medium selbst zu jenem Kerker geworden, aus dem Antoine Doinel in Les Quatre Cents Coups ausgebrochen ist.

Lernen, was man noch nicht weiß

Worauf Filmbildung stattdessen hinarbeiten müsste, wäre jene Pädagogik der gemeinsamen Erforschung, wie sie Jacques Rancière in seinen Büchern «Der unwissende Lehrmeister» und «Der emanzipierte Zuschauer» skizziert hat: Statt eines Bildungssystems, das den Lehrenden die Position der Wissenden und den Lernenden die Position der Unwissenden zuweist, entwickelt Rancière die Idee eines Lernens als Prozess im Verbund. Der «unwissende Lehrmeister», wie ihn Rancière nennt, ist nicht etwa eine Lehrperson, die nichts weiß, sondern vielmehr eine, die versucht, mit ihrer Klasse dem nachzuspüren, was man noch nicht weiß: «Er lehrt seine Schüler nicht sein Wissen, er trägt ihnen auf, sich ins Dickicht der Dinge und Zeichen vorzuwagen, zu sagen, was sie gesehen haben, und was sie über das denken, was sie gesehen haben, es zu überprüfen und überprüfen zu lassen.» Statt eines Lernprogramms auf vorgespurtem Weg wäre dies eine Bildung in abweichenden, aber und gerade dadurch weiterführenden Bewegungen. Eine wahrhaftige Bildung des Films.

Roland Barthes: S/Z. Frankfurt a.M. 1976.

Lars Henrik Gass: Film und Kunst nach dem Kino. Köln 2017

Catherine Grant: Film Studies for Free. filmstudiesforfree.blogspot.com

Bettina Henzler, Winfried Pauleit (Hg.): Vom Kino lernen. Berlin 2010.

David Lapoujade: Deleuze, les mouvements aberrants. Paris 2014

Nach dem Film, Nr. 13: Filmvermittlung. www.nachdemfilm.de/content/no-13-filmvermittlung.

Jacques Rancière: Der unwissende Lehrmeister. Fünf Lektionen über die intellektuelle Emanzipation. Wien 2007.

Jacques Rancière: Der emanzipierte Zuschauer. Wien 2009.

Manuel Zahn: Ästhetische Filmbildung. Bielefeld 2012.

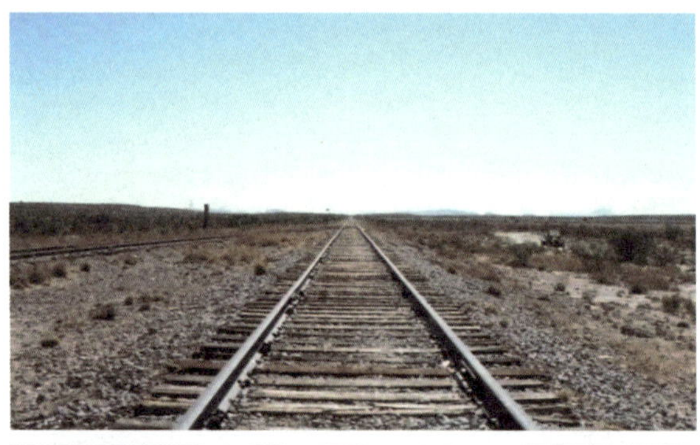

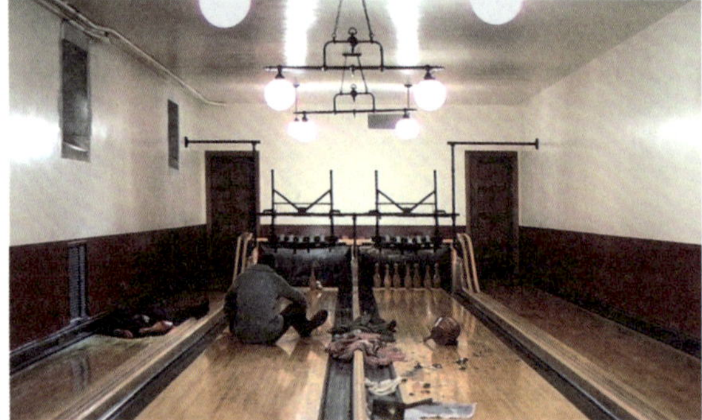

There Will Be Blood
(2007)

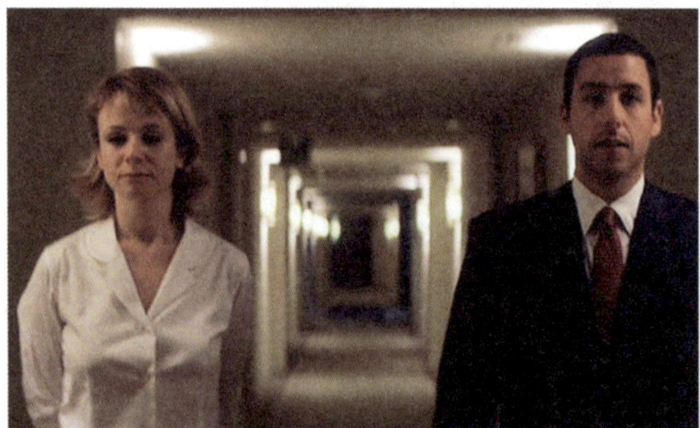

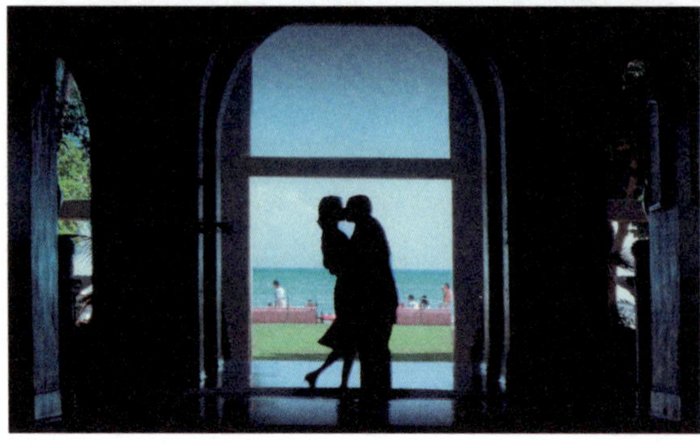

Punch Drunk Love
(2002)

Konvergierende Parallelen

Zu den Filmen von Paul Thomas Anderson

Der Anblick ist allen bekannt: Schaut man einer geraden Eisenbahnlinie entlang, macht es den Anschein, als würden sich die beiden Schienenstränge mit wachsender Distanz einander annähern und sich schließlich am Horizont treffen. Es sind Linien, die sich eigentlich nicht treffen können, es vor unserem Blick aber gleichwohl tun: konvergierende Parallelen - ein Widerspruch in sich. Eine alte Fotografie von am Horizont zusammenlaufenden Schienensträngen befindet sich auch unter dem Recherchematerial, das Paul Thomas Anderson für There Will Be Blood zusammengetragen hat. Und dasselbe Bild erscheint auch recht früh im fertigen Film, wenn zu sehen ist, wie seine Hauptfigur, der skrupellose Ölbaron Daniel Plainview, mit dem Auto einer Eisenbahnlinie entlangfährt. Seine Reise geht nach Little Boston in Südkalifornien, an jenen Ort, an dem Plainviews Aufstieg und Fall sich schneiden, jenen Ort, wo er nicht zuletzt auf seine Nemesis, seine eigene ihn durchkreuzende Parallelfigur treffen wird.

Zu diesem frühen Zeitpunkt freilich ahnt das Publikum wohl kaum, was es mit dem enigmatischen Bild der konvergierenden Parallelen auf sich hat und dass es sich als Leitbild für den ganzen Film erweisen wird. Vielleicht aber weckt es in uns vage Erinnerungen an die anderen Filme von Paul Thomas Anderson, in denen wir Ähnliches schon gesehen haben, und zwar mehrfach. Tatsächlich lässt sich in den konvergierenden Parallelen so etwas wie ein Leitmotiv von Andersons Filmen ausmachen, ein Leitmotiv, das nicht nur die visuelle Gestaltung bestimmt, sondern auch die Narration und Thematik. Die konvergierenden Parallelen sind ästhetisches Prinzip ebenso wie Denkbild.

Unter anderem sein die Wichtigkeit der Zentralperspektive in Andersons Filmen und sein Gefallen an symmetrischen Bildkompositionen bemerkt worden, wie etwa von Kevin B. Lee, der für einen seiner Videoessays symmetrische Dialogszenen aus Anderson-Filmen zusammengetragen hat. Die Allgegenwart des Motivs wirkt frappant. Seien es die beiden Männer aus Andersons Spielfilmerstling Hard Eight, die sich im Diner gegenübersitzen, sei es der Fernsehmoderator in Magnolia, der der Sekretärin von seiner Krebskrankheit erzählt, oder die Frischverliebten Barry und Lena aus Punch-Drunk Love, wie sie unsicher Seite an Seite den langen Hotelkorridor entlanglaufen: Immer wieder platziert Anderson die Kamera exakt auf jener unsichtbaren Spiegelachse, die zwischen den Figuren verläuft. Aber auch Landschaften, Straßen, Gebäude und Konstruktionen werden von ihm gerne so gefilmt. Unversehens ähneln diese Einstellungen damit jenen Faltbildern des Rorschachtests, wie sie der Weltkriegsveteran Freddie in The Master vom Militärpsychiater gezeigt kriegt. Damit wird dieser kurze Moment so etwas wie eine Schlüsselszene fürs ganze Anderson-Œuvre und lässt uns seitdem überall Spiegelungen sehen. Wenn in There Will Be Blood das Öl aus dem Bohrturm schießt, der sich genau in der Bildmitte befindet, wird der Himmel zum riesigen Klecksbild – ein Menetekel, mit pechschwarzer Tinte in die Wolken geschrieben.

Parallelwelten

Und doch riskiert, wer all die Faltbilder in Andersons Filmen bemerkt, dabei gerade deren eigentliche Pointe zu übersehen. Denn die Faltbilder sind nie perfekt. Mit gutem Grund. Statt um Balance geht es in Andersons Symmetrien darum, wie die simple Gegenüberstellung von zwei kongruenten Hälften überwunden, wie das Gleichgewicht zwischen ihnen gestört werden kann. Wie die parallelen Schienenstränge, die die fotografische Optik aufeinander zustreben lässt, sollen auch die in ihren jeweiligen Bahnen und Bildhälften befangenen Figuren aus dem Lot geraten, um sich so zu begegnen. Die tragikomische Liebesgeschichte Punch-Drunk Love führt dies auf der Bildebene so schlagend vor wie vielleicht kein anderer von Andersons Filmen: Vor symmetrischen Einstellungen strotzend, erzählt er doch von jemandem, der gerade aus dem Gefängnis der Symmetrien ausbrechen möchte. Und die Filmbilder lassen diese von den Figuren ersehnte Dynamik bereits erahnen. Durchs Weitwinkelobjektiv erscheinen nämlich alle Linien gekrümmt. So gefilmt, verliert noch das starrste Raster seine Rigidität. Selbst die Wand aus Tiefkühlregalen in Barrys Supermarkt – ein Tableau wie eine

Fotografie von Andreas Gursky – wirkt ob der Verkrümmung durchs Objektiv nicht mehr komplett starr. Die rechtwinklige Matrix, nach der diese erstickende Konsumwelt geordnet ist, wird durch die Optik der Kamera verzogen. Die Kamera krümmt den Raum und erzwingt dadurch, dass parallele Geraden einander zuzustreben beginnen, so wie dereinst auch die Liebenden, allen Unmöglichkeiten zum Trotz, zusammenkommen werden.

Punch-Drunk Love führt dabei in visuell noch stilisierterer Weise fort, was bereits seine Vorgängerfilme Hard Eight, Boogie Nights und Magnolia zum formalen und narrativen Prinzip erhoben haben. Um Parallelen ging es schon immer, auch im übertragenen Sinn, etwa wenn der Erstling Hard Eight wie auch Boogie Nights in Paralleluniversen spielen: in der glitzernden Spielwelt der Casinos im Fall von Hard Eight, im Pornofilmbusiness der Siebziger und Achtziger in Boogie Nights. Insbesondere in Boogie Nights erweist sich die angeblich so ganz andere, verruchte Gegenwelt als erstaunlich vertraut und verblüffend analog zur anständigen. Denn als schonungsloses und doch liebevolles Porträt der Pornoindustrie ist Andersons virtuoser Durchbruchsfilm zugleich immer auch selbstreflexive Analyse des eigenen Metiers. Mögen auch die Talente des Protagonisten, des aufstrebenden Pornostars Dirk Diggler, mehr physisch-erektiler als theatralisch-schauspielerischer Natur sein, die Ambitionen und Ängste, die ihn quälen, sind dieselben, die auch die Actors auf der anderen Seite des Hollywoodhügels umtreiben. Der Vergleich mit George Cukors What Price Hollywood? oder seinem grandiosen Opus magnum A Star is Born über Aufstieg und Fall der großen Leinwandstars ist denn auch durchaus angebracht.

Mag uns der Stolz zunächst noch so läppisch anmuten, den der von Burt Reynolds gespielte Pornoregisseur Jack Horner darüber empfindet, dass sein neuster Rammelfilm erstmals über eine krude Handlung verfügt («This is the film I want to be remembered by»), Andersons Film selbst gibt ihn nicht der Lächerlichkeit preis. Vielmehr nehmen Film und Regisseur die Figuren und ihre Wünsche noch in ihrer größten Unzulänglichkeit vollkommen ernst und bringen uns dazu, dass wir in diesen Chargen schließlich uns selbst wiedererkennen. Der Blick auf die Parallelwelt des Pornosets entstellt die eigene Welt zur Kenntlichkeit. Dabei besteht eine der Faszinationen des Films in eben dieser Widersprüchlichkeit, das Unerhörte immer wieder als merkwürdig Vertrautes zu zeigen. Wenn sich in der Schlussszene Dirk Diggler vor dem Spiegel Mut zuspricht und sich der eigenen Schauspielkunst versichert, um schließlich dann seinen überdimensionierten Penis hervorzuholen, zitiert Anderson damit ganz bewusst die legendäre Schlussszene aus Martin Scorseses Raging Bull. Bereits dort war die Szene ein doppelbödiges Zitat, ist doch der Text, den der dick gewordene, von Robert De Niro gespielte Boxchampion Jake La Motta vor seinem Auftritt in den Spiegel spricht aus Elia Kazans On The Waterfront übernommen. So verdichteten sich bereits bei Scorsese zwei parallele Erzählungen: Jake La Motta ist auch Marlon Brando. Das Ende von Boogie Nights fügt diesen Parallelen nun noch ein paar weitere hinzu: Dirk Diggler ist auch Robert De Niro, ist auch Jake La Motta, ist auch Marlon Brando. Parallelen über Parallelen, alle miteinander verbunden.

Parallelmontage, cross-cutting

Vollends zum zentralen Thema und zur alles bestimmenden Form werden die konvergierenden Parallelen indes mit Andersons Magnolia. Denn als Ensemblefilm, der neun verschiedene Figuren zugleich zu seinen Protagonist*innen macht, ist Magnolia nicht zuletzt auch ein Exempel in exzessiver Parallelmontage. Die Geschichte eines drogensüchtigen Missbrauchsopfers, eines einsamen Polizisten, eines krebskranken Moderators einer Kinderquizshow, eines sterbenden TV-Moguls, seiner von Schuldgefühlen geplagten jungen Ehefrau, einem überforderten Krankenpfleger, eines genialen, aber leidenden Kindes, einem manischen Leiter von Männerselbsthilfe- und Aufrissseminaren sowie einem abgestürzten und alt gewordenen Wunderkind - all das wird nicht separat, sondern durch- und ineinander erzählt, in einer neunfach verschachtelten Partitur. Klopft der grundgute Polizist an die Tür der Drogensüchtigen, so verstreichen ob all der dazwischengeschobenen Parallelhandlungen ganze zehn

Minuten, ehe die Szene weitergeht und ihm von der entnervten Frau geöffnet wird. Alles findet hier gleichzeitig und nebeneinander statt und hängt doch zusammen: Der Aufrissguru ist der verlorene Sohn des sterbenden Moguls, die verzweifelte Junkiefrau Tochter und Opfer des abtretenden Moderators, das neuste Wunderkind ein Wiedergänger des ehemaligen.

Im Prolog von Magnolia werden drei Anekdoten erzählt, die alle von haarsträubenden Zufällen handeln, etwa von jenem Croupier und Freizeittaucher, der von genau jenem Löschflugzeugpiloten versehentlich aus dem See gesogen wird, der zwei Tage zuvor bei ihm am Spieltisch alles Geld verloren hatte, oder von dem vom Dach springenden Selbstmörder, der noch im Sturz von seiner eigenen Mutter mit ebenjenem Gewehr, das er einige Tage zuvor selbst geladen hatte, unabsichtlich erschossen wird. Doch die Off-Stimme, die uns diese bizarren Geschichten erzählt, mag an bloße Koinzidenzen nicht glauben: «This is not just ‹something that happened›. This cannot be ‹one of those things›. This, please, cannot be that.» Dinge ereignen sich nicht einfach als blinder Zufall so nah beieinander – die Ereignisse sind miteinander verknüpft, ihre Verläufe überschneiden sich, und der auf diesen Prolog folgende Film will es beweisen.

Auf verblüffende Weise passt dazu auch, dass die in Magnolia praktizierte Filmtechnik der Parallelmontage im Amerikanischen *cross-cutting* genannt wird. Die unterschiedlichen Nuancen dieser beiden leider oft synonym gebrauchten Begriffe formulieren exakt jene Verschiebung, um die es in Magnolia geht: Die verschiedenen Erzählstränge bleiben nicht bloss parallel, sie kreuzen sich.

In einer der ambitioniertesten Szenen von Magnolia wird die entfesselte Kamera selbst die verschiedenen Parallelstränge verknoten, wenn sie in einer einzigen virtuosen Plansequenz den diversen Figuren bei ihrer Hetze durch die Gänge eines Fernsehstudios hinterhereilt und dabei mal mit diesem, mal mit jener mitläuft. Die Steadicam des Kameramanns Robert Elswit, der mit Ausnahme von The Master, Phantom Thread und Licorice Pizza alle Filme Andersons ins Bild gesetzt hat, erkundet nicht nur einen Handlungsraum, er trassiert ein ganzes Netzwerk von sich überschneidenden Beziehungen, eine Kartografie gegenseitiger Abhängigkeiten.

Den eindrücklichsten Knotenpunkt bildet die Musik des Films. Hatte sich Paul Thomas Anderson bereits beim Schreiben des Drehbuchs von den Liedern der amerikanischen Songwriterin Aimee Mann inspirieren lassen, so ließ er von ihr zusätzliche Songs für seinen Film schreiben, und diese bilden denn auch das Zentrum des fertigen Soundtracks. Am Höhe- und Wendepunkt des Films werden wir plötzlich sehen, wie alle Figuren beginnen, Aimee Manns Song «Wise Up» mitzusingen. Es ist der Moment maximaler Einsamkeit von ihnen allen: Alle sitzen sie verloren in ihren Häusern und Autos und starren vor sich hin, singen dabei leise und gedankenverloren. Jede und jeder ist für sich, und doch sind alle vereint über das gemeinsame Lied. Solitäre sind sie allesamt, auf parallelen Bahnen, aber sie überkreuzen sich in einem Song. Unerwartet doch eine Gemeinschaft - durch den Soundtrack erschaffen. Doch der Moment bleibt flüchtig.

Manche Filmkritiker*innen hatten damals etwas allzu schnell von Erlösung gesprochen, die der Film mit seinem quasi-biblischen Ende, an dem es plötzlich Frösche auf Los Angeles regnet, für seine Figuren bereithalte. Beim Wiederschauen aber zeigt sich glücklicherweise, dass der Film und sein Regisseur sehr viel vorsichtiger sind in ihrer Inszenierung des großen Pathos. Erinnern sollte man sich an die Worte der Erzählerstimme zu Filmbeginn, die ihre Behauptung, dass es den Zufall nicht gebe, weniger als festen Glauben, sondern vielmher als flehentliche Bitte formuliert: «This, please, cannot be that!»

So endet der Film in Wirklichkeit subtiler, als ihn manche in Erinnerung haben dürften, nicht in der glücklichen Zusammenführung aller Figuren, sondern nur mit der vagen Möglichkeit ihrer Annäherung. Statt sein mehrstimmiges Porträt in eine Totalität zusammenzuzwingen, lässt der Film das meiste offen. Die parallelen Geschichten gehen weiter, in einen ungewissen nächsten Tag. Aber dass sie sich momenthaft treffen können, so haben wir gesehen, ist möglich - wenigstens ein Song lang.

Nebengeräusche

Erweist sich die Musik in Magnolia als Fluchtpunkt, in dem sich die Parallelen schneiden, so fungiert der Ton in anderen Filmen Andersons selbst als Parallelereignis, das in ungewissem Verhältnis zur Handlung steht. Wie bereits für Magnolia arbeitete Paul Thomas Anderson auch für Punch-Drunk Love intensiv an der Filmmusik mit. Das Resultat, der Soundtrack von Jon Brion, erweist sich mit seinen fahrigen Perkussionsgeräuschen oft nicht nur als Irritation, sondern als regelrechte Störung, ob der man mitunter die Dialoge fast nicht mehr versteht. Statt wie üblich den Hintergrund zu bilden, wird die Musik zum aufdringlichen Nebengeräusch, zum akustischen Parallelphänomen, das gleichsam neben den Figuren mitspricht. Das kennt man sonst nur aus Musicals, und wer genau hinschaut, wird merken, dass wir genau das vor uns haben.

Tatsächlich ließ Anderson die Bewegungen des Hauptdarstellers Adam Sandler durch die Musik timen. Scheinbar banale Gesten entpuppen sich so mehr und mehr als Teil einer schrägen Choreografie, bis schließlich das nervöse Auf-und-ab-Gehen des Protagonisten Barry zwischen den Regalen des Supermarkts in ein kleines Tänzchen mündet. Wenn er später seine Geliebte im Torbogen eines Hotels auf Hawaii in die Arme nimmt, sieht man sie beide wie auch die an ihnen Vorbeigehenden nur noch als Schattenriss. Doch die Passanten bewegen sich, so merkt man plötzlich, wie lauter Tänzer und Tänzerinnen. Wer sich die Szene immer wieder anschaut, wird sehen, dass manche von ihnen gleich mehrmals durchs Bild schreiten, von links nach rechts tanzend und wieder zurück von rechts nach links. So wie im Musical die visuelle Darstellung eine perfekte Symbiose mit der Musik eingeht, vereinigt sich beides auch hier. Ton und Bild, die auf dem Filmstreifen ja tatsächlich Parallelspuren bilden, stoßen in blitzhaften Momenten zusammen.

Als solche Konvergierungspunkte sind wohl auch dieabstrakten Farbschlieren des Videokünstlers Jeremy Blake zu sehen, die Punch-Drunk Love immer wieder unterbrechen und in denen das Filmbild zusammenschießt und sich dabei in seine eigene Urmaterie auflöst:

Nichts als bewegtes farbiges Licht. Doch mit dem durch diese Einsprengsel geschärften Blick wird man Ähnliches alsbald überall in diesem Film entdecken: Immer wieder zucken kleine Blitze und Lichtbrechungen auf und zeichnen regenbogenfarbene Schlieren ins Bild. Es sind Bildstörungen, optisches Rauschen, das der Filmemacher und seine Kamera gerade nicht vermeiden, sondern einfangen wollen, weil dies die kühle Symmetrie der Bilder überwindet und weil dies über Kreuz legt, was vorher unverbunden geblieben war. Wenn Barry und Lena zusammen die Straße entlanggehen und sich in ihrem Rücken plötzliche Lichtreflexe ereignen, wird dieser Augenblick zum synästethischen Erlebnis. Licht und Reflexion, Vorder- und Hintergrund, Darstellungs- und Inhaltsebene – all diese Ebenen scheinen sich zu treffen in einem Punkt, in einem einzigen Bild, einem Gleichklang.

Spaltungen

Diesen glücklich errungenen Gleichklang von Punch-Drunk Love wird Anderson in seinem nächsten Film freilich wieder brutal auseinanderreißen. There Will Be Blood beginnt mit den bohrenden Streicherklängen Jonny Greenwoods, mit einem langgezogenen dissonanten Glissando, das sich für einen Moment fast zu harmonisieren scheint und dann doch wieder in die verschiedenen Stimmen der einzelnen Instrumente zerfasert. Dazu zeigt uns das Bild karge Landschaft, einen Berg und in diesem drin einen Mann im Dunkel, der mit seiner Spitzhacke ins Gestein schlägt, immer wieder, bis die Funken sprühen.

So wie die Musik auseinanderbricht, will auch der Mann den Stein spalten, den Berg sprengen. Und selbst als er sich dabei die Knochen bricht, hört er nicht auf. Der Trieb des dämonischen Daniel Plainview lässt ihn nicht, wie es sein Name verspricht, die Ebene nur sehen (view the plain), sondern es drängt ihn, dieses Land aufzubrechen, es auseinanderzunehmen und alles zu zertrennen. Auch das Öl, auf dessen Gewinnung er sich spezialisieren wird, sprudelt nur dort aus der Erde, wo man den Boden aufreißt und durchbohrt.

Figuriert das Bild der Eisenbahnschienen, wie bereits erwähnt, schon früh im Film als enigmatisches Denkbild, so ist es mithin auch das Wappen dieses Getriebenen und seiner eigenen Duplizität. Nicht nur, dass er den Farmern, denen er ihre Ölfelder abluchsen will, doppelzüngig falsche Hoffnungen und Versprechungen macht, er betrügt dabei auch sich selbst. «I have a competition in me», sagt Daniel Plainview an einer Stelle über sich selbst. Und gesteht auch, dass er niemandem den Sieg gönne. Doch meint er damit freilich auch sich selbst. Das hat das Publikum längst gemerkt. Widersprüchlich und in sich gespalten ist Daniel Plainview sein eigener schlimmster Feind: Seine endlose Gier nach Reichtum und Erfolg wird stets begleitet von jenem anderen Schienenstrang, dem Zwang, alle anderen gegen sich aufzubringen, das Errungene sogleich wieder zu zerstören und dabei selbst vor die Hunde zu gehen. Kein Wunder, ist Öl die Ware seiner Wahl. Denn es versinnbildlicht einen unlösbaren Widerspruch: Als Produkt bedeutet es unbegrenzten Wohlstand, rasanten Fortschritt und ist zugleich doch nichts als abgestorbene Natur, Leichenschlamm, stinkend und zäh.

Konnte sich in Magnolia und Punch-Drunk Love das Überkreuzen der Parallelen zumindest momenthaft ereignen, ist in There Will Be Blood dieser Konvergierungspunkt endgültig in die Unendlichkeit des Horizonts hinausgeschoben. Glücklich werden die Widersprüche sich hier nie vereinigen, höchstens dereinst kollidieren, mit schrecklicher Gewalt. Der Filmtitel beinhaltet bereits die Warnung, was von so einem Zusammenstoss zu erwarten ist: There will be blood.

Die unauflösbare Duplizität Plainviews zeigt sich nicht zuletzt in seinem Wunsch nach Gemeinschaft und dem gleichzeitigen Hass gegen alle Bindungen. Die Familie, die er sich anschafft, ist gar keine. Der Sohn an seiner Seite ist in Wahrheit ein Findelkind, Hinterbliebener von einem jener Arbeiter, die bei Plainviews Bohrungen ums Leben gekommen sind. Auch dieses Kind wird dereinst noch weggestoßen, weggeschnitten werden. Und als der verschollene Halbbruder auftaucht, keimt bald in Plainview der Verdacht, dass dieser andere nur ein Betrüger sein kann. Verwandte darf es nicht geben, Kreuzungspunkte bedeuten Gefahr, weil hier etwas zum

Halten kommen könnte. Eine Annäherung der Parallelen muss verhindert werden, damit der Trieb ungehindert weiterrasen kann auf seinen Doppelgleisen. Der Dämon bleibt in sich gespalten und fährt ganz gut damit. Wenn der Ölbaron die Arbeiter dirigiert, um eine entzündete Ölquelle zu löschen, zeigt die Kamera ihn in Rückenansicht, präzise eingemittet und mit beiden Zeigefingern erhoben als wären es Teufelshörner: die Figur als zweiseitiges Faltbild, ein Mann wie ein Rorschachtest, nicht zu deuten - alles symmetrisch und doch passt nichts zusammen.

Am Ende wird der Ölmagnat im Keller seines Anwesens hausen, wo er sich eigens zwei Bowlingbahnen hat einrichten lassen, dahinvegetierend wie ein Tier, das auf dem Boden schläft und aus seinem Napf frisst. Auch dem letzten Besucher, dem Letzten, der ihm nahe gekommen ist, wird er den Schädel einschlagen. Und als der Butler nach ihm schaut, meint er nur «I am finished», ohne sich umzudrehen. Die beiden Bowlingbahnen aber, auf die er starrt, sie beschreiben erneut jene aufeinander zustrebenden Parallelbahnen, die wir bereits vom Anfang des Films kennen. Sind wir wirklich am Ende, finished? Haben wir den Kreuzungspunkt der Parallelen erreicht? Oder bleibt noch immer alles unerreicht? Ist das grausige Spiel aus? Auf der einen Bahn sind die Kegel schon gefallen, auf der anderen stehen sie noch. Was gilt?

Parallele Paralysen

Es ist diese Ungewissheit, ob wir den Schluss, den Schnittpunkt der Parallelen tatsächlich erreichen oder nicht, die auch Paul Thomas Andersons The Master zu einem so irritierenden Erlebnis macht. Die Geschichte um den aus dem Zweiten Weltkrieg zurückgekehrten Veteranen Freddie Quell, der dem charismatischen Intellektuellen Lancaster «Master» Dodd begegnet und in dessen Sekte eintritt, verweigert sich jeder abschließenden Deutung. Was hat Freddie zu jenem Wrack werden lassen, als das er aus dem Krieg wiederkehrt, und wo hat Lancaster Dodd seine Visionen einer ewig sich in Zyklen um sich selbst drehenden Weltgeschichte her? Und vor allem: Was

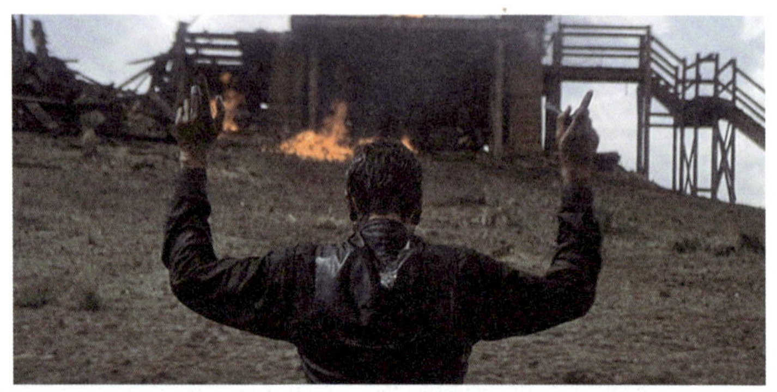

There Will Be Blood (2007)

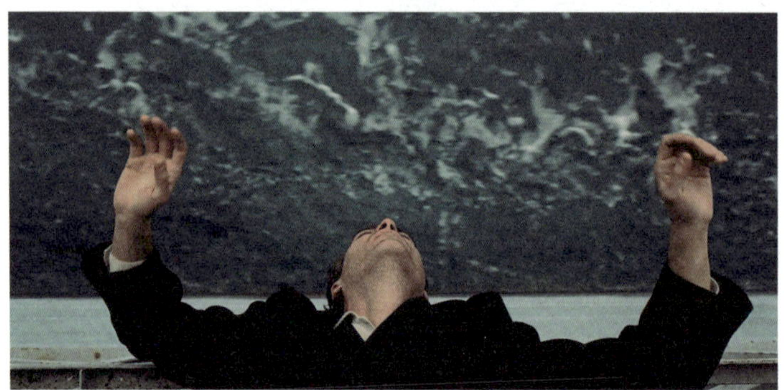

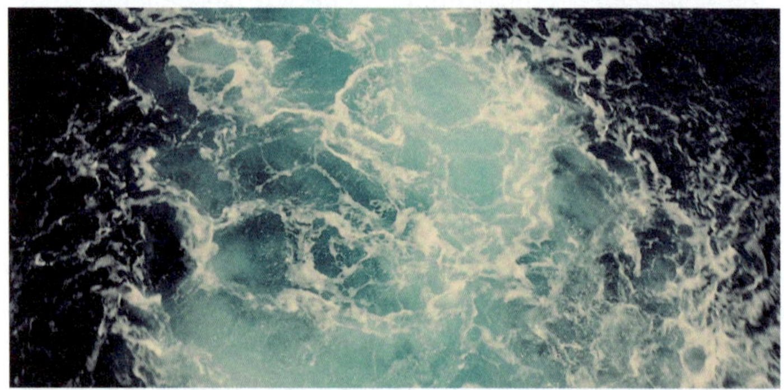

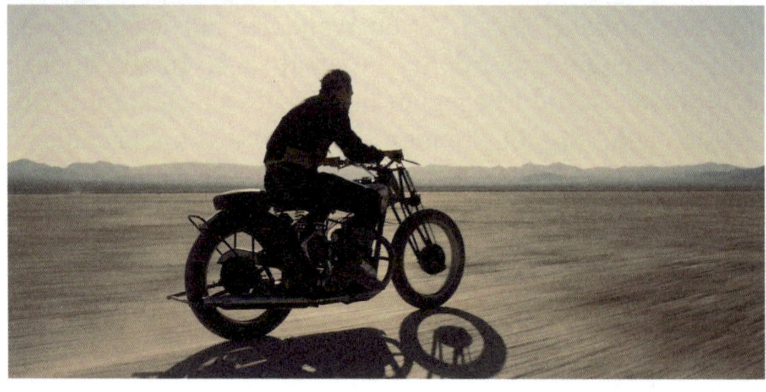

The Master (2012)

finden die beiden ganz und gar Ungleichen aneinander, das sie so sehr aneinander bindet?

In einer Szene umarmen sich die beiden auf dem Rasen vor Dodds neuster Residenz. Sie lassen sich nicht los, sondern stürzen zu Boden und rollen übers Gras. Dieses gegenseitige Umfangen ist Begehren und Hass zugleich, sowohl Kampf als auch Lust, beides unlösbar verknotet. «Deadlock», so nennt man im Englischen ein Dilemma, aus dem es keinen Ausweg gibt, weil die zur Auswahl stehenden Alternativen sich gegenseitig aufheben. Lancaster Dodd erhofft sich von seinem Patienten Bestätigung seiner abstrusen Theorien, und Freddie Quell möchte nichts so sehr, wie dem Guru diese Bestätigung geben. Doch weil beide so sehr dasselbe wollen, heben sich ihre Bemühungen gegenseitig auf. Es geht nicht vorwärts. Ein Deadlock ist es, worin die beiden Figuren gegenseitig gefangen sind und mit ihnen der ganze Film. Ebenso hermetisch wie sinnlos, ohne Anfang und Ende, ohne Botschaft und Moral wirkt dieser Ringkampf der Figuren miteinander und mit sich selbst, bei dem es keinen Sieger geben kann. Im gegenseitigen Deadlock verkeilt, kommt alles zum Stillstand: parallele Paralyse.

Man könnte diese Starrheit, das Gefühl, dass sich die Geschichte nie recht entwickelt, als Schwäche von Andersons Film sehen, als schieres Unvermögen, das Publikum in das Geschehen zu involvieren. Tatsächlich aber bewahrt genau seine Unzugänglichkeit den Film davor, die in ihm angeschnittenen Themen allzu leicht zu nehmen. Offenbar war eine der zentralen Referenzen für The Master John Hustons erschütternder Dokumentarfilm Let There Be Light von 1946, aus dem Anderson Szenen und Dialogzeilen übernommen hat. Als letzter von drei Dokumentarfilmen, die Huston im Auftrag des US-Militärs realisiert hat, berichtet Let There Be Light aus jenen psychiatrischen Anstalten, in denen man die vom Krieg traumatisierten Soldaten zu heilen versuchte. Doch die Regierung empfand den Anblick psychisch verwundeter Soldaten als allzu erschreckend für die Öffentlichkeit und hielt darum Hustons Film bis 1980 unter Verschluss. Tatsächlich schockieren noch heute die Aufnahmen junger Männer, die ihre Beine nicht mehr bewegen können, obwohl ihnen organisch nichts fehlt, die zittern und stottern oder starr vor Angst ins Leere schauen. Zwar zeigt Hustons Film am Ende den vermeintlichen Sieg der Therapie über das Trauma und die Entlassung der Soldaten aus dem Krankenhaus, an Heilung mag man jedoch nicht recht glauben. Allzu viele andere Patienten bleiben winkend zurück, als der Bus mit den Genesenen davonfährt. Und auch von jenen, die als geheilt entlassen werden, haben viele die Rückkehr in die Gesellschaft nie geschafft. Ihre Wunden sind unverheilt geblieben. Ein solcher Verwundeter, der nie ins Normale zurückfinden kann, ist auch Freddie Quell und sein verkrümmter, steifer Körper das Mahnmal jenes unnennbaren Schreckens, dem er im Krieg begegnet ist. «Wie Gedenksteine der in der Tiefe begrabenen Erinnerungen - starr und unabänderlich wie ein Denkmal», so hat der Psychoanalytiker Sándor Ferenczi in seinen Arbeiten zur Kriegsneurose jene körperlichen Lähmungserscheinungen genannt, an denen die Soldaten litten. Die Traumatisierung - auch sie ist ein Deadlock, im wortwörtlichen Sinne.

So fungieren denn die mitunter wie gefroren wirkenden Vexierbilder von The Master ebenfalls als starre Denkmäler für die psychische Versehrung seiner Hauptfigur. Zugleich aber vermeidet es der Film, diese Wunden der Seele benennen zu wollen. Ist das Trauma schon seinem Namen nach nichts als eine Wunde, ein Loch, ein Riss, der sich nie positiv fassen lässt, so bleibt auch Freddies Trauma in The Master bis zuletzt eine Leerstelle, eine rätselhafte Absenz.

Und es ist ebenjenes Loch, das die verschiedenen Therapien zu stopfen versuchen, die im Amerika der Nachkriegszeit aufkommen: Hypnosetherapie, Psychotherapie, Psychoanalyse, aber eben auch jener Mystizismus à la Scientology, wie ihn Lancaster Dodd verkündet - das alles sind lauter Heilsangebote für eine unwiderruflich verunsicherte Gesellschaft. Andersons Film schaut diesen mitunter schrecklich schmerzhaften Versuchen zu, merkwürdig zurückhaltend und neutral. Ja, er scheint dem Sektenführer sogar gute Absichten zuzugestehen: «Wenn wir ihm nicht helfen, so haben wir versagt», meint Lancaster Dodd auf die Frage seiner Familie, ob dem unberechenbaren Freddie denn überhaupt noch zu helfen sei.

Doch ahnt der Guru wohl nicht, wie wahr seine Worte sind. Freddie wird zum Testfall, an dem sich die Sekte zu beweisen hat und prompt scheitert. Auch der größte Sektenkritiker mag sich über dieses Versagen nicht freuen. Und das ist die eigentliche Provokation von The Master: dass er sich nicht zu einer Grundsatzdiskussion hinreißen lässt. Das Problem mit Dodds Gemeinschaft, so die pragmatische Haltung des Films, ist nicht, dass sie eine Sekte ist, sondern vielmehr, dass ihre Therapien nicht funktionieren. Wenn man zuschauen muss, wie der verzweifelte Freddie bei einer der vielen Gruppenanalysen zwischen Fenster und Wand hin und her laufen muss und verbissen Fortschritte zu machen versucht, würde man sich wünschen, Lancaster Dodds dubiose Methoden würden tatsächlich heilen.

Doch die Erlösung bleibt aus. Einmal wird Dodd zusammen mit Freddie in die Wüste hinausfahren, zu einer ganz besonderen Therapiesitzung: «Das Spiel heißt: Wähle einen Punkt. Man sucht sich ein Ziel und fährt mit dem Motorrad gerade darauf zu, so schnell man kann.» Nachdem er selbst gefahren ist, lässt der Meister seinen Patienten aufsitzen. Dieser wählt einen Punkt am Horizont, rast davon und kommt nicht mehr zurück. Das Motorrad verschwindet am Horizont. Die Wege haben sich endgültig getrennt, kein Schnittpunkt mehr, nirgends. Die beiden Figuren sind wieder alleine mit ihrer Gespaltenheit, der nie zu schließenden Kluft in sich drin. Wie singt Aimee Mann doch während des Vorspanns von Magnolia:

One is the loneliest number that you'll ever do
two can be as bad as one
it's the loneliest number since the number one.

Sándor Ferenczi: «Über zwei Typen der Kriegshysterie» (1916) in: Bausteine zur Psychoanalyse. Bd. III. Bern, Stuttgart 1964.

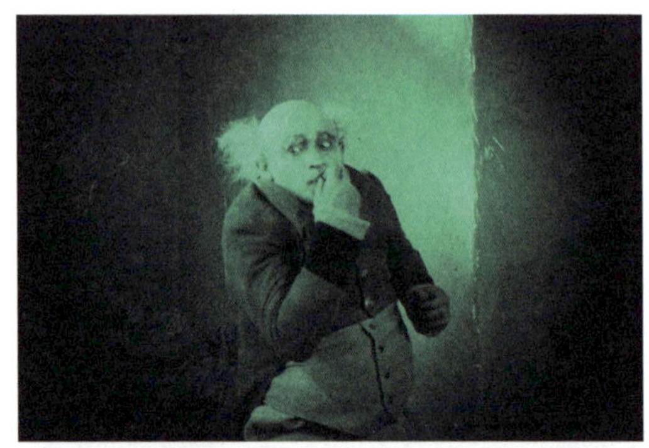

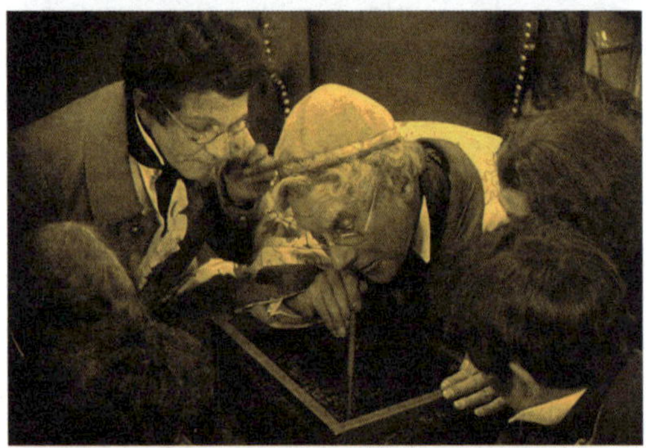

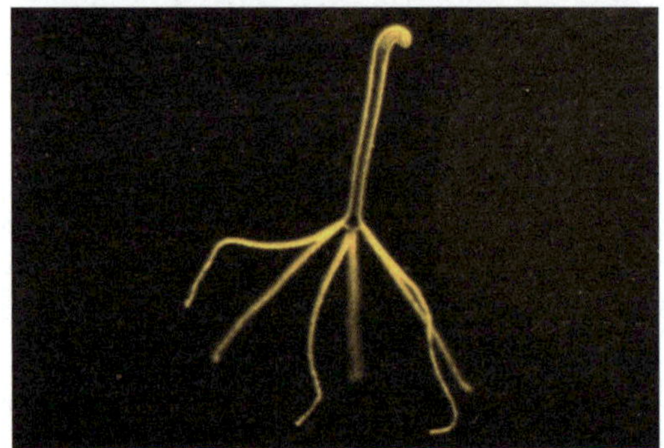

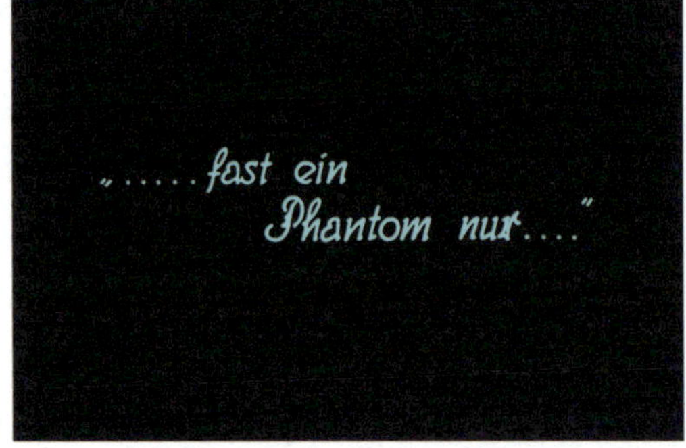

Nosferatu (1922)
Regie: F. W. Murnau

Unvorhersehbares

Wissenschaft und/als Film

In Friedrich Wilhelm Murnaus Nosferatu, genau in der Mitte des Films, sehen wir den wahnsinnigen Häusermakler Knock, der Fliegen essend in seiner Irrenhauszelle der Ankunft seines Meisters, des Vampirs Graf Orlok, entgegenfiebert. In diese Szene ist aber noch eine zweite eingeschnitten, die den Unterricht des Wissenschaftlers Professor Bulwer zeigt, der mit seinen Studenten, über ein Aquarium gebeugt, die Rätsel der Wasserlebewesen untersucht. Und so sehen wir die mikroskopische Aufnahme eines Süßwasserpolypen, der seine Fangarme um einen Einzeller schlingt und sich diesen einverleibt. Den Kommentar des Professors – «... ein Polyp mit Fangarmen ... durchsichtig ... fast körperlos ... fast ein Phantom nur ...» – verstehen wir dabei natürlich sogleich auch als Anspielung auf jene andere Bedrohung, von der der Professor zu diesem Zeitpunkt noch gar nichts ahnt.

Offensichtlich sollen hier Naturphänomene und der herannahende Vampir in Analogie gebracht werden. Doch genau das ist es auch, was diesen Einschub so irritierend und beunruhigend macht. Die Laboraufnahme aus dem Aquarium wird im Kontext dieses Films plötzlich selbst zu einer Geistererscheinung, von der wir nicht recht wissen, wo sie herkommt. Wissenschaft, von der man doch hätte annehmen können, dass sie den Aberglauben ausmerzt, erscheint hier als unerklärlicher Spuk. Der präzise wissenschaftliche Blick macht uns die Welt nicht klarer, sondern unheimlicher.

Vor allem aber entpuppt sich hier Murnaus Film selbst als vampiristisch: denn so wie Graf Orlok das Blut seiner Opfer und der Polyp den Einzeller, so verleibt sich auch Murnaus Film fremdes Material ein. Buchstäblich mittendrin, im Herzen des Films finden wir die Überreste eines anderen Filmkörpers. Tatsächlich stammen die Bilder des Polypen nicht von Murnau. Vielmehr handelt es sich um Aufnahmen aus Wissenschaftsfilmen der Zeit, deren Herkunft nicht eindeutig ausgewiesen ist, die man aber so ähnlich bei Murnaus Zeitgenossen findet, dem Zoologen und Pionier der wissenschaftlichen Mikrokinematografie Otto Storch. So vermischen sich in Nosferatu nicht nur unterschiedliche Filmkörper, sondern mit ihnen auch zwei Gattungen, die man doch üblicherweise säuberlich getrennt hält: fiktionaler Spiel- und wissenschaftlicher Gebrauchsfilm. Deren Bewertung ist denn auch traditionellerweise höchst unterschiedlich. Während wir in Spielfilmen (wie jenen von Murnau) gelernt haben, Kunstwerke zu sehen, gilt der Gebrauchsfilm, wie sein Name schon andeutet, bis heute als bloßes Mittel zum Zweck der Schulung oder Forschung ohne eigenen Wert, das sogleich vergessen wird, wenn «bessere» Visualisierungsmethoden erfunden sind. In der Tat: Wem von jenen, die Murnau kennen, ist auch der Name Otto Storch ein Begriff?

Wissenschaft als Attraktion

Eben deswegen aber ist diese merkwürdige Szene aus Nosferatu so bedeutsam: weil sie an eine Kinotradition erinnert, in der wissenschaftlicher Blick und fantastische Imagination sich noch nicht gegenseitig ausschließen. Tatsächlich schlägt Murnau hier eine Brücke zurück in die Nuller- und Zehnerjahre des 20. Jahrhunderts, in denen (populär)wissenschaftliche Kurzfilme mit mikroskopischen Aufnahmen von Zellbewegungen, Unterwasserbildern aus Aquarien oder Zeitrafferaufnahmen vom Pflanzenwachstum eine auch beim großen Publikum durchaus beliebte Jahrmarktsattraktion waren. Unter Überschriften wie «The Unseen World» (so der Titel der 1903 vom Zoologen Francis Martin Duncan produzierten ersten populärwissenschaftlichen Filmserie) konnte man als Kuriosität bestaunen, was die Mikroskope in den zeitgenössischen Labors und die Kameras auf dem Feld der Forschung an Bilddaten erzeugten. Wissenschaftliches Studienmaterial ist somit Teil dessen, was der Filmhistoriker Tom Gunning mit dem Begriff «Kino der Attraktionen» bezeichnet hat: jene frühe Filmkultur des Variétés und Jahrmarkts, in der nicht stringente Geschichten, sondern vielmehr die schieren Schauwerte des noch jungen Mediums ausgestellt werden sollten. Murnau, obwohl selbst bereits ein Virtuose des filmischen Erzählens (wie er denn auch mit Meisterwerken wie Der letzte Mann und Sunrise weiter unter Beweis stellen sollte), macht hier also noch beides zugleich, Narrations- ebenso wie Attraktionskino.

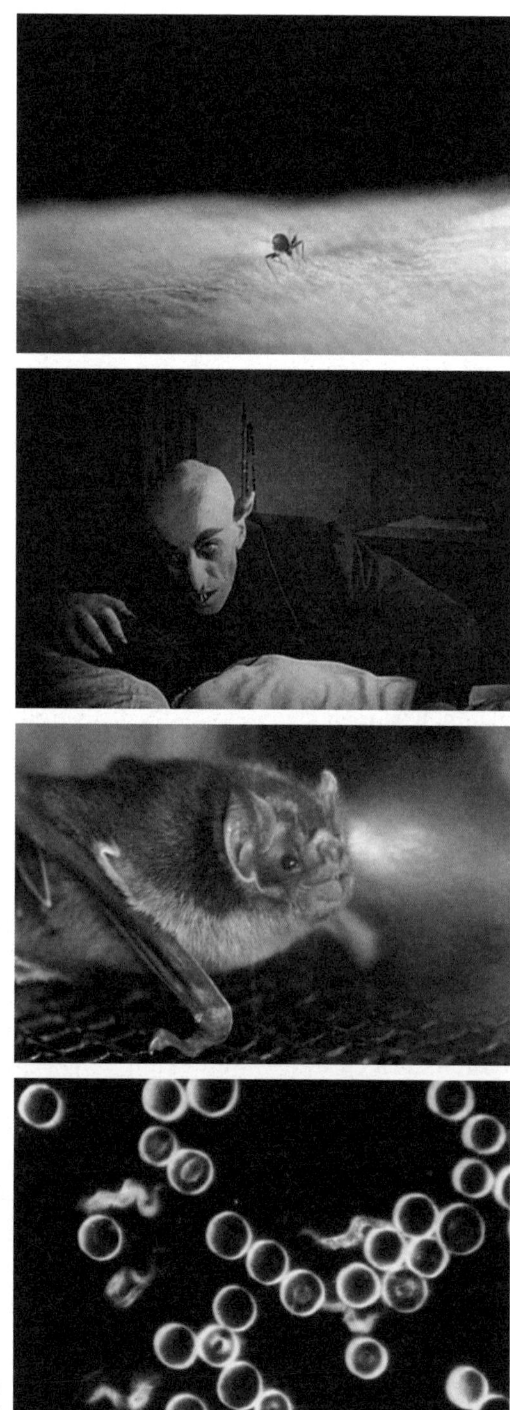

Le Vampire (1945)
Regie: Jean Painlevé

Künstlerische Forschung

Murnau baut die wissenschaftliche Mikroaufnahme sozusagen als verblüffenden Spezialeffekt in seinen Horrorfilm ein, um damit den Eindruck des Fantastischen noch zu verstärken. Interessanterweise findet man vonseiten der Wissenschaft das exakte Gegenstück dazu, und zwar in den außergewöhnlichen Naturfilmen des französischen Regisseurs, Forschers, Erfinders, Physikers und Biologen Jean Painlevé. Sein zwischen 1939 und 1945 entstandener Dokumentarfilm Le Vampire, in dem beobachtet und erläutert wird, wie eine Fledermaus ein Meerschweinchen betäubt und dessen Blut saugt, nimmt explizit auf Murnaus Film Bezug. Beim Verweis auf die reiche Kulturgeschichte des Vampirmythos schneidet Painlevé nämlich kurzerhand Szenen aus Nosferatu ein.

Hatte Murnau seinem Spielfilm wissenschaftliches Found Footage einverleibt, so revanchiert sich Painlevé, indem er nun umgekehrt die Aufnahmen des Stummfilmklassikers in die wissenschaftliche Studie integriert.

Der Vampirismus funktioniert somit in beide Richtungen: Spiel- und Wissenschaftsfilm ernähren sich gegenseitig voneinander. Heraus kommt bei Painlevé damit ein verblüffendes Hybridwesen, gleichsam ein verschlingender Polypenfilm, der keine Kategoriegrenzen zu respektieren scheint. Denn nicht nur, dass Painlevé in direkten Bilderausstausch mit dem Spielfilm tritt, auch sonst bestückt er seine Filme mit Elementen, die mit dem wissenschaftlichen Anspruch in Kontrast zu stehen scheinen: Seinen Le Vampire (wie später auch Les Assassins d'eau douce von 1947) unterlegt er mit Jazzmusik von Duke Ellington. Oursins (1954), ein Film über die Seeigel, hat einen Soundtrack aus «organisierten Geräuschen» in Hommage an seinen Freund, den modernen Komponisten Edgar Varèse, und in einem seiner schönsten Filme, Les Amours de la pieuvre (1965) über das Liebesleben der Tintenfische, wird der Soundtrack vom «musique concrète»-Künstler Pierre Henry gestaltet. Wissenschaft trifft in diesem Moment auf Avantgarde.

Wissenschaft als Surrealismus

Kein Wunder, war Painlevé, als er in den Zwanzigerjahren an der Pariser Akademie der Wissenschaften über das Potenzial des Mediums Film für die Forschung referierte, vielen seiner Zuhörern einigermaßen suspekt. Dafür machte er in der Bewegung des Surrealismus umso mehr Furore, wo man in seiner Verschränkung von Präzision und Poesie eben jene Übersteigerung des Realismus erkannte, die dem Surrealismus den Namen gab. Denn so wie der Surrealismus nicht einfach das Gegenteil der Realität propagiert, als vielmehr eine Über-Realität, eben eine «sur-realité», so ist auch bei Painlevé das Fantastische nicht das Gegenteil, sondern die Folge von wissenschaftlich genauer Betrachtung. Sein Text «Exemple de surréalisme: le cinéma», erschienen 1924 in der ersten (und einzigen) Ausgabe der Zeitschrift «Surréalisme», ist zugleich auch ein Manifest für ein dokumentarisches Kino, das sich ganz auf die in der Realität beobachteten Vorgänge einlässt. Das lernte man schließlich auch in den Bildungsinstitutionen schätzen, was zu der außergewöhnlichen Situation führte, dass alsbald Painlevés Filme sowohl als Avantgarde-Kunst gezeigt wie auch als Schulfilme im Unterricht eingesetzt wurden.

Als vielleicht wichtigster Innovator des wissenschaftlichen Films wird Painlevé schließlich 1930 das auch heute noch existierende Institut de cinématographie scientifique gründen, das sich der Herstellung und dem Vertrieb von Forschungs- und Unterrichtsfilmen in allen Sparten der Wissenschaft widmete. Painlevé selbst tourte mit seinen Filmen durch die französischen Filmklubs, wo er mit einer Kombination aus Vortrag und Filmvorführung dem Publikum den Reiz des wissenschaftlichen Films vermittelte, wobei er ebenso virtuos Fragen der Biologie wie auch technische Probleme des Farbfilms oder Verfahren der filmischen Rauminszenierung erörterte. So hat dieser solitäre Freigeist, der nie einer Forschungsinstitution angehörte, außer jenen, die er selbst gründete, denn auch weit über die Filmpädagogik und Wissenschaftsvermittlung hinaus seine merkwürdigen Spuren hinterlassen.

Bei Georges Franju etwa, für dessen skandalösen Dokumentarfilm Le Sang des bêtes über die Schlachthäuser von Paris Painlevé den Offkommentar verfasste. Auch wer sich Franjus späteren Thriller Les Yeux sans visage ansieht, in dem ein Chirurg versucht, seiner nach einem Unfall entstellten Tochter die Gesichter fremder Mädchen zu verpflanzen, wird in der verstörenden Mischung aus Fantastik und geradezu chirurgischer Präzision unschwer das Erbe Painlevés erkennen. Und wenn in einer der Szenen die Abstoßung eines Gesichtstransplantats als Serie von mittels Voice-over kommentierten Standbildern gezeigt wird, glaubt man tatsächlich medizinische Laboraufnahmen zu betrachten.

Die Geburt des Films im Labor

Was indes Painlevé über seine konkreten Einflüsse hinaus bis heute so faszinierend macht, ist, dass er uns dazu anhält, die Geschichte des Films im Verhältnis zur Wissenschaft neu zu überdenken: nicht als zwei voneinander getrennte, sondern als notwendig verbundene Terrains. In seinem letzten Film, Les Pigeons du square (1982), sehen wir den mittlerweile achtzigjährigen Painlevé auf einer Bank sitzen, wie er einer Schar Kinder die genaue Beobachtung der im Park herumflatternden Tauben beibringt.

In diesem «Klassenzimmer ohne Wände», wie er es nennt, demonstriert Painlevé noch einmal sein sagenhaftes Talent als Redner und Vermittler wissenschaftlicher Neugier, aber auch als virtuoser Filmtechniker, der mit Close-ups und Zeitlupenaufnahmen zoologische Forschung betreibt, Entwicklungszyklen in cleveren Montagesequenzen rafft und mittels Kadrage Menschen und Tiere plötzlich in Dialog geraten lässt.

Doch zugleich erinnert Painlevé mit diesem bewegenden Abschiedsgruß nicht nur an seine eigenen Anfänge, sondern auch an die des Mediums Film an sich: Les Pigeons du square ist Étienne-Jules Marey gewidmet, jenem Physiologen und Erfinder, dessen Phasenfotografien von Bewegungsabläufen bei Tieren überhaupt am Anfang der Erfindung des Films stehen. Wie zuvor schon Eadweard Muybridge hatte Marey mit seiner eigens erfundenen «fotografischen Flinte» (eine Kombination aus Gewehr und Kamera) Bewegungen auf Fotopapier festgehalten, denen das Auge nicht folgen kann, und damit den Prototyp jener Bilderabfolge geliefert, wie man sie später vom Filmstreifen her kennen sollte. An einer Stelle von Painlevés Film sieht es gar aus, als habe er Mareys Taubenbilder genommen und sie zur bewegten Sequenz animiert.

Am Ende seines Lebens ruft Painlevé damit noch einmal in Erinnerung, dass sich das Kino von der Wissenschaft gar nicht separieren lässt, weil es nämlich selbst aus den Laboren der Wissenschaft stammt und von diesen zuallererst als ein Instrument ihrer Forschung entwickelt wurde.

So schreibt auch André Bazin im Zusammenhang mit Painlevés Filmen: «Als Muybridge und Marey die ersten wissenschaftlichen Forschungsfilme machten, erfanden sie damit nicht nur die Technik des Films, sondern auch dessen reinste Ästhetik. Denn das ist das Wunder des Wissenschaftsfilms, sein unerschöpfliches Paradox. Am äußersten Punkt des hartnäckigen, zweckmäßigen Forschens, wo künstlerische Intention absolut keinen Platz hat, entfaltet sich die Schönheit des Films als zusätzliche, übernatürliche Gabe.»

Was viele am Werk von Painlevé so verwundert, nämlich die mühelose Verbindung von Poesie und Wissenschaftlichkeit, wäre also laut Bazin eine, die dem filmischen Medium immer schon innewohnte. Und so erscheint die strikte Unterscheidung zwischen wissenschaftlichem und künstlerischem Film, an die wir uns unterdessen gewöhnt haben, als eigentlich irreführend. Richtig ist vielmehr, dass die Geschichte des Films mit jener der Wissenschaft unauflöslich verwoben ist, so wie auch manche ihrer frühen Förderer in beiden Bereichen zugleich zu Hause waren: Auguste Lumière, den wir zusammen mit seinem Bruder Louis als Erfinder des Films kennen, sah sich selbst vor allem als Forscher in der Biomedizin und der Pharmakologie, und derselbe Thomas Alva Edison, der zu Phonographie, Telegrafie und elektrischem Licht forschte, ließ auf seinem Laborgelände auch das erste kommerzielle Filmstudio der Welt bauen.

Das Filmstudio als Forschungsabteilung

Doch nicht nur, dass der Film seine Ursprünge im Labor hat, er bleibt auch später immer auf wissenschaftliche Forschung angewiesen. Nichts am Film, weder seine Apparaturen, noch seine Materialien, noch seine Verfahren wären denkbar ohne die entsprechenden Experimente und Untersuchungen auf dem Weg ihrer Entwicklung. Während wir uns die Filmgeschichte gerne als Abfolge glorioser Filme und ihrer künstlerischer Ambitionen erzählen, ist sie doch eigentlich mindestens so sehr, wenn nicht gar noch stärker, eine Geschichte der Ingenieurskunst. In den Gerätschaften des Kinos, von der Kamera bis zum Projektor und vom Zelluloidstreifen bis zur Festplatte, ist überall avancierteste Wissenschaft verbaut, und die Filmstudios waren immer auch Forschungsabteilungen in Physik, Chemie, Physiologie und Wahrnehmungspsychologie.

Im Gegenzug setzt die Wissenschaft diese neuen Wahrnehmungsapparate kurzerhand in ihren jeweiligen Fachgebieten ein, sei es, um psychiatrische Diagnosen zu stellen oder chirurgische Eingriffe zu erleichtern oder zur Beobachtung von astrophysikalischen Prozessen, Metamorphosen in Flora und Fauna bis zum Nachweis von Molekularbewegungen. Der Philosoph Henri Bergson bringt diese grundlegende Affinität zwischen Film und wissenschaftlicher Praxis auf den Punkt, wenn er schon 1907 erklärt, die ganze moderne Wissenschaft folge dem «kinematographischen Mechanismus». Tatsächlich kann man für die einzelnen wissenschaftlichen Disziplinen wie auch die Wissenschaftsgeschichte an sich einen regelrechten *cinematic turn* beschreiben, wie dies exemplarisch Lisa Cartwright in ihrem Buch «Screening the Body» getan hat, wo sie die neuen visuellen Praktiken und die Verwendung des Films in der Medizin um die Jahrhundertwende analysiert.

Geräte schaffen Tatsachen

Wie weitreichend die Umwälzung eines solchen *cinematic turn* ist, wird einem klar, wenn man begreift, dass mit dem Einsatz eines neuen Aufnahme- und Messgeräts in der wissenschaftliche Praxis unweigerlich die Wissenschaft selbst umgestaltet wird. Neue Apparate - das haben Wissenschaftsgeschichte und Laborsoziologie eindrücklich gezeigt - sind nämlich niemals einfach nur bessere Lösungen für alte Probleme. Vielmehr stellen sie die Wissenschaft immer auch vor ganz neue Aufgaben und verändern damit nicht zuletzt, was man überhaupt unter Wissenschaft versteht. So hat sogar das, was doch angeblich von Beobachtung unbeeinflusst sein soll, nämlich die «wissenschaftliche Objektivität» selbst, eine Geschichte, die abhängig ist von den jeweiligen Medientechniken, derer man sich bedient. Ob man Zeichenstift, Fotokamera oder computerbasierte Datenauswertung zur Verfügung hat, verschiebt unweigerlich unsere Vorstellung davon, was als objektive Erkenntnis durchgehen kann. Dabei bedeuten diese Verschiebungen nicht bloß einen simplen Zuwachs an Wissen in dem Sinne, dass man mit neuen Methoden den früheren Untersuchungsgegenstand einfach immer genauer erkennen würde. Vielmehr entstehen durch die neuen Arbeitsinstrumente und ihre jeweilige Experimentalanordnung überhaupt erst neue Untersuchungsgegenstände, neue wissenschaftliche Objekte.

Die Entdeckung der Quantenphysik etwa, dass bei der Beobachtung atomarer Phänomene die Beobachtung selbst schon die Phänomene beeinflusst, erklärt der Wissenschaftstheoretiker Ludwik Fleck zum Normalfall jeglicher wissenschaftlicher Erkenntnis, wenn er in seinen bahnbrechenden Arbeiten festhält: «Beobachten, Erkennen, ist immer ein Abtasten, also wörtlich Umformen des Erkenntnisgegenstandes.» Entgegen unserer gewohnten Vorstellung sind Untersuchungsobjekte also nicht vorgängig vorhanden und werden dann anschließend untersucht, sondern sie entstehen erst als Resultat der Untersuchung. Wissenschaftliche Tatsachen werden gebildet nach dem Massstab einer «gerichteten Wahrnehmung», eines bestimmten «Denkstils», wie das Fleck nennt. Dabei sind als Teil des Denkstils durchaus auch jene Apparate mitgemeint, die einerseits aufgrund eines bestimmten Denkstils entwickelt wurden, die aber ihrerseits einen bestimmten Denkstil mit- und umformen, Apparate zum Beispiel wie die Filmkamera.

Interessanterweise finden wir genau dieselbe Überlegung von der beobachtenden Umformung auch bei Jean Painlevé, wenn er in seinen «Zehn Geboten» von 1948 schreibt, jeder dokumentarische Film müsse so gedreht werden, dass die Überzeugungen der Person hinter der Kamera zum Ausdruck kämen. Das scheint eine unsinnige Anweisung, wo man doch denken sollte, bei der wissenschaftlich dokumentarischen Betrachtung dürfe die subjektive Perspektive keine Rolle spielen. Offenbar aber war Painlevé ganz einfach wissenschaftstheoretrisch klug genug, um zu wissen, dass es so etwas wie eine reine Beobachtung gar nicht gibt, sondern man vielmehr dazu gezwungen ist, die wechselseitige Umformung von Betrachter und Gegenstand immer mit zu reflektieren.

Entkörperlichte Blicke

Der Film ist kein neutrales Werkzeug, sondern durch das Wissen und den Denkstil, das in ihm verbaut ist, immer schon «gerichtet». Er ermöglicht also eine Wahrnehmung, die bereits vorformatiert ist und entsprechend auch das Beobachtete in bestimmter Weise formatiert. Diese mangelnde Neutralität des Films ist aber weniger ein Problem als vielmehr genau das, was ihn für die Wissenschaft interessant macht. Die Tatsache zum Beispiel, dass die Wahrnehmung im Kino zwangsläufig eine andere ist, als wir sie von unseren Wahrnehmungsorganen kennen, dass die Perspektiven der Kamera nie kongruent sind mit unserem Blick, erkennen Filmemacher und Theoretiker wie Dziga Vertov oder Walter Benjamin schon früh nicht als Nach-, sondern als eigentlichen Vorteil des Mediums.

Die Kamera ist gerade nicht Vertreterin des menschlichen Auges, sondern ermöglicht ein entkörperlichtes Sehen, das dann wiederum für die Wissenschaft interessant ist, etwa beim Einsatz in der medizinischen Endoskopie, wenn es darum geht, das Innere von lebenden Organismen zu untersuchen. Tatsächlich kann es Ansichten aus dem Inneren einer funktionierende Speiseröhre nur geben, wo der Blick an ein externes Sehgerät delegiert werden kann, das klein genug ist, um geschluckt zu werden. Science-Fiction-Filme wie Richard

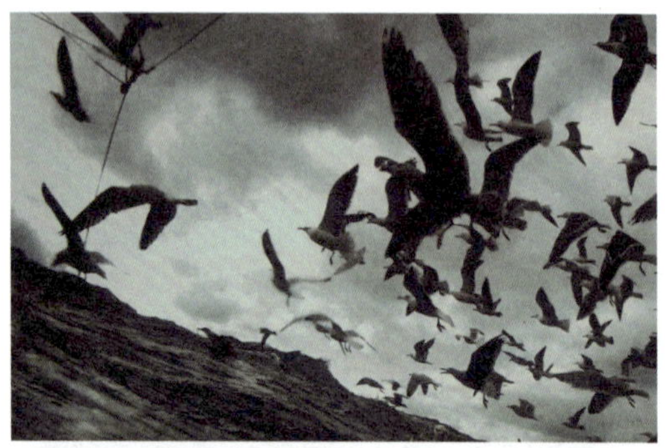

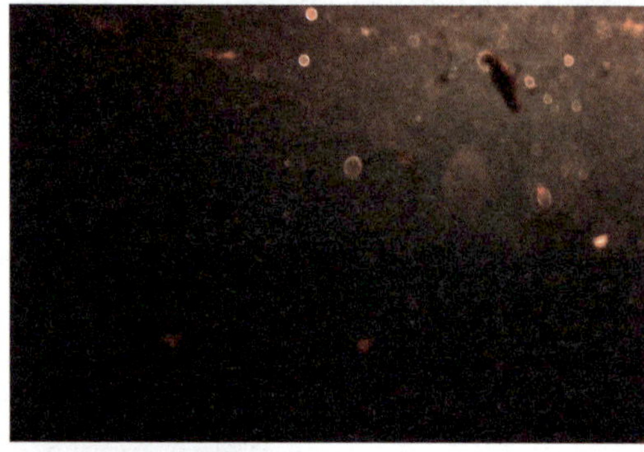

Leviathan (2013)
Regie: Lucien Castaing-Taylor
und Véréna Paravel

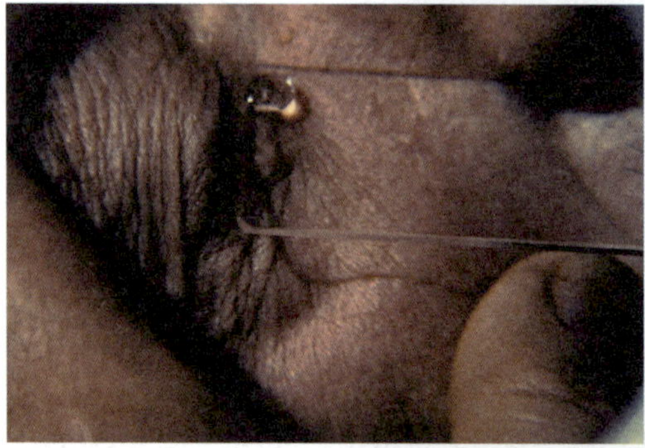

Fantastic Voyage (1966)
Regie: Richard Fleischer

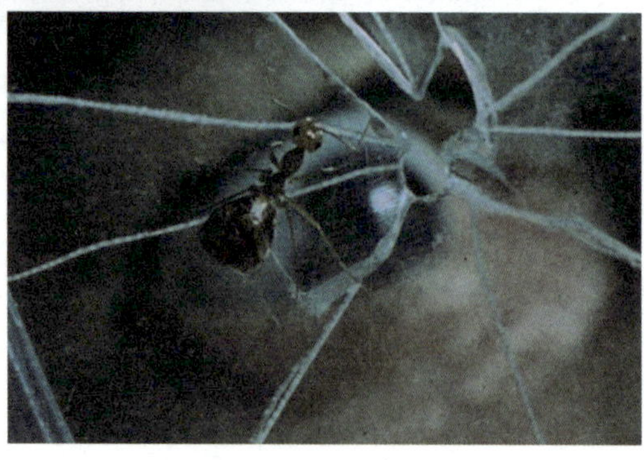

Phase IV (1974)
Regie: Saul Bass

Fleischers Fantastic Voyage (1966), in dem ein ganzes Medizinteam sich samt U-Boot schrumpfen lässt, um dann durch den Körper eines Patienten zu reisen und in dessen Hirn mit Laserkanonen eine Operation vorzunehmen, formulieren also nur als Story aus, was filmtechnisch eigentlich bereits Sache ist. Die neusten Entwicklungen in der Nanochirurgie wiederum haben das, was in Fleischers Film noch pure Fantasie war, unterdessen bereits übertrumpft.

Die Praxis des an Apparate ausgelagerten Blicks, wie er in der Medizin dank filmtechnischer Grundlagenforschung üblich wird, kann dann wiederum für die Filmästhetik inspirierend sein: Der für seine Filmvorspanne berühmt gewordene Graphic Designer Saul Bass setzt in seinem einzigen Langfilm, der Science-Fiction-Dystopie Phase IV ganz auf die mikroskopischen Ameisenaufnahmen des Tierfilmers Ken Middleham, dessen Objektiv bis in die Insektenbauten hineinzukriechen scheint. Der wissenschaftliche Erkenntniswert von Phase IV liegt dabei gewiss nicht in der Story um eine feindliche Übernahme der Weltherrschaft durch Ameisen, sondern viel grundsätzlicher darin, wie dieser Film buchstäblich die Optik verschiebt und das Verhältnis von Mensch und Insekt neu anordnet.

Und so praktiziert auch der experimentelle Dokumentarfilm Leviathan (2013) von Lucien Castaing-Taylor und Véréna Paravel gleichsam einen endoskopischen Blick in der Außenwelt, in dem sie ihre miniaturisierten GoPro-Kameras statt in Magenhöhlen in die Netze eines Fischerbootes werfen. Von dort erreichen uns Ansichten, wie wir sie buchstäblich noch nie gesehen haben, weil wir mit unseren eigenen Augen nie so sehen könnten. Das *Sensory Ethnography Lab* der Universität Harvard, an dem dieser Film entstanden ist, versteht sich zu Recht auch als wissenschaftliches Institut, in dem die filmästhetischen Experimente als das behandelt werden, was sie eigentlich immer schon waren: Forschung an der menschlichen Wahrnehmung.

Wissenschaftsgeschichte, neu gesehen

Ein anderes zwischen Spielfilm und Wissenschaft vermittelndes Experiment war die von Steven Soderbergh inszenierte Fernsehserie

The Knick (2014/15), in der anhand eines New Yorker Spitals und seiner Belegschaft die medizintechnischen und arbeitssoziologischen Umbrüche um 1900 porträtiert werden. Dabei spielen Figuren wie der Protagonist Dr. John Thackery auf eine ganze Literatur- und Filmgeschichte des rücksichtslosen Wissenschaftlers an, von Dr. Jeckyll und Victor Frankenstein bis zu den *mad scientists* des Kinos bei Fritz Lang, Georges Franju oder David Cronenberg. Am wissenschaftstheoretisch interessantesten aber war bei dieser Serie weniger ihre mehr oder weniger melodramatische Handlung als vielmehr ihre audiovisuelle Gestaltung. So hat Soderbergh dieses Kostümdrama in unangenehm überscharfem HD gedreht, das die Szenen wie Fernsehreportagen aussehen lässt, und mit dem Elektrosound von Cliff Martinez unterlegt. Die Vergangenheit mutet dabei wie unmittelbare Gegenwart an, als gäbe es ein gemeinsam mit unserer Zeit existierendes Paralleluniversum, in dem all die wissenschaftlichen Errungenschaften, deren Geschichte wir bereits vergessen haben, immer wieder neu errungen werden müssen. Hier wie auch in der thematisch ähnlich angelegten Serie Manhattan (2014) über das geheime US-Forschungsprogramm zum Bau der ersten Atombombe zeigt sich wissenschaftliche Erkenntnis nicht einfach als linearer Fortschritt, sondern als Prozess der Unterbrechungen und unerwarteten Ereignisse. Indem diese Serien von heute aus Rückschau halten auf die wissenschaftlichen Durchbrüche der Vergangenheit, wird klar, dass es immer auch anders hätte kommen können.

Praxis der Unwägbarkeit

Dass indes eben diese Unwägbarkeit und Unberechenbarkeit das zentrale Merkmal von Forschung per se ist, hat der Wissenschaftshistoriker Hans-Jörg Rheinberger mit seinen Arbeiten zur Geschichte des wissenschaftlichen Experiments gezeigt. Der von ihm entwickelte Begriff des «Experimentalsystems» meint denn auch genau das: eine Methode, mit der nicht etwa bloß bestätigt werden soll, was man bereits vermutet, sondern mit der man vielmehr unerwartete Ereignisse provozieren will. «Experimentalsysteme sind also äußerst trickreiche Anlagen; man muss sie als Orte der Emergenz ansehen, als Strukturen, die wir uns ausgedacht haben, um Nicht-Ausdenkbares einzufangen. Sie sind wie Spinnennetze. Es muss sich in ihnen etwas verfangen können, von dem man nicht genau weiß, was es ist, und auch nicht genau, wann es kommt. Es sind Vorkehrungen zur Erzeugung von unvorwegnehmbaren Ereignissen.» Wie Rheinberger selber verschiedentlich ausgeführt hat, ähnelt damit die wissenschaftliche Forschung also ganz stark den künstlerischen Prozessen, in denen es ja ebenfalls darum geht, im Atelier etwas entstehen zu lassen, von dem man am Anfang noch nicht genau weiß, was es ist.

Und so wäre auch der Film von Murnau bis Soderbergh und von Painlevé bis zu den Videoessayist*innen der Gegenwart als Experimentalsystem zu entdecken, in dem sogar die frühsten Filme bei jedem Wiedersehen noch neue verblüffende Daten produzieren. Die ganze Filmgeschichte ist eigentlich ein Arsenal an hochkomplexen Apparaten, die man nur in Betrieb zu setzen braucht, damit sie uns das zu sehen geben, was wir nicht vorhersehen konnten.

Andy Masaki Bellows, Marina McDougall, Brigitte Berg: Science is Fiction. The Films of Jean Painlevé. Cambridge 2000.

Lisa Cartwright: Screening the Body. Tracing medicine's visual culture. Minneapolis 1995.

Lorraine Daston, Peter Galison: Objectivity. New York 2007.

Ludwik Fleck: «Schauen, sehen, wissen» (1947), in: Erfahrung und Tatsache. Frankfurt a. M. 1983.

Tom Gunning: «The Cinema of Attraction[s]: Early Film, Its Spectator and the Avant-Garde» in: Wide Angle 8.3-4 (1986).

Hans-Jörg Rheinberger, Michael Hagner: Die Experimentalisierung des Lebens. Experimentalsysteme in den biologischen Wissenschaften 1850/1950. Berlin 1993.

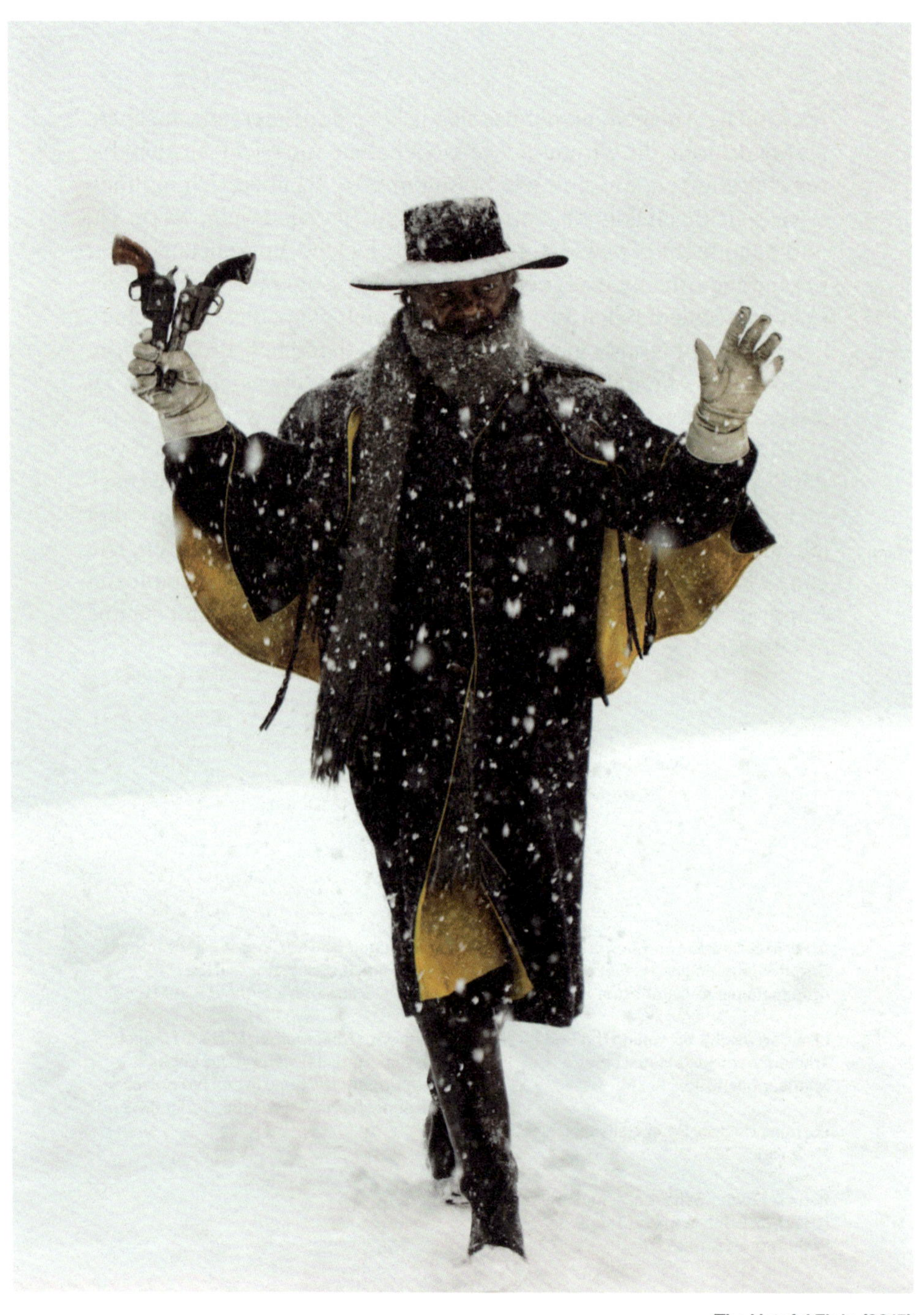

The Hateful Eight (2015)
Regie: Quentin Tarrantino

Whiteout

Eine Theorie des Schneewesterns

Der Western, das ist sengende Sonne und staubige Prärie. Das sind Gelb, Braun und Rot, die Farben des Sandes, der Erde und der Tafelberge des Monument Valley. Und darüber das Blau des weiten Himmels. Die Farben bilden das Koordinatensystem des Westerns: Sie geben Wege vor und markieren jenen Horizont, zu dem sich der einsame Cowboy immer wieder aufs Neue aufmachen muss. Beginnt es aber im Western zu schneien, ändert sich alles.

Mit den meteorologischen Aggregatzuständen wechseln auch die Regeln eines Genres. Im Schneegestöber verliert der Western seine Farben und seine Orientierung - buchstäblich und im übertragenen Sinn. So kann es denn auch nicht verwundern, dass sich Quentin Tarantino, der mit Django Unchained (USA 2012) bereits mit den Stereotypen des Westerns spielte, nun mit The Hateful Eight (USA 2016) seinen eigenen Schneewestern macht. Es war nur eine Frage der Zeit, bis dieser subversive Exeget des Genrekinos sich dieser faszinierenden Untergattung des amerikanischsten aller Filmgenres annehmen würde. Ist doch der Schneewestern zugleich Vertreter und Demontage einer Gattung: Der Schneewestern lässt uns verstehen, was der Western war und nun nicht mehr ist.

Grenzverlauf

«Das amerikanische Kino par excellence» nannte André Bazin bekanntlich den Western. Tatsächlich sind seine Motive jene der amerikanischen Ideologie per se. Wie das Großprojekt Vereinigte Staaten von Amerika dreht sich auch dessen prototypisches Filmgenre unentwegt um die Frage der Grenzziehung und Grenzüberschreitung. In einem damals nur wenig beachteten Referat an der Weltausstellung von Chicago 1893 beschreibt der Historiker Frederick Jackson Turner in seinem Essay «The Significance of the Frontier in American History» das Ende der Pionierzeit der USA. Dabei - so Turner - bestand diese Pionierzeit der Inbesitznahme Amerikas durch die weißen Siedlergruppen in einem Prozess fortwährender Grenzverschiebung Richtung Westen. Diese «Frontier» genannte unscharfe Grenzzone, wo besiedeltes in unbesiedeltes Land übergeht und der zivilisierte vom wilden Westen abgelöst wird, ist indes nicht nur eine historisch-geografische Tatsache, sondern bildet, so wurde etwa vom Kulturwissenschaftler Richard Slotkin argumentiert, eine ideologische Grundmatrix der gesamten amerikanischen Kultur.

Betrachtet man Darstellungen amerikanischer Siedlertrecks, wie etwa das populäre, viel kopierte Bild «Accross the Continent. Westward the Course of Empire Takes its Way» von Frances Flora Bond Palmer, sieht man darauf die Gegenüberstellung von besiedeltem Gebiet im Vordergrund und dem noch wilden, sich in den Horizont erstreckenden Land der Frontier, in das zwar bereits ein vereinzelter Treck wie auch die Eisenbahnlinie vorgestoßen sind, das es aber noch ganz in Besitz zu nehmen gilt. Der «pursuit of happiness», wie er in der amerikanischen Unabhängigkeitserklärung versprochen wird, ist demnach auch wörtlich zu nehmen, als eine Verfolgungsfahrt über den Kontinent.

Doch ist dies bei weitem nicht die einzige Frontier, die wir in diesem Bild entdecken können. Denn die Eisenbahnlinie, die ins unbesiedelte Land vordringt, fungiert zugleich als Grenze zwischen dem von Weißen bewohnten Gebiet links im Bild und jenen von Ureinwohnern besiedelten Landstrichen auf der rechten Seite des Bilds. Eine Grenze verläuft nicht nur zwischen Natur und Kultur, sondern auch zwischen verschiedenen Kulturen, jener der Weißen und der Indigenen. Und auch innerhalb der Gemeinde sind Schranken eingetragen, zwischen Männern, Frauen und Kindern, zwischen den holzschlagenden Arbeitern und den im Zug sitzenden Reisenden. Und schließlich zeigt das Bild auch noch jene absolute Frontier, den Horizont, die Grenze zwischen Erde und Himmel und damit stellvertretend auch zwischen Diesseits und Jenseits.

Es sind diese Grenzverläufe, die auch das Genre des Westerns konturieren, der Kontrast zwischen wilder und zivilisierter Landschaft, Stadt und Ranch, Weiße und Ureinwohner. Wo aber Schnee fällt, fängt er an, die Grenzen zuzudecken. Hatten die Siedler dort am Rand der Zivilisation zwischen ungezähmter Natur und gemütlicher Kultur mühsam eine Barriere errichtet, dann dringt mit dem Schnee die gefährliche Naturgewalt wieder mitten in die Wohnstätten ein und erobert sie zurück. Aus dem errungenen Boden wird wieder gefährliches Land. Und mit dem Schnee wird sich schließlich das einstellen, was man in der Meteorologie *Whiteout* nennt, jenes optische Phänomen, bei dem sich in einer Winterlandschaft Himmel und Erde farblich so sehr angleichen, dass die Linie des Horizonts verschwindet. Die Menschen scheinen dann im Nirgendwo eines gleißenden, endlosen Weiß zu schweben. Konturen und Schatten verschwinden, und es ist, als würde man sich in einem völlig leeren, unendlich ausgedehnten Raum bewegen. Im Whiteout geraten Orientierungs- und Gleichgewichtssinn durcheinander, Beklemmungs- und Angstgefühle stellen sich ein.

Diesen Zusammenbruch der Ordnungen zeigt denn auch ein Schneewestern wie André De Toths Day of the Outlaw (USA 1959) exemplarisch. Ist das (recht sprechend betitelte) Wyoming-Städtchen «Bitters» zerrissen vom Zwist zwischen dem Viehbaron Blaise Starrett und den anderen Farmern, so geraten mit dem Einzug einer Horde von Desperados in das Städtchen die Fronten durcheinander. Starrett soll die Schurken über einen verschneiten Pass führen, damit sie der Army, die bereits auf ihren Fersen ist, entfliehen können. Der Pass fungiert damit als Grenze zwischen Freiheit und Gefangenschaft, zwischen Gesetz und Gesetzlosigkeit.

Doch der Schnee macht die Grenzüberschreitung zum unmöglichen Unterfangen. «None of us is gonna make it», meint Starrett nüchtern zum Anführer der Outlaws, als es zu spät ist, noch umzukehren. Die Desperados sind konkret und im übertragenen Sinn in einem Whiteout gefangen. Desorientiert und hilflos müssen sie erkennen, dass es jenes versprochene freie Land jenseits der Grenze für sie nicht gibt. Vielmehr hat Starrett sie wissentlich in die Irre geführt, in jenes unendliche Whiteout, das man nie durchqueren wird, aus dem es kein Entrinnen gibt. Im Schnee kann man nur zugrunde gehen.

Sie gehören zugleich zu den grandiosesten und unerträglichsten Bildern der Filmgeschichte: die Pferde, die im tiefen Schnee versinken, wie sie schnauben und zittern und nicht vorwärtskommen, so sehr die Reiter sie auch peitschen mögen. Am Ende bleiben neben

Starrett von den Outlaws nur noch zwei übrig. Der eine erfriert allmählich, während er Wache schiebt. Auch als Leiche sind seine Augen noch starr geöffnet. Der andere ist nicht weniger hilflos. Untätig muss er zusehen, wie sich der Lotse davonmacht. Als er ihn erschießen will, gehorchen ihm seine Hände nicht mehr. Nutzlos liegt das Gewehr in den erfrorenen Fingern. Dass Blaise Starrett, dieser Held wider Willen, es am Ende hingegen doch noch zurück ins Städtchen schafft, mag man nicht recht glauben. Zu überzeugend waren seine Worte von der Unentrinnbarkeit des Schnees.

Schneeverwehung

Während De Toth zumindest vordergründig noch einen Ausweg lässt, hat in Sergio Corbuccis Meisterwerk Il grande silenzio (Italien 1968) der Schnee endgültig alles unter sich begraben. Hier sinken die Pferde schon während des Vorspanns ein und lassen ihre Reiter in den Schnee stürzen. Offensichtlich zitiert Corbucci hier seinen Vorgänger und macht dabei zugleich klar, dass jener Zustand hilfloser Verlorenheit, auf den De Toths Film zuläuft, bei ihm bereits den Normalzustand darstellt.

Der Film beginnt mit einem Whiteout, einem grenzenlosen Schneefeld, durch das sich ein einsamer Reiter bewegt. Woher er kommt, wohin er geht, weiß niemand zu sagen. Im weißen Nirgendwo gelten keine Landkarten. So macht Corbucci schon visuell die Hilf- und Rettungslosigkeit klar, in der die Figuren und mit ihnen auch das Publikum seines Films gefangen sind. Stellt der Italowestern sowieso unentwegt die Regeln des amerikanischen Westerns infrage, so führt dies Corbucci in seinem Film zum Extrem. Die sauberen Grenzen, von denen einst die Western handelten, haben sich verwischt, aufgelöst im Schnee.

Wenn später die Postkutsche, dieses klassische Westernvehikel, durch die Schneewüste fährt (auch dieses Motiv wird sich Tarantino von Corbucci ausleihen), dann herrscht im Wagen drin dasselbe Irrsal wie in der Landschaft draußen. Da ist der von Klaus Kinski gespielte Kopfgeldjäger Loco, der angeblich dem Gesetz zu seinem Recht

Day of the Outlaw (1959)
Regie: André de Toth

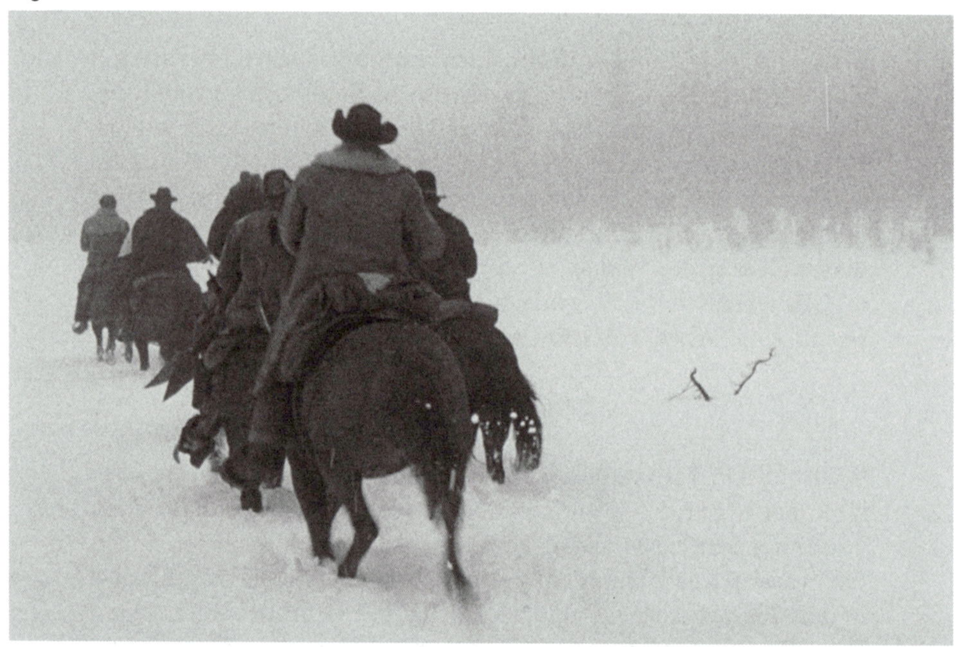

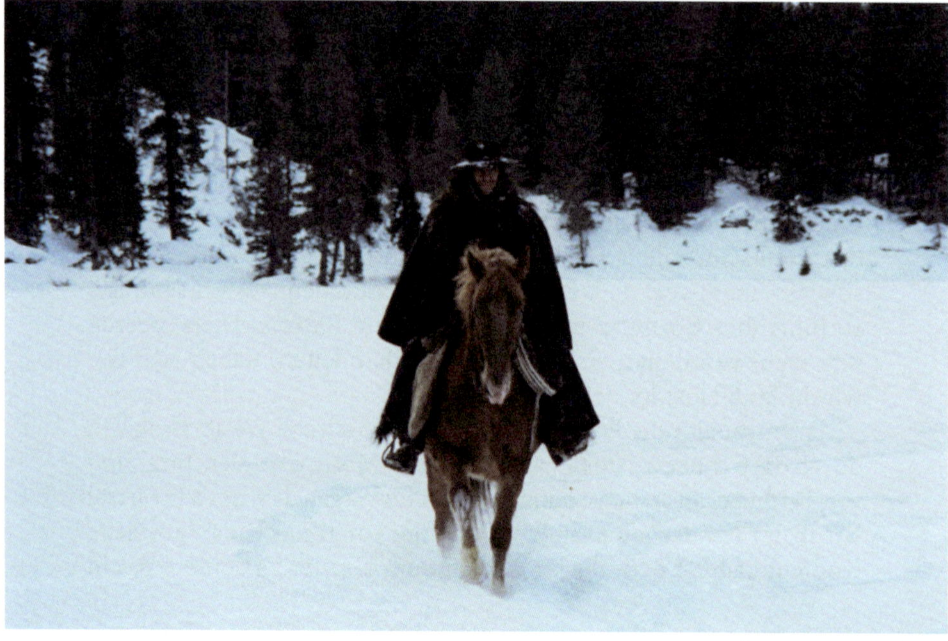

Il grande silencio (1968)
Regie: Sergio Corbucci

verhilft, in Wahrheit aber der böseste aller Verbrecher ist. Da ist der Sheriff, der zwar einen Stern trägt, aber hilflos und eingeschüchtert mit ansehen muss, wie alles ohne ihn entschieden wird. Und da ist schließlich der von Jean-Louis Trintignant gespielte stumme Titelheld Silence, von dem wir ebenfalls nicht wissen, ob er zu den Guten oder den Desperados zählt. Derweil aber zeigt uns das Filmbild, wie die Postkutsche, in der diese Gruppe beisammen sitzt, mal von unten nach oben und schon in der nächsten Kameraeinstellung von oben nach unten durchs Filmbild fährt, mal von rechts nach links und dann urplötzlich wieder zurück von links nach rechts. Lauter falsche Bildanschlüsse.

In Wahrheit aber vermitteln diese falschen Bildanschlüsse nur besonders treffend, wie sehr man sich verirrt hat. Unter dem Schnee indes, da hat der Kopfgeldjäger Loco überall seine Leichen eingebuddelt, die er von Mal zu Mal wieder hervorholt, als wäre die ganze Winterlandschaft ein einziges Massengrab. Der Tod hat hier kein Pathos mehr. Die Heldengeschichten von einst sind in ihrem winterlichen Zustand bei Corbucci nur noch zynisch, brutal und sinnlos, so wie die Taten Locos. In der Schneeverwehung des Whiteout gehen alle Werte unter.

Auch in Richard Brooks The Last Hunt (USA 1956) verkommt die einst als edel ausgegebene Auflehnung des Cowboys gegen die Naturgewalten zum sinnlosen Gemetzel, in dem der Büffeljäger Gilson wahllos ganze Büffelherden abschlachtet. Es ist dieselbe grausige Entlarvung des mythischen Jägers als eines rasenden Berserkers, wie sie vier Jahre später John Williams in seinem Roman «Butcher's Crossing» so eindringlich schildern wird. Überhaupt nichts Nobles ist an diesem Kampf von Mensch gegen Tier, sondern nur schiere Zerstörungslust.

Doch mit der Winterkälte werden diese Verheerungen durch die Menschen weggewischt von einer anderen, noch größeren Gewalt. Wahnsinnig geworden von den Phantomen der gemordeten Tiere, findet in The Last Hunt der blutrünstige Gilson schließlich im Frost den Tod.

Dispersion

Die schlichte «Ethik des Epos», die Bazin im Western noch am Werk sah, mit seiner Welt, «in der das gesellschaftlich Gute und Böse, in all ihrer Reinheit und Notwendigkeit, als zwei in sich geschlossene Grundelemente existieren» – all das gibt es im Schneewestern nicht mehr. Dichotomien lösen sich auf. Das *Prinzip der Konfrontation* von Gut und Böse, wie es sich am deutlichsten im Motiv des Westernduells versinnbildlicht, weicht im Schneewestern einem *Prinzip der Dispersion,* einem Prinzip der Verstreuung und Verwischung, auch der Verlorenheit und Verzweiflung.

Prompt lässt Robert Altman in seinem revisionistischen Western McCabe & Mrs. Miller (USA 1971) die Dekonstruktion des Duellklischees mit einer Schneeszene engführen: Wenn es am Ende des Films zum finalen Schusswechsel zwischen McCabe und seinen Verfolgern kommt, geht im Schneegestöber jeglicher Heroismus verloren. Statt mit selbstsicherem Tritt stolpert und strauchelt der Antiheld McCabe in den Kampf. Und statt sich von Angesicht zu Angesicht gegenüberzutreten, schießt man sich heimlich in den Rücken. Aus dem Westernduell ist ein hinterhältiges Katz-und-Maus-Spiel geworden, eine üble, unehrenhafte Plackerei. Und wenn McCabe stirbt, wird er von niemandem betrauert. Unbeachtet von allen, verreckt er einsam im Schnee. Die Dispersion ist total, Auflösung allüberall.

Auch wenn Andreas Prochaska in Das finstere Tal (Österreich 2014) den Topos des Westernduells noch einmal erfolgreich zu reanimieren versteht, herrscht auch bei ihm die totale Auflösung der Werte. Das Bergdorf, in dem sein Schneewestern spielt, erweist sich als Gewebe von Inzest und Missbrauch. Das republikanische Ideal der sich selbst organisierenden Gemeinde, die keine fremden Richter braucht, entpuppt sich als Terrorherrschaft der Stärkeren: Ganz in der Gewalt der Familie Brenner und ihrer Söhne, müssen alle Bräute des Dorfs zunächst den Tyrannen zu Willen sein und ihnen Kinder gebären. Selbst der von außen in diesen Kosmos eindringende Racheengel, der sich im Schnee daranmacht, den ganzen Brenner-Clan auszulöschen, ist nicht frei von dieser Verstrickung. Er selbst, so wird man irgendwann erfahren, war eines jener Kinder, das die Brenners einst gezeugt haben. Die Bestien auf der anderen Seite sind eigentlich seine Brüder. So verwischen sich im Schneewestern sämtliche Genealogien. Alle sind mit allen verwandt und verstrickt, die Konturen der einzelnen Subjekte lösen sich auf.

Protagonisten wie Sydney Pollacks Jeremiah Johnson oder Will Penny aus Tom Griers gleichnamigem, leider viel zu unbekanntem Film von 1968 sind beides keine klar konstruierten Figuren mehr, sondern eigentliche Schemen, eher Bruchstücke von Personen, denen der karge Winter noch das Letzte raubt, wofür es sich zu leben lohnte. «Some say he is dead ... some say he never will be», heißt es als Tagline auf dem Filmplakat von Jeremiah Johnson (USA 1972) – unsterblich sind die Protagonisten des Schneewesterns aber höchstens, weil sie eigentlich immer schon tot waren. Die Schneefelder des Whiteout, über die sich ihre ziellosen Wege ziehen, entpuppen sich dabei als Limbus, als jenes ungewisse Zwischenreich zwischen Leben und Tod, in dem sie Gefangene sind, die nirgendwo einen Platz finden.

Es ist aus diesem Zwischenreich, aus dem auch Clint Eastwoods Pale Rider (USA 1985) auftaucht. «Als das Lamm das vierte Siegel öffnete, hörte ich die Stimme des vierten Lebewesens rufen: Komm! Da sah ich ein fahles Pferd; und der, der auf ihm saß, heißt ‹der Tod›; und die Unterwelt zog hinter ihm her» – so liest das Mädchen zu Beginn des Films aus dem sechsten Kapitel der Offenbarung des Johannes.

Doch so, wie das Mädchen ihrem Gebet andauernd widerspricht, so ist wohl auch jenes Wunder, das sie herbeisehnt, ein ambivalentes. Ist der fahle Reiter, jener Pale Rider, den das Mädchen mit ihrem Gebet herbeiruft, göttliches Wunder oder Bringer des Verderbens? Als Geschöpf, das aus dem Whiteout des Schnees stammt, jenem Zwischenreich, wo sich Himmel und Erde nicht mehr unterscheiden lassen, ist er tot und lebendig zugleich: living dead, ein lebender Toter. Beweisen dies nicht auch die Narben auf seinem Rücken? Einschusslöcher, die niemand überleben kann, es sei denn, er war immer schon tot.

Wipeout

Whiteout - Wipeout: Die Ähnlichkeit im Laut deutet auf eine inhaltliche Analogie. Die optischen Auflösungserscheinungen des Whiteout korrespondieren mit der Auslöschung von Familien und Figuren, mithin mit der Vernichtung ganzer Kulturen. Das ist zum Beispiel die Geschichte von John Fords letztem Western, Cheyenne Autumn (USA 1964), der den Exodus der Cheyenne-Indianer in den Jahren 1878 und 1879 auf eine schreckliche Schneeszene zulaufen lässt, wenn die in einem Army-Fort festgehaltenen Cheyenne auszubrechen versuchen und dabei von den amerikanischen Soldaten massakriert werden. So missglückt Fords Film in seiner Unentschlossenheit scheint, ob er nun schonungslose Anerkennung der Verbrechen an den amerikanischen Ureinwohnern oder ein Abenteuerspektakel sein will, gelingen ihm doch im winterlichen Setting Aufnahmen, die einen schlottern lassen. Was sich in Fords Bildern von den auf dem Schneeboden liegenden Leichen der Cheyenne andeutet, ist jenes noch schrecklichere Massaker, die Schlacht am Wounded-Knee-Fluss vom 29. Dezember 1890, wo an die 300 Lakota, darunter auch Frauen und Kinder, von der US-Kavallerie getötet wurden. Es sind diese grausigen und beschämenden Bilder, auf die Ford hier wohl implizit Bezug nimmt. Auf den Bildern ist zu sehen, wie die Indianer nicht nur von den Gewehren der US-Armee niedergestreckt wurden, sondern auch, wie die Verletzten, die man auf dem Schlachtfeld liegen gelassen hatte, in einem dreitägigen Schneesturm umkamen, der unmittelbar nach der Schlacht ausbrach. Als man später die Leichen der Lakota einsammeln ließ, um sie in Massengräbern zu verscharren, waren ihre Körper steif gefroren, wie auf historischen Aufnahmen zu sehen ist.

Eine besonders erschütternde Fotografie ist dabei das Bild des Häuptlings Big Foot, dem Anführer der Sioux, dessen gefrorene rechte Hand so gekrümmt ist, als hätte der tote Häuptling noch im Sterben auf sich selber gedeutet. So zeigt der Leichnam auf sich selber als Mahnmal für die Ausrottung der amerikanischen Ureinwohner. Der Medizinmann Black Elk erzählte seinem Chronisten John G.

Neihardt später: «Und so war alles vorbei. Ich wusste nicht, wie viel hier endete. Blicke ich jetzt zurück vom hohen Berg meines Alters, kann ich immer noch die geschlachteten Frauen und Kinder in Haufen liegen sehen, verstreut in der gewundenen Schlucht, so klar, wie ich sie mit jungen Augen sah. Und ich sehe, dass noch etwas anderes gestorben ist in dem blutigen Schlamm und begraben im Schneesturm. Der Traum eines Volkes starb dort.»

Fords Film fehlt freilich der Mut, diese Vernichtung in ihrem ganzen Ausmaß anzuerkennen, und es ist darum auch signifikant, dass er statt des finalen Massakers an den Indianern den zehn Jahre früheren Exodus der Cheyenne zum Sujet macht. Trotzdem rufen die Szenen im Schnee die Bilder vom Wounded Knee wach, und wenn der irr gewordene Army-Befehlshaber, der Zeuge des Gemetzels geworden ist, mit starrem Blick an der Kamera vorbei ins Off läuft, in jenes radikale Nirgendwo jenseits des Bilds, wird zumindest momenthaft jene absolute Vernichtung spürbar, von der Black Elk sprach: «Und so war alles vorbei.»

Weißes Rauschen

Wenn in besagter Szene aus Fords Cheyenne Autumn der Kommandant aus dem Bild ins Off wankt und einem langen Schwarzbild weicht, deutet sich an, wie im Schneewestern auch das filmische Medium selbst an sein Ende kommt. Am Ende von The Last Hunt, wenn der grausame Büffeljäger Gilson im Schnee umkommt, sind die Bilder verunklart durch die umherwirbelnden Flocken. Wie Gilson möchte auch das Kinopublikum seine Augen zusammenkneifen, um genauer sehen zu können. Der Schneesturm ist auch Bildstörung. «White noise» oder eben auch «Schneegestöber» nennt man jenes Bildrauschen, das dem Fernsehpublikum der Fünfzigerjahre bestens vertraut gewesen ist. Auch darauf scheint dieser Film von 1955 anzuspielen. Das Bild zersetzt sich, zerfällt in weißes Filmkorn. Der Whiteout macht nicht nur alle inhaltlichen, ideologischen Grenzverläufe des Westerns unklar, er lässt das Medium selbst ausfransen, sich verwischen. So sieht denn auch der Bison, den Gilson in seiner letzten

Nacht noch erlegt, wie das aus, was er ist: eine bloße Erscheinung, ein schieres Phantom – instabiler Fotozauber, der alsbald zerfällt in weißes Rauschen.

Wenn Altman über das ganze Ende von McCabe & Mrs. Miller Aufnahmen eines Schneegestöbers blendet, ist der Effekt merkwürdig unnatürlich. Statt die Illusion von realem Schneefall zu erzeugen, sieht man, dass die Flocken nur ein Filter sind, der nachträglich noch über die Filmbilder gelegt wurde. Doch ist der Effekt gerade in seiner irritierenden Fadenscheinigkeit umso brillanter: Wir erkennen, dass der Schnee nicht nur innerhalb des diegetischen Raums fällt, er schlägt sich auch auf dem Filmmaterial selbst nieder. Das Medium selbst verliert sich im Whiteout. Noch selbstreflexiver macht Don Siegels The Shootist (USA 1976) das eigene Medium zum Thema. Obwohl Schnee hier kaum je explizit gezeigt wird, zeigt er doch den Western in seiner winterlichen Auflösung. Schon in der ersten Sekunde des Films hören wir den Winterwind blasen, und wir sehen den verschneiten Berg, von dem unser Westernheld herreiten wird, so wie später auch der fahle Reiter von Clint Eastwood, dem Zögling Don Siegels. Steht bei Eastwood das winterliche Gebirge für die Zone des Limbus, gehört es bei Siegel zum mythischen Reich des Kinos selbst. Denn der verschneite Berg ist jener des Logos der Paramount-Studios.

Und während uns die Stimme aus dem Off den einsamen, von John Wayne gespielten Cowboy vorstellt, der von diesem Schneeberg herkommt, sehen wir Bilder aus dessen Leben – einen Found-Footage-Supercut sozusagen. Dabei handelt es sich um lauter Aufnahmen aus anderen Western, in denen John Wayne einst mitgespielt hatte. All die Filme von John Ford oder Howard Hawks, die John Wayne berühmt gemacht haben, vereinigen sich in einer einzigen Montagesequenz. Damit erleben wir einen wunderbaren Doppeleffekt: Siegels Eröffnungssequenz erzählt zweierlei, die Lebensgeschichte des fiktiven Revolverhelden J. B. Books wie auch die Kinokarriere jenes Darstellers, der in Siegels Film – wie alle Beteiligten bereits ahnten – seine letzte Rolle spielen sollte. Es ist, als würden sich Illusion und Realität vor und hinter der Kamera übereinanderlegen, so wie die Montage die verschiedenen Wayne-Filme gleichsam übereinanderlegt und sich einverleibt.

Der Westernheld J. B. Books, der da aus dem Schnee zu uns und damit zugleich auf sein eigenes Ende hin, seinem eigenen Winter entgegensteuert, ist die Summa aller Westernhelden, die Wayne je gespielt hat. Alle anderen Waynes sind enthalten in jenem alten Gesicht in Großaufnahme, das wir am Schluss nach all diesen Ausschnitten aus früheren Tagen sehen. Eine ganze Filmgeschichte ist enthalten in dieser Ansicht des vom Winter verzehrten Cowboys.

Damit macht der Vorspann von The Shootist im Grunde etwas ganz Ähnliches wie der Künstler Hiroshi Sugimoto auf seinen berühmten Kinofotos der Siebziger- und Achtzigerjahre. Sugimoto hat Kinoräume fotografiert, bei denen er eine Belichtungszeit wählte, die der Länge jener Filme entsprach, die in diesen Kinos auf der Leinwand gezeigt wurden. Dadurch ist auf Sugimotos Bildern von den gezeigten Filmen nichts mehr zu erkennen außer einer weißen Leinwand. Was als Spur von den Filmen bleibt, ist ihre Totalität, die Ansammlung all ihrer Einzelbilder, die sich in Sugimotos Fotos zu einem strahlenden Weiß aufsummieren. In diesem gleißenden Weiß sind alle Bilder des Films enthalten, aufbewahrt und zugleich aufgelöst. Das ist es, worauf auch der Schneewestern zustrebt: die Vollendung des Kinos in einer gleißenden Leere. Die Summa aller gezeigten Bilder ist ein einziges Schneefeld, das totale Whiteout.

André Bazin: «Der Western oder: Das amerikanische Kino par excellence» in: Was ist Film? Berlin 2004.

Richard Slotkin: Gunfighter Nation. The Myth of the Frontier in Twentieth-Century America. Norman 1998.

John Mack Faragher (Ed.): Rereading Frederick Jackson Turner: The significance of the frontier in American history, and other essays. New York 1994.

The Exorcist (1973)
Regie: William Friedkin

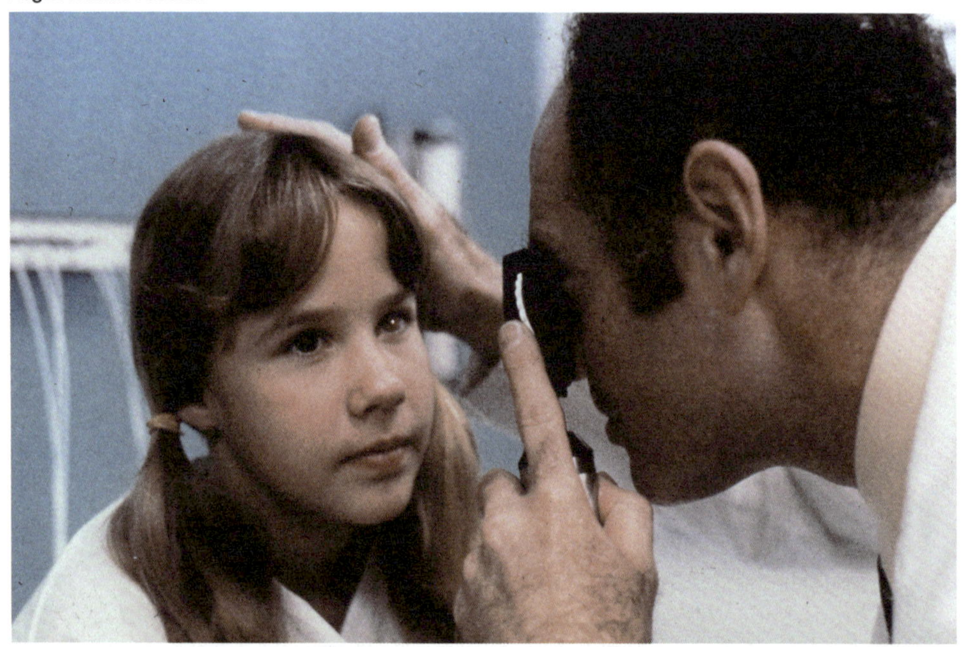

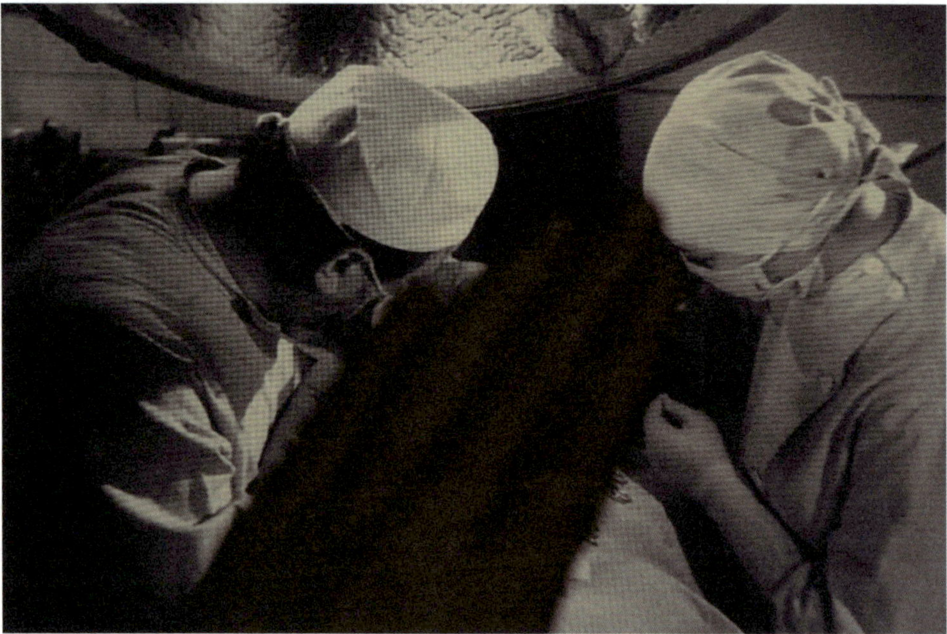

L'œil était dans la tombe et regardait Daney (2017)
von Chloé Galibert-Laîné

Unerträgliche Exzesse

Ekel im Film

Ich stelle mir folgende Situation vor: Ich sitze am Tisch, einen leeren Becher vor mir, in den ich spucken soll. Und dann, nachdem sich mein Speichel am Boden des Bechers gesammelt hat, werde ich aufgefordert, diesen Becher auszutrinken. Nur schon beim Gedanken daran stellt sich Übelkeit ein, und ich weiß nicht, ob ich in der tatsächlichen Situation fähig wäre, diesen Versuch zu Ende zu führen, ohne mich zu übergeben.

Dass dieses Experiment bereits als bloße Vorstellung Ekel hervorruft, dürfte wohl niemanden überraschen und ist doch, wenn man es genau bedenkt, rätselhaft: Der Speichel im Becher war doch nur Sekunden zuvor noch in meinem Mund, ohne dass er mich dort in irgendeiner Weise gestört hätte. Wie aber kann etwas, das ich eben noch ganz selbstverständlich als Teil von mir empfunden habe, plötzlich zu einem unerträglichen Fremdkörper werden, den es möglichst weit wegzustoßen gilt? Die Spucke selbst, die nicht mehr in mir, sondern vor mir ist, hat sich bei diesem Vorgang nicht verändert. Was sich hingegen drastisch gewandelt hat, ist mein konkretes körperliches Verhältnis zu ihr. Wie bei anderen Ausscheidungen gilt auch hier: Was einmal aus meinem Körper gekommen ist, darf nicht mehr in diesen zurück.

Exemplarisch zeigt das Beispiel mit dem Becher und der Spucke, dass es beim Ekel um Fragen von Nähe und Distanz geht und darum, dass das Ekelerregende oft etwas ist, das aus dem eigenen Körper stammt. Ausscheidungen sind Ekelobjekte par excellence, weil sie der materielle, sicht-, fühl- und riechbare Beleg dafür sind, dass im Körperinnern Vorgänge ablaufen, über die wir zwar aus dem Biologieunterricht theoretisch Bescheid wissen, die uns aber trotzdem eigentlich unvorstellbar sind. So wie Freud über die Psyche sagt, das Ich sei niemals ganz Herr im eigenen Haus, so tut auch der Körper Dinge, die ich nicht bewusst kontrollieren kann. Die Ausscheidungen zeigen, wie wenig der eigene Körper uns geheuer ist. Vor allem aber führen sie vor, wie fragil die Unterscheidung zwischen Innen- und Außenwelt tatsächlich ist. Denn statt einer kompakten, abgeschlossenen Einheit ähnelt der Körper viel eher einem Schwamm, durch dessen Öffnungen, wie Mund, Nase, Augen, Ohren, Poren, nicht nur andauernd Eindrücke eindringen, sondern auch unentwegt Inneres ausfließt. Der Ekel ist somit also ein Experiment an und mit den brüchigen Grenzen des Körpers. Das gilt indes nicht nur für die Grenzen unseres Leibes, sondern auch für die Körpergrenzen jener Medien, die an der Erzeugung des Ekels beteiligt sind. Auch der Film geht im Phänomen des Ekels an seine Grenze und darüber hinaus.

Riskantes Verfahren

Der Ekel ist für den Film deswegen ein so brisantes Phänomen, weil hier maximal gesteigertes Filmerlebnis auf sein Gegenteil, die radikale Verweigerung, trifft: Was verdeutlicht eindrücklicher die affizierende Macht des Kinos als eine Filmvorführung, bei der dem Publikum buchstäblich schlecht wird allein wegen dem, was es auf der Leinwand sieht? Wenn es eine Ambitionen des Kinos ist, Gefühle nicht bloß zu zeigen, sondern im Publikum selbst hervorzurufen – Hitchcock beschrieb das Ideal des Kinos bekanntlich als Maschine, an der die Zuschauenden direkt angeschlossen wären und auf der man nur noch Knöpfe zu drücken bräuchte, um bestimmte Emotionen hervorzurufen –, dann ist der Ekel hierfür die Feuerprobe. Als Affekt, der uns nicht nur mental, sondern auch körperlich ergreift, uns komplett in Beschlag nimmt, ohne dass wir uns dagegen wehren könnten, entfaltet der Film hier seine größte Macht.

Zugleich ist dieser starke Affekt aber hochgefährlich, weil er allzu rasch dazu führen kann, dass der Film abgebrochen und nicht bis zum Ende geschaut wird. Wer sich etwa die Berichterstattung zu den heftigen Publikumsreaktionen bei den Erstaufführungen von William Friedkins verstörendem Horrorfilm The Exorcist (1973) ansieht, bekommt das Dilemma des filmischen Ekels eindrücklich vorgeführt: «Ich möchte sehen, ob ich mich übergeben muss», sagt eine Frau in der Schlange vor dem Kino. Die in Aussicht gestellte Ekelreaktion wird zum Werbeversprechen.

Später werden während der Vorstellung Leute aus dem Saal kommen, sich die Ohren zuhalten oder ohnmächtig im Foyer zusammensacken. Sie bestätigen damit die sagenhafte affektive Wirkung des Films – zugleich geht ihm gerade dadurch Publikum verloren. Werden im Kino Affekte wie Angst oder Lust erzeugt, bleibt man gebannt im Sessel sitzen. Der Ekel und die Übelkeit hingegen zwingen uns, den Saal zu verlassen.

Über-flüssig

Der Ekel darf also, wenn er den Konsum des Films nicht komplett verunmöglichen soll, immer nur in genau abgemessener Dosierung eingesetzt werden, wie dies exemplarisch jener Schockmoment in Ridley Scotts Alien (1979) vorführt, wenn das riesenwurmartige außerirdische Wesen aus dem Körper eines Astronauten bricht. Der Ekel, kurz und heftig, dient dazu, uns noch stärker in den Bann des Films zu ziehen. Zieht man ihn hingegen in die Länge, wird er unerträglich. Möglicherweise ist das einer der Gründe dafür, warum die Kritik manchen Filmen oft vorwirft, die Ekelmomente wären selbstzweckhaft und *überflüssig*.

Tatsächlich verbirgt sich in diesem Verdikt eine durchaus zutreffende Erkenntnis: der Ekel stellt tatsächlich einen gefährlichen Überschuss dar. Die Ekelreaktion wird so stark erlebt, dass daneben der ganze Rest des Films verblasst. Der Ekel ist also in der Tat überflüssig, umso mehr, wenn man das Wort buchstäblich nimmt: Er überschreitet, er über-fließt das, was man im Kino auszuhalten imstande ist. So wie einem schlecht wird, wenn man zu viel von der Lieblingsspeise isst, oder sich Würgen einstellt, wenn etwas zu süß ist, so definiert sich der Ekel an sich weniger durch einen bestimmten Gegenstand als vielmehr durch den Exzess an sich. Ekel bedeutet immer: zu viel, zu nah, zu weit, zu heftig, zu lange.

Beobachten, ausagieren

Roman Polanskis Repulsion von 1965 ist, wie bereits der Titel verspricht, im Kern eine Studie über den Ekel. Dessen Zuviel inszeniert er etwa, wenn die Wände der Wohnung, in der die Hauptfigur Carol lebt, klaustrophobisch zusammenrücken oder sich umgekehrt die

Distanzen unnatürlich zu verlängern scheinen. Der Raum ist nicht mehr solide, sondern fluid, über-flüssig geworden. Alles ist hier zu nah oder zu weit - zu viel von allem. Und doch bleibt Polanskis Film bei dieser Studie des Ekels selbst auf verhältnismäßig sicherer Distanz. Repulsion erzeugt zwar auch in uns Momente des Ekels, etwa durch ein verrottendes Kaninchen in Carols Handtasche. Dennoch betrachtet der Film den Exzess des Ekels wie ein Experiment in der Petrischale. Polanskis Film scheint bei aller Faszination für den Ekel selbst doch geschmackvoll bleiben zu wollen.

Ungleich riskanter ist es, wenn Filme das Überfließen des Ekels nicht nur analytisch zeigen, sondern sich ihm auch selbst überlassen. Die regelmäßig zensierten Horrorfilme des italienischen Regisseurs Lucio Fulci etwa sind mit ihren exzessiven, ekelerregenden Gore-Effekten darum so faszinierend, weil sie ihrem Willen zum Ekel tatsächlich alles zu opfern bereit sind. Anders als Polanski, der bei seiner Annäherung an den Ekel immer hoch kontrolliert bleibt, zeigt Fulci den Ekel nicht nur, seine Filme verlieren bei ihrer Beschäftigung mit dem Ekelerregenden selbst jegliche Kohärenz und Konsistenz: Narration und Figurenzeichnung verflüssigen sich. In einer besonders berüchtigten Szene aus Paura nella città dei morti viventi (1980) werden zwei Teenager in einem Auto vom Geist eines bösen Priesters heimgesucht. Unter dessen hypnotischem Blick beginnt zunächst Blut aus den Augen der jungen Frau zu fließen, bald tritt Schaum aus ihrem Mund aus, dann Blut und schließlich die inneren Organe. Der ganze Körper erbricht sich in einem nicht enden wollenden Strom durch den Mund nach außen. Außerdem greift die Hand des Priesters in den Hinterkopf des neben ihr sitzenden Jungen und reißt ihm das Gehirn aus dem Schädel.

Der Vorwurf, hier werde selbstzweckhaft der schiere Exzess gefeiert, ist absolut berechtigt und spricht doch nicht gegen die Szene. Vielmehr geht es genau darum, zu erleben, wie Filmhandlung aussetzt, anhält und auseinanderbricht. Nicht umsonst ist man bei Fulcis Horrorfilmen (und bei diesem ganz besonders) kaum fähig, deren Storys nachzuerzählen. Die einzelnen ekelerregenden Szenen aber brennen sich auf immer in unsere Erinnerung ein - wenn man

Repulsion (1965)
Regie: Roman Polanski

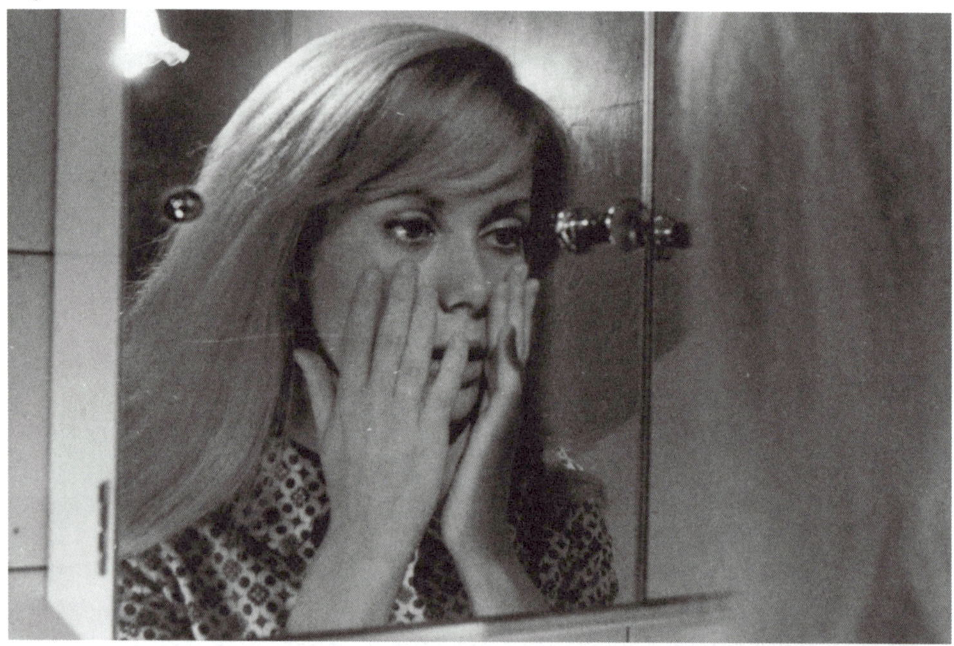

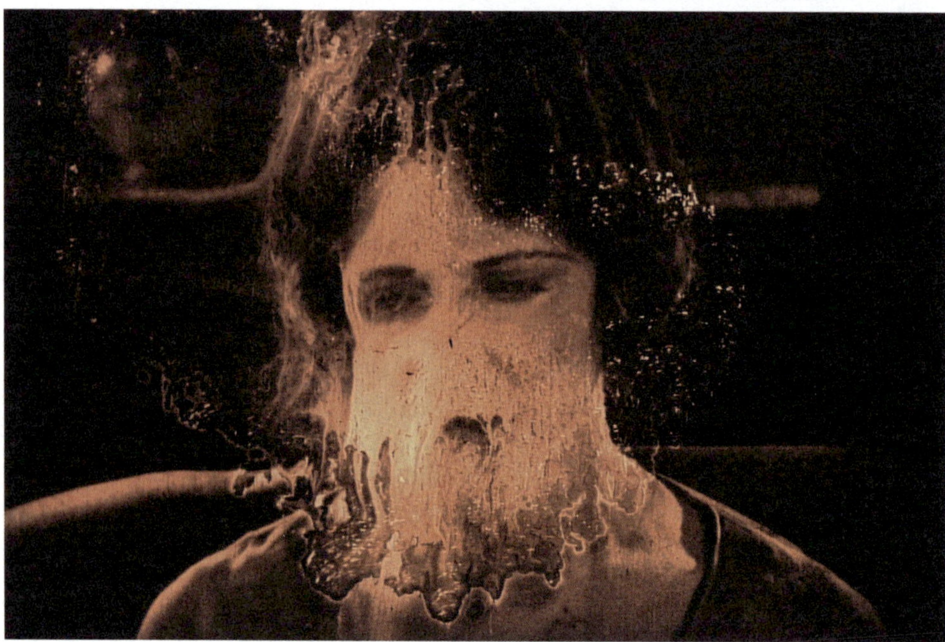

Tributes: Pulse (2011)
von Bill Morrison

es denn aushält, sie sich anzusehen. Wer Film nur als erzählendes Medium versteht, kann in Fulcis Vernachläßigung der Handlung zugunsten von ekelerregenden Einzelheiten nur einen Mangel sehen. Tatsächlich aber bietet es sich an, Fulci in erster Linie als einen Experimentalfilmregisseur zu betrachten: Seine Filme stellen nicht die Narration in den Vordergrund, sondern die Frage, wie das Kino unsere Wahrnehmung bearbeitet. Und daran ändert auch die Tatsache nichts, dass wir bemerken, dass es sich beim Mund, aus dem das Innere des Körpers dringt, offenbar nur um den einer Puppe handelt. Die Fadenscheinigkeit der Illusion schützt vor Ekel nicht.

Von Bildern überschwemmt

Insofern ist Fulcis Werk verwandt mit Experimentalfilmen wie etwa Kurt Krens 10 / 65 Selbstverstümmelung (1965) über eine Performance des Wiener Aktionisten Günter Brus. Darin sieht man Brus, ganz mit einer weißen, teigartigen Farbschicht bedeckt, wie er am eigenen Körper arbeitet. Mit Instrumenten wie Scheren, Messern und Zangen beginnt er seine Farbhaut zu ritzen, aufzuschneiden, abzuschaben. Schwarze Farbe scheint wie Blut aus dem Körper hervorzutreten. Augen und Mund werden aufgerissen, wie im Schmerz. Noch offensichtlicher als bei Fulci ist bei Brus die Malträtierung des Körpers als Abstraktion erkennbar: Wir sehen sofort, dass es sich nicht um wirkliches Fleisch, nicht um wirkliches Blut handelt. Dennoch ist uns der Eindruck, hier schneide jemand tatsächlich vor unseren Augen seinen Leib auseinander, immer ekelhaft präsent.

Dabei kommt der Kamera von Kurt Kren eine besondere Rolle zu: Mindestens so sehr wie die Performance selbst tragen Krens Großaufnahmen und Unschärfen dazu bei, dass sich Grenzen verflüssigen. Wo der Künstlerkörper aufhört und wo der Galerieboden anfängt, ist in diesen desorientierenden Bildern mitunter kaum auszumachen. Auch wir als Zuschauende verlieren unsere sichere Distanz. In den Großaufnahmen scheinen wir schon mittendrin zu stecken im grässlichen Gemenge. Dasselbe gilt für die Kameraarbeit in den Filmen Fulcis: «Was zum Teufel ist das?», fragt in Paura nella città dei morti viventi ein Polizist am Schauplatz eines Verbrechens, woraufhin die Kamera nach unten auf den Boden schwenkt, zu einer dunklen Pfütze auf dem Boden und sogleich in diese hineinzoomt, bis der Anblick des schleimig blutigen Gemischs, in dem Fleischstücke liegen und sich Würmer kringeln, das ganze Bild füllt.

Die Technik des Zooms, die ohnehin immer einen artifiziellen, unnatürlichen Eindruck hinterlässt und entsprechend spärlich im Erzählkino eingesetzt wird, fängt genau jenes Aussetzen der Handlung ein. Statt den Anblick der Pfütze in die Handlung einzubetten, verliert sich der Kamerablick buchstäblich in ihr. Das ekelerregende Gemisch füllt das ganze Bild und fließt darüber hinaus. Was vorher war, was danach kommen wird - wir erinnern uns nicht mehr daran, weil wir zu sehr in Beschlag genommen sind vom schieren Ekel, mit dem dieser Anblick uns überschwemmt. Die Großaufnahme und die Unschärfe bei Kurt Kren oder die Zooms bei Fulci praktizieren optisch jenes «Zuviel», das den Ekel auszeichnet. Wir sind mit unserem Blick immer schon zu nah dran und zu tief drin.

Von Klängen durchdrungen

Neben dem Bild ist es indes mindestens so sehr der Ton, der im Film zum Werkzeug des Ekels wird. Der Filmkritiker Serge Daney hat darüber geschrieben, wie ihn ein bestimmter Laut aus Georges Franjus Les Yeux sans visage (1960) derart abgestossen und heimgesucht hatte, dass er den Film deswegen jahrelang nicht mehr anschauen konnte. Der Laut, der zu hören ist, wenn eine in Tuch gewickelte Leiche in eine Gruft geworfen wird und dort am Boden dumpf aufschlägt, hat in Daney größten Ekel hervorgerufen. Chloé Galibert-Laîné, in deren Videoessay L'œil était dans la tombe et regardait Daney eben diese Notiz Daneys aufgegriffen und mit eigenen unerträglichen Hörerfahrungen verbunden wird, die es Galibert-Laîné unmöglich gemacht haben, die entsprechenden Filme, in denen diese Klänge zu hören waren, zu Ende zu schauen. Auch ich muss bei Daneys Beschreibung und Galibert-Laînés Videoessay an einen Klang bei Georges Franju denken, der jedoch nicht aus seinem Spielfilm Les Yeux sans visage, sondern aus seinem Dokumentarfilm Le Sang des bêtes von 1949 stammt, der die Arbeit in den Schlachthäusern der Außenbezirke von Paris zeigt. Ein Film, der allein schon durch sein Thema schier unerträglich anzuschauen ist und erst recht durch die Schonungslosigkeit, mit der Franju die an den Tieren verübte Gewalt dokumentiert.

Zugleich kann man hier erleben, wie sich die eigene Ekelreaktion und Abwehr verschiebt und neu formiert. So hat eine Studentin bei der gemeinsamen Visionierung sich selbst beobachtet und war verblüfft darüber, welche Bilder sie ertragen konnte und welche nicht. Auch ich habe festgestellt, dass es nicht die vielen schockierenden Bilder waren, nicht das spritzende Blut, nicht die Augen der sterbenden Kreaturen, sondern ein Klang, den ich unerträglich fand: der Klang jener Luftpumpe, die die Arbeiter und Arbeiterinnen der Schlachthäuser benutzen, um die Leiber der Tiere zu füllen, damit sich deren Fell besser abziehen lässt. So wie Luft in die Körper der Tiere gepumpt wird, so scheint auch der Klang in mich einzudringen.

Vielleicht ist das der Grund dafür, weshalb gerade der Ton im Zusammenhang mit dem Ekel eine besondere Rolle spielt: Vor den Bildern kann man die Augen verschließen, die Töne hingegen dringen auch dann noch in unseren Schädel, wenn wir uns die Ohren zuhalten. Wenn der Ekel damit zusammenhängt, dass die Grenzen unseres Körpers überschritten werden, dann ist der Ton dafür der ideale Agent. Anders als das visuelle Bild, von dem man sich abwenden kann, umgibt die Akustik mich von allen Seiten, ja, nicht selten fragt man sich sogar, ob das, was man hört, tatsächlich von draußen kommt oder ob es nicht vielmehr aus dem eigenen Kopf stammt. Der Klang umfließt und überfließt mich nicht nur, er durchdringt mich auch und mit ihm der Ekel, den der Klang transportiert. Wenn ich höre, bin ich bereits angesteckt.

Lebendige Verwesung

«Der verwesende Leichnam», so schreibt Winfried Menninghaus gleich zu Beginn seiner großen Studie zur Theorie des Ekels, «ist nicht nur eines unter vielen anderen übelriechenden und defigurierten Ekelobjekten. Er ist vielmehr die Chiffre der Bedrohung, die im Ekel auf eine so entschiedene Abwehr stößt. Jedes Buch über den Ekel ist nicht zuletzt ein Buch über den verwesenden Leichnam.» Doch hängt diese Bedrohlichkeit des verwesenden Leichnams nicht bloß damit zusammen, dass er uns mit der eigenen Sterblichkeit, mit dem eigenen zukünftigen Tod konfrontiert, sondern darüber hinaus mit etwas viel Unheimlicherem: nämlich damit, dass der Tod nicht einfach ein fixer Zustand ist, wie wir meist denken, sondern ein Prozess. Im Verlauf der Verwesung verlassen die Körperflüssigkeiten den Leib, Gase blähen ihn auf, Bakterien zersetzen die Zellen, Maden nisten sich ein, die Haut verfärbt sich, wird ledern, platzt schließlich auf und lässt das liquid gewordene Körperinnere austreten, als dunkle Flüssigkeit, die so überreich an Nährstoffen ist, dass sie zunächst alle Pflanzen um den Leichnam herum absterben, später aber umso reicher sprießen lässt.

Ein letztes Mal vollzieht sich die ekelerregende Überschreitung jener Grenze zwischen außen und Körperinnerem. Doch auch die Grenze zwischen Leben und Tod verwischt und verflüssigt sich. In der Verwesung lebt der Körper zwar bereits nicht mehr und ist doch zugleich von einer grausig vitalen Metamorphose ergriffen. Im Zerfall beginnt sich alles noch einmal untot zu regen.

In Animistica (2018) hat die Animationskünstlerin und Sounddesignerin Nikki Schuster Makrofotografien aus der mexikanischen Steppe, extreme Großaufnahmen von Pilzbewuchs und Tierkadavern, Wurzelgeflecht und glitschigem Laich aneinandergehängt und mittels Morphingeffekten ineinanderfließen lassen. Kombiniert mit einer virtuosen Tonspur, in der sich Knistern, Knacken, Schmatzen und Rauschen vermischen, wird daraus ein audiovisueller Trip, faszinierend und abstoßend zugleich.

Als hätte die Filmemacherin die Beschreibungen unmöglich deformierter und sich auflösender Ungeheuer in den Schauererzählungen H. P. Lovecrafts ins Bild gesetzt, wähnt man sich hier inmitten eines Strudels der Verwesung, ohne jede Möglichkeit der Orientierung. Alles ist zu nah – die Bilder ebenso wie die Klänge.

Statt Auflösung nur als Sujet zu zeigen, scheint sich Schusters Film aufgrund seiner Technik der Bild- und Tonüberlagerung vor unseren Augen selbst ekelhaft zu verwandeln.

Dass auch Film ein Körper ist, der sich zersetzen knn, führen schließlich die Experimentalfilme Bill Morrisons vor. Als Ausgangsmaterial dienen ihm mit Vorliebe alte Stummfilmkopien auf Nitratbasis, die sich im Laufe der Jahrzehnte bereits so zersetzt haben, dass sie längst nicht mehr vorführbar sind. Bei Morrison, der die sich auflösenden Bilder umkopiert, sie zu neuen Sequenzen montiert und in Verlangsamung abspielt, erlebt das sterbende Filmmaterial eine unheimliche Wiederkehr. Dabei ist Morrison nicht etwa an einer Rekonstruktion oder Restauration der alten Filme interessiert. Vielmehr zeigt er, wie gerade deren chemische Auflösung sie zu neuen Körpern formt. Ihre Zerstörung wird zu ihrem Thema gemacht, wie es bei seinem vielleicht berühmtesten Film Decasia von 2002 bereits der Titel anzeigt. So zersetzt sich bei Morrison auch die Grenze zwischen Form und Inhalt, zwischen materiellem Bildträger und dem, was die Bilder zeigen – im Prozess der Verwesung fließt beides zusammen, mit verstörender Wirkung. In Decasia ist bei den Aufnahmen eines in einem Ameisenhaufen wühlenden Stocks nicht mehr zu unterscheiden, was auf den Bildern Insekten und was Altersspuren sind.

Und wenn sich in Morrisons Tributes – Pulse: A Requiem for the 20th Century von 2011 das Filmmaterial verformt, sieht es so aus, als würde nicht nur der Filmstreifen, sondern damit auch das Gesicht der jungen Frau, die auf diesen Aufnahmen zu sehen ist, zerfließen und zerfallen. In einer anderen Szene sehen wir ein schreiendes Baby, eingewickelt in eine Decke. Die Blasen, Löcher und Lücken aber, die der Zerfallsprozess auf dem Filmmaterial zurückgelassen haben, erwecken den Eindruck, das Kleinkind würde von züngelnden Flammen verzehrt oder mit Säure übergossen. Auch wenn wir unsere anfängliche Abscheu bei diesem Anblick überwinden, indem wir uns vergegenwärtigen, dass dem Kind tatsächlich nichts geschehen ist, macht uns vielleicht doch die Gewissheit schaudern, dass wir hier tatsächlich der Verwesung eines Körpers, des Filmkörpers beiwohnen.

Verfaulende Sonne

Bei der Premiere von Decasia, so hat Bill Morrison in einem Interview erzählt, sei am Ende der Film im Projektor hängen geblieben und vor den Augen des Publikums durchgebrannt. Unbeabsichtigt, aber sehr zur Freude des Filmemachers hatte sich im Vorführsaal noch einmal jene exzessive Grenzüberschreitung manifestiert, die der ganze Film vorführte: Kino als Schauplatz der Auflösung.

Das Licht des Projektors, das die Filmbilder nicht nur zum Leben erweckt, sondern auch ausbrennt und auslöscht, lässt an das denken, was Georges Bataille, dieser große Philosoph des Ekels, über die Sonne geschrieben hat. In seinen frühen Texten «L'anus solaire» und «Soleil pourri» ist die Sonne nicht mehr jenes Sinnbild der Aufklärung und des Göttlichen, als die sie gemeinhin gehandelt wird, sondern ein Ort der ekelhaften Vernichtung. Wer sich ihr zuwende, «sieht in ihrem Licht nicht mehr die Produktion erscheinen, sondern den Abfall, die Verbrennung». Es ist wahr: Wenn man direkt in die Sonne blickt, wird die Netzhaut verbrannt, das Auge gelöscht, was ihr zu nahe kommt, verbrennt, schmilzt, verdampft.

Vielleicht ist der Ekel für das Kino darum eine so wesentliche Erfahrung, weil er auf jene Kehrseite des Lichts deutet, an die wir angesichts der schimmernden Filmbilder nicht denken mögen: Jenes verzaubernde Schimmern der Leinwand ist eigentlich das Resultat einer Verbrennung, einer totalen Vernichtung. Wie der ekelerregende Speichel, der immer schon in mir war, aber erst ekelhaft wird, wenn ich ihn vor mir sehe, so steckt im Lichtspiel des Films immer schon etwas, vor dem wir nicht anders können, als angewidert die Augen zu verschließen.

Julian Hanich: «Dis/liking Disgust: The Revulsion Experience at the Movies» in: New Review of Film and Television Studies 7.3 (2009).

Julia Kristeva: Powers of Horror: An Essay on Abjection. New York 1982.

Windfried Menninghaus: Ekel. Theorie und Geschichte einer starken Empfindung. Frankfurt a. M. 2002.

Linda Williams: «Gender, Genre, and Excess» Film Quarterly Vol. 44, No. 4 (1991).

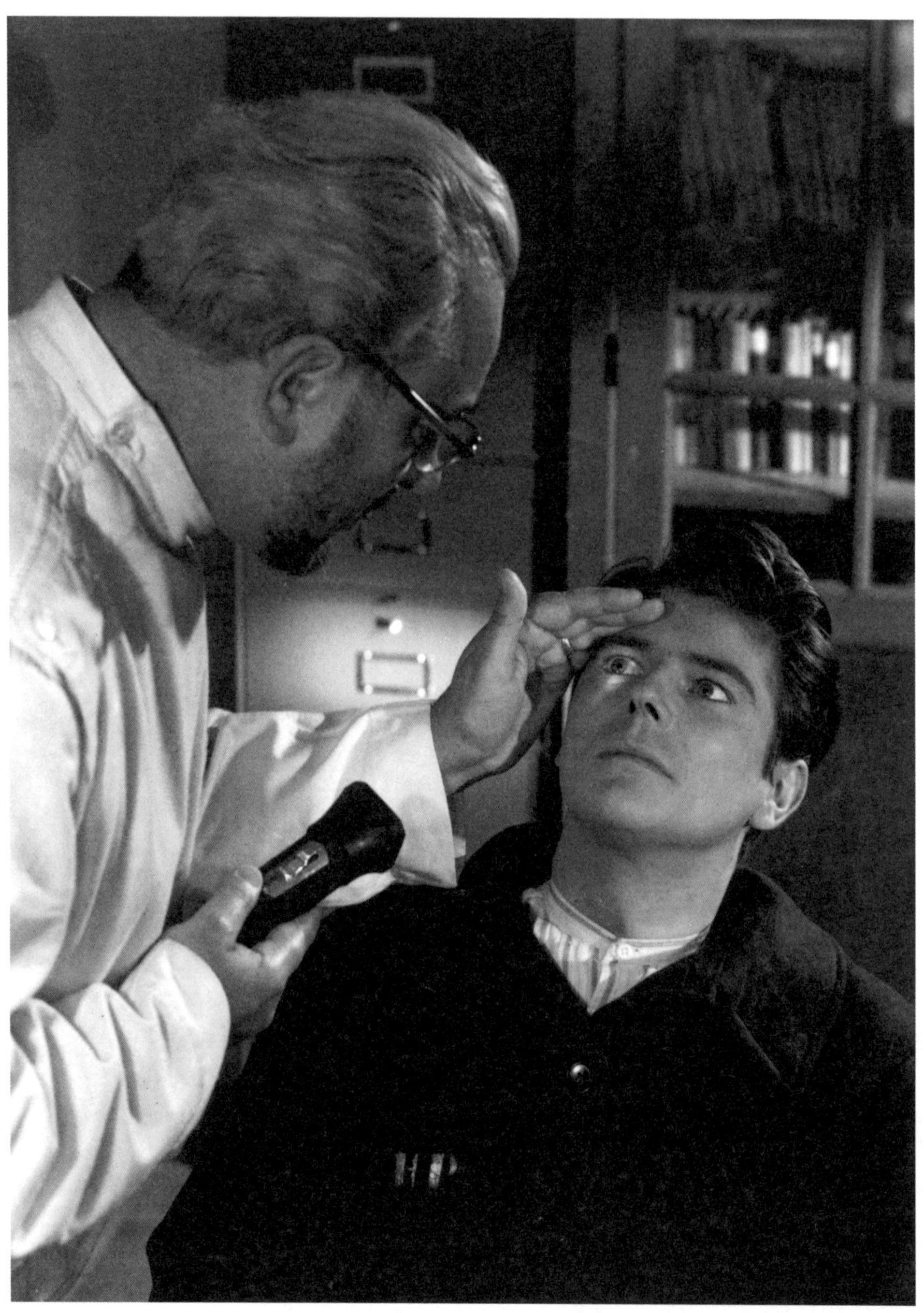

La tête contre les murs (1959)
Regie: Georges Franju

Bilder geben

Übertragungen zwischen Film und Psychiatrie

Die Psychiatrie ist ein Imaginationsraum. Sie lässt Bilder entstehen. Exzessiv. Denn nicht nur, dass Außenstehende sich unweigerlich (und oftmals blühende) Vorstellungen davon machen, was wohl hinter den Mauern einer psychiatrischen Anstalt vor sich geht, auch die Institution selbst produziert laufend Bilder, Darstellungen sowohl jener Leiden, die sie zu behandeln sucht, wie der ärztlichen Methoden, mit denen man gegen sie vorgeht. Untersuchungstechniken der zeitgenössischen Neurologie, etwa das Computertomogramm oder die Magnetresonanztomografie, nennt man denn auch sinnig «bildgebende Verfahren»: Es müssen Bilder gegeben werden; umso mehr dort, wo psychische Vorgänge sich unserem Verständnis entziehen.

Das war freilich bereits die Ambition von Psychiatern wie Jean-Martin Charcot und seines Assistenten Paul Richer gewesen, als sie in den Siebzigerjahren des 19. Jahrhunderts am Pariser Hôpital de la Salpêtrière die Hysterikerinnen in all jenen Posen fotografieren ließen, die diese während eines Anfalls einnahmen.

Inszenierungen der Psyche

Auch Charcots Fotografien sind nichts anderes als bildgebende Verfahren, die das vormals für undefinierbar gehaltene Leiden der Hysterie endlich sichtbar und damit kategorisier- und analysierbar machen sollten. Das einstige Mysterium der Hysterie wird so zum visuellen Spektakel, buchstäblich zum Schauspiel. Doch damit ist der Beweischarakter der so entstehenden Bilder sogleich wieder infrage gestellt. Was ist denn auf den Fotografien Charcots nun eigentlich zu sehen? Tatsächlich nur das Leiden an sich? Oder nicht vielmehr, wie das Leiden sich eigens für den Blick des Arztes und das Objektiv seiner Kamera in Szene setzt? Wie der Kunsthistoriker Georges Didi-Huberman in seiner Untersuchung der Salpêtrière-Fotos gezeigt hat, stellen Charcots Bilder weniger einen objektiven Befund als vielmehr die komplexe Verstrickung von Authentizität und Inszenierung dar, von ärztlichem Blick und Patientinnenpose, männlichem Voyeurismus und weiblicher Zurschaustellung. Das Bild ist im selben Moment Beglaubigung und Verfälschung. Anstatt

Klarheit zu schaffen, entpuppt sich das bildgebende Verfahren vielmehr als ein Bilderwahn, den Arzt und Patientin miteinander teilen, eine *folie à deux*.

Tatsächlich deutet bereits der Ausdruck «bildgebende Verfahren» auf diese Widersprüchlichkeit hin. Denn wo das Bild erst gegeben werden muss, ist es eine Zutat, ist nicht einfach Resultat des Leidens, sondern wird von woanders übertragen.

Wer wüsste freilich besser um solche Vorgänge als jene Kranken selbst, die von Bildern in Form von Halluzinationen heimgesucht werden, Bildern, die sie nicht als eigene Imagination, sondern als äußere Wahrnehmung und mithin als fremde Eingebung erleben? Die widersprüchlichen Bilder, die der ärztliche Blick erzeugt, beenden also nicht, sondern setzen nur fort, was den Patient*innen an ambivalenten Eindrücken widerfährt. Die Diagnose benutzt dieselben Methoden wie das Leiden, und was seitens der Medizin als Versprechen gilt, nämlich dass auch verborgene psychische Vorgänge ins Bild gesetzt werden können, wird dann, wenn es von Patientenseite kommt, als Indiz geistiger Störung genommen, etwa wenn Gedanken sich zu Halluzinationen verdichten. Bildgebung ist also beides, Wahnvorstellung und Wahndarstellung zugleich. «Alles, was wahrgenommen wird, kann auch halluziniert werden», schreibt Eugen Bleuler in seinem «Lehrbuch der Psychiatrie» lapidar und stellt damit nichts weniger als die Trennung von Wahn und Wahrnehmung außer Kraft. Wie kann ich unterscheiden, ob die mir gegebenen Bilder Zeichen der Krankheit oder der Gesundung sind?

Kino als Wahn

Es verwundert darum nicht, dass das Kino seit seiner Erfindung von der Psychiatrie besonders fasziniert ist. Denn der psychiatrische Imaginationsraum ist mit seiner exzessiven Bildproduktion nicht nur ein ungemein reichhaltiges Sujet für den Film. Vielmehr sind die von der Psychiatrie und ihren bildgebenden Verfahren aufgeworfenen Fragen nach der Wahr- oder Wahnhaftigkeit von Bildern genau dieselben, die auch das Kino von Anfang an umtreiben. Frühe Kritiker des Kinos äußern denn auch prompt den Verdacht, dass der Film mit seiner systematischen Überwältigung der Wahrnehmung Ursache psychischer Störung sein könnte: «Der Kinematograph wirkt schädlicher und nervenzerstörender [als das Lesen von Schund- und Detektivromanen] durch die zeitliche Konzentration der Vorgänge. Beim Lesen können wir beliebig Halt machen, Kritik üben, uns durch Nachdenken und geistige Verarbeitung von dem drückenden Inhalt des Schundromans befreien. Anders beim Kino. [...] Die schauerlichen Stoffe erschüttern namentlich beim Kind und beim sensiblen Menschen das Nervensystem bis zur Qual, aber sie geben uns nicht die Mittel, um uns dieser Angriffe auf unser Seelenleben zu erwehren. Nur wenige Menschen haben so viel sinnliche Phantasie, um beim Lesen die Dinge plastisch vor Augen zu haben; der Kino stellt aber alles leibhaftig vor Augen.» So schreibt der deutsche Psychiater Robert Gaupp 1911 in den «Süddeutschen Monatsheften» und spricht damit aus, was viele fürchten: Das Kino macht wahnsinnig.

Wahn als Kino

Aber umgekehrt macht der Wahn offenbar Kino, wie es beim vergessenen, ja aus der Geschichte der Psychoanalyse weitgehend verdrängten Freudianer erster Stunde, Victor Tausk, nachzulesen ist. Tausk schreibt über jenen rätselhaften «Beeinflussungsapparat», von dem bestimmte schizophrene Patienten berichten und der ihnen zufolge für ihre Halluzinationen verantwortlich ist: «Der schizophrene Beeinflussungsapparat ist eine Maschine von mystischer Beschaffenheit. Die Kranken vermögen seine Konstruktion nur andeutungsweise anzugeben. Er besteht aus Kasten, Kurbeln, Hebeln, Rädern, Druckknöpfen, Drähten, Batterien u. dgl. [...] Er macht den Kranken Bilder vor. Dann ist er gewöhnlich eine Laterna magica oder ein Kinematograph. Die Bilder werden in der Fläche, an den Wänden oder Fensterscheiben gesehen, sie sind nicht dreidimensional wie die typischen visuellen Halluzinationen.»

Die Psyche entpuppt sich bei Tausk als Filmprojektor, der jede Oberfläche zum Screen zu machen vermag. Schon im

Untersuchungsdispositiv bei Charcot blieb der Fotoapparat nicht einfach außen vor, sondern formte jene psychische Krankheit erst mit, die er zu dokumentieren vorgab. Bei Gaupp und schließlich bei Tausk aber hat sich die Koppelung von psychischem und filmischem Apparat derart totalisiert, dass der eine den andern nicht nur beeinflusst, sondern dass die beiden gar miteinander identifiziert werden.

Diese enge Koppelung von psychischem und kinematografischem Apparat ist zugleich Problem und Potenzial all jener Filme, die explizit die Psychiatrie in ihren Blick zu nehmen versuchen. Problematisch ist sie insofern, weil damit jeder Versuch, die Psychiatrie von außen schildern zu wollen, unweigerlich scheitern muss. Naiv ist, wer nach Charcot und Tausk noch glaubt, mit fotografischer Apparatur einfach nur aufzeichnen zu können, was in der Psychiatrie geschieht. Das fotografische Medium des Films steckt nämlich schon viel zu tief in Übertragungsverhältnissen mit der Psychiatrie. Das macht auch die Versuche, sich der Psychiatrie im Dokumentarfilm zu nähern, so problematisch.

Frederick Wisemans Titicut Follies von 1967, der die unmenschlichen Zustände in amerikanischen Nervenheilanstalten der Zeit anprangert, ist erschütternd in seiner Drastik und war als aufrüttelnde Psychiatriekritik zweifellos notwendig. Zugleich aber beschleicht uns auch das unangenehme Gefühl, die Kamera, die die Gefangenen noch in ihrer größten Erniedrigung zeigt und sich immer wieder viel zu nah an ihre Gesichter und an ihre Körper herandrängt, mache bei der Quälerei ebenfalls mit. Wenn der hilflose Blick eines nackten, in seiner Zelle vor sich hin stampfenden Insassen sich direkt in die Kamera richtet, zweifelt man, ob er im filmenden Gegenüber einen Verbündeten oder nicht doch einen weiteren Folterknecht sieht. Und auch wenn in den Gesprächen, die die Filmemacherin Allie Light in Dialogues with Madwomen (1993/94) mit ehemaligen Psychiatriepatientinnen führt, die Kamera verschiedentlich in die Gesichter dieser Frauen hineinzoomt, kann einen dies nicht nur als Zeichen der Anteilnahme, sondern auch als Quälerei anmuten. Unweigerlich macht sich so die Kamera mitschuldig an dem, was sie anprangern will.

Matto regiert (1947)
Regie: Leopold Lindtberg

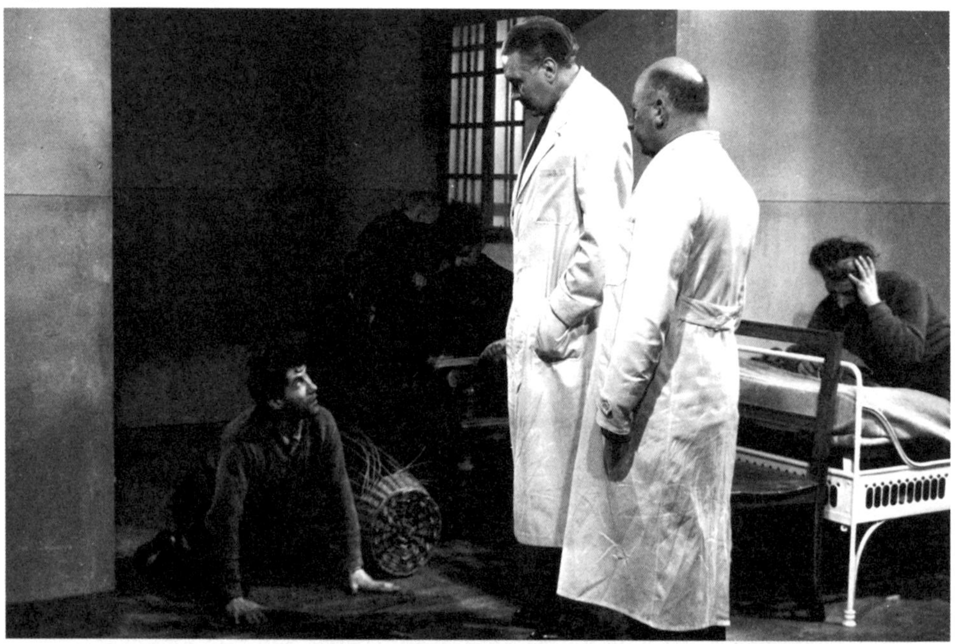

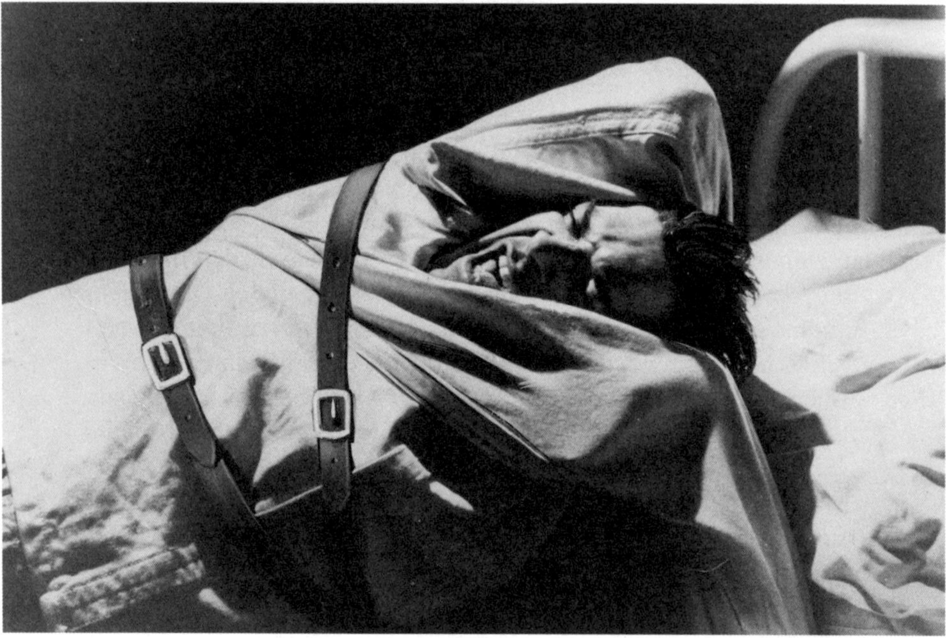

Shock Corridor (1963)
Regie: Samuel Fuller

Übertragungen

Das Potenzial des Psychiatriefilms steckt darum gerade darin, diese Verstrickung nicht zu kaschieren, sondern im Gegenteil die Vermischung von dokumentierendem, strafendem und halluzinierendem Blick vehement auszuagieren. Wenn sich in Martin Scorseses Shutter Island von 2010 jener Polizist, der eine aus der psychiatrischen Anstalt entflohene Kindsmörderin sucht, schliesslich als Insasse eben jener Anstalt entpuppt, ist damit die unauflösbare Verstrickung von Beobachter und Beobachtetem, von Behandelndem und Behandeltem zur Pointe des Films gemacht worden. Dazu passen dann auch die fadenscheinigen filmischen Tricks, die Scorsese verwendet. Die offensichtlichen Rückprojektionen, etwa wenn der Detektiv zu Anfang mit der Fähre zur Insel, auf der die Klinik liegt, übersetzt, durchschauen auch ungeübte Zuschauende als billigen Illusionismus. Doch damit deutet der Film bereits an, dass der filmische Apparat ein Tausk'scher Beeinflussungsapparat ist, der uns Bilder vormacht. Die bildgebenden Verfahren des Films waren immer schon Wahnvorstellungen.

Subtiler und radikaler als Scorsese haben das freilich bereits seine Vorbilder getan, etwa Robert Rossen mit seinem letzten Film Lilith von 1964. Der von Warren Beatty gespielte Ex-Soldat Vincent meldet sich als Praktikant in einer psychiatrischen Privatklinik und verstrickt sich in einer fatalen Beziehung mit einer der Patientinnen, der von Jean Seberg gespielten Schizophrenen Lilith Arthur. Wenn Vincent zum Schluss mit den Worten «Help me» sich selbst bei seinen Vorgesetzten einweist, lässt der Film es offen, ob er nicht schon von Anfang an eigentlich gar nie Mitarbeiter, sondern immer schon Patient war. Scorsese meint, am Schluss von Shutter Island eindeutige Verhältnisse schaffen zu müssen. Rossens Film hingegen zeigt, dass es diese Eindeutigkeit in der Psychiatrie nicht gibt. Im geschlossenen System des psychiatrischen Dispositivs gibt es die Position des neutralen Beobachters nicht mehr, von der aus säuberlich zwischen Gesunden und Kranken zu unterscheiden wäre. Allzu sehr sind Behandelnde und Behandelte in jener Beziehung zueinander befangen, die Sigmund Freud und Sándor Ferenczi «Übertragung» genannt haben. Übertragung aber, das weiß die Psychoanalyse nur zu gut, funktioniert immer in beide Richtungen. Nicht nur Patient*innen übertragen ihre Wünsche und Phantasien auf die Analytiker*innen – das Spiel geschieht unweigerlich auch umgekehrt. Und es sind nicht zuletzt Bilder, die hier hin und her gesendet werden. Auch Charcots Fotostudien an der Salpêtrière sind Zeugnisse einer solchen erotisch aufgeladenen Übertragung, wo der weibliche Körper dem männlichen Blick so zu sehen gegeben wird, wie dieser ihn gerne sehen möchte. «Show me yours, I show you mine.» Oder, wie es beim irre gewordenen Psychiater Hannibal Lecter in The Silence of the Lambs heißen würde: «Quid pro quo».

Blickwechsel

Was sich bei Charcot in Fototechnik überträgt, ist nichts weniger als die Übertragung selbst. Entsprechend ist auch bei Robert Rossen und seinem Kameramann, dem legendären Eugen Schüfftan, bereits die Filmkamera in die heiklen Übertragungsverhältnisse zwischen Psychiatern und Psychotikern involviert. Merkwürdig schwankend und immer wieder rätselhafte Beobachtungspositionen einnehmend, scheint der Kamerablick in Lilith zugleich subjektiv markiert und doch mit keiner der Figuren identifizierbar. Es ist vielmehr, als würde die Kamera den Blick der Übertragung selbst einnehmen, die sich ebenfalls weder einfach objektivieren noch auf eine der beteiligten Figuren fixieren lässt, sondern die vielmehr zwischen den Personen hin und her pendelt, ohne je zur Ruhe kommen zu können. Wenn Vincent in der Schlusssequenz des Films durch ein Drahtgitter hindurch gefilmt wird, wie er über den Rasen des Anstaltgeländes läuft, wirkt das Bild bei aller zur Schau getragenen Symbolträchtigkeit zutiefst rätselhaft.

Ist es Vincent, der hinter Gittern steckt, oder ist nicht vielmehr die Kamera eingeschlossen? Zeigt der Kamerablick psychiatrische Überwachung oder psychotische Gefangenheit? Könnte man eine klare Antwort geben, hätte man damit einen Schlüssel, um den Käfig der Übertragung aufschließen zu können.

Rossens Film aber verweigert ihn uns. So bleiben denn die Figuren unrettbar miteinander verbandelt. Nicht umsonst ist das Thema Inzest allgegenwärtig. Nicht nur, dass die Figur Lilith Arthur in der Vergangenheit offenbar in einer inzestuösen Beziehung mit ihrem Bruder gestanden hat, die sie immer wieder in neuen Situationen neu ausagiert, so zum Beispiel, wenn sie auf einem Jahrmarktsausflug zwei kleine Buben in ein erotisches Spiel verwickelt.

Bereits ihr Name verweist auf einen Bruch mit den Gesetzen der Genealogie, ist doch die mythologische Figur der Lilith jene erste Frau Adams, die sich seiner Herrschaft entzogen und damit die Installierung eines patriarchalen Verwandtschafts- und Herrschaftssystems von allem Anfang an infrage gestellt hat.

Privatanstalten

Derart sensibilisiert für das Fangnetz der Übertragung, in dem sich Insassen wie Wachleute der Klinik gleichermaßen verheddern, wird man es auch in so frühen Auseinandersetzungen mit der Psychiatrie wie Gregory La Cavas leider viel zu wenig bekanntem Private Worlds von 1935 ausmachen können. Auch hier verweben sich die Beziehungsfäden und Übertragungskanäle zwischen den Figuren zum psychotischen Knäuel. Mit den privaten Welten, von denen der Titel spricht, sind nicht nur die imaginären Gebilde in den Köpfen der psychotischen Patient*innen gemeint, sondern mindestens so sehr auch das Privatleben der Ärzteschaft, das sich mit diesen vermischt. Dreiecksbeziehungen, inzestuöse Geschwisterfixierung und neurotischer Frauenhass – das alles findet in Private Worlds nicht etwa nur hinter den Türen der geschlossenen Abteilung statt, sondern auch in der Belegschaft. Umso signifikanter ist es darum, wenn die von Claudette Colbert gespielte Ärztin Jane Everest durch ihre sanfte Art nicht nur besonders aggressive Patienten zu beruhigen weiß, sondern am Ende auch den frauenhassenden Klinikleiter zu zähmen versteht. Solche Analogisierung sollte einen alarmieren: Ärztliche Fürsorge wird als verkapptes erotisches Spiel und das private Liebesleben als Fortsetzung psychiatrischer Intervention entlarvt.

«Are you still speaking to me as a doctor?», fragt die Ärztin ihren Chef in der finalen Liebesszene, die nichts anderes als eine rabiate Kurzanalyse ist. «I'm speaking to you as a man.» – Diese Antwort wirft mehr Fragen auf, als dass sie eine Lösung bringt. Sie zeigt an, wie ununterscheidbar sich Privates und Professionelles bereits vermischt haben. Bei der anschließenden Umarmung schwenkt die Kamera hinunter zum Plüschtier in der Hand der Frau, Symptom einer unausgelebten Sexualität, das sie nun aus der Hand gleiten lässt. Quid pro quo? Soll so die erfolgreiche Durcharbeitung des privaten Psychodramas aussehen? Oder zeigt das Schlussbild nicht vielmehr an, wie unaufgelöst die Übertragungsverhältnisse bleiben, auch zwischen Arzt und Ärztin?

So gesehen, ist Private Worlds denn auch das heimliche Prequel von Vincente Minnellis The Cobweb von 1955. Charles Boyer, der in Private Worlds den misogynen Anstaltsleiter gibt, steht denn prompt auch bei Minnelli als Chef einer Nervenklinik vor, hier nun allerdings andauernd bemüht, seinen Machtverlust durch Frauengeschichten zu kompensieren. Der angeblich starke Mann ist derweil ein anderer, der von Richard Widmark gespielte Psychiater Stewart McIver, der damit Furore macht, dass er die Insassen als autonome Partner in die Diskussion um die Geschicke der Klinik miteinbezieht. Es ist von bitterer Ironie, dass diese psychiatrische Ideologie der *self-governance* genau von jenem Klinikleiter eingeführt wurde, dem im Lauf des Films die Selbstkontrolle mehr und mehr abhanden kommt. Versuchsfeld und Exempel für einen solchen Einbezug der Patient*innen soll die Neugestaltung der Anstaltsbibliothek sein, genauer: die neuen Vorhänge. Einer der Patienten, der suizidale, unter Zurückweisungsängsten leidende Stevie, soll das Design der neuen Vorhänge gestalten. Doch der scheinbar banale Gegenstand wird alsbald zum heiß umkämpften Objekt, an dem sich ganz unterschiedliche Begehren verdichten. McIvers Gattin will nämlich ihrerseits für neue Vorhänge sorgen, um sich so wenigstens stellvertretend wieder ins Bewusstsein ihres sie missachtenden Gatten zu drängen. Die geizige, für die Finanzen zuständige Mitarbeiterin Victoria Inch (gespielt vom einstigen Stummfilmstar Lilian Gish) wiederum sieht in der Neugestaltung der

Vorhänge einen Angriff auf ihre Position innerhalb der Klinikhierarchie. Und so nehmen die Übertragungsverwicklungen ihren Lauf: «The trouble began...» steht in schwungvollen Lettern über die Cinemascope-Bilder der Eröffnungssequenz geschrieben. Der Anlass - ein paar Vorhänge - mag lächerlich anmuten, aber die daraus sich entspinnende Beunruhigung ist es nicht. Stattdessen zeigt das scheinbar arbiträre Beispiel der Vorhänge, wie im überdeterminierten Raum der Psychiatrie noch das kleinste Detail zum Knackpunkt werden kann, an dem ein ganzes System zerbricht. Zusätzlich aber sollte einem ob dieser Bedeutsamkeit von Kleinigkeiten Film auffallen, wie viele andere Details der Film bis zum Schluss unadressiert lässt. Wenn über das Schlussbild, in dem der einmal mehr gerettete Stevie ausgerechnet in jenen Vorhang gehüllt einschlummert, den gar nicht er gestaltet, sondern die Psychiatergattin sich ausgesucht hatte, geschrieben steht «The trouble was over», kann sich auch das leichtgläubigste Publikum nur wundern.

Gender und anderer Trouble

Nichts ist vorbei. Nichts ist gelöst. Weder die Beziehungsprobleme zwischen dem Psychiater und seiner Gattin noch das gestörte Verhältnis der beiden zu ihren Kindern. Die kleine Tochter habe in der Schule als Berufswunsch «Patientin» angegeben, wird McIver von seiner Frau vorgeworfen - Beweis, wie viel mehr Interesse und libidinöse Energie er an seine Schutzbefohlenen verschwendet anstatt an seine Familie. Aber abgesehen von einer einzigen Szene, in der der Vater seine Kleine die Treppe hochträgt, ist diese vernachlässigte Tochter während des ganzen Films abwesend, auch und gerade am Ende. Der Film selbst mag sich um die Tochter nicht kümmern. Es ist, als wäre sie tatsächlich bereits als Patientin in einer geschlossenen Abteilung außerhalb des Films für immer interniert worden. Ebenso auffällig unangesprochen aber bleibt die Figur des Sohns, der mit sich selber Schach spielt und der am Ende seinem Vater gar Absolution erteilen muss, als dieser mit schlechtem Gewissen erklärt, es sei halt für einen Arzt manchmal einfacher, sich um seine Patienten zu kümmern als

The Cobweb (1955)
Regie: Vincente Minnelli

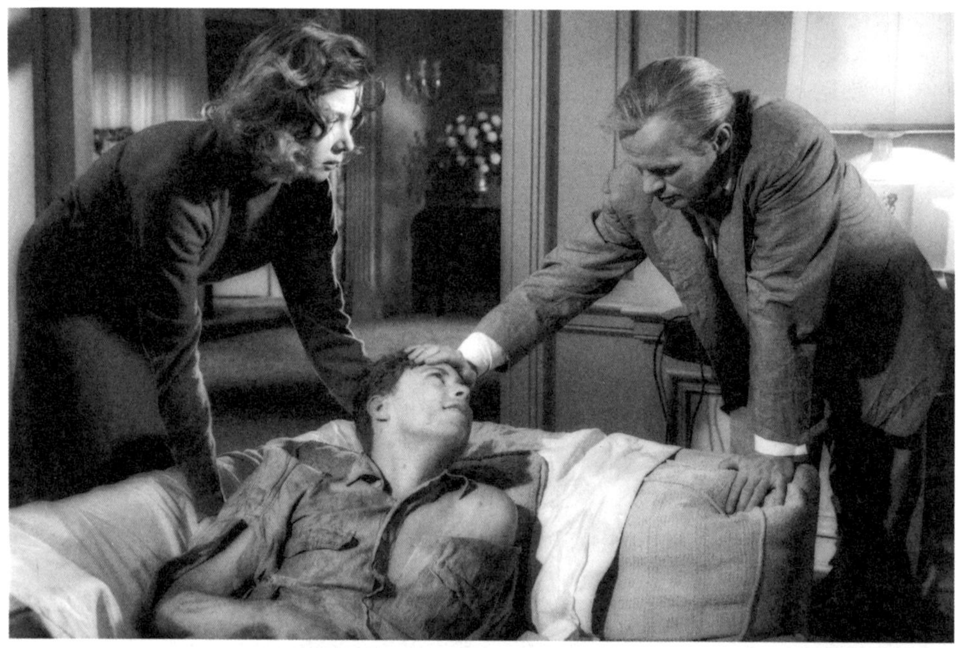

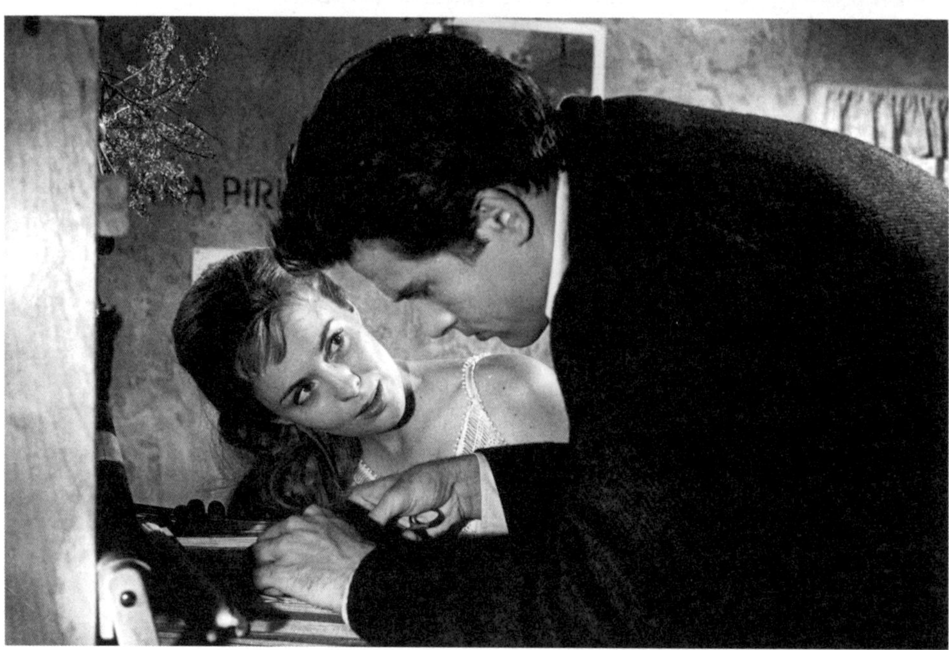

Lilith (1964)
Regie: Robert Rossen

um die eigene Familie. «I know Dad», meint darauf der kleine Sohn aufmunternd lächelnd, «that's your job», und sieht weiter zu, wie der Vater für den Patienten im Wohnzimmer Milch aufwärmt, während er sich sein Abendessen selber machen muss. Auffällig ist auch, dass dieser Sohn so feminin erscheint, was durch die Herrenanzüge und Hemden, die er trägt, nur noch stärker betont wird. Der kleine Mann sieht immer aus wie ein Mädchen, das sich als Junge verkleidet. Der Film zeigt diese queere Figur und lässt sich doch nie richtig auf sie ein. Dass jener «trouble», von dem Anfangs- und Schlusssatz sprechen, auch ein «gender trouble» sein könnte, davon will der Film offenbar nichts wissen. Die Zuschauenden aber fragen es sich umso mehr.

So ist The Cobweb gerade in seiner eigenwilligen Obsession, mit der er scheinbare Banalitäten zur Hauptsache macht, aber ins Auge springende Fragen gänzlich ignoriert, ein exemplarisches Beispiel für einen Psychiatriefilm, der hervorkehrt, wie sehr er selbst in einem psychologischen Spinnennetz (Cobweb) gefangen ist, das er porträtiert. Oder plump formuliert: Minnellis Film ist selbst schon ziemlich verrückt.

Selbstanalyse

Dass Minnelli in seinem Psychodrama auch das eigene Metier des Filmemachens als psycho-pathologischen Vorgang versteht, darauf deutet allein schon hin, wie sehr The Cobweb aufs eigene Medium und dessen Geschichte rekurriert: Darsteller*innen wie Charles Boyer und Lilian Gish, die hier die alternde Garde von Psychiatern spielen, stehen unweigerlich auch für jenes alte Hollywoodkino, dessen Stars sie mal waren. Bedenkt man, dass für die Rolle von Stevie ursprünglich James Dean im Gespräch war, wird einem klar, wie sehr hier über die personalen Konflikte auf der Handlungsebene auch ein Konflikt zwischen verschiedenen Hollywoodstilen ausgetragen wird. Ähnlich wie Billy Wilder, der in seinem düsteren Sunset Boulevard alte Stars wie Buster Keaton, Erich von Stroheim oder Gloria Swanson auftreten lässt und damit auch die morbide Seite der Traumfabrik thematisiert, führt Minnelli in The Cobweb die Diskussion sich verändernder psychiatrischer Methoden mit der Geschichte Hollywoods zusammen.

Vor allem aber stellt Minnelli mit The Cobweb seine eigene Filmästhetik in psychiatrische Zusammenhänge: Der hypersensible Künstler Stevie, der von unpassenden Vorhängen regelrecht in den Irrsinn getrieben wird, dieser Stevie, der zu Filmanfang die letzten Worte des ein Jahr zuvor verstorbenen Malers André Derain zitiert: «Some red, show me some red ... and some green», dieser Stevie ist nicht nur ein Vorläufer jenes anderen großen manischen Künstlers, Vincent van Gogh, den Minnelli bereits ein Jahr später zum Protagonisten seines Films Lust for Life machen wird. Vor allem ist dieser Stevie ein Alter Ego des Regisseurs Minnelli selbst. Wie der labile Stevie war auch Minnelli berüchtigt für seine Aus- und Zusammenbrüche, sollte die Farbgestaltung einer Szene nicht zu seiner Zufriedenheit ausgefallen sein. Die stilisierten, mit leuchtenden monochromen Farben übertuschten Zeichnungen, die Stevie von der Klinik und ihrem Personal anfertigt, um sie dann als Muster auf die neuen Vorhänge drucken zu lassen, erscheinen wie Blätter aus Minnellis eigenen Skizzenbüchern. Minnelli, der selber in seinem ersten Job Schaufensterdekorateur war, kann die Vehemenz, mit der in The Cobweb um Zimmerdekoration gestritten wird, nur zu gut verstehen. Sein Film verrät, dass er genau an derselben Hypersensitivität leidet wie sein junger Protagonist. «Show me some red!» ist das Motto nicht nur des affektgestörten Patienten, sondern auch dieses Regisseurs, bei dem Farbe nie natürliche Eigenschaft der Dinge, sondern immer Signal entfesselter Gefühlslagen war. «Wenn bestimmte Zustände und Sachverhalte den Lauf der Welt beeinflussen, wenn die Gestalten eine Tanzfigur bilden, dann ist das vom Glanz der Farben und ihrer nahezu zerfleischenden, verschlingenden und zerstörerischen Absorbtionsfunktion nicht zu trennen», schreibt Gilles Deleuze über Minnelli. Im Filmemachen, so wie es Minnelli betreibt, gehen Innendekoration und psychotische Auflösung Hand in Hand. Mit Psychiatrie hat beides intim zu tun. Und mit Kino auch.

Im Psychiatriefilm, so lernen wir spätestens mit Minnelli, begegnet der Film also unweigerlich sich selbst als pathologischem Verfahren.

«Das Ich schaltet frei mit allen Erlebnissen, seien es Sinneseindrücke, Einfälle, Erinnerungsvorstellungen, Träume, Halluzinationen, Gedankenkombinationen - alles hat gleiche Anwartschaft, als real existent zu gelten, wenn das Ich, der niemand verantwortliche Autokrat, es so will.» Das schreibt Hans Prinzhorn in seiner epochalen Studie «Die Bildnerei der Geisteskranken». Damit ist aber auch der Traum eines jeden Regisseurs bündig beschrieben. Und wenn es über den Psychotiker heißt, «aus den sinnlichen Daten der Umwelt [...] macht sich der autistisch-selbstherrliche Schizophrene natürlich eine ganz andere, reichhaltigere Welt, die er nicht durch logische Konvention sichert und mit anderen Menschen in Einklang bringt, sondern die ihm eben Rohmaterial für seine Einfälle, seine Willkür, seine Bedürfnisse bleibt», dann beschreibt Prinzhorn damit zugleich das, was laut Dziga Vertov jeder Kameramann und jeder Cutter macht: Aufnahmen der Umwelt neu kombinieren, um aus diesem Rohmaterial nach eigener Willkür eine neuen Welt zu bauen. Private Worlds halt.

Die Anstalt als Spiegel

Dass sich in diesen psychotischen Privatwelten des Psychiatriefilms gleichwohl gesellschaftliche Realitäten wie in einem vergrößernden Zerrspiegel zeigen lassen, haben Filme wie Leopold Lindtbergs Glauser-Verfilmung Matto regiert und Klassiker der Psychiatriekritik wie Anatole Litvaks The Snake Pit oder Georges Franjus La tête contre les murs bewiesen. In einer der eindrücklichsten Szenen von Matto regiert wird dem in der Psychiatrie ermittelnden Wachtmeister Studer die Abteilung mit den besonders hoffnungslosen Fällen vorgeführt. Als Studer gemeinsam mit dem Arzt durch die Reihen der Insassen geht, steht einer plötzlich auf und erhebt die Hand zum Hitlergruss. Der Moment ist kurz und doch verstörend genug: Im Inneren der Psychiatrie herrscht derselbe Wahnsinn wir kurz zuvor noch draußen in der Welt. Am weitesten im Versuch, den Gegenraum der Psychiatrie zu benutzen, um darin die Kehrseiten der eigenen Gesellschaft aufzusuchen, ist freilich Samuel Fuller mit Shock Corridor gegangen.

Wenn sich der investigative Journalist Johnny Barrett als Patient in eine Nervenheilanstalt einweisen lässt, um dort einen Mord aufzuklären, wird der Gang in die Psychiatrie zu einer Reise ins Herz der Finsternis von Amerika. Einer der Patienten, der ehemalige Korea-Soldat Stuart, wähnt sich fortan als Konföderierten-General im amerikanischen Bürgerkrieg. Offensichtlich ist dieser Wahn ein Versuch des unter seinem Landesverrat leidenden Soldaten, sich so wieder zu reamerikanisieren. Zugleich aber wirkt diese Deckerinnerung noch verstörender, wenn man bedenkt, dass der Bürgerkrieg ja ein Krieg war, den Amerika gegen sich selbst geführt hat. Im Versuch, das Trauma des Korea-Kriegs zuzudecken, wird nur das alte Trauma der sich selbst zerstörenden Nation aufgedeckt. Re-Amerikanisierung entpuppt sich damit unweigerlich als Retraumatisierung. Der Krieg Amerikas mit sich selbst hört nicht auf. An Schizophrenie leidet nicht bloß Stuart, sondern das ganze Land.

Noch beunruhigender wird diese Zerrissenheit Amerikas vom Anstaltsinsassen Trent vorgeführt, einem Schwarzen, der sich in seinem Wahn eine Ku-Klux-Klan-Kapuze überzieht und gegen seine eigene Hautfarbe Hass predigt. Trent weist damit auch auf jenes nach wie vor nicht erfüllte Versprechen des amerikanischen Bürgerkriegs hin, die Schwarzen zu ihrem Recht kommen zu lassen. So, wie der Bürgerkrieg noch immer nicht zu Ende ist, so ist auch der Schwarze noch immer Ausgestoßener, der an der nicht überwundenen Intoleranz seiner Nation buchstäblich zerbricht. Als unmöglich-paradoxe Erscheinung eines Schwarzen Ku-Klux-Klan-Schergen verkörpert er die doppelzüngige Bigotterie eines ganzen Landes, das mit sich selbst uneins ist. Schonungslos wie kein anderer porträtiert Fuller in Shock Corridor das eigene Land als unentrinnbares Irrenhaus, in dem am Ende auch der eingeschleuste Journalist durchdreht. Und doch gibt sich Fuller nicht der arroganten Illusion hin, diesen Wahnsinn einer ganzen Nation einfach nur von außen zeigen zu können. Der Regisseur zeigt vielmehr sich und die von ihm benutzten filmischen Mittel als Teil des Deliriums.

Wenn die Figuren von traumatischen Erinnerungsbildern überwältigt werden, dann zeigt der Film dies als Farbaufnahmen, die plötzlich durch diesen Schwarzweißfilm zucken. Der Film ist in sich gespalten, auch technisch: Schwarzweiß ist mit Farbaufnahmen verschnitten, Breitwandbilder erscheinen ins 4:3 gestaucht. Der Film dreht durch, er gerät aus den Fugen. Zudem handelt es sich bei diesem als *memory flashes* eingeschnittenen Material um Aufnahmen, die Fuller für andere Filmen machen ließ. Die befremdenden Ansichten, die Shock Corridor stören, die den Film zerreißen, ihn gleichsam «schizophrenisieren», sind gar keine fremden, sondern nur wieder die eigenen Bilder des Regisseurs. Wo die Insassen ihre Traumata immer wieder neu durchleben müssen, wühlt sich der Filmemacher unablässig durch das eigene Bildarchiv.

Das Filmen in der Psychiatrie ist Durcharbeitung und Retraumatisierung in einem Zug. Das gilt für Fuller wie für das Genre schlechthin. Im Versuch, dem Wahnsinn ein Bild zu geben, entdeckt der Film sich endgültig selbst als psychotischen Prozess. Und indem sich das Kino im Imaginationsraum der Psychiatrie verliert, kommt es zu sich.

Eugen Bleuler: Lehrbuch der Psychiatrie. Berlin 1921.

Georges Didi-Huberman: Erfindung der Hysterie. Die photographische Klinik von Jean-Martin Charcot. München 1997.

Gilles Deleuze: Das Bewegungs-Bild: Kino 1. Frankfurt a. M. 1989.

Victor Tausk: Gesammelte psychoanalytische und literarische Schriften. Wien, Berlin 1983.

Hans Prinzhorn: Bildnerei der Geisteskranken. Heidelberg 1922.

The Truman Show (1998)
Regie: Peter Weir

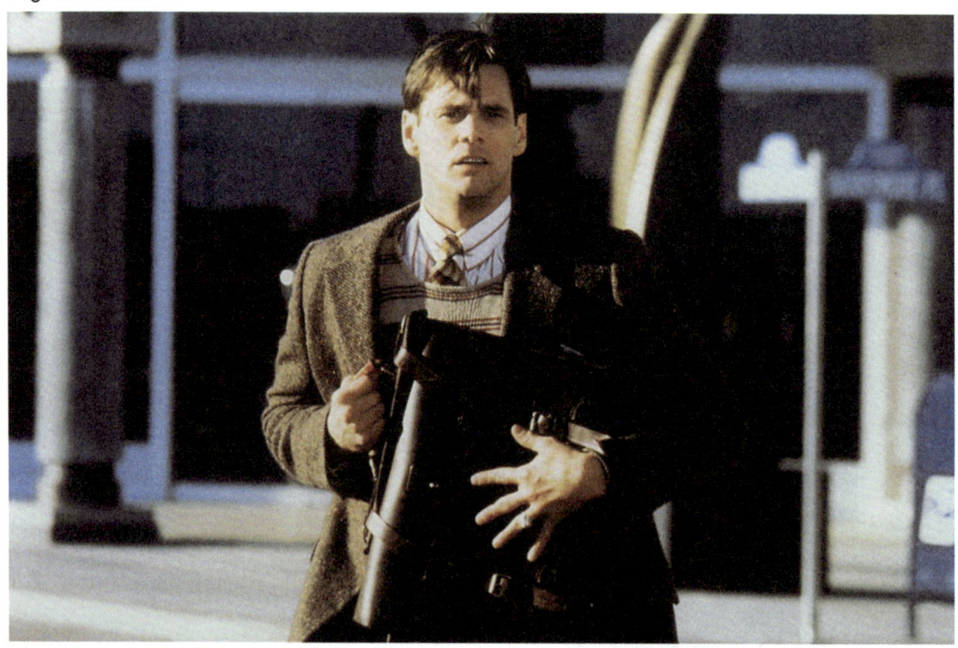

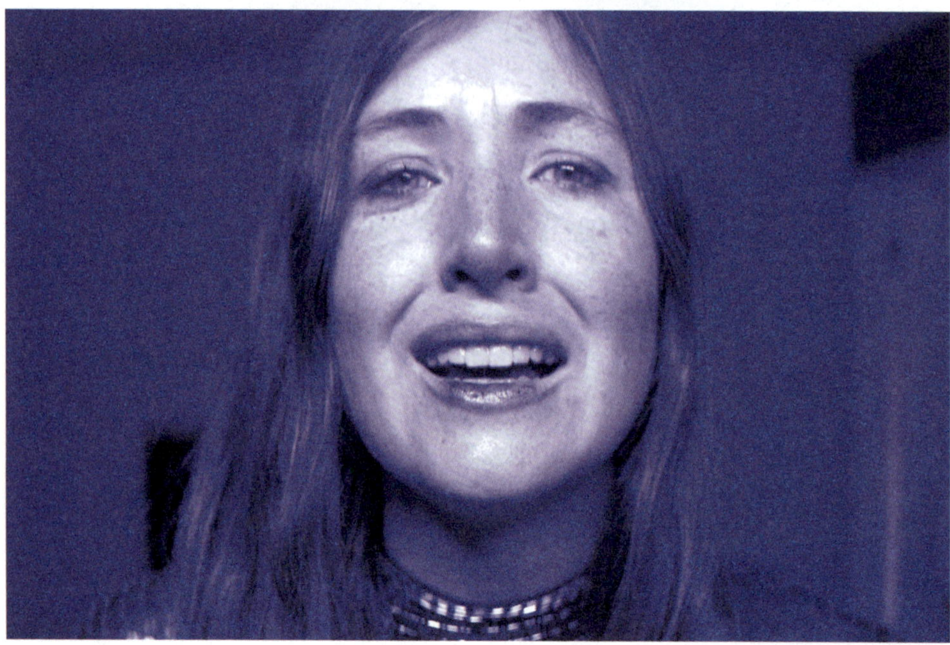

She Dies Tomorrow (2020)
Regie: Amy Seimetz

Wahn der Gewissheit

Amerikanische Paranoia, amerikanisches Kino

Die Angst geht um im Land. Wieder einmal und mehr denn je. Sogar der Präsident spricht von Verschwörungen und verbreitet dabei selber gezielt Lügen. Derweil formieren sich seine radikalsten Anhänger*innen und bereiten sich auf einen möglichen Bürgerkrieg vor. Sie lassen Theorien darüber kursieren, dass die politische Elite von Schattenmächten eingesetzt, von finanzstarken Geheimbünden aufgekauft, wenn nicht gar von außerirdischen Mächten gesteuert ist, die in Militärlabors Viren entwickeln, damit die Bevölkerung erst verängstigt und dann bei einer Impfung mit einem Mikrochip versehen werden kann, der sie vollends überwachbar machen soll. Das Land sind die USA, die Zeit ist die Gegenwart, und was nach dem Stoff für einen reichlich abstrusen Science-Fiction-Film klingt, wird in den 2020ern in Onlineforen und sozialen Netzwerken auch in Europa von manchen als angebliche Fakten herumgereicht. Was als Verschwörungsfantasie herumgeistert, imitiert und überbietet noch, worüber man einst auf der Leinwand den Kopf geschüttelt hätte.

Was mal Kino war, scheint Realität geworden zu sein. Dass man aus den Ängsten der Gegenwart in Zukunft selbst wieder neues Kino machen kann, werden wir sehen. Reale und filmische Paranoia bildeten schon immer eine Feedbackschleife. Eben deswegen lohnt sich der Blick auf die Paranoia im amerikanischen Kino. Dieser ist nicht nur filmhistorisch faszinierend, sondern auch immer wieder akut brisant, weil er uns einen Schlüssel bietet zum Verständnis nicht nur einer aktuell oft unverständlichen Nation, deren Verschwörungsängste längst über den ganzen Globus geschwappt sind. Aber es lässt sich auch zeigen, dass vielleicht gerade diese Filme einen Ausweg aus der Verschwörungsangst bergen.

Gottes eigenes Land

Dass die aktuell grassierende Paranoia gar kein neues Phänomen, sondern vielmehr ein typisches Stilmittel amerikanischer Kultur ist, beschreibt der Historiker Richard Hofstadter bereits in den Sechzigern in seinem Essay zum «paranoid style» in der amerikanischen Politik. Tatsächlich ist der amerikanische Hang zur Paranoia indes noch viel älter, so alt nämlich, wie die Nation selbst, steht doch bereits am Beginn der Siedlungsbewegung auf dem amerikanischen Kontinent der Glaube, ein von Gott auserwähltes, im alten Europa aber verfolgtes Volk zu sein. So verbinden sich in diesem Selbstverständnis Amerikas überrissene Grandiositätsvorstellungen mit bohrenden Verfolgungsängsten.

Ohnehin kann der Glaube an das eigene Auserwähltsein, jener sogenannte «American Exceptionalism», rasch ins Gegenteil kippen: Die Überzeugung der puritanischen Siedler*innen, dass der Schöpfer jeden ihrer Schritte lenke und dass nichts zufällig geschehe, sondern noch die alltäglichste Begebenheit als direkter Effekt eines großen göttlichen Plans zu lesen sei, ist zugleich eine abgrundtief paranoide Vorstellung. Mit dem Wunsch, hinter sämtlichen Erscheinungen das Wirken einer geheimen Macht zu vermuten, ist die Anfälligkeit für Verschwörungstheorien sozusagen bereits im Gründungsmythos der USA als eines seiner Kernelemente verbaut. Göttliche Vorsehung kann unversehens in bedrohliche Gedankenkontrolle umschlagen (exemplarisch vorgeführt in jener Verschwörungstheorie etwa, die das Pyramidenauge auf der Rückseite der Dollarnote als Symbol des Geheimbundes der Illuminaten interpretiert, dabei steht das Auge ja eigentlich für die göttliche Vorsehung). Mit der Überzeugung von der eigenen Ausnahmestellung steigt immer auch die Angst vor Verfolgung und Unterdrückung - eine Angst, die sich im Laufe der amerikanischen Geschichte immer wieder reaktivieren ließ und die auch in jener Parole aufscheint, die der rassistische Mob in Charlottesville 2017 skandierte: «You will not replace us».

Wahre Befürchtungen

Zugleich, und das macht das Thema so zwiespältig, gibt es in den USA in der Tat immer wieder bestens begründeten Anlass zur Paranoia. Dass ganze Bevölkerungsgruppen systematisch verfolgt und unterdrückt werden, ist kein Hirngespinst, sondern brutalste und erschreckend alltägliche Realität - wie sie die Schwarzen von der Ära der Sklaverei bis zur heutigen Polizeigewalt erleben. Der grassierende Antisemitismus der Zwischenkriegszeit oder die Hetze gegen vermeintliche Kommunist*innen nach dem Zweiten Weltkrieg, die Bedrohung durch einen Atomkrieg im Zuge des Wettrüstens im Kalten Krieg und die Verunsicherungen, geschürt durch die Ermordungen John F. und Bobby Kennedys oder durch die Manipulationen Richard Nixons – sie machen immer wieder aufs Neue bewusst, dass amerikanische Realpolitik oft noch abgründiger ist, als man es sich im wildesten Verfolgungswahn auszudenken vermag.

Kein Wunder, entwickelte sich in den USA seit den späten Vierzigerjahren der Paranoiafilm, wenn vielleicht nicht ganz zu einem eigenen Genre, so doch zu einem eigenen Stil, der immer dann florierte, wenn auch die Nation von Verschwörungen erschüttert wurde. Dabei sind nicht nur die Filme interessant, die ihr Thema explizit machen, wie Edward Dmytryks Crossfire oder Elia Kazans Gentleman's Agreement über den systematischen Antisemitismus in Amerika, sondern gerade auch jene, deren politische Relevanz hinter der Tarnung des Genrefilms verborgen ist: Science-Fiction-B-Movies wie William Cameron Menzies Invaders from Mars oder Don Siegels Invasion of the Body Snatchers, die davon handeln, wie Außerirdische von den Körpern der amerikanischen Bevölkerung Besitz ergreifen, sind problemlos als Kommentar zum Amerika der Fünfziger lesbar, das in jedem Nachbarhaus eine terroristische Bedrohung vermutet. Und dieselben Filme taugen auch heute wieder als verblüffend aktuelle Allegorien für die Spaltungen des Landes (ganz zu schweigen davon, dass in rechtsradikalen Kreisen tatsächlich darüber spekuliert wird, ob in den Körpern von Barack Obama oder Hillary Clinton Außerirdische stecken).

Während in Invaders from Mars die Außerirdischen immerhin noch eine x-förmige Narbe dort zurücklassen, wo sie in die Körper ihrer Opfer geschlüpft sind, verzichtet Siegel für die Darstellung seiner außerirdischen Invasion auf jegliche Masken und Spezialeffekte. Das machte den Film nicht nur kostengünstiger, sondern zugleich auch paranoider: Man sieht es den Menschen nicht an, dass sie nicht mehr sie selbst sind. Zu Beginn beobachten wir einen älteren Mann, der den Rasen mäht, seine Nichte aber ist überzeugt, dass der Mann, der aussieht, sich bewegt und spricht wie ihr Onkel Ira, in Wahrheit ein anderer sei. «Das ist es ja gerade: Man kann die Veränderung nicht sehen. Ich aber weiß, dass er nicht mein Onkel ist.» Exemplarisch führt Siegel mit dieser Szene die ausweglose Logik der Paranoia vor: Das eigene vermeintliche Wissen triumphiert über alle Fakten, und wenn man die eigenen Behauptungen nicht belegen kann, dann deswegen, weil die Gegenseite so gut im Vertuschen ist. Eben deswegen lassen ist Verschwörungsfantasien mit Argumenten nicht beizukommen, weil sie das Fehlen von Beweisen immer als Beleg dafür nehmen, wie weit die Verschwörung bereits fortgeschritten ist.

Wahn mit System

Dieses vermeintlich absolute Wissen ist es denn auch, was die Paranoia als Pathologie auszeichnet. Die Paranoia sei charakterisiert, so heißt es bereits in den Psychiatrielehrbüchern von Emil Kraepelin oder Eugen Bleuler, «durch die schleichende Entwicklung eines dauernden, unerschütterlichen Wahnsystems bei erhaltener Klarheit und Ordnung im Denken, Wollen und Handeln». Solid und systematisch ist der Wahn der Paranoia. Statt an bohrendem Zweifel leiden die Paranoiden also vielmehr an zwingender Gewissheit. Entsprechend erkennt man paranoide Wahnsysteme denn auch weniger an ihrem Inhalt als vielmehr an ihrer gegen jede Kritik abgesperrten Struktur, in der alles bedeutsam ist, alles mit allem zusammenhängt, alles restlos aufgeht und es keine Unklarheiten und keine Zufälle gibt. «I just know» – das ist auch, was die Figuren in einem der jüngsten Paranoiafilme, in Amy Seimetz' She Dies Tomorrow, auf die Frage antworten, woher sie so genau wissen, dass sie sterben werden. Das Wissen ist ansteckend.

Die Paranoia eignet sich besonders als Kinothema, weil sich in der paranoischen Gewissheit immer auch die umfassenden Möglichkeiten des filmischen Mediums spiegeln: Der Verfolgungswahn, dass die Realität nur eine Täuschung sei, die in Wahrheit von einer fremden Macht komplett gesteuert werde, ist beim Filmdreh, wo alles

Blow Out (1981)
Regie: Brian De Palma

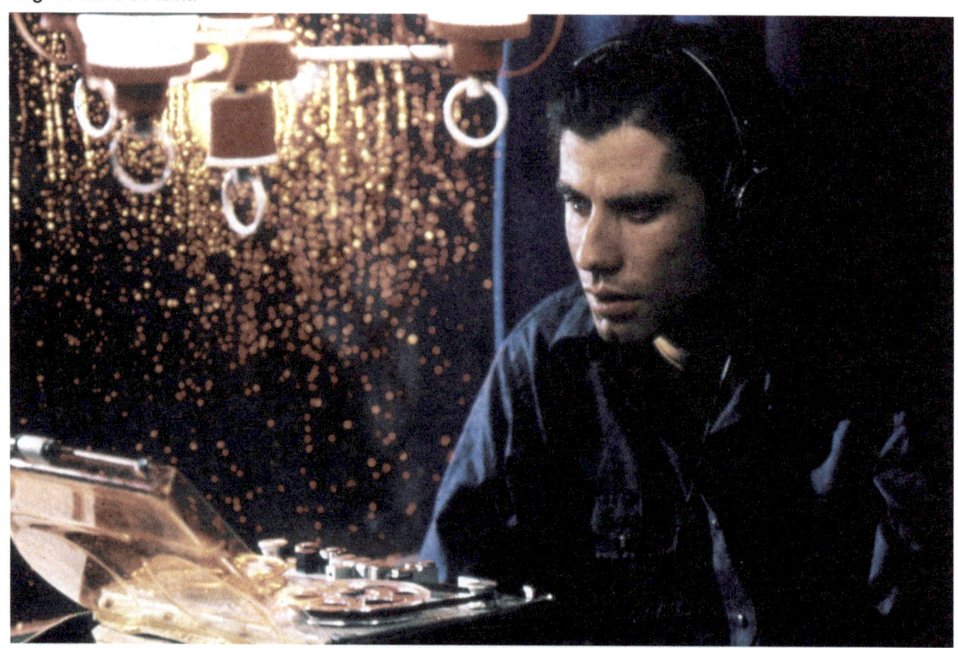

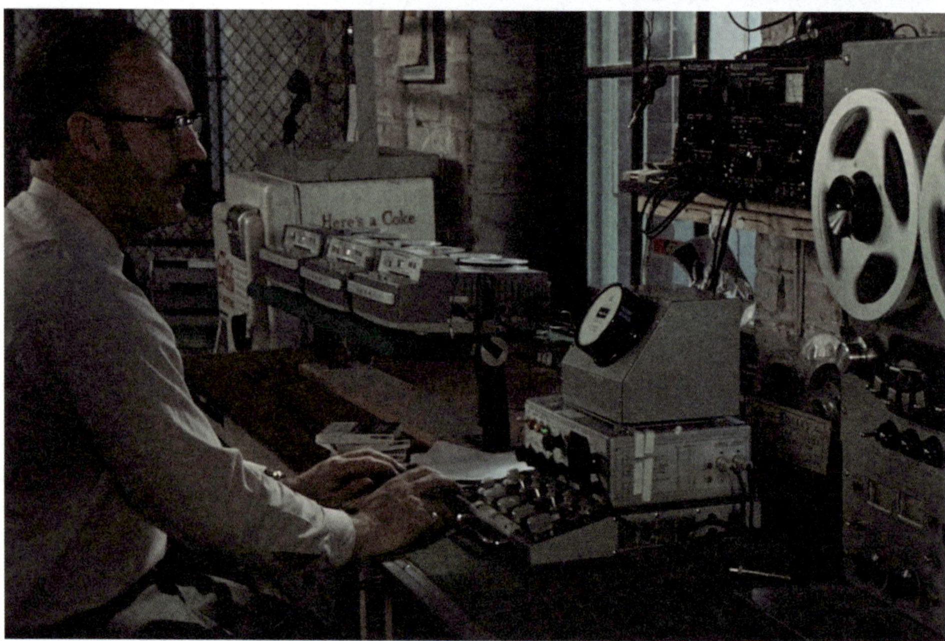

The Conversation (1974)
Regie: Francis Ford Coppola

kontrolliert werden muss, nichts anderes als der Normalfall: Im Kino ist tatsächlich alles inszeniert und jedes Detail absichtsvoll platziert. Keine Tasse im Schrank und kein Blatt auf dem Pult, das nicht von der Ausstattungsabteilung dort platziert worden wäre. Genau davon geht auch die Paranoia aus. Und wenn Alfred Hitchcock einmal erklärte, der ideale Film wäre einer, wo es diesen gar nicht mehr braucht, sondern man das Publikum direkt an Drähten anschließen könnte, um vom Regiestuhl aus per Knopfdruck und ohne Umwege dessen Gefühle steuern zu können, dann beschreibt er damit das Kino exakt als eine jener Kontrollmaschinen, vor denen die Paranoiden sich fürchten.

So hat denn das amerikanische Paranoiakino eine doppelte Spiegelfunktion: Nicht nur, dass sich in ihm der psychische Zustand der Nation zeigt, es sind immer auch selbstreflexive Studien über die manipulativen Möglichkeiten des eigenen Mediums. Wenn in Francis Ford Coppolas The Conversation der Überwacher an seiner Bandmaschine ein scheinbar banales Gespräch zweier Verliebter so lange bearbeitet, bis es nach einer tödlichen Verschwörung klingt, oder wenn in Brian de Palmas Blow Out ein Tontechniker aus Zeitungsbildern und Tonstückchen einen Clip zusammenschnippelt, der ein Attentat beweisen soll, dann sehen wir eigentlich nichts anderem zu, als der Herstellung eben jener Filme, die wir in dem Moment betrachten.

Walter Murch, der Cutter und Sounddesigner von The Conversation, hat in seinem Gespräch mit Michael Ondaatje erzählt, wie er beim Schneiden dieses Films oft selber verwirrt gewesen sei: Immer wieder kam es ihm vor, als würde er auf dem Bildschirm seines Schneidetischs nicht den Film, sondern sich selber bei der Arbeit sehen – eine wahrlich paranoide Vorstellung.

Jener Wahn, dass das eigene Verhalten immer schon vorausgesehen, geplant und überwacht wird, findet in der Erzählung Walter Murchs seine exakte Entsprechung: Es ist, als sei die Arbeit des Cutters immer schon von einer Kamera heimlich beobachtet und aufgezeichnet worden, um ihm nun vorgeführt zu werden – zur Anleitung.

System ohne Ausweg

Diese paranoide Ausweglosigkeit ebenjener Medien, die uns eigentlich Orientierung geben sollten, beobachten wir unterdessen nicht nur in Paranoiaserien wie Mr. Robot oder Black Mirror, sondern auch auf unseren eigenen Social-Media-Profilen, wenn Bekannte anfangen, obskure Verschwörungsvideos zu verlinken. Neu ist das Phänomen freilich nicht. Sidney Lumet und sein Drehbuchautor Paddy Chayefsky erzählen bereits in den Siebzigern in ihrem Opus magnum Network, wie das damalige Massenmedium Fernsehen zu einem kafkaesken Gefängnis wird, in dem jeglicher Widerstand zwecklos, weil bereits eingeplant ist: Wenn der abtretende Fernsehmoderator Howard Beale zum Aufstand gegen die massenmediale Verdummung aufruft, macht ihn das bloß zum neuen Star jenes Systems, das er demontieren wollte.

Aus dem Allesfresser des Massenmediums gibt es keinen Ausweg, und jede Kritik steigert nur die Einschaltquote. Radikal schonungslos fängt Lumets Film damit die Desillusionierungen all jener ein, die erleben, wie wenig aus der Aufbruchstimmung der Sechzigerjahre übrig geblieben ist. «The revolution will not be televised», rief der Dichter und Musiker Gil Scott-Heron noch 1971. In Network aber ist aus der Revolution selbst eine Talkshow geworden. Und damit nimmt Lumets Film auch unsere heutigen Paradoxien vorweg: Wenn wir auf sozialen Netzwerken vor den Gefahren ebendieser sozialen Netzwerke warnen, machen wir sie damit nur attraktiver. Einen Ausstieg aus den Massenmedien scheint es also auch heute nicht zu geben. Die Algorithmen behalten uns im Griff, und jede Medienkritik generiert nur selber wieder neue Klicks.

Als ebenso prophetisch hat sich denn auch Peter Weirs The Truman Show erwiesen, dessen Titelfigur in einer Fernsehserie lebt, ohne dass er selbst etwas davon weiß. Was sich Lumet und Weir noch vor Big Brother und Dschungelcamp als satirische Überspitzung einer angehenden Reality-TV-Kultur ausmalten, ist von der Wirklichkeit mehrfach übertroffen worden. Heute kommen Menschen in die Psychiatrie, die genau das glauben, was in Weirs Film noch Fiktion war. Die Medizin hat diese neue Form des Verfolgungswahns, in der die Patient*innen glauben, ihr Leben werde heimlich als Fernsehshow inszeniert, denn auch prompt «Truman Show delusion» getauft. Die Realität imitiert die paranoide Fiktion. Wie sehr, wird uns klar, wenn wir uns Roberto Minervinis The Other Side anschauen und zunächst gar nicht merken, dass es sich dabei nicht um einen bizarren Spiel- sondern um einen Dokumentarfilm handelt, und bei seinen von Wahnvorstellungen getriebenen Figuren um wirkliche Personen. Die Paramilitärs, die man in den ersten Filmminuten mit Camouflage und Maschinengewehren durch den Dschungel von Louisiana schleichen sieht, glauben tatsächlich, dass sie sich im Krieg mit der Regierung befinden.

Die brillantesten Paranoiafilme sind ohnehin jene, in denen Grenzen verwischen und die von Verschwörungen nicht mehr aus Distanz erzählen, sondern die selber allmählich eine wahnhafte Struktur annehmen: Die wohl merkwürdigste Szene in John Frankenheimers The Manchurian Candidate über einen Militärkomplott, bei dem Soldaten einer Gehirnwäsche unterzogen werden, ist eine zunächst ganz unscheinbar wirkende Dialogszene während einer Zugfahrt, wo der Smalltalk zwischen zwei Figuren immer merkwürdiger und immer mehr nach einem Code voller Passwörter und trigger words zu klingen beginnt, die wir nicht entschlüsseln können.

Und auch Alan Pakulas The Parallax View über einen Journalisten, der einer Organisation auf die Fährte kommt, die Attentate an Politikern verübt, ist deswegen so genial und auch so beunruhigend, weil wir als Publikum allmählich Pakulas eigenem Film nicht mehr trauen können. Zu sehr beginnen sich die mysteriösen Szenen zu häufen, etwa wenn das Gespräch mit einem Informanten auf der Fahrt mit einem Miniaturzug für Kinder stattfindet, oder wenn eine Freundin, die eben noch mit dem Journalisten sprach, bereits einen Schnitt später tot auf einem Seziertisch liegt, oder wenn eine Bombe ausgerechnet dort explodiert, wo die Kamera nicht hinschaut. Spätestens dann, wenn der Journalist als Anwärter getarnt ins Hauptquartier der Geheimorganisation vordringt und jenem Eignungstest unterzogen wird, den alle zukünftigen Attentäter durchlaufen müssen, beginnt der Film, uns endgültig zu entgleiten. Denn dieser Test für zukünftige Terroristen wird zusammen mit der Figur auch an uns vollzogen, in Form einer viereinhalbminütigen Montagesequenzen aus lauter Einzelbildern, die gleichsam ein Inventar amerikanischer Ideologie darstellen: Weizenfeld und Apple Pie, Baseballspiel und Mutterliebe, Uncle Sam und Abraham Lincoln. Dazwischen als weiße Schrift auf schwarzem Grund die Stichworte zur Welterklärung: «Love», «Mother», «Father», «Me» «Home», «Country», «God» «Enemy», «Happiness».

Dann aber schieben sich andere Bilder dazwischen, Ku-Klux-Klan-Aufmärsche und nackte Körper, Nixon, Hitler, Präsidentenköpfe und Comicfratzen, rohes Fleisch, ein Gräberfeld. Dabei insinuiert die Montage, dass das alles miteinander zusammenhängt, und zerstört zugleich jeden nachvollziehbaren Sinn. Das ist das paradoxe Prinzip der Paranoia: Wenn alle geltenden symbolischen Bezüge gekappt werden, wird plötzlich alles hochbedeutend. Wie auf jener unlesbaren Karte der Verschwörungstheoretiker*innen, die sogenannte Q-Map auf denen die Pfeile in alle Richtungen gehen. Alles wird mit allem verbunden.

Der Psychiater Jacques Lacan hat den psychotischen Zusammenbruch als Zustand beschrieben, in dem die Vertäuungen zwischen Signifikanten und Signifikaten, als zwischen Bezeichnung und Bezeichnetem, nicht mehr gegeben ist. Wie zwei Stoffbahnen, die nirgends mehr miteinander vernäht sind, rutschen Zeichen und Inhalt aneinander vorbei, so dass nichts mehr irgendetwas und zugleich alles alles bedeuten kann. In der Leere des Sinns wird ein labyrinthisches Wahnsystem des Wissens errichtet. Und wir, die wir diesem Prozess in The Parallax View zusehen mussten, beginnen uns selbst zu fragen, ob wir dem Film noch glauben. Dazu passt, dass der Begriff «Parallaxe» aus dem Filmtitel das optische Phänomen beschreibt, bei dem man eine Bewegung von Objekten sieht, die eigentlich von der eigenen Bewegung der Betrachtenden herrührt. In seiner Überschrift steckt also schon die unangenehme zentrale These des Films: Dass die Verschwörung zu wachsen scheint, liegt vielleicht nur daran, dass ich mich selbst immer mehr in sie hineinbegebe.

Paranoide Rückkoppelung

«Strange how paranoia can link up with reality now and then», heißt es im verstörenden Science-Fiction-Roman «A Scanner Darkly» von Philip K. Dick, und so ist auch die lange Tradition des amerikanischen Paranoiakinos deswegen verblüffend, weil diese Filme sich nicht nur mit ihrem einstigen Kontext, sondern auch mit unserer Gegenwart immer wieder neu verketten. Wie die kommunistischen *sleeper*, vor denen das Nachkriegsamerika sich so sehr fürchtete, scheinen auch die Filme nur darauf gewartet zu haben, heute noch besser zuschlagen zu können, als damals, als sie ins Kino kamen. Charles Burnetts beunruhigender The Glass Shield, der aufzeigt, wie tief rassistische Vorurteile in die Fundamente des amerikanischen Polizei- und Justizsystems reichen, war 1994 in direkter Reaktion auf die Misshandlung Rodney Kings und der dadurch ausgelösten L.A.-Riots entstanden. Nach dem Tod George Floyds und im Kontext von Black Lives Matter erscheint der Film aber nur noch verstörend aktueller denn je.

Wenn wir uns heute George Romeros apokalyptischen Seuchenhorror The Crazies anschauen, erkennen wir darin unweigerlich auch eine Studie über jene Ängste, die während der Corona-Pandemie um sich griffen. Auch Jane Campions unbequemer, hintergründig feministischer Thriller In the Cut, der von großen Teilen des damaligen Publikums missverstanden wurde, verdient in Zeiten von #MeToo eine genauere Wiederbetrachtung. Man sehe sich nur schon den Anfang des Films an mit seinen dokumentarischen Strassenbeobachtungen und den ins Unscharfe ausfransenden Kameraeinstellungen, die uns bewusst machen, dass latente, frauenfeindliche Gewalt überall um uns herum lauert.

Jeff Nichols Take Shelter, über einen Familienvater, der ein Unglück herannahen spürt, fasst in beunruhigend stille Bilder jene existenzielle Bedrohung, vor der uns die Klimaforschung schon so lange warnt. Seimetz' She Dies Tomorrow schließlich übersetzt unsere Verunsicherung, in eine Geschichte um eine hochansteckende Krankheit, die aus nichts anderem besteht als dem Wissen, am nächsten

Tag zu sterben. Das ist nicht nur eine treffende Metapher für die aktuelle Gefühlslage so vieler, sondern führt zugleich noch einmal zurück zu dem, was möglicherweise immer schon am Grund aller paranoider Konstruktionen lag: die schiere Angst vor der Unberechenbarkeit der eigenen Existenz an sich. So entsteht als Symptom gegen die grundlegende Verunsicherung, dass wir nie wissen können, wann unser Leben endet, die Paranoia der absoluten Gewissheit des eigenen Todes.

Damit führen uns diese Filme einmal mehr vor, dass die Ängste, aus denen sich die Paranoia speist, durchaus begründet sein können. Die Bedrohung durch den Klimakollaps ist real, genauso wie jene durch systemische Polizeigewalt und alltäglichen Sexismus. Wenn Jordan Peele in seinem Horrorfilm Get Out erzählt, wie Weiße Amerikaner in die Körper von Schwarzen schlüpfen, spielt er augenzwinkernd auf die Science-Fiction-Filme der Fünfzigerjahre mit ihren außerirdischen Invasor*innen an und meint es mit der Allegorie doch absolut ernst: Die groteske Idee von den Weissen Body Snatchern übersetzt nur ins Vokabular des Horrorfilms, was im von Weißen dominierten Amerika tatsächlich geschieht. So wäre es denn auch ein Missverständnis, zu meinen, es gehe im amerikanischen Paranoiakino bloß darum, selber Paranoia zu verbreiten. Stattdessen fungieren gerade diese Filme als Analysen und damit auch als Auswege aus dem Teufelskreis des Verfolgungswahns.

Wenn sich das Pathologische der Paranoia nicht an deren Inhalt, sondern an ihrer lückenlosen Struktur zeigt, dann insistieren demgegenüber gerade die Paranoiafilme auf der Lücke des Zweifels. Wo das Wahnsystem der Paranoia keinen Zweifel, sondern nur absolute Gewissheit kennt, wird die Unsicherheit selbst zum Gegenmittel. Die Verunsicherung, die die Paranoiafilme bei uns auslösen wollen, ist also eigentlich ein Zeichen von Gesundheit. Und umgekehrt haben jene, die tatsächlich an Verschwörungstheorien glauben, an mehrschichtigen Filmen wie The Conversation oder The Parallax View wohl wenig Freude, weil diese Filme uns gerade nicht die Sicherheit einer lückenlosen paranoiden Welterklärung liefern. Diese, wie auch die Filme von Jane Campion oder Sidney Lumet, von Jeff

Nichols oder Charles Burnett sind Lektionen darin, dass den Denksystemen gerade dann zu misstrauen ist, wenn sie absolute Totalität beanspruchen. Stattdessen beharren diese Filme darauf, dass es Unsicherheit und Ambivalenz auszuhalten gilt. Eben von der Verunsicherung, dass wir auch im Kino nie ganz wissen, wie sich seine Fiktionen weiterentwickeln, ließe sich auch für die Realität etwas lernen. Zum Beispiel, dass der Lauf der Geschichte eben noch nicht vorhergesehen ist und keinem göttlichen (oder dämonischen) Plan folgt, dass wir es eben nicht wissen, ob wir sterben oder weiterleben, sondern dass die Zukunft ungewiss offenbleibt.

Die «paranoide Leseweise» hinter sich zu lassen und stattdessen das zu kultivieren, was Eve Kosofsky Sedgwick «reparative reading» nannte, hieße ihr zufolge sich auf Überaschung und Kontingenz einzulassen. Diese reparative Position ist eine Position der Hoffnung. Sie glaubt daran, dass das, was einmal passiert ist, sich nicht notwendigerweise immer gleich wiederholen muss. Nur auf dieser ungewissen überraschenden Offenheit und nicht auf einer erstickenden Gewissheit kann die Hoffnung Amerikas bauen. Und damit auch die Hoffnung, sich noch einmal neu und möglicherweise besser zu erfinden.

Joan Didion: The White Album. New York 1979.

Richard Hofstadter: The Paranoid Style in American Politics and Other Essays. Cambridge 1996.

Jacques Lacan: Seminar III: Die Psychosen. Wien 2016.

Eve Kosofsky Sedgwick: «Paranoid Reading and Reparative Reading» in: Touching Feeling. Durham 2003.

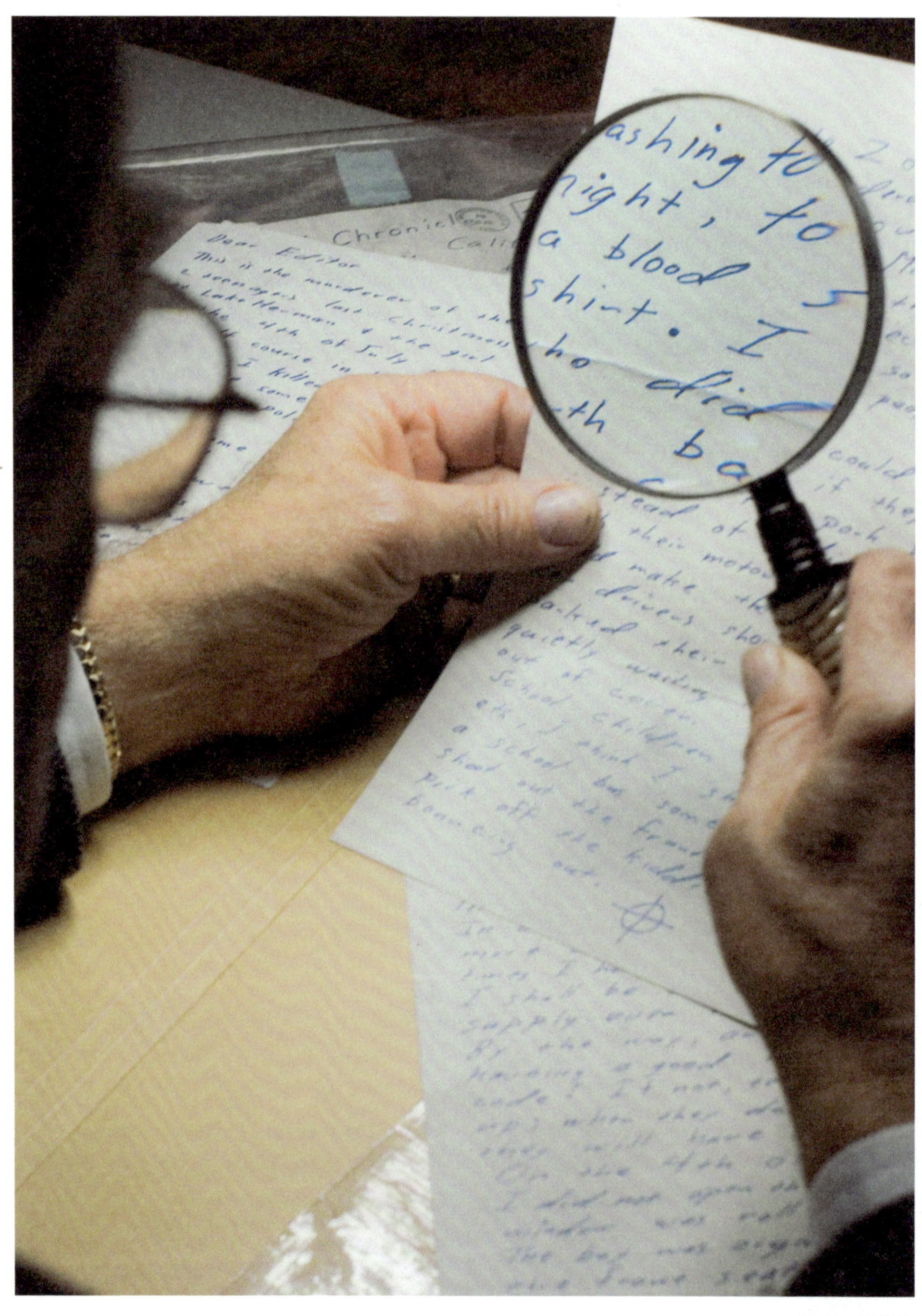

Zodiac (2007)
Regie: David Fincher

Angst vor der Leerstelle

Zodiac und der Serienkillerfilm

Der Begriff «Serienkiller» soll angeblich erst in den Siebzigerjahren im Jargon des amerikanischen FBI aufgekommen sein, das Kino freilich hatte ihn schon längst erfunden. Bereits in Louis Feuillades Mitte der 1910er-Jahre gemachten Fortsetzungskrimis Fantomas und Les Vampires wird in Serie gemordet, und zwar buchstäblich, von Episode zu Episode. Die morbide Faszination, welche Feuillades Anti-Helden im Publikum weckte, ist dieselbe, dank welcher im Laufe der Siebzigerjahre der Serienkiller zur regelrechten Kultfigur wurde und es bis heute geblieben ist.

Diese Lust am Serienmord ist indes nicht so zynisch, wie man meinen könnte. Denn so sehr der Serienkiller auch die Ängste einer Gesellschaft zu verkörpern scheint, ist er doch gerade ein Schutzschirm vor diesen. So wie Feuillade für seine Krimireihen die zusammenhangslosen «faits divers», die vermischten Meldungen der Pariser Zeitungen, mit den darin berichteten Greueltaten zu einer stringenten Story arrangierte, so bringt der Serienkiller Ordnung ins beängstigende Chaos der alltäglichen Gewalt. Der Zusatz «Serie» in seinem Namen verspricht eine - wenn auch verdrehte, also wortwörtlich perverse - Logik, einen verborgenen Sinn, den es zu entschlüsseln gilt. Kein Wunder hängen sich an Serienkiller-Stories gerne Verschwörungstheorien - hier wie dort geht es darum, die Lücke des Zufälligen und Sinnlosen zu schließen durch den Masterplan einer Verschwörung oder dem Mastermind eines genialischen Killers.

Die Lücke im System, das Ausgeliefertsein an den sinnlosen Zufall hingegen ist das wirklich Erschreckende und sehr viel beängstigender als die Vorstellung eines planmäßig vorgehenden Mörders. Entsprechend zelebriert ein Großteil der Serienkillerfilme den letztlich beruhigenden Totalzusammenhang: Alles passt zusammen und lässt sich deuten. Die Profiler auf den Spuren der Killer werden zu allwissenden Interpreten, die für jedes Detail eine Erklärung haben. Mit dem Budenzauber eines falsch verstandenen Freudianismus findet sich zu jeder Tat ihre psychische Ursache: der Serienkiller wird zum Automaten, der blutrünstig zwar, aber letztlich doch schön berechenbar funktioniert.

Weitaus verstörender sind demgegenüber jene Filme, welche eine solche psychologisierende Hermeneutik des Serienkillers gar nicht erst möglich machen. John McNaughtons Henry: Portrait Of A Serial Killer von 1986, basierend auf dem realen Fall des Serienmörders Henry Lee Lucas, schockiert gerade durch die Planlosigkeit, mit der seine Hauptfigur vorgeht. Hinter den brutalen Morden Henrys steckt kein diabolisch-genialer Intellekt, keine ödipale Tragödie, schlicht keinerlei Geheimnis, das enträtselt werden will. Das Töten ist nur eine Weise, der Langeweile zu entkommen – was hier immer auch totgeschlagen wird, ist die Zeit. Die bodenlose Sinnlosigkeit der Gewalt, vor der sonst die Figur des Serienmörders gerade abschirmen soll, tritt damit offen zutage, sie ist das eigentliche Thema des Films.

Bereits 1968 hatte Richard Fleischer mit seinem unterschätzten Film The Boston Strangler über den authentischen Fall des Frauenmörders Albert DeSalvo die serielle Gewalt und deren Täter nicht als tiefgründiges Rätsel, sondern als sinnlose Leerstelle inszeniert. Wenn am Ende des Films der schizophrene DeSalvo während des Polizeiverhörs jene Morde nachspielt, die sein Bewusstsein verdrängt hatte, wird damit gleichwohl nichts erklärt. Die Szene scheint zwar paradigmatisch für all jene pseudo-psychoanalytischen Situtionen in den Serienkillerfilmen, wo die Taten des Verbrechers ihre Deutung erhalten, und damit sinnvoll. Doch bei Fleischer ist genau das Gegenteil der Fall: Es ist, als würden durch das ausagierte Geständnis die Taten nur noch unverständlicher. Hatte man den Morden zuvor eine geheime Bedeutung unterstellt, so verflüchtigt sich nun jeglicher Sinn. Und mit ihm auch das ganze Subjekt. Erstarrt und abwesend steht DeSalvo in der letzten Einstellung des Films in der Ecke des hellen Verhörraumes und verblasst langsam. Aus dem Serienkiller wird eine weiße Fläche, ein unbeschriebenes Blatt, auf dem keine Antworten, sondern nur der Abspann des Films geschrieben steht.

Von dieser Schlussszene her betrachtet, wird klar, dass es Fleischer auch im Rest des Films gerade darum geht, auf die Leerstelle hinzuweisen. Seine extreme Verwendung der Split-Screen-Technik, die ihm erlaubt, verschiedene Handlungsräume parallel zu zeigen, mag zunächst den Anschein erwecken, hier solle die Lückenlosigkeit

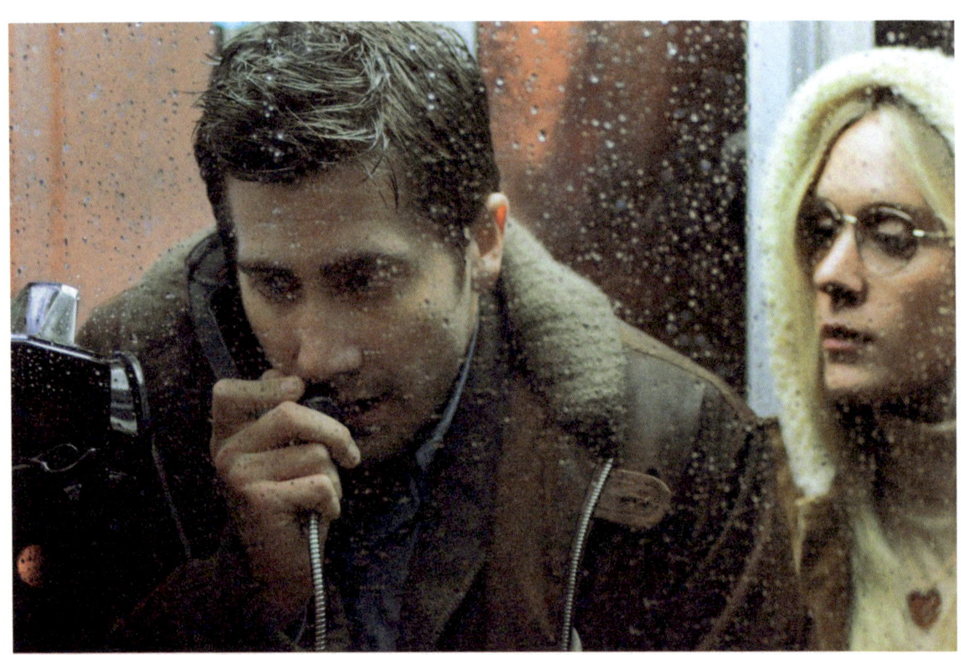

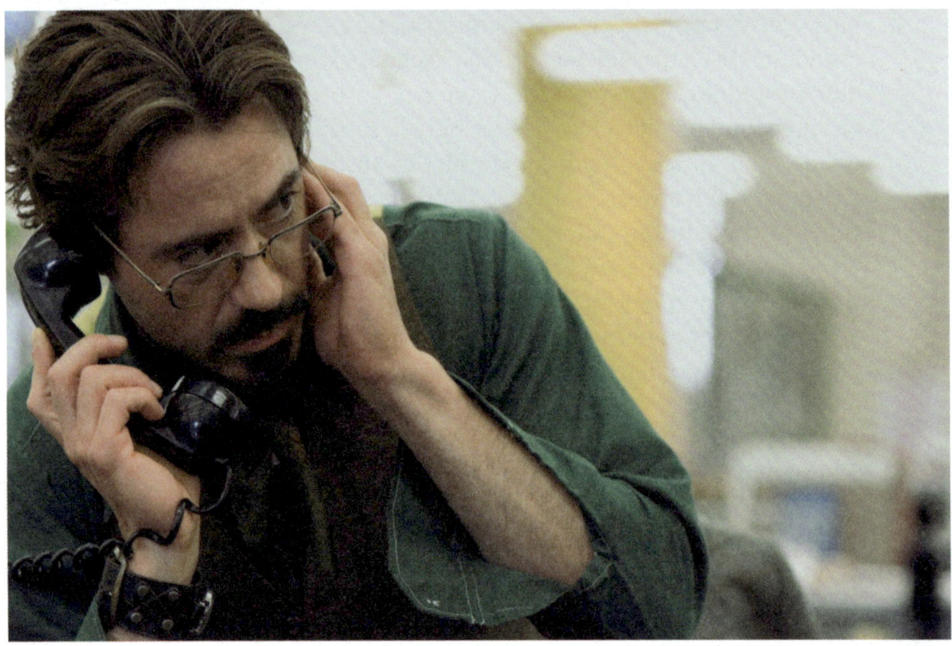

Zodiac (2007)
Regie: David Fincher

der Polizeinachforschungen dargestellt werden. Tatsächlich aber macht das Panoptikum der aufgeteilten Leinwand den blinden Fleck, in dem sich der Serienkiller bewegt, nur noch deutlicher. Nicht in den vermeintlichen Tiefen der Seele, sondern in den Räumen zwischen den Bildern lauert die Gewalt. An die Stelle eines alles erklärenden Psychologismus ist das Spiel mit dem Medium und dessen Leerstellen getreten.

David Finchers *Zodiac* untersucht diesen Zusammenhang zwischen Serienmord und Medium noch weitaus radikaler anhand eines realen Serienkillers, der Ende der Sechzigerjahre in Nordkalifornien sein Unwesen trieb. Mit gerade mal sieben Opfern, von denen zwei den auf sie verübten Anschlag überlebten, gehört der Zodiac-Killer gewiss nicht zu den blutrünstigsten Mördern in der amerikanischen Kriminalgeschichte, und doch ist er bis heute einer der berühmtesten geblieben. Dies vor allem, weil der Zodiac-Killer wie kein zweiter begriffen hatte, dass es für den Ruhm weniger auf Taten als auf Publicity ankommt.

In der Nacht vom 4. auf den 5. Juli wird ein Paar in einem Auto auf einem Parkplatz in Vallejo, Kalifornien, erschossen. Am 1. August 1969 erhalten drei verschiedene Zeitungen, darunter der «San Francisco Chronicle», je einen anonymen Brief des Mörders. Der schreibende Killer wird zum Zeitungsknüller. Bis ins Jahr 1974 tauchen dreizehn weitere Briefe auf, die meisten adressiert an den «San Francisco Chronicle», in denen der Zodiac-Killer sich zu weiteren Morden bekennt, darunter auch zu solchen, die er erwiesenermaßen nicht begangen hat.

David Fincher hatte in *Se7en* von 1995 noch in ganz genreüblicher Manier die Taten eines Serienmörders und deren psychologisch-moralische Motiviertheit in den Vordergrund gestellt und damit einen eigentlichen Boom des Serienkillerfilms ausgelöst. Der verwaschene Look seines Films, die Inszenierung des Killers als perfides Genie hat Schule gemacht.

Doch mit *Zodiac* lässt er die Klischees, die er damals beförderte, nun gänzlich hinter sich. An der Person des Zodiac-Killers ist der Film nicht interessiert, er bleibt ein Phantom, nicht zuletzt auch visuell. Hauptfiguren des Films sind vielmehr die realen Personen, die dem Killer nachjagen: der Polizist Dave Toschi, der Kriminalreporter Paul Avery und schließlich der Karikaturist Robert Graysmith, der aus der Überfülle an Fakten zwei Bücher über den Zodiac-Killer schrieb, die denn auch die Vorlage für Finchers Film bilden.

Doch auch an eine Tiefenanalyse der Jäger verschwendet Fincher keine Zeit. Was sie dazu trieb, ihr Leben ganz der Verfolgung dieses Serienmörders zu widmen, wird nicht erläutert. Als einzige Motivation wird der simpelste und zugleich einleuchtendste aller Gründe genannt: ein ungelöstes Geheimnis lässt einen nie in Ruhe, sei's ein Kreuzworträtsel oder eine ungeklärte Mordserie. Diese Gleichsetzung ist durchaus angebracht: Wenn der Zodiac-Killer seinen Briefen eine codierte Botschaft beilegt, in der seine Identität verschlüsselt sein soll, so ist diese Identifizierung absolut wörtlich zu nehmen. Ein Zeichenrätsel ist alles, was von dem Mörder bleibt.

Der Serienkiller löse die Unterscheidung zwischen Zeichen und Körpern auf, heisst es bei Mark Seltzer: «Serial killing is murder by numbers. Information processing and serial killing, computer profiles and torn bodies, feed on each other.» Und so wird umgekehrt der Zodiac zum reinen (Stern-)Zeichen, vom dem er den Namen hat.

Überraschend schnell verlässt Fincher die Schauplätze der tatsächlichen Morde und richtet seinen Blick auf die neuen Tatorte, die medialen Oberflächen, auf denen sich der Zodiac-Killer breit macht: die Briefe, die Zeitungsseiten, das Kino, welches die Figur des Killers ebenso wie jene des Polizisten adaptiert, das Fernsehen und immer wieder die überlastete Telefonleitung. Nur ein einziges Mal nutzt der sonst für seine optischen Spielereien bekannte Fincher in diesem beeindruckend nüchternen Film die Möglichkeiten der digitalen Aufnahmetechnik für ein überaus treffendes Trickbild: Er zeigt, wie die Schrift des Zodiac aus dem Papier heraustritt und in der Luft zu schweben scheint. Die Texte des Zodiac beginnen buchstäblich den öffentlichen Raum zu besetzen.

«Ich werde in Zukunft nicht mehr ankündigen, wann ich meine Morde begehe, sie werden wie normale Raubüberfälle aussehen, wie Totschlag im Affekt oder auch wie vorgetäuschte Unfälle ...» so schreibt der Zodiac-Killer in einem Brief vom 9. November 1969. Die Ankündigung ist ebenso unheimlich wie teuflisch brillant: Er hat sich damit jeden zukünftigen ungeklärten Todesfall in den USA zu eigen gemacht und sich selbst zur Chiffre jener Leerstelle des gewalttätigen und sinnlosen Zufalls. Niemals werden wir mit Sicherheit wissen können, ob der Tod nebenan nicht doch in Wahrheit seine Tat war. Der Killer braucht gar nicht mehr zu morden, um seine Umwelt zu terrorisieren, er braucht nur seine Anwesenheit zu signalisieren und zu warten. Der Terror kommt von allein.

Wenn auch der Film zusammen mit dem Zodiac-Jäger Robert Graysmith am Ende die Identität des Killers aufzudecken scheint, ein Rest von Zweifel bleibt. Nicht umsonst haben wir in Graysmiths Wohnung das Filmplakat zu Alfred Hitchcocks The Wrong Man gesehen. Und die Texttafeln im Abspann verunsichern zusätzlich unser fragiles Gefühl der Gewissheit.

Tatsächlich ist der Killer auf immer entkommen. Er hat sich im System der Massenkommunikation eingenistet. Wo Lücken offen bleiben und die Interpretation versagt, wo die Sprache ihren Mangel zeigt, da taucht die Angst auf. Und genau dort hält sich auch der Zodiac-Killer versteckt. Bis heute.

Mark Seltzer: Serial Killers. Death and Life in America's Wound Culture. New York 1998.

Videodrome (1983)
Regie: David Cronenberg

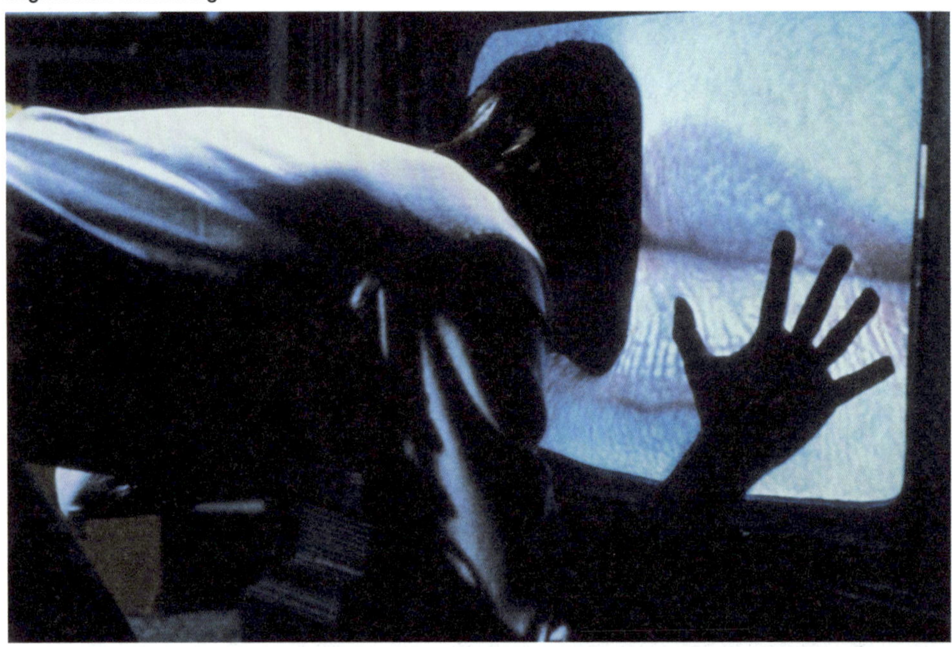

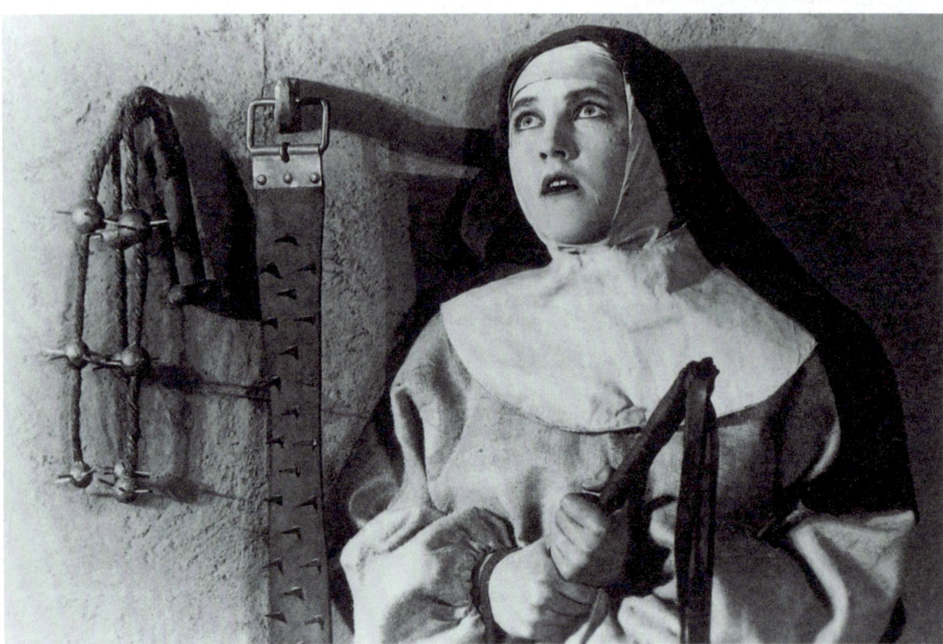

Häxan (1922)
Regie: Benjamin Christensen

Der Bruch mit allen Gesetzen

Eine Filmgeschichte des Bösen

Auf dem Pariser Friedhof Montparnasse liegen das Grab von Charles Baudelaire, dem Dichter der «Fleurs du mal», und jenes von Henri Langlois, dem Gründer der Cinémathèque Française, im selben Geviert. Vom Poeten des Bösen zum Archivar des Kinos sind es buchstäblich nur ein paar Schritte. Tatsächlich hatte der Film schon immer eine besondere Affinität zum Bösen. Sogar schon dann, als das neue Medium noch gar nicht recht erfunden, sondern allenfalls zu erahnen war: 1797 erwarb der belgische Optiker und Schausteller Étienne Gaspard Robert, Künstlername: Robertson, die Kapelle eines ehemaligen Kapuzinerklosters in Paris und projizierte darin nach Einbruch der Dunkelheit mit einer Laterna magica Porträts von enthaupteten Revolutionären auf Rauchsäulen. Im wabernden Rauch sah es aus, als würden sich die Köpfe bewegen - der lebendige Bildgrund und die Bewegung des Projektors vermochten die Toten zu reanimieren.

Zugleich wurde in diesen Phantasmagorien - so nannte Robertson seine Vorführungen bewegter Bilder - die grausigen Hinrichtungen erneut vollzogen. Wie das Fallbeil der Guillotine, so schnitt Robertsons Laterna magica die Köpfe der Verurteilten nochmals ab und ließ sie rollen.

cinéma diabolique

Der Filmpionier Georges Méliès sollte hundert Jahre später auf ganz ähnliche Weise die dunkle Macht des Kinos vorführen: In Un Homme de têtes von 1898 verblüffte und erschreckte der Regisseur sein Publikum, indem er sich den eigenen Kopf abriss, ihn vervielfältigte und mit diesen Köpfen wie mit Bällen jonglierte. Damit stellte sich Méliès nicht nur in die Tradition des Schaustellers Robertson, sondern verwendete damit das Kino auch als Fortführung jener Zaubertricks, mit denen er bereits vor seiner Filmkarriere Furore gemacht hatte. In den Händen von Georges Méliès erwies sich das filmische Medium als Hexerei, als Teufelswerk. Es ist denn auch nicht verwunderlich, dass Méliès' Filme voller Teufeleien sind, wie sich schon an manchen ihrer Titel ablesen lässt: In Le Manoir du *diable* kämpft ein verzweifelter Ritter gegen die satanischen Vorspiegelungen, die immer entschwinden, wenn er sie mit seinem Degen aufspießen will. Der Ritter wird dem Spuk erst Herr, als er dessen Urheber ein Kruzifix entgegenstreckt. In *Le Diable noir* wird ein Hotelgast in seiner Kammer von einem Teufel belästigt, welcher Möbelstücke verschwinden und wieder auftauchen lässt, und in *Le Locataire diabolique* ist es der Mieter selbst, der sich als Hexenmeister entpuppt, indem er aus seinem Koffer eine ganze Wohnungseinrichtung samt Familie und Bediensteten zaubert.

So harmlos der diabolische Spuk in Méliès' Filmen uns heute auch erscheinen mag, sie bereiteten das Publikum auf die ungleich beängstigendere Bosheit vor, die sich schon bald von der Leinwand auf es ergießen sollte. Er bereitete den Boden für jene abgrundtief bösen Kinoserien *Fantômas* und *Les Vampires*, die Louis Feuillade Mitte der 1910er-Jahre drehte. So wie sich in Méliès' Film-Hexereien Figuren, Gegenstände und Räume unablässig verwandeln, so macht auch Feuillade die andauernde Metamorphose zum Hauptthema seiner Filme. Der geniale Meisterverbrecher Fantômas ist die Verwandlung in Person: mal schwarz verschleiert, mal biederer Geschäftsmann, mal Dandy, mal Gebrechlicher, mal Straßenganove - er entzieht sich jeder Identifizierung. Nur die Maske, die er auf einem der Filmplakate trägt, ist sein wahres Gesicht. Wie ein Riese ragt er auf diesem Plakat über den Dächern von Paris, kein Winkel des öffentlichen Lebens ist vor ihm sicher. Mauern und Gitter, Raum und Zeit sind keine Hemmnisse für ihn, den reinen Geist des Bösen. Er vermag alle Wände hochzuklettern und jede Tür aufzubrechen. Das Phantom Fantômas ist überall und nirgends, jeder kann sein Opfer werden, mal verdientermaßen, oft völlig grundlos. Was der Antrieb für seine schrecklichen Verbrechen sein könnte, bleibt meistens unklar. Die Taten geschehen aus purer Lust am Bösen.

Sinnlose Gewalt

Feuillade hat die Fantômas-Romane von Pierre Souvestre und Marcel Allain zwar als Ausgangspunkt verwendet, doch was dort noch an Motivationen und Erklärungen geliefert wird, fällt in seiner Kino-Serie weg. Dafür steigert der Filmemacher die ohnehin schon holprige Logik der Geschichten bis zur Absurdität. Ein Handlungsbogen interessiert ihn nur insofern, als man an ihm grausig-pittoreske Details aufhängen kann: Eine Leiche wird in eine Wand gemauert - offenbar nur um des schrecklichen Moments willen, da beim Einschlagen eines Nagels Blut aus dem Verputz zu fließen beginnt. In einer anderen Folge wird ein Opfer an den Schwengel einer Kirchenglocke gehängt, so dass es beim nächsten Gottesdienst Leichenteile auf die verschreckten Kirchgänger herunterregnet.

Ungleich stärker noch als die Autoren der Romane lehnt sich Feuillade damit an die Tradition des Grand-Guignol-Theaters an, welches im Paris der Jahrhundertwende mit bizarren Kriminalstücken Aufsehen erregte. Auch da diente die dünne Handlung jeweils nur als Vorwand, möglichst grausame Szenen voller Spezialeffekte zu inszenieren: Die Helden des Grand Guignol sind Lustmörder, welche die Körper ihrer Opfer mit Messer und Säge massakrieren, und Geisteskranke, die ihrem Gegenüber Vitriol ins Gesicht schütten. Wie im Grand Guignol geschieht auch bei Feuillade das Böse einzig um des Bösen willen - ohne Sinn und Zweck.

Kein Wunder, dass Feuillades Fantômas mit seiner Verhöhnung von Recht und Ordnung einen Skandal in der bürgerlichen Öffentlichkeit provozierte. Nicht wenige glaubten gar, die abgründigen Filmgeschichten seien mehr als nur Fiktion. Wo René Navarre, der Darsteller des Fantômas, auftauchte, kam es zu Prügeleien zwischen Anhängern und Feinden des fiktiven Verbrecherfürsten. Mitunter rottete sich auch ein Lynchmob zusammen, welcher den Schauspieler anstelle seiner Figur aufknüpfen wollte.

Feuillade hatte die Panik, die seine Filme verbreiteten, indes nicht abgeschreckt, sondern nur noch stärker inspiriert. Mit Les Vampires, seinem nächsten Mehrteiler, versenkte er das Publikum nur noch tiefer in der anarchischen, sinnlosen Lust am Bösen. Im Gegensatz zu den Fantômas-Filmen tritt hier die Polizei nur noch am Rande auf. An deren Stelle besetzt nun die Verbrecherbande, die sich «Les Vampires» nennt, nahezu ausschließlich die Szene.

Die Handlung der Vampires-Episoden ist noch löchriger als jene von Fantômas - doch die Faszination, die von den halb-mythischen Schurken ausgeht, ist dafür umso stärker. Die in enge, schwarz-glänzende Trikots gekleidete Mörderin Irma Vep verführt zum Bösen. Ihr Blick hypnotisiert nicht nur die Figuren auf der Leinwand, sondern auch das Publikum davor. So wie in Irma Veps Namen die Buchstaben V-A-M-P-I-R-E durcheinandergewirbelt sind, ist in Feuillades Kino-Albträumen die ganze Welt ins Chaos gestürzt: Wer zufällig den Kopf aus dem Fenster streckt, kriegt eine würgende Schlinge um den Hals geworfen, Radfahrer stürzen über gespannte Schnüre, harmlose Passanten sacken unversehens durch Falltüren.

Prompt verliebten sich die Surrealisten in Feuillades Filme und deren Figuren. Irma Vep verschaffte André Breton und anderen wohlige Albträume. Sie widmeten der Fledermaus-Frau und ihrer kaum weniger geheimnisvollen Hauptdarstellerin Musidora sogar Gedichte. Was sie betörte, war wohl die Radikalität, mit welcher sich Feuillades Filme über alle Schranken und Gesetze der Realität hinwegsetzten. Die Überwindung jeglicher «Vernunft-Kontrolle» zugunsten einer «Allgewalt der Träume», wie es die Surrealisten in ihrem Manifest von 1924 forderten, hatte Feuillade zusammen mit seinen Vampiren längst geschafft. Es war ein Ausbruch zum Bösen und gar noch darüber hinaus: «Gorgés de sang, visqueux et lourds, / Ils vont, les sinistres Vampires, /Aux grandes ailes de velours, / Non pas vers le mal ... vers le pire!» So stand es - angeblich von Feuillade selbst gedichtet - auf den Aushangplakaten zu Les Vampires. Reklame für ein Kino des Ausbruchs, das sich ausrichtet «vers le mal ... vers le pire» - hin zum Bösen ... und noch schlimmer.

Das Böse als Unvernunft

Solche Ausbrüche aus der Realität haben das Böse nicht bloß zum Ziel - der Ausbruch selbst ist das Böse. So jedenfalls versteht es Georges Bataille, jener Philosoph, der sein Denken wohl am ausschließlichsten dem Bösen gewidmet hat. Das Vernünftige, das Gute, das Nützliche (und damit auch das, was dem Verbrecher nützt) wird vom Bösen überschritten. Darum ist das radikale Böse denn auch nicht zu verwechseln mit dem Verbrechen. Denn aus einem Verbrechen kann jemand noch einen Vorteil ziehen, man kann aus ihm noch Profit schlagen. Das radikale Böse aber, von dem Bataille spricht, entschlägt sich solchem Nützlichkeitsdenken und ist für die Urheber meistens gefährlicher als für die Opfer. Das absolute Böse zeigt sich als purer Wille zur Überschreitung, als Souveränität, die sich um nichts und niemanden schert. «Souveränität ist die Fähigkeit, sich unbekümmert um den Tod über die Gesetze zu erheben, die die Erhaltung des Lebens gewährleisten», schreibt Bataille. Das Böse ist der Bruch mit dem Gesetz - nicht bloß mit einzelnen seiner Paragraphen, sondern mit dem Gesetz als solchem. Ja, selbst die Naturgesetze werden vom Bösen verlacht.

Offensichtlich ist die Kunst ein bevorzugter Schauplatz dieses souveränen Bösen, mag die Kunst sich doch niemals unter das Gegebene mit all seinen Regeln und Beschränkungen fügen. Statt in der existierenden Welt verbrecherisch den eigenen Vorteil zu suchen, erfindet die Kunst böse neue Welten. So auch im Film. Das Kino von Méliès und Feuillade ist böse, weil Film hier nicht zur bloßen Abbildung der Realität dient, sondern immer auch zu deren Überwindung. «Das Kino bedeutet eine totale Umkehrung von Werten, eine vollständige Umwälzung von Optik, Perspektive und Logik», so durchschaute schon Batailles Seelenverwandter Antonin Artaud die Bosheit des neuen Mediums. Die Einzelbilder eines Films mögen fotografisch exakte Reproduktionen dessen sein, was sich vor der Kamera befunden hat - in der Aneinanderreihung auf dem Filmstreifen indes zerstören sie die Realität und all ihre Regeln. Der Bruch mit dem Gesetz ist dem Film somit schon in seiner Technik eingeimpft. Der Teufel steckt in der Kino-Maschine - *Satanas ex machina.*

Schlimme Apparate

Es ist darum auch kein Zufall, wenn bei der Darstellung des Bösen im Film immer wieder der Akt des Filmemachens selbst zum Thema gemacht wird: In Benjamin Christensens Häxan von 1922 etwa. Angesichts seiner rätselhaften, unheimlichen Bilder möchte man beinahe meinen, es sei dem dänischen Regisseur gelungen, eine moderne Filmkamera direkt im längst vergangenen Mittelalter zu platzieren. Die Nähe, mit welcher der Film die Welt der Hexerei und Inquisition porträtiert, hatte zu Protesten, Zensureingriffen und in manchen Ländern gar zu Verboten geführt. Es scheint, als hätte das Publikum den Film mit seinem Gegenstand verwechselt, als sei das Medium selbst der Beelzebub, den es auszutreiben gilt. Doch diese scheinbar naive Reaktion ist gar nicht so dumm: Vielmehr ist anzunehmen, dass Christensen selber ganz ähnliche Gedanken hatte, oder warum würde er sonst in seinem eigenen Film ausgerechnet in der Rolle des Teufels auftreten.

Fritz Lang hat mit Das Testament des Dr. Mabuse von 1933, seinem zweiten Tonfilm nach M, ebenfalls gezeigt, wie stark das Böse an die Filmtechnik gekoppelt ist: Der geniale Bösewicht Dr. Mabuse dämmert in der Zelle einer Nervenklinik vor sich hin. Und doch versorgt er, der kein Wort redet, die ganze Unterwelt mit seinen mündlichen Anweisungen. Obwohl er verwahrt ist, gibt er in einem geheimen Zimmer, hinter einem Vorhang, seine schneidenden Befehle an die Verbrecherbande. Als schließlich ein abtrünniger Ganove diesen Vorhang aufreißt, findet er dahinter nicht Mabuse, sondern nur einen Lautsprecher. Beim Versuch, der Stimme des Bösen auf die Spur zu kommen, findet man hinter dem Vorhang genau das, was man hinter der Leinwand eines Kinos in den Dreißigerjahren findet: nichts außer einer Tonanlage.

Das Böse – so macht Lang damit klar – wird nicht etwa durch Bild- und Tontechnik eingefangen, sondern steckt bereits in dieser drin. So ist denn die Macht Mabuses mit dieser Enthüllung nicht gebrochen, sondern hat sich im Gegenteil totalisiert. Losgelöst vom konkreten Körper und befreit aus dem Raum hinter dem Vorhang, geistert Mabuses Stimme von diesem Moment an ganz unkontrolliert durch den Rest des Films, immerzu wispernd von der «Herrschaft des Verbrechens». Es ist, als hörten wir selbst diese irre Stimme in unserem Kopf, die von der Souveränität des Bösen schwärmt, von

A Clockwork Orange (1971)
Regie: Stanley Kubrick

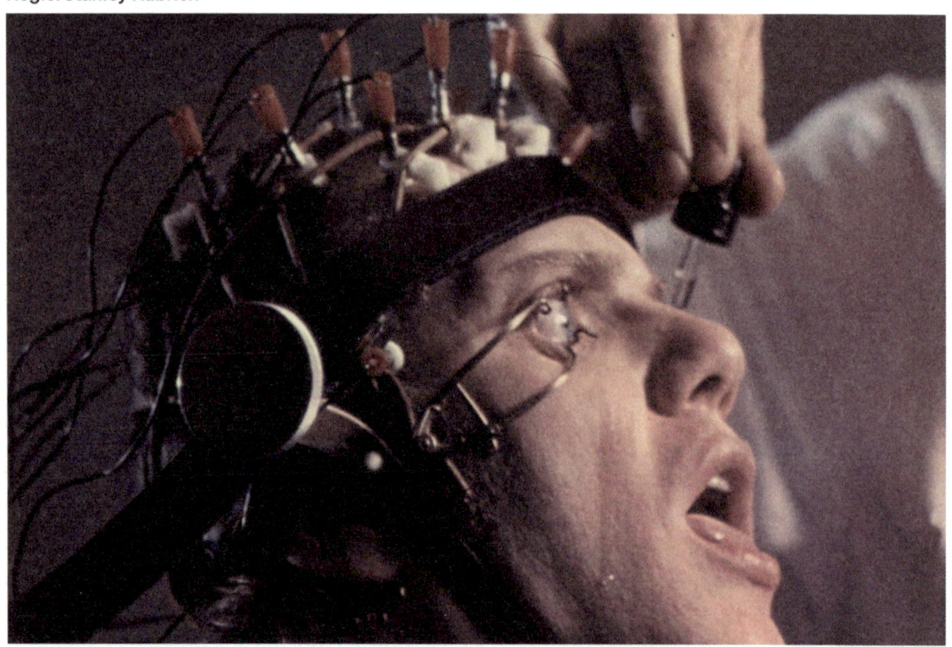

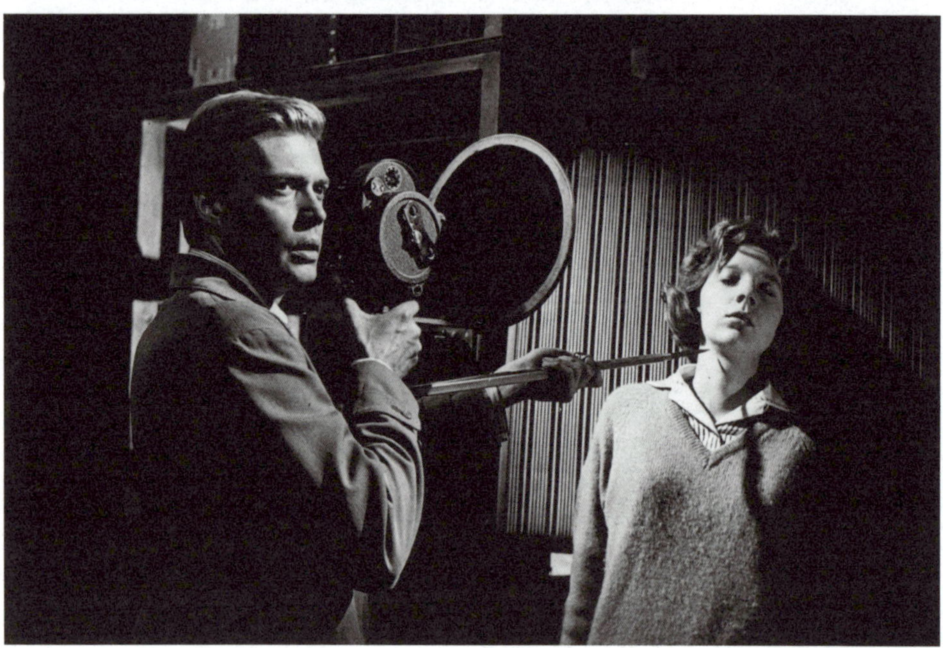

Peeping Tom (1960)
Regie: Michael Powell

einer blinden Zerstörungswut, die kein anderes Ziel hat als die totale Anarchie.

Niemand hat indes so schlagend gezeigt, wie tief das Böse in der Apparatur des Films steckt, wie Michael Powell mit seinem Peeping Tom von 1960. Der Film beginnt, ein Auge in Großaufnahme, das sich öffnet, eine Kamera beginnt zu rattern. Die Kamera nähert sich einer Prostituierten, geht mit ihr aufs Zimmer, sieht ihr beim Ausziehen zu und fährt dann auf ihr in Todesangst sich verzerrendes Gesicht, nähert sich immer mehr, offenbar bis der Tod eintritt. Danach Schnitt auf einen Filmprojektor, der uns das alles nochmals zeigt.

Tötende Kameras, giftige Farben

Die Lektion von Peeping Tom ist eindeutig: Zuschauen bedeutet Filmen, und Filmen bedeutet Morden. So verstrickt Michael Powell bereits in den ersten vier Minuten seines Films das unvorbereitete Publikum rettungslos in die genuine Bosheit des Kinos. Unschuldig bleibt nur, wer bereits an dem ersten Filmbild die Augen geschlossen hält. Hat man diesen Moment verpasst, gibt es kein Entrinnen mehr. Die Hauptfigur von Peeping Tom ist Mark, ein junger Kameramann, der vom eigenen Film träumt. Ein Milchgesicht, still, schüchtern und unbeholfen, von Karlheinz Böhm perfekt gespielt mit der Haltung eines Musterschülers. Einzig in der Prothese, die er immer dabei hat, in der Kamera, steckt seine Mordlust. Mark tötet Frauen und filmt sie dabei - das sind nicht zwei separate Tätigkeiten, sondern ein und dasselbe, denn die Mordwaffe ist das spitze, nach vorne ausgeklappte Stativ der Kamera.

Eine Nahaufnahme hat zwangsläufig eine Aufspießung des Objekts zur Folge. Zudem - so enthüllt sich erst am Ende des Films - hat Mark einen Spiegel auf seine Kamera montiert, in dem sich seine Opfer sehen können. Sie müssen die eigene Angst, den eigenen Tod als Vorführung betrachten. Die Gefilmten sind immer auch Publikum, aus Opfern werden Täter. Welch ein Euphemismus, wenn eine blinde und gleichwohl klarsichtige Nachbarin zu Mark sagt: «All this filming isn't healthy.»

Subtil hatte Michael Powell bereits Jahre zuvor, in Black Narcissus von 1947, die lebensgefährlichen Risiken des Kinos gezeigt: Englische Missions-Nonnen werden von der Farbenpracht des indischen Dschungels in Wahnsinn und Mordlust gestürzt. Doch die bösen Farben waren keine natürlichen; es handelte sich um Technicolor. Die Chemiefarben des Films - so zeigte Powells Kameramann Jack Cardiff in diesem Meisterwerk der Farbdramaturgie - sind toxisch. Mit Filmfarben vergiftet, von Kamerafahrten erdrückt werden auch die Figuren aus Powells The Red Shoes und Tales Of Hoffmann, doch brauchte es wohl die Eindeutigkeit von Peeping Tom, damit das Publikum endgültig verstand: die Kamera ist ein Mordwerkzeug und das Filmen immer böse. Zwar phantasiert die junge Frau, in die sich Mark verliebt, dass sie gemeinsam über eine magische Kamera ein Bilderbuch machen könnten. Doch so ein Filmapparat taugt nicht zur Verwirklichung von Kinderträumen.

Statt eines Bilderbuchs inszeniert Mark am Ende seine eigene Hinrichtung. Der Bösewicht ist nicht Herr über das Böse, sondern dessen letztes Opfer. Und er begeistert sich daran. «I'm glad I'm afraid!» ruft Mark vor der eigenen Kamera aus.

Zwitterwesen

In der unüberschaubaren und jährlich weiter ins Unendliche wachsenden Zahl von Filmen, die das Böse zum Thema haben, bleiben es Filme wie Peeping Tom, die dem Bösen besonders nahe kommen. Filme, welche die Möglichkeiten ausschöpfen, mit allen Gesetzen und Regeln zu brechen, und die den Hang des eigenen Mediums zum Bösen dabei immer mitbedenken. Deshalb findet man die radikalsten Annäherungen ans Böse nur selten in Horrorfilmen. Das Böse mag hier zwar explizit Thema sein, doch mit seinen vielen Genreregeln ist gerade der Horrorfilm eine Gattung, welche Gesetze weitaus öfter befolgt, als sie zu überschreiten. Die Souveränität des Bösen findet man viel eher in den Genre-Zwittern, in jenen verrückten, mitunter missglückten Filmen, die sich über alle Film- und Erzählgesetze hinwegsetzen.

In Charles Laughtons The Night of the Hunter von 1955 zum Beispiel, dieser abgründigen Mischung aus Märchen und Film noir mit einem Teufel im Predigergewand als Protagonisten. Wie bei Feuillade triumphieren auch hier die diabolischen Details. Einzelne Bilder entfalten ein Eigenleben: etwa die der Hände des bösen Priesters, auf dessen Knöcheln die Worte «Love» und «Hate» tätowiert sind. Eine surreale Idee, böse und verrückt, wie jener Satanist aus dem Roman «The House of Dr. Edwardes» von Frances Beeding (der Hitchcocks Spellbound als Vorlage diente), der sich den Namen Gottes auf die Fußsohlen tätowiert, um diesen mit jedem Schritt treten zu können.

Dem Bösen als Auflehnung gegen jede Vernunft-Kontrolle begegnet man bei unkontrollierten, unvernünftigen Filmemachern wie Mario Bava oder seinem Nachfahren Dario Argento, deren manieristische Schauergeschichten vorführen, wie weit man mit grellen Farben, extravaganten Kamerafahrten und unmöglichen Kulissenräumen alle Gesetze der Realität übertreten kann.

Und man verspürt dieses Böse in Phase IV, dem einzigen Spielfilm des Grafikers Saul Bass, in dem die gesamte Menschheit von Ameisen ausgelöscht wird. Gewiss wurden Insekten in der Filmgeschichte schon oft zu Vertretern eines namenlosen Bösen gemacht. Doch während in Science-Fiction-Klassikern wie Them! oder Tarantula Ameisen und Spinnen vergrößert werden, um so ihre Bedrohlichkeit zu zeigen, verfährt Bass genau umgekehrt und ungleich filmischer: Mit extremer Brennweite aufgenommen, erscheinen unter der Mikroskopkamera des wissenschaftlichen Fotografen Ken Middleham gewöhnliche Ameisen als beängstigend fremde Wesen. Auch hier ist das Böse nicht etwas, was von der Kamera abgefilmt, sondern von ihr erst kreiert wird.

Der Teufel dazwischen

Auch in William Friedkins The Exorcist von 1973 entstehen die bösesten Momente da, wo der Teufel nicht nur dargestellt wird, sondern in die Darstellung selbst eingreift: An mehreren Stellen skandiert der Regisseur den Film mit Einzelbildern einer dämonischen Fratze. Knapp über der Wahrnehmungsschwelle liegend, sind diese Einzelbilder nur als Blitz, als bloß aufflackernde Erscheinung sichtbar. Die Implikationen dieses Verfahrens ist eine perfide: Der Satan steckt zwischen den Bildern, so wie er im Körper des zu exorzierenden Mädchens steckt. Das Medium selbst ist besessen. Im Vergleich dazu wirkt denn auch die überarbeitete Version von The Exorcist, die man 2001 erneut ins Kino brachte, ungleich beruhigender. Dank nachträglich hinzugefügten Computertricks erscheint das Antlitz des Teufels nun auch in Wänden und Möbelstücken und verliert gerade dadurch seine Schockwirkung.

Die Verantwortlichen dieser zweiten Version meinten, die unheimliche Wirkung des Films noch gesteigert zu haben, tatsächlich aber haben sie sie gezähmt. Aus dem unendlichen Raum zwischen den Bildern hat man den Dämon in die Bilder hinein verschoben und damit auch in die klar umrissenen Grenzen des Kaders. Das Böse wird auf diese Weise nicht entfaltet, sondern auf die Konventionen des Horrorgenres zurechtgestutzt – nicht zuletzt ein schlagendes Beispiel dafür, wie skeptisch man gegenüber Nachbearbeitungen und Directors Cuts sein sollte. Denn das Neuere ist nicht zwangsläufig radikaler. Hier jedenfalls entpuppt sich die Aufrüstung des Films durch Special Effects als Verharmlosung. Man hat The Exorcist gleichsam selbst exorziert.

Brutale Medien

So ist denn das Horrorgenre mehrheitlich um Domestizierung des Bösen und weniger um dessen Analyse bemüht. Hingegen gibt es in anderen Genres Filmemacher, die auf der intimen Verbindung zwischen Technik des Films und den Transgressionen des Bösen insistiert haben: In Stanley Kubricks A Clockwork Orange wird der gewalttätige Protagonist Alex durch eine Bild-Ton-Montage zur Gewaltlosigkeit umerzogen und dadurch erst richtig brutalisiert, und auch in Alan J. Pakulas Paranoia-Thriller The Parallax View ist es eine Bild-Collage, mit welcher zukünftige Attentäter rekrutiert werden. Hier wie dort ist es die Filmsprache selbst, das Zusammenfügen von Bildern, welches böse macht.

Niemand nach Michael Powell hat indes so eingehend die bösen Kehrseiten des audiovisuellen Mediums untersucht wie der Kanadier David Cronenberg. Was Peeping Tom dem Kino antut, das fügt Cronenbergs Videodrome Fernsehen und Video zu. Ein skrupelloser TV-Manager stößt auf einen Piratensender, der offenbar nichts anderes ausstrahlt als nonstop Folter und Mord. Doch durchs Zuschauen wird man nicht nur auf Distanz mitschuldig. Das Fernsehprogramm involviert sein Publikum ganz direkt, es macht aus dem Mann auf der Couch den Foltermeister und Gefolterten zugleich: In den alptraumhaften Szenen des Films öffnet sich etwa im Körper des TV-Managers eine Wunde, in die er eine Videokassette schiebt. Ein anderes Mal wird die Mattscheibe seines Fernsehgeräts weich, so dass er sich buchstäblich darin versenken kann - ein Vorgang, der sowohl als Kopulation wie auch als Gefressen-Werden gelesen werden muss.

Die These des Medien-Theoretikers Marshall McLuhan vom audiovisuellen Medium als Ausdehnung des eigenen Körpers wird hier von seinem Landsmann Cronenberg bis zur letzten Konsequenz durchgedacht: Was wäre, wenn die medialen Körperfortsätze nicht sauber funktionierende Organe, sondern vielmehr wuchernde Tumore sind, welche schließlich den Menschen zum bloßen Anhängsel degradieren? «Sich unbekümmert um den Tod über die Gesetze zu erheben, die die Erhaltung des Lebens gewährleisten», darin sah Georges Bataille die böse Transgression, zu welcher der Künstler in seinem Werk fähig ist. Bei Cronenberg praktiziert das TV-Gerät bereits selbst diese Grenzüberschreitung. Die Endlichkeit und Begrenztheit des Menschen - auch mit diesem Gesetz bricht der Medien-Apparat: Am Ende von Videodrome schießt sich der Protagonist eine Kugel in den Kopf. Doch tut er dies erst, nachdem er bereits sich selbst im Fernsehen genau das hat tun sehen. Das Leben des Menschen hat ein Ende, doch das Video dreht in bösen Endlosschlaufen. «Long live the new flesh!», mit diesen Worten verabschiedet sich die Hauptfigur. Das neue Fleisch, das niemals sterben wird, ist aus bewegten Bildern und Tönen, aus Videobändern und Kathodenstrahlröhren zusammengeschweißt - und es kennt kein Erbarmen.

Faszinierend ist, wie Cronenberg eine Ambivalenz gegenüber solchen Transgressionen auszuhalten vermag. Schrecklich, grausam und tödlich ist die Bosheit des Mediums, und Cronenberg zeigt sie mit ekelerregender Schonungslosigkeit. Und doch stößt er damit nicht ab, sondern gesteht sich und uns Zuschauenden ein, wie erregend das absolut Böse ist. Mit allen Zwängen, Regeln und Gesetzen brechen zu können, das ist die Lust, welche die Kunstwerke anzustacheln wissen.

Hört es auf oder nicht?

Der Bruch mit allen Gesetzen bedeutet am Ende auch den Bruch mit uns als Publikum. In seinem sträflich unterschätzten Film eXistenZ von 1999 untersucht Cronenberg die Medien als Schauplatz eines verführerischen und selbstmörderischen Bösen, doch diesmal sind es Computergames. Wie die Figuren in ihrer *virtual reality*, so verirrt sich das Publikum in den Handlungsebenen dieses Films. Andauernd werden wir überrascht, böse aus der Bahn geworfen von Brüchen in der Story, Brüchen in der formalen Gestaltung - andauernde Subversion des Bösen. Neben diesen Brüchen mit Stilen und Erzählregeln werden auch alle andern Grenzen überschritten: Körpergrenzen werden durchlässig, wenn sich die Spieler ihre Konsole direkt an einem anus-ähnlichen Loch im Rücken anschließen. Natur und Kultur lassen sich nicht mehr separieren, wenn die Kadaver von mutierten Fischen zu Maschinen zusammengesteckt werden. Hier geht Cronenberg noch einen entscheidenden Schritt weiter: Denn die Grenzüberschreitungen, welche zelebriert werden, erweisen sich als immer schon vorprogrammiert. Aber vorausberechnete Transgression ist keine mehr. Die zwischen Angst und Begeisterung pendelnde Faszination für den Film als Medium des Bösen, wie sie Feuillade, Lang und Powell beseelte, ist beim späten Cronenberg einer sarkastischen Nüchternheit gewichen. Cronenberg fragt sich und uns, ob der Film seine revolutionäre Kraft, seine Fähigkeit zur totalen Umkehrung aller Werte, mithin seine souveräne Bosheit nicht längst eingebüßt habe. Vielleicht ist das Böse auch nur ein Spiel. «Are we still in the game», fragt in der letzten Szene von eXistenZ eine Figur, unsicher lächelnd, während eine Pistole auf sie gerichtet ist. Ist es Transgression oder nur Wiederholung? Doch was, wenn das Böse nur ein weiteres Game-Level war? Wäre das nicht vielleicht noch schlimmer? Böser noch als böse?

Georges Bataille: Die Literatur und das Böse. München 1987.

Drehli Robnik, Michael Palm (Hg.): Und das Wort ist Fleisch geworden. Texte über Filme von David Cronenberg. Wien 1992.

Amos Vogel: Film als subversive Kunst. Hamburg 2000.

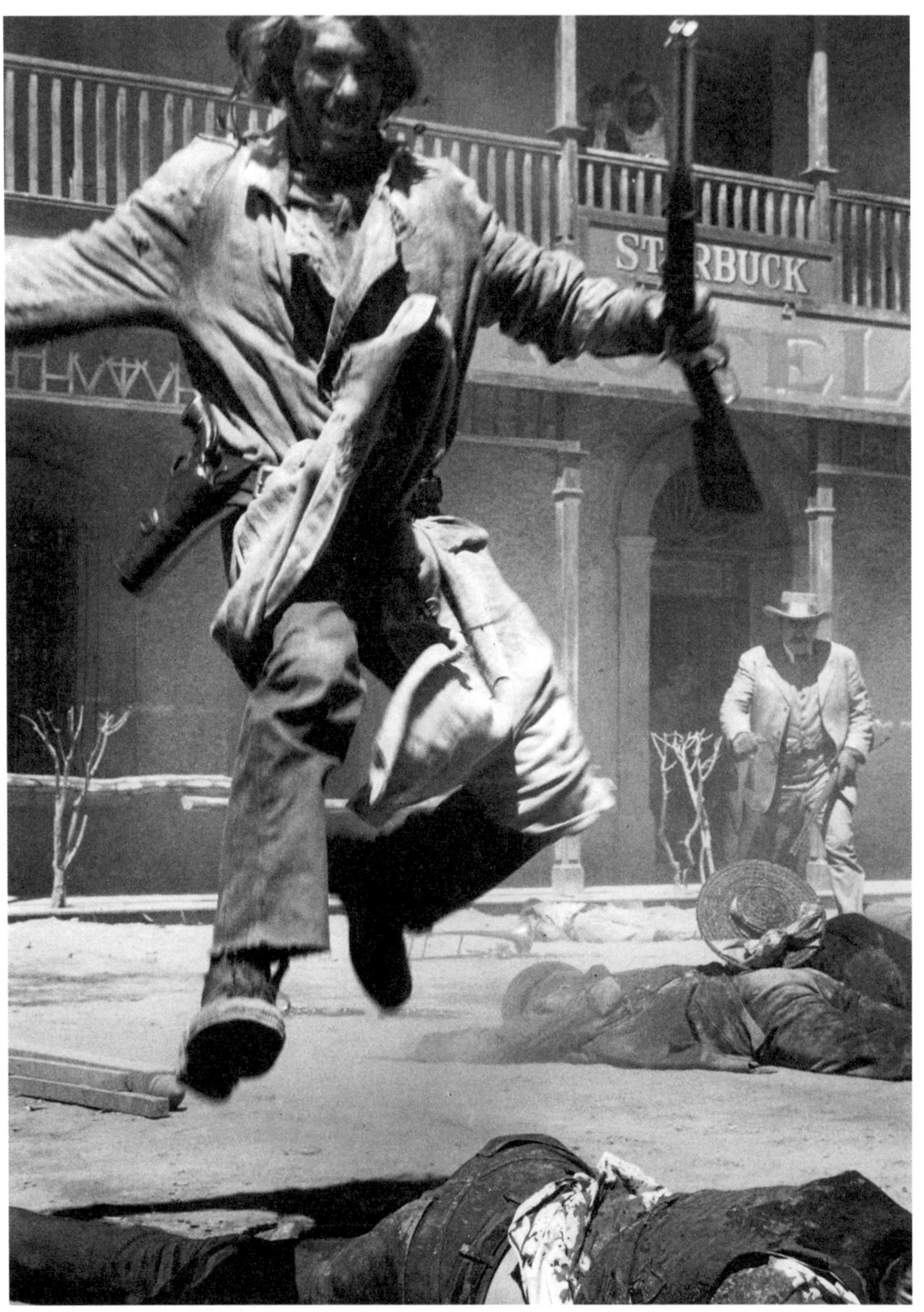

The Wild Bunch (1969)

Fall Out

Zum Kino von Sam Peckinpah

Es sind die allerersten Worte, die er spricht. Und entsprechend bedeutsam. «Let's fall in», sagt Pike Bishop in The Wild Bunch (1969), wenn er im staubigen Städtchen vom Pferd steigt und sich mit seinen Soldaten auf den Weg ins Büro der Eisenbahn auf der anderen Straßenseite macht. Es ist eine Vorrede zum Exzess. Noch erahnt das Publikum nur vage das Massaker, das sich gleich entfesseln wird, spürt erst, wie heftig die sich entspinnende Geschichte abweicht von dem, was bis anhin im Western gegolten hat. Alles ist anders: Die Kinder, die man noch während des Vorspanns am Eingang des Städtchens spielen sah, sind nicht unschuldig. Sie lassen in einem Korb Ameisen auf einen Skorpion los und lachen über die Aussichtslosigkeit dieses Zweikampfs.

Später, wenn das Spiel langweilig geworden ist, werden sie Stroh auf das Gerangel legen und alles zusammen anzünden: Sinnbild jener grausig absurden Welt, in der wir uns hier befinden. Die Zeit angeblich ehrenvoller Duelle ist vorbei. Gekämpft wird hinterhältig und ohne Sinn, und alle gehen dabei drauf. Das große Spiel des Westerns, wie es Raymond Bellour in Bezug auf Anthony Mann genannt hat, kennt keine Gewinner mehr. Rien ne va plus. Nichts gilt mehr: Bereits die Kinder quälen und töten ohne Scham, eine singende Kirchgemeinde wird auf der Straße abgeschlachtet, und die ankommenden Soldaten entpuppen sich als eine Horde Gesetzloser auf blutigem Beutezug, die nicht davor zurückschrecken, alle abzuknallen, die sich ihnen in den Weg stellen. Hat man schockiert begriffen, wie anders hier alles läuft, wird man nachträglich auch die Worte des Anführers anders hören und darin unweigerlich auch das Gegenstück vernehmen: Wenn Pike sagt «Let's fall in», dann heißt das zugleich auch «Let's fall out». Wir brechen ein, wir stürzen ab.

Fallen

Fall out – so müsste die Losung lauten, nicht nur dieses Films, sondern des ganzen Œuvres von Sam Peckinpah. Eine Losung, die gerade in ihrer Mehrdeutigkeit so treffend ist. So bedeutet nämlich «fall out» im Englischen nicht nur wörtlich «herausfallen», sondern meint zugleich auch die Entzweiung, den Kampf. «To fall out with someone», sagt man, wenn zwei gewaltsam aneinandergeraten. Und schließlich wird mit Fallout auch der gefährliche Abfall bezeichnet, der radioaktive Staub, der zurückbleibt, nachdem die Bombe explodiert ist. Fallout, das ist die verbrannte Erde, der toxische Überrest, der Schaden, der zurückbleibt und weiter strahlt. All diese semantischen Felder hat Peckinpah mit seinen Filmen kartografiert. Fall out – das war bei Peckinpah Thema, Vermächtnis und Arbeitsprinzip zugleich. Bei ihm, der auch selber immer mit allen aneinandergeriet und berüchtigt war für seine Ausfälligkeiten gegenüber den Produzenten und Studiobossen wie auch seinen Schauspielern und Crew-Mitgliedern.

Peckinpah ist von allem Anfang an ein Außenseiter, einer, der herausfällt aus dem System. Er beginnt genau in dem historischen Moment Kino zu machen, als das alte Hollywood endgültig untergeht. Nicht zuletzt Peckinpahs The Wild Bunch gilt (neben Arthur Penns Bonnie and Clyde) als jenes filmhistorische Ereignis, das Ende der Sechzigerjahre das Schicksal des alten Hollywood endgültig besiegelte. Im Kugelhagel dieses gewalttätigen Films, das haben die Zuschauenden gleich gemerkt, ging eine ganze Tradition des Filmemachens vor die Hunde.

Jedoch gehört Peckinpah auch nicht zum intellektuellen Kreis jener Filmstudenten, die in den Siebzigerjahren New Hollywood prägen werden. Mögen sich auch Filmschaffende wie Martin Scorsese und Francis Ford Coppola, Paul Schrader oder John Milius noch so sehr auf ihn berufen haben, Peckinpah war keiner von ihnen. Er fällt ins Dazwischen.

Wenn auf dem Schild an jener Brücke in The Wild Bunch, über welche die Gang von Amerika nach Mexiko reitet, «bridge unsafe» steht, ist damit auch Peckinpahs eigene problematische Position in der Filmgeschichte beschrieben: Sein Brückenschlag ist gefährlich und fragil. Er fällt unweigerlich hinaus aus dem System und stolpert zwischen die Positionen, ist ohne festen Platz, weder im alten noch im neuen Hollywood. Er scheint geradezu verdammt, Regisseur des Übergangs und der Überschreitung zu werden.

Den Mythos demontieren

Während in den späten 1950er- und frühen 1960er-Jahren John Ford noch seine letzten nostalgischen Western dreht und in Filmen wie The Man Who Shot Liberty Valance Legenden zu retten versucht, tastet sich Sam Peckinpah im Konkurrenzmedium des Fernsehens bereits an die Demontage des Mythos heran. In schnell gedrehten Westernserien wie The Rifleman oder dem von ihm entwickelten Vehikel The Westerner tun sich Abgründe auf. Lucas McCain, der alleinerziehende Vater und Titelheld von The Rifleman, erscheint mehr und mehr als gebrochene Figur: liebender Vater in der einen und kaltblütiger Killer in der nächsten Szene.

Und in der zweitletzten Episode von The Westerner mit dem Titel «Hand on the Gun» kommt es zu einem tödlichen Schusswechsel, nur weil ein junger Revolvermann seine Waffe ausprobieren will. Während er verreckt, reiten die Cowboys weiter, ohne sich umzudrehen. Getötet wird nicht mehr für irgendein Ideal, sondern aus bloßer Triebhaftigkeit. Gewalt ist Selbstzweck, durch nichts begründet als durch sich selbst.

Als Peckinpah schließlich 1962 seinen zweiten Spielfilm Ride the High Country ins Kino bringt, entspricht nur noch die Besetzung dem, was man vom Western kennt: Mit Joel McCrea und Randolph Scott in ihren letzten Hauptrollen besetzt Peckinpah seinen Film gleich mit zwei ehemaligen Westernstars, doch nur um sogleich deren Antiquiertheit zu zeigen. «Watch out you old-timer!», ruft der Polizist im Städtchen Joel McCrea zu, als dieser beinahe von einem Automobil angefahren wird.

Die alten Cowboys haben ausgedient. Sie sind allenfalls noch Simulationen ihrer selbst, so wie Randolph Scott in der Verkleidung des legendären Scharfschützen Oregon Kid, der sich auf Jahrmärkten selbst ausstellt – eine Figur, offenkundig angelehnt an den in den Achtzigerjahren des 19. Jahrhunderts zum Zirkusschützen verkommenen Buffalo Bill und dessen Wildwestshow. «I'll see you later», sagt Scott nach dem finalen Showdown zum tödlich verwundeten McCrea. Doch es ist klar: Das spätere Wiedersehen kann nur noch im Tod stattfinden. Eine Zukunft gibt es für beide nicht. Von einem unwirtlichen Ort zum andern müssen seine Figuren ziehen.

«Bei Peckinpah gibt es nicht mehr das eine Milieu, den einen Westen, sondern viele, einschließlich des Westens der Kamele, der Chinesen; das heißt es gibt Ensembles von Orten und Gewohnheiten, die in ein und demselben Film wechseln und ausgeschieden werden», schreibt Gilles Deleuze in Bezug auf Ride the High Country. Der mythische Raum der offenen Frontier hat sich für immer aufgelöst, ist zerfallen in lauter fragmentierte Milieus. Peckinpahs Antihelden aber, so müsste man bei Deleuze hinzufügen, finden in keinem dieser Milieus mehr ihren Ort. Es sind Heimatlose. Diese Figuren, die sich selbst überlebt haben und sich in einer Zeit wiederfinden, in der es gar keinen Platz mehr für sie gibt, bevölkern alle Filme Peckinpahs. «Unchanged men in a changing land. Out of step, out of place and desperately out of time», stand auf den Aushangplakaten von The Wild Bunch.

Nicht mehr und noch nicht – Montage der Zeit

Out of time – die Zeit ist nicht bloß knapp geworden, man hat sie schon gar nicht mehr, man ist rettungslos aus ihr herausgefallen. Diese Einsicht schlägt sich in Peckinpahs Filmen nicht nur thematisch, sondern vor allem auch formal nieder. Sie wird zum Stilprinzip. So benutzt er insbesondere die Montage, um genau solche temporalen Zwischenräume zu evozieren, jene Spanne zwischen dem Nicht-mehr und dem Noch-nicht. Mitarbeitenden zufolge soll Peckinpah schon für seine frühen Fernsehdrehbücher Handlungselemente aus Abenteuer- und Cowboy-Romanen auseinandergenommen und in William S.Burroughs' Art der Cut-up-Technik neu zusammengesetzt haben. Daraus entwickelt Peckinpah dann in seinen Filmen eine virtuose Montagetechnik, die bis heute ihresgleichen sucht. Wenn in The Getaway der aus dem Gefängnis entlassene Doc McCoy mit seiner Frau an einem Fluss geht, in den Kinder hineinspringen, scheint der nachdenkliche McCoy plötzlich sich selbst zu sehen, wie er sich ins Wasser fallen lässt. Die Montage aber lässt es offen,

Dreharbeiten zu
The Wild Bunch (1969)

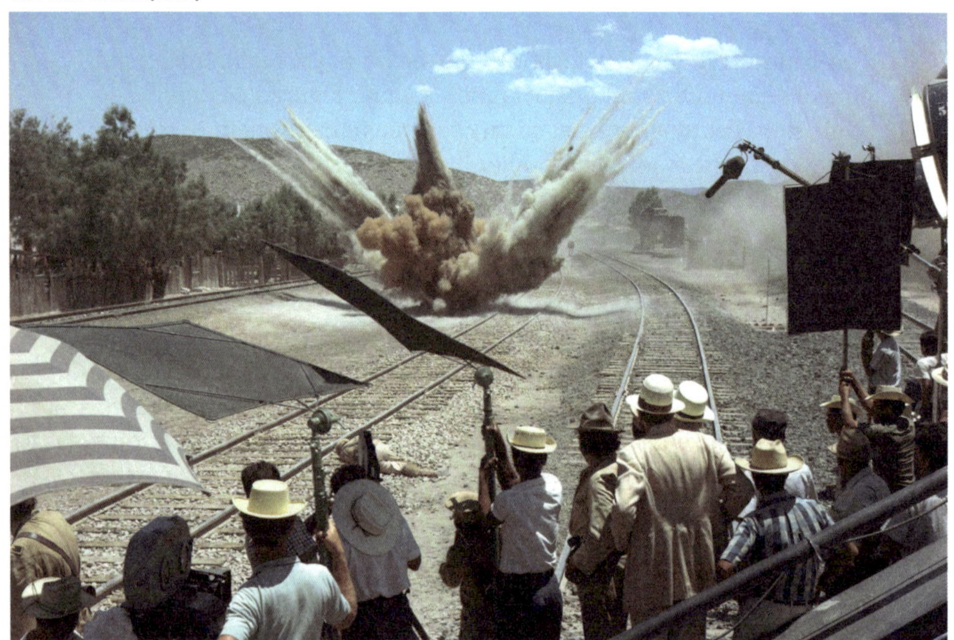

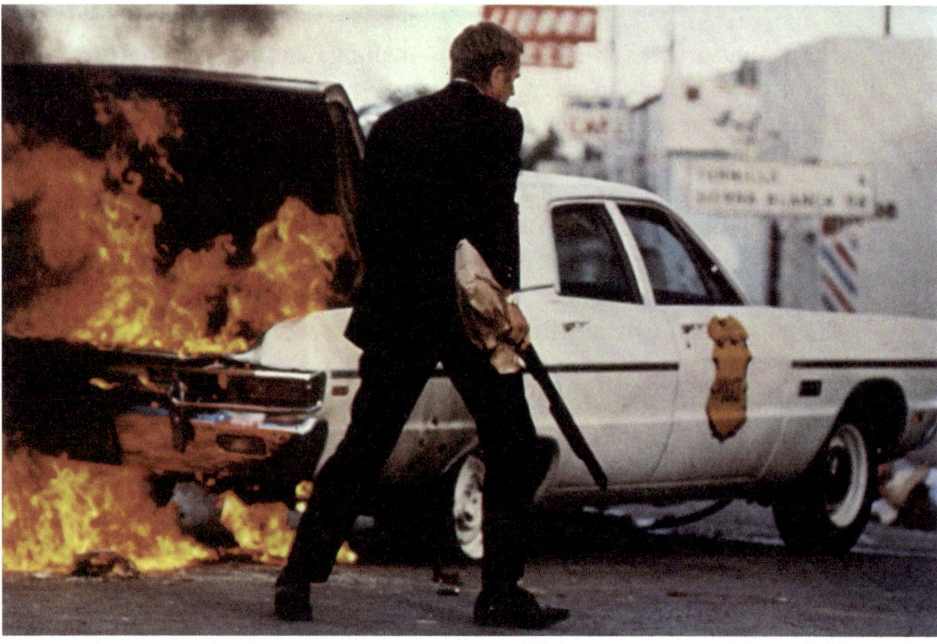

The Getaway (1972)

ob diese Einstellungen, wie er mit seiner Frau im Wasser planscht, Erinnerungen an bessere Tage sind oder eine Vorwegnahme dessen, was er jetzt gleich zu tun gedenkt. Immer wieder schneidet Peckinpah vom schwimmenden McCoy zurück zum weiterhin am Ufer stehenden McCoy. Ist also das, was wir sehen, Flashback oder Flash forward? Ist es Antizipation oder nur hoffnungsloser Wunsch? Indem Peckinpah die Chronologie mittels Schnitt unterbricht und die Ereignisse neu arrangiert, schafft er eine veränderte Zeitlichkeit, die nicht mehr der Uhr, sondern jener zirkulären Chrono-Logik der Psyche gehorcht, wie sie die Psychoanalyse beschrieben hat.

Und wenn am Ende dieser Sequenz Doc McCoy schließlich doch auf den Fluss zurennt, brechen Peckinpah und sein Cutter Robert Wolfe in genau dem Moment ab, wo dieser zum Sprung ansetzen müsste. Erst in der anschließenden Szene können wir aufgrund der nassen Kleider vermuten, dass McCoy und seine Frau den Sprung in den Fluss wohl tatsächlich gewagt haben. Diesen Moment selbst, das Bad im Fluss aber, den haben wir zugleich gesehen und doch nicht. Wir haben zwar die Bilder betrachtet, können uns aber über ihren Status nicht wirklich sicher sein. War es so, wie gezeigt, oder war das Gezeigte nur, wie es sich die Figur gewünscht hat? Die Montage lässt eine definitive Beantwortung dieser Fragen nicht zu. Die Szene lässt sich nicht nahtlos wieder in die Chronologie der Ereignisse einreihen. Sie bleibt eine Auszeit, herausgefallen aus dem Verlauf der Dinge, rätselhaft schwankend zwischen Erinnerung und Gegenwart, Erfüllung und Wunsch.

Anders als bei Griffith, Eisenstein oder auch Kurosawa, von deren Montage-Experimenten Peckinpah inspiriert ist, dient bei ihm das Cross-cutting somit weniger dazu, Zeit zu verdichten, als sie vielmehr zu vernichten. Mittels seiner komplexen Montage tun sich Zeitlöcher auf. So wie auch in jener achtminütigen Eröffnungssequenz von The Getaway, in der der zermürbende Gefängnisalltag gezeigt wird. Die Bedienung von Fabrikmaschinen, die Forstarbeit unter Bewachung, Gefangene unter der Dusche und auf dem Weg von einer Schleuse zur anderen, das immer wieder Gefilzt- und Weitergeschickt-Werden, ein Schachspiel im Hof, das Antreten vor der

Berufungsbehörde – all das ist aus jeglicher Chronologie gerissen, ist zerschnitten und ineinandergeschoben und mit Erinnerungsbildern an die frühere Freiheit versetzt. Was dadurch entsteht, ist eine regelrechte Collage der Frustration, in der alles im Kreis und nichts weitergeht. Immer wieder gefriert das Filmbild, die Tonspur aber läuft weiter mit ihren repetitiven Geräuschen, dem Stampfen der Maschinen und den Befehlen der Wärter, so lange bis es unser Mann in der Zelle nicht mehr erträgt und die Modellbrücke, an der er in den langen Stunden gebastelt hat, mit nur einer wütenden Bewegung seiner Hände zerknüllt. Auch hier: bridge unsafe. Auswege, selbst wenn sie nur als Spielzeug existieren, halten nicht stand.

Und so entpuppt sich denn auch der Filmtitel The Getaway weniger als Ankündigung, sondern als vergeblicher Wunsch. Auch wenn Doc McCoy und seine Frau am Ende davonkommen, so recht glauben mag man den Ausweg nicht. Der Preis, den die beiden für die Flucht aus der Ausweglosigkeit gezahlt haben – er mit Blut, sie mit ihrem Körper – ist zu hoch, als dass man nicht unweigerlich wieder davon eingeholt würde. Der radioaktive Fall-out dieser Flucht ist so groß, dass er auf immer alles verseuchen wird.

Der Anfang ist das Ende ist der Anfang

Doc McCoy und seine Frau sind die Vorläufer des abgerissenen Klavierspielers Bennie aus Bring Me the Head of Alfredo Garcia, der ebenfalls glaubt, sich aus dem Sumpf ziehen zu können, indem er sich auf ein übles Geschäft einlässt. Der Filmtitel enthält bereits die Konditionen des Deals: Für eine Million Dollar soll Bennie bei einem despotischen Großgrundbesitzer den Kopf Alfredo Garcias abliefern, und genau das tut er. Die Aussicht auf ein besseres Leben wird damit erkauft, dass man Gräber schändet und Leichen zerstückelt. Mit dem abgetrennten Kopf Garcias unter dem Arm macht sich der Verzweifelte auf die Jagd nach dem Glück, auf der ihm alles abhanden kommen wird, für das zu siegen sich gelohnt hätte. Doch die Zeit hatte von Anfang an gegen Bennie gespielt. Wenn der Film auf der Hacienda des mexikanischen Auftraggebers beginnt, glaubt man sich noch im 19. Jahrhundert, so lange, bis wir verwirrt zusehen, wie die Kopfgeldjäger in Autos und Flugzeugen ausschwärmen. Der wilde Westen ist längst tot - das sagt uns das Dröhnen der aus den Toren der Ranch brausenden Limousinen. Die Uhr war immer schon abgelaufen.

So kann auch Pat Garrett and Billy the Kid nur mit dem Ende beginnen. Noch ehe wir Pat Garretts Jagd nach seinem einstigen Freund Billy im Jahre 1881 geschildert kriegen, sehen wir bereits Garretts eigenes Ende, wie er 28 Jahre später auf offener Prärie aus einem Hinterhalt erschossen wird, abgemurkst von jenen Leuten, die damals seine Auftraggeber waren. Noch während der Scharfschütze auf Pat Garrett anlegt, beginnt die Filmhandlung zwischen 1909 und 1881 hin und her zu springen, zwischen Pat Garretts Tod und Billy the Kid, der mit seinen Kumpanen auf wehrlose Hühner schießt. In der dreieinhalbminütigen Montage scheint es, als wären beide Zeitpunkte miteinander kurzgeschlossen, als würden Billys Kugeln gleichsam über die Zeit und über seinen eigenen Tod hinaus Pat Garrett treffen. Garrett, der eigentliche Sieger im Kampf zwischen den beiden, erscheint so als Verlierer. Kommt hinzu, dass die Aufnahmen von 1909 altertümlich in Sepia gefärbt sind, während die Bilder von 1881 in satten Farben strahlen. Das Spätere erscheint damit optisch als das Vergangene, während das Ältere aktueller wirkt.

Das Filmstudio indes hatte die poetische Wahrheit dieser Zeitachsenmanipulation nicht verstanden und für die Kinoversion gänzlich abgeändert. In der Fassung, wie sie 1973 gegen Peckinpahs Willen in die Kinos kam, war von dieser Ellipse, in der sich Ende und Anfang verkehren, nichts mehr geblieben, stattdessen spielt sich die Geschichte jetzt chronologisch ab und wird gerade dadurch falsch. Das fatalistische Porträt zweier immer schon Verlorener sollte so zu einer nostalgischen Heldengeschichte umgebogen werden, an die der Regisseur nie geglaubt hat.

Bei Peckinpah kann sich vielmehr nur halten, wem es gelingt, sich genau in diesem Zwischenraum, in dieser Lücke zwischen den Zeiten einzunisten. Für Junior Bonner, den Rodeoreiter im gleichnamigen Film, sind es die acht Sekunden, die er sich auf dem Rücken des Bullen halten muss, um den großen Preis zu gewinnen. Nur in diesen Sekunden existiert er wirklich. Alles andere geht an ihm vorbei, als wäre er gar nicht wirklich da. Wenn er am Haus seines Vaters vorbeifährt, das gerade abgerissen wird, ist ob der merkwürdigen Montage nicht genau zu sagen, ob er tatsächlich Zeuge der Zerstörung wird oder sich diese nur vorstellt. So wie das Heim von Junior Bonner mit nur einem Handstreich ausgelöscht wird, so gibt es für ihn auch kein Ziel, an dem er ankommen könnte. Was stattdessen bleibt, sind nur die Sekunden auf dem Rücken des Tiers und jener «another piece of lonely highway there for the takin'», von dem während des Vorspanns gesungen wird. Der einsame Weg von Rodeo zu Rodeo, von Bullenritt zu Bullenritt, von Fall zu Fall: eigentlich ein ewiger Absturz.

Es ist die infinitesimale Lücke zwischen den Zeiten, in der sich auch der Titelheld von The Ballad of Cable Hogue befindet, wenn ihn seine beiden Kumpanen in der sengenden Wüste zurücklassen, dem sicheren Tod ausgesetzt. Ausgerechnet diesem sowohl geografischen als auch temporalen Nirgendwo wird Cable Hogue eine Quelle und damit eine Heimat finden. Wie er indes davor dem Tode nah durch die Wüste stolpert, zeigt der Film in Bildern, die dank Split Screen mehrere simultane Ansichten ermöglichen. In ein und demselben Augenblick sehen wir Hogue von rechts nach links als auch von links nach rechts irren, zugleich hier wie dort. Es ist, als würde sich Hogue gleichsam zwischen den Filmbildern selbst bewegen, an einem Ort außerhalb von Zeit und Raum.

Dazu passt auch, dass die Aufnahmen, die hier per Split Screen kombiniert werden, ursprünglich in ganz unterschiedlichen Wüsten von Amerika aufgenommen wurden. Am Ende des Films wird man sich darum fragen, ob nicht alles, was man gesehen hat, eigentlich nur eine Phantasie war, Ausgeburt jenes schmalen Zwischenreichs zwischen Sterben und Tod. In einer Szene, die gerade in ihrer Bedächtigkeit so grotesk anmutet, wird Hogue, der mittlerweile in der Wüste eine Tränke für die Postkutsche eingerichtet hat, von einem Automobil überrollt. Hogue bittet, offenbar zunächst aus Jux, seinen anwesenden Freund, den falschen Priester Joshua, um eine

Begräbniszeremonie, und während dieser auf der Tonspur seine Grabrede deklamiert, wechselt das Bild unversehens vom Spiel zum Ernst. Das vorerst nur fingierte Begräbnis entpuppt sich unerwartet als echtes, und die Worte des falschen Predigers werden wahr. «Cable Hogue was born - nobody knows when and where», sagt er und wird weiterfahren: «Now he has gone into the whole torrent of the years.» Hogue ist eingegangen in den Strom der Zeit, angekommen in der ultimativen Frontier-Region der Ewigkeit.

Das Warten hat also endlich doch ein Ende. So wie Pike, der am Ende von The Wild Bunch noch einen zweiten Schuss abgibt, nachdem der erste nicht das Massaker hervorgerufen hat, auf das er sich gefasst gemacht hatte, um damit endlich erlöst zu werden vom ewigen Umherziehen zwischen den Zeiten.

Eine Falle für uns

Schlimmer aber ergeht es denen, die nicht sterben können, sondern im Limbus zwischen Raum und Zeit weiterleben müssen. «I don't know my way home», sagt am Ende von Straw Dogs der Mann auf dem Beifahrersitz zu David Sumner, dem verstockten Akademiker, den es in einen kleinen Ort im englischen Cornwall verschlagen hat, wo man ihn so lange terrorisiert, bis er in einem wahnwitzigen Gewaltausbruch sämtliche Angreifer seines Heims umbringt. Auch er wisse den Weg nicht, antwortet dieser Sumner und lächelt dabei. Die angestaute Gewalt hat ihn zwar befähigt, über alle anderen zu siegen, er selber aber hat dadurch genau jenes Heim verloren, für das er gekämpft hat.

Straw Dogs ist der schrecklichste, unerträglichste von Peckinpahs Filmen, weil er wie eine Falle gebaut ist, in der sich das Publikum verfängt und nicht mehr rauskommt, so wie aus jener Bärenfalle, die sich David Sumner ins Wohnzimmer hängt. Die Schnittechnik, dank der in der Flussszene von The Getaway ein Ausweg wenigstens phantasierbar wird, ist hier noch Instrument der Folter. Wenn Davids Frau Amy von zwei Männern aus dem Ort vergewaltigt wird, zeigt uns Peckinpah das Unerträgliche als eine arhythmische Folge von

Schnitten und Flashframes, die so kurz aufblitzen, dass man kaum sagen kann, was man gesehen hat. Später aber breiten sich diese Blitzbilder im ganzen Film aus, schieben sich schmerzhaft zwischen die Aufnahmen eines Dorffestes. Die Filmtechnik selbst wird vom Trauma besetzt und betreibt nun dessen quälende Wiederholung. Doch die Bilder waren schon immer krank. Bereits in der ersten Szene zeigt uns die Peckinpahs Kamera von Amy Sumner nur Pullover und sich darunter abzeichnenden Oberkörper. Ein pornographischer male gaze als Establishing Shot.

Das Publikum wird so gezwungen, von Anbeginn an eine voyeuristische Sicht einnehmen. Wird sind von Anfang an Beteiligte an den Gräueltaten, die noch folgen werden. Nicht wenige haben diese bewusst ausgestellte Perspektive, die der Film uns aufzwingt, mit der Haltung des Filmemachers selbst verwechselt und – zusätzlich befeuert von reichlich fragwürdigen Interviewaussagen Peckinpahs – in Straw Dogs nichts anderes als die Bestätigung jener lang gehegten Vermutung gesehen, der Regisseur zelebriere misogyne Gewalt. Tatsächlich ist der Film aber weitaus kritischer, fatalistisch und verstörend, da er Gewalt nicht mehr als bewusste Wahl zeigt, sondern als ein Prinzip, das sich wie ein Krebsgeschwür überall und in jedem einzelnen ausbreitet und bis ins Medium des Films selbst vordringt.

Ohne Ende

Es ist diese hoffnungslose Paranoia, mit der Peckinpahs Karriere schließlich endet. In seinem letzten Film The Osterman Weekend macht sich ein investigativer Journalist und TV-Host daran, einen Ring von kommunistischen Verschwörern auszuheben. Doch alsbald findet er heraus, dass er selbst nur Spielfigur in einem Komplott ist. Wenn er zum Schluss die Schuldigen zur Strecke bringt, gelingt ihm dies nur, indem er dem Fernsehpublikum immer weitere Lügen auftischt, Film- und Tonschnipsel aus dem Zusammenhang reißt und neu zusammenschweißt. Die Aufdeckung des Komplotts ist am Ende nur wieder selber eines. Das Medium des Bewegtbildes lügt weiter – das ist Peckinpahs paranoides Fazit. Mit dem Medium, in dem der Regisseur einst anfing, hört er hier nun auf. «Schalten Sie doch ab», sagt der Moderator in die Kamera. «Ich wette, Sie können es nicht.» Der Stuhl des Moderators aber ist während dieses ganzen Monologs leer. Die Sendung geht weiter, auch wenn der Host bereits fehlt. Kann es ein besseres Schlussbild geben für ein Œuvre wie dieses, das uns erlösende closure immer verweigert hat? Wir sind noch lange nicht fertig mit Sam Peckinpah, auch wenn er selbst schon längst fort ist. Wir fallen weiter.

Kevin J. Hayes (Hg.): Sam Peckinpah Interviews. Jackson 2008.

Stephen Prince: Savage Cinema. Sam Peckinpah and the Rise of Ultraviolent Movies. Austin 1998.

Paul Seydor: Peckinpah: The Western Films. A Reconsideration. Urbana 1980.

Mike Siegel: Passion & Poetry. Sam Peckinpah in Pictures. Berlin 2003.

David Weddle: If They Move... Kill 'Em!: The Life and Times of Sam Peckinpah. New York 1994.

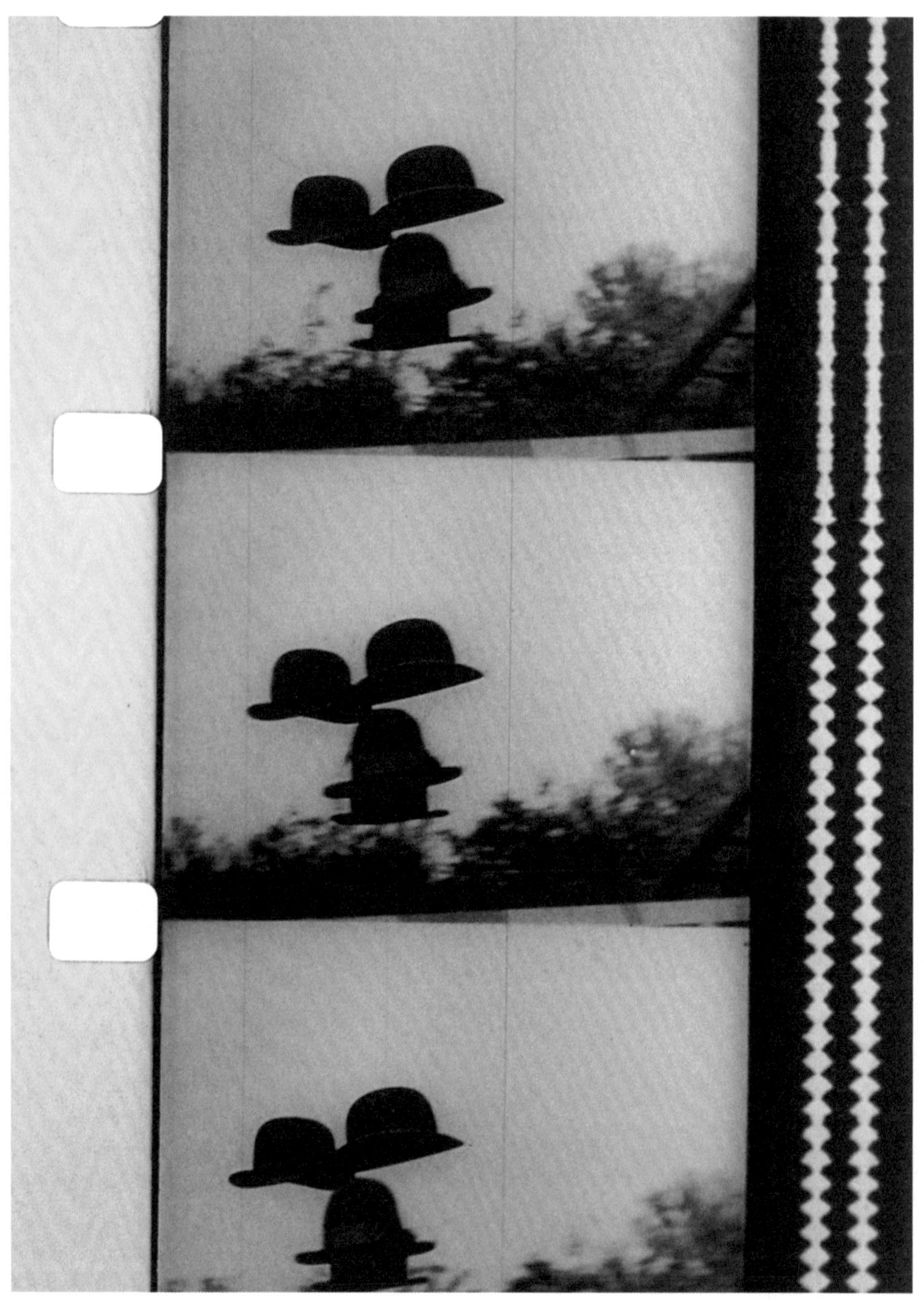

Vormittagsspuk (1928)
Regie: Hans Richter

Für ein unreines Kino

Film und Surrealismus

Am Anfang war der Schock. Am 28. Dezember 1895 luden die Gebrüder Auguste und Louis Lumière im Kellersalon des Pariser «Grand Café» zur ersten öffentlichen Filmvorführung. Dabei seien die Gäste, so wird bis heute kolportiert, beim Anblick eines auf die Kamera zufahrenden Zuges im Kurzfilm L'Arrivée d'un train à La Ciotat von Panik ergriffen worden. Aus Angst, überrollt zu werden, soll das Publikum aufgesprungen und aus dem Saal geflüchtet sein. Soweit die berühmte Legende. Denn dass es nur eine Legende ist, steht wohl fest: Nicht nur, dass der berüchtigte L'Arrivée d'un train à La Ciotat gar nicht auf dem Programmzettel jener Vorführung im Grand Café aufgeführt ist, auch sonst ist die behauptete Naivität des ersten Filmpublikums wenig glaubwürdig. Wie sollte ein bereits bestens mit Fotografie, Camera obscura und Bühnenzauber vertrautes Publikum die schwarzweißen, stummen und auf eine flache Leinwand projizierten Filmaufnahmen der Eisenbahn mit einem echten Zug verwechselt haben?

Die Urszene der Filmgeschichte ist ein bloßer Mythos. Und doch steckt in ihm, wie in allen Mythen, auch eine Wahrheit. Tatsächlich ist es durchaus wahrscheinlich, dass die ersten Zuschauenden erschrocken sind - doch aus anderen Gründen als jeweils behauptet wird. Wenn die Anwesenden tatsächlich geschrien haben - so argumentiert etwa der Filmhistoriker Tom Gunning - dann, weil sie schockartig erkannten, wie sehr das neue Medium fähig ist, unseren Realitätssinn durcheinanderzubringen. Oder anders gesagt: Was das Publikum der Lumières aufrüttelte, war nicht die Furcht vor einem realen Zug, sondern der Schrecken angesichts eines offensichtlich irrealen und zugleich doch erstaunlich realistischen Abbilds. Die erste Filmvorführung bewirkte bei ihren Besuchern nicht realistische Furcht, sie versetzte ihnen einen sur-realistischen Schock. So wäre denn der Surrealismus zusammen mit dem Kino geboren worden, und ausgerechnet die Gebrüder Lumière, welche seit Siegfried Kracauer doch als Protoypen für die «realistische Tendenz» im Film gelten, hoben ihn aus der Taufe.

Vom surrealistischen Kino zu sprechen, entpuppt sich folglich als Tautologie. Kino und Surrealismus sind voneinander nicht zu trennen. Als «bewusste Halluzination» hat Jean Goudal das Medium Film einmal treffend charakterisiert und damit genau jene paradoxe Verquickung scheinbarer Gegensätze beschrieben, die sich auch der Surrealismus zur Aufgabe machen sollte.

Wenn André Breton im ersten surrealistischen Manifest von 1924 verkündet, es gelte Realität und Traum zu einer absoluteren Realität zusammenzuschweißen - «une sorte de realité absolue, de *surréalité,* si l'on peut ainsi dire» -, dann fasst er damit nur in Worte, was er bereits aus seinen endlosen Streifzügen durch die Lichtspielhäuser von Nantes am Ende des Ersten Weltkriegs kannte. Wahrgenommenes und Imaginäres, Virtualität und Aktualität, Wachen und Traum - all diese sauberen Gegensätze lässt das Kino zusammenfließen, spielend leicht. Seit seiner Geburt kann es gar nicht anders. Denn der Film verwandelt zwangsläufig lebendige Schauspieler*innen in bloße Schatten an der Wand und erweckt umgekehrt tote Gegenstände zu mysteriösem Leben. «Kinder, die Poeten sind, ohne Künstler zu sein, starren manchmal auf einen Gegenstand, bis ihn die Aufmerksamkeit groß macht, so groß, dass er ihr ganzes Gesichtsfeld einnimmt, ein geheimnisvolles Aussehen gewinnt und jeden Bezug zu irgendeiner Zwecksetzung verliert. (...) In gleicher Weise verwandeln sich auf der Leinwand Gegenstände, die eben noch Möbel oder Familienbücher waren, derart, dass sie zu Trägern bedrohlicher und geheimnisvoller Bedeutung werden.» So hatte der scharfsinnige Louis Aragon, Surrealist der allerersten Stunde, bereits 1918 in seinem Artikel «Du décor» geschrieben. Allein dadurch, dass die Kamera die Dinge isoliert, sie rahmt und ausschneidet, verleiht sie ihnen ein unheimliches Leben. Durchs Objektiv des Apparats gesehen, verändert sich die Realität und wendet uns ihre surrealen Kehrseiten zu. Dieser Zauberkraft des Objektivs, diesem «optischen Unbewussten», wie es Walter Benjamin nannte, haben denn auch surrealistische Fotografen wie Brassaï, Raoul Ubac oder Man Ray in ihren Bildern Ausdruck verliehen.

Im Falle des Films indes wird die Magie des Apparats noch durch die Macht der Schere verstärkt. Die Realität, welche sich bereits in der Linse der Kamera in Surreales verwandelt, erfährt am Schneidetisch zusätzliche Metamorphosen. So wie Viktor Frankenstein in Mary Shelleys Roman sein Monster aus zusammengestohlenen Gliedmaßen bastelt, setzen die Cutter einen Film aus zerhackten Einzelsequenzen zusammen. Der Surrealist Max Ernst collagierte unter dem Titel «Rêves et hallucinations» Zeitungsausrisse zu einer magischen Über-Realität. Nichts anderes tun die Filmschaffenden, wenn sie sich am Schneidetisch aus Aufnahmen der realen Welt eine unmögliche zusammenträumen. Bilder, die an den unterschiedlichsten Orten des Globus aufgenommen wurden, werden so zusammengesetzt, dass ein neuer, imaginärer Raum entsteht. In diesem sind Hier und Dort keine Gegensätze mehr: Die gefilmten Personen treten aus einem Haus in Los Angeles auf einen Bürgersteig in Chicago und schlendern danach den New Yorker Broadway hinunter. Kilometerlange Distanzen legt der Film im Bruchteil einer Sekunde zurück. Ein Schnitt genügt, und schon ist man woanders, ohne dass dem Publikum dabei schwindlig würde. «Künstliche Geographie» nannte der sowjetische Regisseur Lew Kuleschow diese Verräumlichungen, zu welchen der Film fähig ist und für welche die Gesetze der Physik und Geometrie nicht mehr gelten. Das klassische Erzählkino bemüht sich darum, diese künstliche Geographie des Films zu kaschieren und stattdessen den Eindruck eines homogenen und realistischen Raumes zu vermitteln. Die Verzerrungen des Surrealismus hingegen entstellen den filmischen Raum zur Kenntlichkeit. Der Surrealismus im Film entpuppt sich damit paradoxerweise als eigentlich realistisches Verfahren: Er stellt klar, was im Kino immer schon Sache war. Seine Tricks machen die Verfahren durchsichtig, mit welchen der Film sein Publikum hinters Licht zu führen versucht. Der Surrealismus ist subversiv im exakten Wortsinn: Er deckt die Karten auf.

Montage am offenen Auge

Das gilt ganz besonders auch für jenen wohl bis heute berühmtesten Moment des surrealistischen Kinos, wenn nicht gar des Surrealismus überhaupt: der Schnitt durchs Auge in Luis Buñuels und Salvador

Dalís Un chien andalou von 1929. Die Gewalttat gegen das Sehorgan macht explizit, dass Film immer schon auf einer Überwältigung des Auges basierte. Beruht nicht die ganze Illusion des bewegten Bildes darauf, dass man sich die Trägheit des menschlichen Auges zunutze macht? Starre Einzelbilder wechseln sich in so schneller Folge vor unseren Augen ab, dass wir die einzelnen Posen zu einer kontinuierlichen Bewegung zusammenfließen lassen. Doch was uns als lebensechte Darstellung erscheint, ist in Wahrheit ein Massaker. Zwischen jedem Einzelbild liegt auf dem Filmstreifen ein Zwischenraum, und die Blende im Kinoprojektor skandiert den Tanz dieser Einzelbilder zusätzlich. Unser Hirn glaubt den Fluss des Lebens zu sehen, aber was sich unterhalb unserer Wahrnehmungsschwelle vor unseren vergewaltigten Augen abspielt, ist in Wahrheit ein Stakkato aus Unterbrechungen: Schnitt, Schnitt, Schnitt, Schnitt - 24 mal pro Sekunde. Wie passend, dass Buñuel kurz vor Un chien andalou einen Aufsatz über die Grundlagen des Filmschnitts verfasst hat. Die «Découpage», wie er sie nannte, die Technik des Auseinanderschneidens und Segmentierens, ist nach seinen Worten der eigentlich «schöpferische Moment im Film». Und was er in seinem Essay theoretisch erläutert, zeigt die Eröffnungsszene von Un chien andalou in konkreter Form: sie führt die «découpage» nicht nur *vor* unseren Augen, sondern auch *an* unseren Augen vor. Buñuel und Dalí haben diese heimliche Gewalt des Kinoapparats nicht erfunden, sie haben sie uns bloss ins Auge springen lassen. Buchstäblich.

Sie führten damit zu Ende, was schon die russischen Formalisten ahnten. Dziga Vertov spricht in seinem Manifest «Kinoki - Umsturz» von 1923 davon, wie sich der Film der menschlichen Wahrnehmung nicht angleicht, sondern diese übertrumpft und unterwirft. «Ich lasse den Zuschauer so sehen, wie es mir für dieses und jenes visuelle Phänomen am geeignetsten scheint. (...) Die Kamera bugsiert die Augen des Filmzuschauers ...» schreibt er. Doch das neue Medium begnügt sich nicht mit bloßem Schubsen. Nur zwei Jahre später lässt uns Sergej Eisenstein in seinem Panzerkreuzer Potemkin zusehen, wie ein Soldat mit seinem Säbel einer alten Frau das Auge ausschlägt. Der Anblick der blutenden Augenhöhle ist unschwer als Metapher

Un chien andalou (1929)
Regie: Luis Buñuel & Salvador Dalí

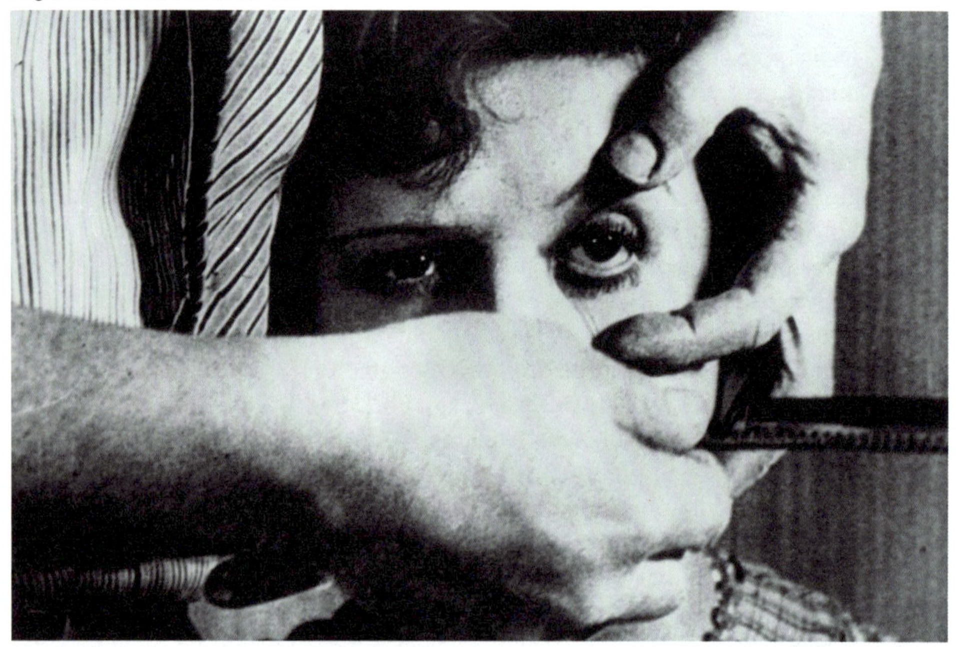

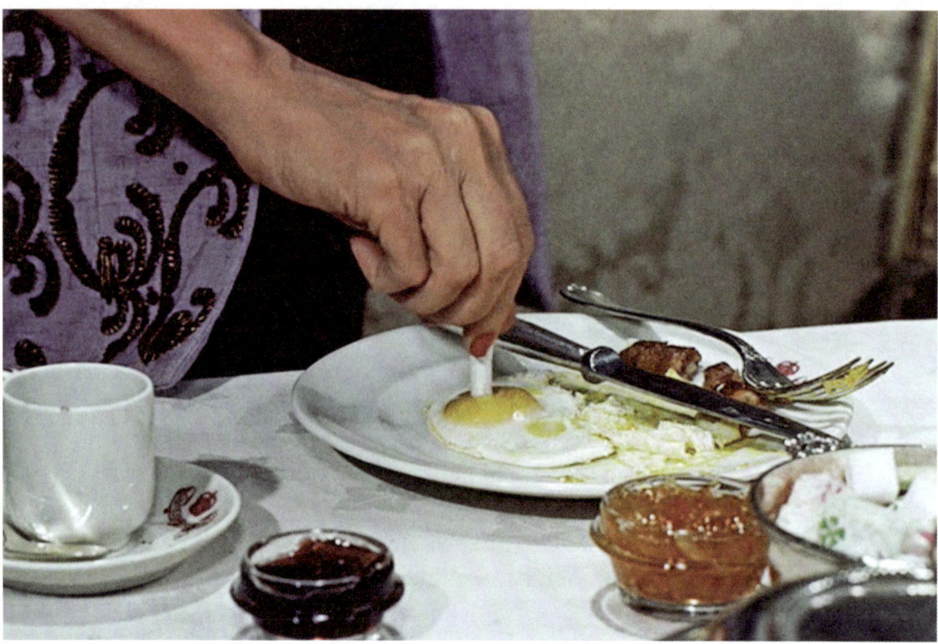

To Catch a Thief (1955)
Regie: Alfred Hitchcock

für das neue, gewaltsame Sehen zu interpretieren, welches der Film seinem Publikum auferlegt. Buñuel und Dalí haben diese Einsicht in die okulare Gewalt des Mediums von den russischen Formalisten übernommen und ihr seine endgültige, radikalste Form gegeben. Darum ist es denn auch irreführend, wenn man von dieser berüchtigten Szene behauptet, sie habe mit allen filmischen Regeln gebrochen, jene Regeln, die nicht zuletzt von Vertov und Eisenstein mitentwickelt wurden. Der Schnitt durchs Auge verstösst nicht gegen die filmischen Regeln, er nimmt sie nur beim Wort.

Der Verstoß setzt die Regel voraus

Ein gerne übergangenes Detail aus der Sequenz mit dem zerschnittenen Auge aus Un chien andalou mag denn zusätzlich zeigen, dass die Schockwirkung dieses Moments gerade nicht auf der Missachtung, sondern auf der Beherrschung filmischer Regeln beruht. So überraschend, wie gerne behauptet wird, ist der Schnitt durchs Auge nämlich gar nicht. Wir Zuschauenden werden vielmehr präzise darauf vorbereitet, und das mit absolut klassischen filmischen Mitteln: Zunächst sehen wir den runden Mond am Nachthimmel. Von dieser Einstellung schneidet der Film auf das der Kamera zugewandte Gesicht einer Frau. Der neben ihr stehende Mann hält ihr das linke Auge auf. Schnitt zurück auf den Mond, dessen weiße Fläche gerade von einer vor ihm vorbeiziehenden Wolke geteilt wird. Schnitt auf das Auge der Frau (in Wahrheit und durchaus zu erkennen ist es das Auge eines Tiers), durch welches das Rasiermesser gezogen wird. Das Erschreckende dieses Anblicks beruht gerade nicht darauf, dass er uns vollkommen unvermittelt trifft, sondern vielmehr dass wir ihn bereits beim Bild des geteilten Mondes ahnen. Was als großer Tabubruch in die Filmgeschichte eingehen sollte, ist zugleich das Schulbuchbeispiel eines *Match Cut*.

Von Match Cut spricht man dort, wo zwei Einstellungen verbunden werden, die eine optische Gemeinsamkeit aufweisen, sei es eine Bewegung, die Form oder Farbe des Gezeigten oder irgendeine andere optische Analogie. So stellt der Match Cut zwischen zwei getrennten Einstellungen eine zwingende Kontinuität her. Der surrealistische Überraschungseffekt von Un chien andalou entspringt somit aus einer absoluten Beherrschung der gängigen Erzähltechniken des Kinos. Die weiteren Filme Luis Buñuels bestätigen denn auch die scheinbare Paradoxie, dass der surrealistische Film nicht wirklich das Gegenteil, sondern eigentlich eine Übersteigerung des klassischen Erzählkinos ist. Die Abfolge der einzelnen Szenen von Un chien andalou scheint zwar jeder Erzähllogik zu spotten, doch steht auf der Schrifttafel, mit welcher der Film beginnt, geschrieben: «Es war einmal ...» Gewiss ist diese klassische Anfangsformel des Märchens irreführend. Sie weckt die Erwartung an eine lineare Erzählung, eine Erwartung, welcher das Folgende in jeder Sekunde widersprechen wird. Und doch wird sich diese vermeintlich falsche Fährte in den weiteren Filmen Buñuels zugleich auch als richtige erweisen. Bereits L'Age d'Or bemüht sich um narrative Strukturen - ist keine surrealistische Nummernrevue mehr wie sein Vorgänger. Jedoch nur, um umso besser und immer wieder mit den Strukturen zu brechen. Ein Verstoß kann nur schockieren, wo vorher Regeln etabliert wurden - diese Dialektik ist das Verfahren, das Buñuel im Laufe seiner Karriere vervollkommnen wird.

In Le charme discret de la bourgeoisie von 1972 nimmt er das simpelste und rudimentärste Narrativ - eine Gruppe von Menschen will zusammen zu Abend essen -, um es immer wieder in neue Sackgassen zu führen. Die Erwartung, dass es den Figuren diesmal gelingen könnte, zusammen zu speisen, dass es Buñuel diesmal gelingen könnte, seine Geschichte «richtig» zu erzählen, muss immer wieder neu genährt werden, damit die Enttäuschung uns noch verblüffen kann.

Zwischenfälle des Unbewussten

Der Surrealismus im Film, so lässt sich bei Buñuel besonders schön zeigen, ist somit kein konstanter Zustand, sondern vielmehr ein Phänomen des Augenblicks, eine Epiphanie. Wo nämlich alles nur aus Überraschungen besteht, überrascht am Ende nichts mehr. Das mag denn auch erklären, warum surrealistische Avantgardefilme wie Hans Richters Vormittagsspuk von 1928 oder Henri Storcks Pour vos beaux yeux von 1929 nur als Kurzfilme funktionieren können. Ihr Manko ist nicht etwa ein Mangel an Ideen, sondern im Gegenteil deren Überfülle: aneinandergereiht beginnen sich die Schockmomente gegenseitig zu neutralisieren. Selbst in der kurzen Laufzeit von nur wenigen Minuten droht sich Langeweile einzustellen. Es ist darum vielleicht auch kein Zufall, wenn dem Publikum von diesen Filmen oft nur Momente, gleichsam Standbilder, im Gedächtnis bleiben: an die fliegenden Melonen aus Richters Film erinnert man sich, während seine anderen Gags vergessen gehen. Und auch in Pour vos beaux yeux lässt ein einziger Moment den ganzen Rest des Films vergessen: Ein dicklicher Herr wählt beim Prothetiker ein Glasauge aus und schiebt es sich in die leere Augenhöhle - sozusagen das Gegenstück zur Augenattacke von Un chien andalou.

Kann sich das Surreale nur schockartig, als Zwischen-Fall zeigen, so nicht zuletzt deshalb, weil sich das Freudsche Unbewusste, welches die Surrealisten mit ihren Werken wahrnehmbar zu machen suchten, ebenfalls nur als Moment der Unterbrechung zeigt. Das Unbewusste ist - seinem Namen zum Trotz - nicht das Gegenstück zum Bewussten. Es ist kein verborgenes Gebiet hinter den sieben Bergen des Bewusstseins, das man aufsuchen und durchstreifen könnte. Anstatt jenseits der vertrauten Realität, situiert es sich vielmehr mitten in ihr drin in Form all jener Lücken, Irrtümer und Fehlleistungen, über welche das Bewusstsein andauernd stolpert. «Das Unbewusste ist strukturiert wie eine Sprache», hat der französische Psychoanalytiker Jacques Lacan gesagt und damit all den üblichen Mystifizierungen des Unbewussten eine Absage erteilt: Weder findet das Unbewusste in den vermeintlichen Tiefenschichten der Psyche statt, noch ist es regellos. Stattdessen zeigt es sich ausgerechnet in einem so hoch regulierten und codifizierten System wie dem der Sprache. Und wenn das Unbewusste von diesen vorgegebenen Codes einen ganz eigenen, überraschenden, auch unsinnigen Gebrauch macht, so ist dieser doch nicht ohne Regeln. Der Witz, der Versprecher, der Traum - all diese Phänomene, in denen das Unbewusste aufzuckt, funktionieren nicht außerhalb, sondern innerhalb der Sprache. Und auch der Surrealismus, dem sich Lacan seit seiner Studienzeit eng verbunden fühlte und mit dessen Exponenten er befreundet war, besteht genau in diesem komplexen Umgang mit den Regeln der Sprache, auch der Bild-Sprache.

Ein Kino der Verunreinigung

Eine vollkommene Missachtung aller Spielregeln generiert keine Schocks des Unbewussten, sondern nur Langeweile. Nur dort, wo man die Gesetze beherrscht und befolgt, wirkt der punktuelle Bruch mit ihnen revolutionär. Passend darum, dass Lacan von allen Filmen Buñuels ausgerechnet El von 1953 so besonders schätzte. Die Geschichte um den manisch eifersüchtigen Francisco, der ob seinem Misstrauen gegenüber seiner jungen Ehefrau den Verstand verliert, gehört zu den linearsten und klassischsten, die Buñuel je erzählt hat. Die melodramatische Story ist auch für all jene verständlich, welche bei Un chien andalou oder L'Âge d'Or unverzüglich und kopfschüttelnd den Saal verlassen hätten. Aber gerade durch die perfekte Emulation filmischer Erzählstandards entfalten die surrealistischen Details, welche Buñuel in diesem Film ausstreut, erst ihre volle Wucht. Die Utensilien, wie Nadel, Schnur und Gaze, welche Francisco bereitlegt, um seine Gattin im Schlaf zu bestrafen, oder der Gang, wie er eine Treppe statt gerade im Zickzack hinaufsteigt - solche Einfälle faszinieren umso mehr, je unauffälliger sie sind. Erst in feinster Dosierung entfaltet der surrealistische Zwischenfall seine maximale Potenz.

Antonin Artauds Vision eines surrealistischen Kinos, wie er sie im Treatment zu Germaine Dulacs La Coquille et le Clergyman entwickelt, möchte man denn auch so lesen. Interessanterweise spricht Artaud sich hier nicht bloß den Realismus des Erzählkinos aus, sondern fast noch vehementer gegen die Abstraktionen des sogenannten «reinen Kinos», wie man es in René Clairs Entr'acte oder Man Rays Retour à la raison findet. In seiner Ablehnung der Reinheit, sei es die Reinheit des Erzählkinos, aber auch die Reinheit der Avantgarde, besteht wohl auch die Pointe des Surrealismus. Er ist es nicht daran interessiert, eine reine Lehre zu installieren, sondern will Verunreinigung zufügen, will selber Verunreinigung sein. Darin besteht seine bis heute anhaltende Wirkung.

Oft ist verwundert konstatiert worden, dass die surrealistische Bewegung trotz ihrer Kinobegeisterung nur so wenige Filme hervorgebracht hat. Tatsächlich wird, wer nach dem reinen surrealistischen Film Ausschau hält, nur sehr beschränkt fündig. Wirkung im Kino hat der Surrealismus nicht in reiner Form entfaltet, sondern in Gestalt unzähliger Verunreinigungen, mit welchen er die ganze Filmgeschichte unrettbar kontaminierte. Hat Artaud seine Pläne, einen eigenen surrealistischen Film zu drehen, vielleicht deswegen aufgegeben, weil er fürchtete, in Reinheit zu verfallen? Und hat er Germaine Dulacs Adaption von La Coquille et le Clergyman darum so verachtet?

Der reine Artaud-Film ist ungedreht geblieben, weil es ihn gar nicht geben konnte. Statt einen eigenen Film zu machen, hat Artaud die Filme anderer heimgesucht und punktuell vereinnahmt. Er hat seine eigene Person als surreale Verunreinigung benutzt, die das Erzählkino heimsucht. Ob als ermordeter Marat in Abel Gances Napoleon-Film oder als Mönch in Dreyers La Passion de Jeanne d'Arc – seine Präsenz wirkt als Zäsur des Erzählens. Wenn er in Fritz Langs Liliom von 1934 in der Minirolle eines mysteriösen Scherenschleifers ins Bild stapft, wird er nicht nur vom Protagonisten, sondern auch von uns Zuschauenden als Figur wie aus einer anderen Welt erfahren: momenthafte Verwirklichung von Artauds Vision eines unreinen Kinos.

Hollywoods Surrealismus

Als überraschende Verunreinigung findet man die gelungensten Momente des surrealistischen Kinos denn auch ausgerechnet dort, wo sie gerade nicht hinzugehören scheinen. In Hollywood beispielsweise. Im November 1972 lud George Cukor zu einer Party für Luis Buñuel. Auf einem Foto sieht man den spanischen Regisseur zwischen Alfred Hitchcock, Robert Mulligan, William Wyler, Robert Wise, Billy Wilder, George Stevens, Rouben Mamoulian und natürlich dem Gastgeber George Cukor sitzen. Das Foto erinnert unweigerlich an die diversen Gruppenbilder der Surrealisten, und dies zu Recht. Tatsächlich hatte sich die surrealistische Bewegung längst auch im amerikanischen Kino fortgesetzt, und zwar nicht nur in so offensichtlicher Weise, wie in der eigens von Salvador Dalí gestalteten Traumsequenz in Hitchcocks Spellbound von 1945. Dieses berühmte Joint-Venture verbirgt die Verwandtschaften zwischen US-Kino und europäischem Surrealismus eher, als dass es sie klärt.

Die wirklich surrealistischen Momente bei Hitchcock findet man denn auch nicht in der besagten Traumsequenz, sondern an viel unscheinbareren und damit erstaunlicheren Orten: im so oft unterschätzten To Catch a Thief etwa, wenn die Millionärswitwe ihre Zigarette in einem Ei ausdrückt, in The Man Who Knew Too Much, wenn James Stewart im Laden eines Tierpräparators versehentlich seine Hand ins Maul des Tigers steckt oder wenn am Ende jener Straße, in welcher die Mutter von Marnie lebt, ein offensichtlich nur gemaltes Schiff zu sehen ist. Es sind Augenblicke dessen, was die Filmwissenschaftlerin Kristin Thompson «cinematic excess» nennt - Momente, deren Existenz sich nicht mehr durch die Handlung begründen lassen und in denen für einen Augenblick die narrative Logik des Films aussetzt: Zwischenfälle eines surrealen Un-Sinns.

Und ist die Summa von Hitchcocks amerikanischen Filmen, sein Meisterwerk North by Northwest, diese Geschichte um einen Werbefritzen, der mit einem Geheimagenten verwechselt wird, den es gar nicht gibt, nicht ein einziger surrealer Zwischenfall? Die eigenwillige Formulierung «schön wie das zufällige Zusammentreffen einer Nähmaschine und eines Regenschirms auf einem Seziertisch» aus Comte de Lautréamonts «Die Gesänge des Maldoror» hatten Breton und Co. einst zum Sinnspruch des Surrealismus erhoben. Hitchcock steht dem in nichts nach, wenn er Cary Grant in einer menschenleeren Wüste mit einem Insektenpulver versprühenden Flugzeug zusammentreffen lässt.

Die Filme des Master of Suspense sind indes längst nicht die einzigen, welche unter der Hand mit Surrealismus handeln. In Samuel Fullers Shock Corridor von 1963 tanzt die Verlobte des Protagonisten einen Striptease auf der Bühne. Doch die Kamerafahrt ihren Körper empor enthüllt statt eines Gesichts nur den Knäuel einer riesigen Federboa: ein zitterndes, flauschiges Etwas anstelle eines Kopfes, exakt so wie bei jenem unheimlichen Fabelwesen in Max Ernsts Bild «Die Einkleidung der Braut», wo auf einem nackten Frauenkörper ein gefiederter Tierkopf thront. Nicholas Ray kommt in Party Girl von 1958 auf die verquere Idee, einen abtrünnigen Gangster von seinem Boss während eines Banketts mit einem viel zu kleinen, goldenen Miniaturbaseballschläger totschlagen zu lassen. Das Surrealistische dieser Idee wird spätestens dann offensichtlich, wenn man sieht, wie drei Jahrzehnte später Brian de Palma diese Szene in The Untouchables kopiert: Den zu kleinen Baseballschläger hat de Palma durch einen richtigen ersetzt, damit aber auch jene grausig-surreale Absurdität getilgt, welche die Vorlage auszeichnet.

Niemand rechnet damit, in Richard Fleischers B-Movie Follow Me Quietly von 1949 den Imaginationen des Surrealismus zu begegnen. Doch wenn darin die Gesetzeshüter eine gesichtslose Puppe des Gesuchten herstellen, mit ihr zu sprechen beginnen und sie fotografieren, wähnt man sich unweigerlich in der Bildwelt von René Magritte. Auch die beiden Würfelspieler in Man Rays Les Mystères du Château de Dé von 1929 hatten keine Gesichter. Doch bei einem Genreregisseur wie Richard Fleischer wirkt so etwas sehr viel bedrohlicher - gerade weil wir uns meilenweit von der Avantgarde entfernt wähnen: «It gives me the creeps» sagen die Bullen angesichts ihres Puppen-Gegenübers ganz treffend. Erst im falschen Kontext, als Verunreinigung des Narrativs, bekommt die gesichtslose Puppe bei Richard Fleischer ihre unheimliche Qualität. Es ist dasselbe unheimliche Gefühl, welches auch die Besucher der ersten «Exposition Internationale du Surréalisme» gut zehn Jahre zuvor angesichts der dort ausgestellten merkwürdig ausstaffierten Schaufensterpuppen erlebt haben mussten. Fleischer schafft in seinem Film schließlich sogar das, wovon André Masson und Joseph Breitenbach

Follow Me Quietly (1949)
Regie: Richard Fleischer

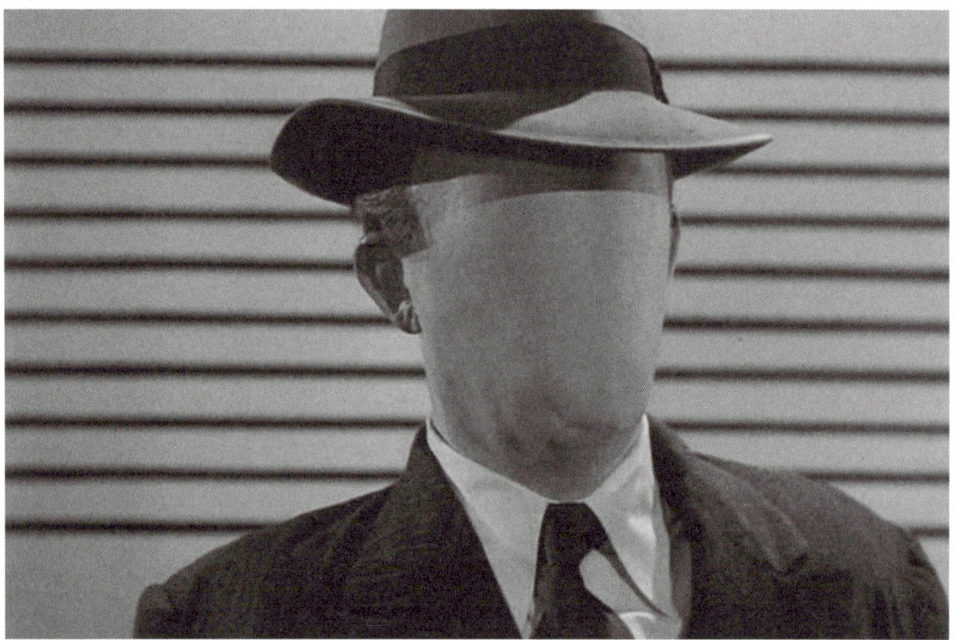

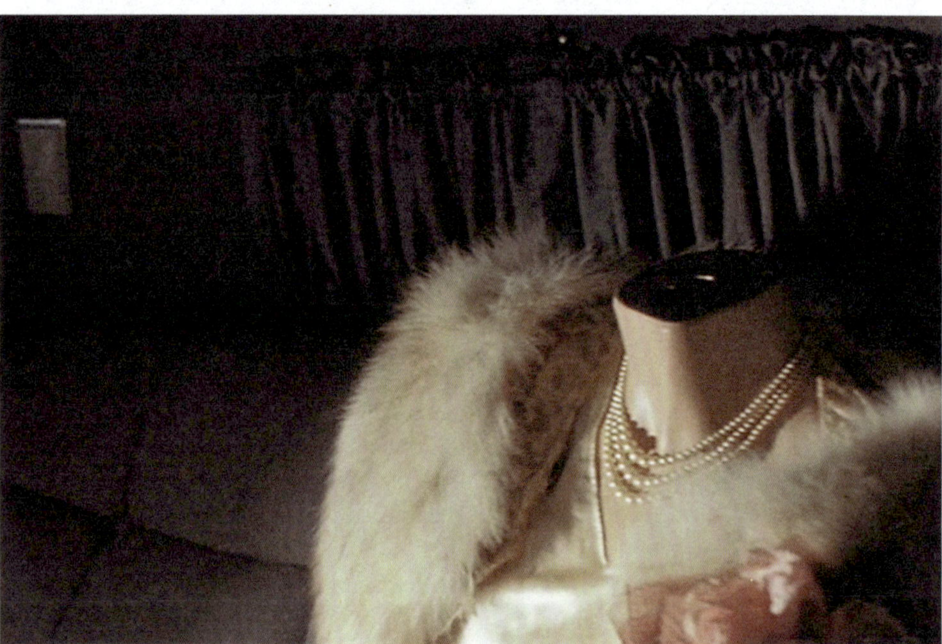

The Silence of the Lambs (1991)
Regie: Jonathan Demme

nur träumen konnten: In einer Szene beginnt sich die Puppe plötzlich zu bewegen. Sie ist nicht länger Double des Gesuchten, sondern dieser selbst.

Auf den Bildern Claude Cahuns sehen wir, wie die Künstlerin sich hinter Masken versteckt, wie sie sich selbst aus dem Bild herausschneidet. Im gänzlich vergessenen Melodram Portrait In Black von Michael Gordon können wir das Gleiche in actu sehen, wenn Anthony Quinn das Bild Lana Turners aus dem Spiegel schlägt. In Dario Argentos Profondo Rosso von 1975 zeigt uns eine Großaufnahme, wie aus einem Mund Wasser stürzt. Dasselbe Bild, 1929 von Jacques-André Boiffard gemacht, inspirierte Georges Bataille – zeitweilig Kompagnon und später Kontrahent von André Breton, – zu seinem Artikel über den Mund als «Öffnung tiefer körperlicher Triebkräfte». Die Coen-Brüder lassen für den Vorspann von Miller's Crossing einen Hut durch den Wald fliegen – so wie einst Hans Richter in Vormittagsspuk die Melonen.

Dalí, Warburg, Buffalo Bill und Harpo Marx

Wer hat bemerkt, dass Jonathan Demmes The Silence Of The Lambs seine beängstigende Wirkung nicht zuletzt daraus zieht, dass er extensiv surrealistische Bildmotive zitiert? Schon eine Szene ganz zu Beginn müsste einen warnen: Die Bilder von Tatorten und Leichen an der Bürowand des Profilers formieren sich exakt zu einem Bildatlas von Pathosformeln, wie sie der Kunsthistoriker Aby Warburg in seinen Mnemosyne-Tafeln angelegt hatte. In den Polizeifotografien und ihrem harrschen Realismus findet in Wahrheit der Surrealismus sein Nachleben: Leichenteile liegen auf der Erde wie Hans Bellmers geschändete Puppen im Wald. Und was die Protagonistin Clarice Starling im Lagerraum ihres grausamen Mentors Hannibal Lecter vorfindet – das altertümliche Auto mit der Puppe auf dem Rücksitz – ist nahezu eins zu eins der Wiedergänger jenes Autos, welches Salvador Dalí für die «Exposition Internationale du Surréalisme» in den Hof der Galerie Beaux-Arts parkiert hatte. Und wenn wir schließlich in den Folterkeller des Serienkillers Buffalo Bill steigen, wo sich dieser aus Menschenhaut einen neuen Körper zusammenschneidert, vollführt die Kamera mit nur einer eleganten Fahrt jenes Zusammentreffen, wovon Lautréamont dichtete: Vom Seziertisch, auf dem die Opfer Buffalo Bills seziert werden, gleitet die Kamera zur Nähmaschine, an welcher der Killer sitzt.

Diese Auflistung könnte man endlos weiterführen. Die skeptische Frage, ob all diese Zitate denn auch tatsächlich bewusst gesetzt worden sind, kann ob dieser Überfülle nicht ausbleiben. Doch die Frage ist falsch gestellt. Denn die surrealistische Verunreinigung schert sich nicht um die Intentionen des Kunstschaffenden. Je weniger er den überraschenden Moment bewusst anvisiert, umso eher trifft er ein. «Passiver Zuschauer des eigenen Werks», das ist Max Ernst zufolge die Rolle jener, die surrealistische Kunst machen - sie erfinden nicht, sie finden. So konnte die surrealistische Bewegung denn auch ohne weiteres Filmschaffende zu ihren Mitstreitenden zählen, die gar nichts vom Surrealismus wussten, nichts wissen konnten. Der französische Kinopionier Luis Feuillade hatte seine Filme um den Meisterverbrecher Fantômas bereits in den frühen Zehnerjahren des zwanzigsten Jahrhunderts gedreht. Die Surrealisten sahen in ihm gleichwohl einen der ihren, so wie auch im frühen Charlie Chaplin oder in Buster Keaton. Und wenn André Breton Harpo Marx in die Mitte einer seiner Collagen klebt, macht er aus dem Komiker einen zentralen Surrealisten. Auch gegen dessen Willen. Robert Desnos, welcher bereits in Eugène Atgets Fotografien der leeren Pariser Straßen den Surrealismus avant la lettre entdeckte, stellt 1930 für die Zeitschrift «Documents» eine Doppelseite mit dreißig Einzelbildern aus Sergej Eisensteins Generallinie zusammen. Die Standbilder scheinen es zu beweisen: Auch der russische Kinopionier muss Breton gelesen haben.

Im selben Jahr, da Breton sein erstes Manifest schreibt, setzt Busby Berkeley mit der Choreographie zu dem Musical Dames filmisch Vorstellungen um, welche die Pariser Avantgarde bereits wieder hinter sich lassen. Man muss sie gesehen haben, um die surrealen Metamorphosen zu glauben, welche Berkeley gelingen: Die Tänzerin Ruby Keeler erstarrt zu einem Bild im Spiegel, ihre Mittänzerinnen formieren sich zum Griff eines Handspiegels, den dann wiederum Ruby Keeler in die Hand nimmt. Was uns als die scheinbar radikalsten Gegensätze erscheint - europäische Avantgarde hier und Hollywood-Glamour dort - erweisen sich als Zwillinge. Davon schien auch der Surrealist Joseph Cornell überzeugt zu sein, als er sich 1936 das unscheinbare B-Movie East Of Borneo aneignete und die Szenen mit der Schauspielerin Rose Hobart zu einem neuen Film zusammensetzte, zu Rose Hobart, diesem legendären Wegbereiter des Found Footage Experimentalkinos, der heute berühmter ist als sein Ausgangsfilm. Die Avantgarde steckte schon immer in den Filmaufnahmen drin, man musste nur genau genug hinschauen.

Wahrscheinlich hatte René Clair Recht, als er meinte, der Surrealismus sei keine Schule für die Filmschaffenden, umso mehr aber eine fürs Filmpublikum. Doch zeigt sich darin nicht sein Scheitern, sondern sein absoluter Sieg. Der Surrealismus hat uns anders sehen gelernt. Er hat unsere Augen infiziert, und seitdem erblicken wir seine Spuren überall. Wir werden ihn nie mehr los. Noch immer reizen seine Verunreinigungen unsere Netzhaut und bestimmen unsere Wahrnehmung der Kinobilder. Der Schnitt des Rasiermessers ist nie verheilt.

Karlheinz Barck (Hg.): Surrealismus in Paris 1919–1939. Ein Lesebuch. Leipzig 1990.

Luis Buñuel: Mein letzter Seufzer. Erinnerungen. Königstein 1983.

Lewis Kachur: Displaying the Marvelous: Marcel Duchamp, Salvador Dalí, and Surrealist Exhibition Installations. Cambridge, MA 2001.

Centre Pompidou: La Subversion des images. Surréalisme, Photographie, Film. Paris 2009.

Robert Short: The Age of Gold – Surrealist Cinema. London 2003.

Kristin Thompson: «The Concept of Cinematic Excess» in: Cine-Tracts 2 (1977).

Thief (1981)
Regie: Michael Mann

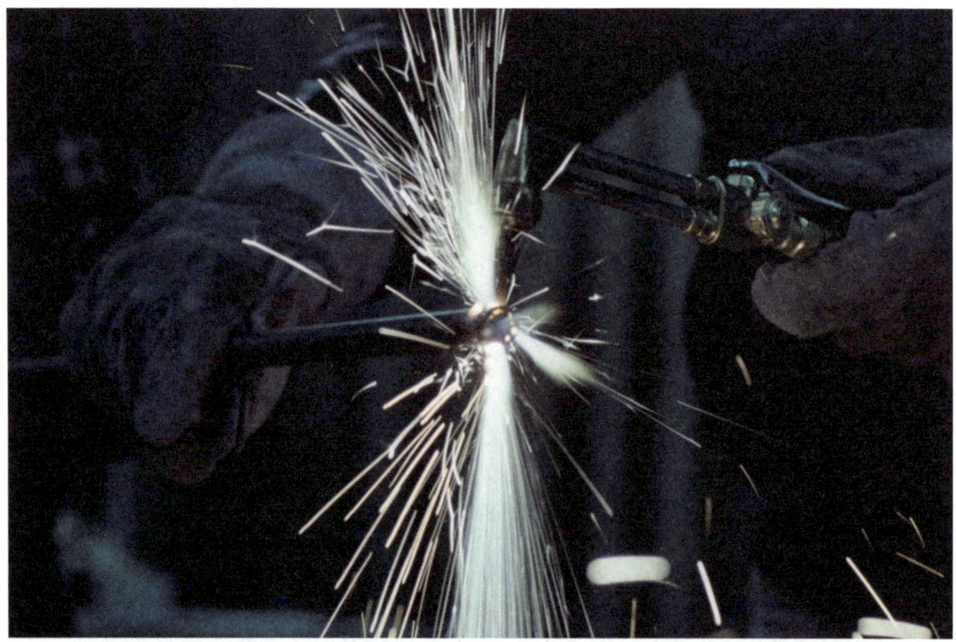

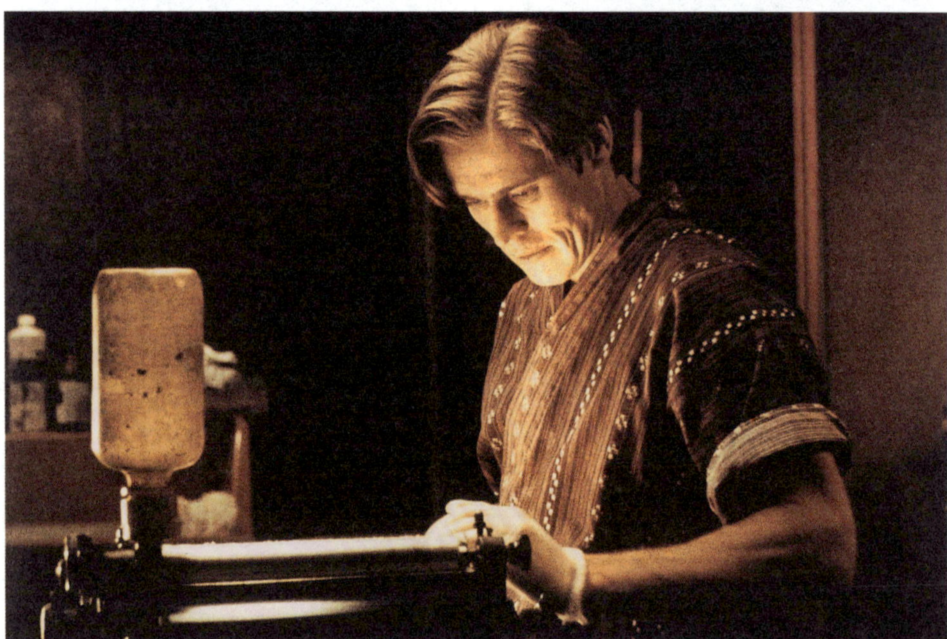

To Live and Die in L.A. (1985)
Regie: William Friedkin

Abgrund der Oberfläche

Das US-Kino der Achtzigerjahre

«If you want to know all about Andy Warhol, just look at the surface of my paintings and films and me, and there I am. There's nothing behind it.» Mit diesen berühmten Worten brachte der amerikanische Künstler Andy Warhol schon in den Sechzigerjahren sein künstlerisches Selbstverständnis auf den Punkt. Unbeabsichtigt und prophetisch formulierte er damit auch das Credo jenes Jahrzehnts, in dem Warhol endgültig zum Kunstunternehmer und seine Bilder zum allgegenwärtigen Innendekorationsstück werden sollten. Die von Andy Warhol zeitlebens zelebrierte Obsession für das Oberflächliche, für den äußerlichen Look und die Erscheinung, für den Stil ohne Tiefe – das ist es auch, weswegen die Achtzigerjahre und deren Lifestyle bis heute unter Verdacht stehen.

Tatsächlich aber verbirgt sich in Warhols Diktum eine subtile Pointe, die sich zeigt, je nachdem, wie man den Satz «There's nothing behind it» betont. Denn die Behauptung, dass hinter den Oberflächen weiter nichts stecke, lässt sich auch so lesen, dass hier nicht nichts steckt, sondern vielmehr das Nichts an sich, die pure Negativität. Es ist diese Zurschaustellung des Mangels, die «Präsenz der Absenz» – so hat die Kultur- und Literaturwissenschaftlerin Barbara Straumann in ihren Arbeiten zu Warhol dargelegt –, um die es dem Künstler in Wahrheit geht. In Warhols Ästhetik der Distanzierung und Verflüchtigung komme zum Vorschein, was sich eigentlich jeglicher Darstellung verweigert. In der mangelnden Tiefe der Kunstwerke zeigt sich der absolute Mangel, der Tod selbst, der unüberschreitbare und letztlich unvorstellbare Horizont aller Dinge.

Deck-Arten

Dementsprechend wäre auch für die Kultur und insbesondere das US-Kino der Achtzigerjahre eine ähnliche Verteidigung angebracht. Was wäre, wenn sich auch hier gerade im obsessiven Zelebrieren von Oberflächen eigentlich ein schauriger Abgrund öffnet, wie bei Warhol? Dazu passt jene furiose Szene, mit der William Friedkin in seinem Thriller to To Live and Die in L.A. den Antagonisten, den Falschmünzer Eric Masters, vorstellt. Wie Warhol mit seinen Serienbildern, dekonstruiert auch Masters den Kult des Originals: Die selbstgemalten Bilder zündet er an und betrachtet ihre Zerstörung. Seine wahren Kunstwerke hingegen sind die akribischen Siebdrucke von Dollarnoten, deren virtuose Herstellung die Kamera fasziniert dokumentiert. Warhol hatte auf seinem Gemälde «200 One Dollar Bills» das Geld noch als offensichtliche Reproduktionen ausgewiesen. Masters aber geht einen entscheidenden Schritt weiter: Seine Blüten sind perfekt. Das falsche Geld ist vom echten nicht mehr zu unterscheiden. Hier, wie überall im Film, existiert Echtheit nur noch als nostalgische Vorstellung. Auch der Mythos vom aufrechten Polizisten, wird man erkennen müssen, ist eine Blüte - die wahren Bullen erweisen sich allesamt als falsche Hunde. Keine Ehre mehr im Leib - *There's nothing behind it.*

Der Titel «The Real Eighties», unter dem 2013 das Filmmuseum in Wien eine groß angelegte Filmreihe zu den Achtzigern präsentierte, müsste man wohl komplett gegen den Strich lesen und das Reale im Titel gerade als jenen bodenlosen Bereich verstehen, der sich jenseits aller Vorstellungen und Symbolisierungen auftut. Im scheinbar so gefälligen Zelebrieren von Oberflächen, wie man es dem Kino der Achtzigerjahre vorwirft, zeigte sich demnach ein schonungsloser Wille, in jene schwindelerregende Leere des Realen zu starren, die hinter den Erscheinungen lauert.

Das ist denn auch die erschütternde Lektion, welche die neonglitzernden Nachtlandschaften in Ridley Scotts Blade Runner für den Privatdetektiv Deckard bereithalten. Deckard hat den Auftrag, entlaufene Roboter, sogenannte Replikanten, die exakt den menschlichen Vorbildern nachgebildet sind, aufzuspüren und zu vernichten. Doch so, wie den gejagten Replikanten ihre Künstlichkeit nicht anzusehen ist, droht umgekehrt der Jäger sich als bloßer Maschinenmensch zu entpuppen. Dabei ist es von besonderem Hintersinn, dass der Name des Detektivs an jenen des Philosophen René Descartes erinnert. Deckard ist jedoch gleichsam die Inversion des großen Denkers. Descartes hatte auf dem Zweifel an der Welt die ultimative Sicherheit des Subjekts gegründet. Wo man zweifeln kann, muss es doch immerhin noch den Zweifler geben. *Dubito ergo sum.* Für

Deckard indes ist das Subjekt selbst zum zweifelhaften Ding geworden. Die Menschen sind von ihren mechanischen Wiedergängern nicht mehr zu trennen, sie sind eingegangen in ein Universum der bloßen Täuschungen. So wie die Origami-Figuren, die einer von Deckards Kollegen bastelt, nicht Körper, sondern eigentlich nur gefaltete Flächen sind, so verschwindet letztlich auch Deckard restlos in den ihn umgebenden Schichten. Der Detektiv dringt mit seinen Investigationen nicht mehr in die Tiefe vor, sondern deckt nichts anderes auf als seine eigene Künstlichkeit, seine Oberflächlichkeit. Er ist selber nur ein Deck-Phänomen - eine Deck-Art.

Selbst das Happy End, das Ridley Scott auf Druck der Studios für die ursprüngliche Kinoversion drehen musste, konnte daran nichts ändern, sondern verstärkt paradoxerweiset noch die unbequemen Einsichten des Films. Denn in seiner penetranten Kitschigkeit erweist sich das Happy End erst recht als das, was es ist: eine schiere Deck-Phantasie, eine weitere gefälschte Oberfläche, hinter der Nichts ist.

Collage als Weltsicht und Prinzip

Dieser abgründigen Faszination für Oberflächen entsprechen denn auch Techniken und Verfahren, wie man sie in den Filmen der Achtzigerjahre antrifft und die nicht nur die Machart der Filme bestimmen, sondern mitunter auch in diesen selbst verhandelt werden. In Michael Manns Thief führt der titelgebende Einbrecher alles, wofür es sich zu leben lohnt, als Collage auf einem Blatt Papier bei sich. Die Collage ist sein Lebensentwurf, den er beim gemeinsamen Essen jener Frau vorzeigt, die er heiraten möchte. Aus Fotos und Zeitschriftenschnipseln hat sich der entwurzelte Berufsverbrecher seinen Traum von einer besseren Zukunft zusammengeklebt: eine Frau, noch ohne Gesicht, der Knastkumpel, große und kleine Kinder, ein Haus, ein Auto. Das Bild ist rührend in seiner Naivität - unbeholfen und fragil. So, wie auf der Collage die verschiedenen Schnipsel auf einer Fläche zusammenstoßen, sich zu einer platten Darstellung arrangieren, ahnt das Publikum schon, dass die hier vorgestellten Wünsche niemals plastisch werden können. So ist denn ausgerechnet in jenem Moment, in dem sich die Collage zu verwirklichen scheint und in dem aus der zweidimensionalen Vorstellung dreidimensionale Präsenz werden sollte, jener Augenblick gekommen, in dem sich alles auflöst. Die Collage kann nicht Wirklichkeit werden, sie muss Oberfläche bleiben. *There's nothing behind it.* Der Dieb ist zwar unbestrittener Meister darin, einzubrechen, einzudringen in Gebäude ebenso wie Tresore, mit Bohrern, deren Bewegung die Kamera aufnimmt, oder mit funkenspeiendem Feuer, von dem das Filmbild sich berieseln lässt. Doch alle diese scheinbaren Bewegungen ins Innere bleiben vergeblich. Jener letzte Coup, der es dem Dieb erlauben würde, sich endgültig vom Geschäft zurückzuziehen und die Collage seiner Wünsche zu verwirklichen, wird ihm verweigert. Mögen die Werkzeuge des Diebes auch in den Tresor eindringen, er selber bleibt dabei doch immer außen vor. Für den Dieb gibt es kein Innerhalb, keine Intimität jenseits der Oberflächen. Und wenn er am Ende doch noch jene Gangsterbosse besiegt, die ihn hintergangen haben, gelingt ihm das nur, wenn er eben jenen Traum aufgibt, für den zu kämpfen es sich überhaupt erst lohnt. Erst wenn der Dieb sein Auto und sein Haus anzündet, alle Freunde verloren hat und die Frau mit dem adoptierten Kind für immer fortschickt, wird er gewinnen können. Erst wenn er die Collage zerreißt und damit endgültig anerkennt, dass nichts dahinter war, erst dann hat der Dieb wieder eine Chance, eine Chance freilich, die nichts bringt: Errungen hat er nichts als das Nichts selbst, eine entleerte Existenz.

In einer Welt, die nur aus Imitationen besteht, führen Ausbrüche buchstäblich nirgends hin. Das sollte sich denn auch als die tragische Logik in der von Michael Mann produzierten Polizistenserie Miami Vice erweisen, dem großen TV-Ereignis der Achtziger. Folge für Folge, Season für Season endet mit einem Pyrrhussieg, der die Figuren nur immer rettungsloser ins Netz aus Tricks, Täuschungen und gefälschten Identitäten verstrickt. «I start to fall for the players», sagt der Undercover-Polizist Sonny Crocket in einer der Folgen. Er, der von Berufs wegen allen etwas vorspielt, geht selber den Täuschungen der Taschenspieler auf den Leim. Dabei erweist sich der Begriff «Undercover» als ironischer Kommentar: Unter dem

Cover ist gar nichts, hier gähnt die Leere. Zu Recht hat diese Serie so viel Aufhebens von Äußerlichkeiten gemacht, von den richtigen Schuhen und passenden Anzügen - als bloße Collagen-Subjekte sind die Personen von ihren Verkleidungen nicht zu trennen. Der verdeckte Ermittler ist mit der Verdeckung selbst identisch, in der Larve steckt seine ganze Persönlichkeit.

... und als Witz

Während bei Michael Mann die Collage zum tragischen Sinnbild für die Vergeblichkeit allen Tuns in einer platten Welt gewendet wird, nutzen andere Regisseure exakt dasselbe Collage-Prinzip für ihren anarchischen Witz. Wie der amerikanische Traum bei Michael Mann sind auch die Parodien des Filmemacher-Trios David Zucker, Jim Abrahams, Jerry Zucker nichts als bizarre Collagen, in denen die Versatzstücke, die Gesten und Formeln einzelner Kinogenres auseinandergeschnippelt und dann krude neu zusammengeklebt werden. Da wird das Szenenrepertoire des Katastrophenfilms zum irrwitzigen Brüller Airplane! umarrangiert, und ähnlich ergeht es dem Genre des Agentenfilms in Top Secret oder in Naked Gun dem Polizistenthriller. In der Collage-Technik selbst steckt bereits der ganze Witz dieser Filme: Sie setzen die vertrauten Einzelteile neu und falsch zusammen. Der Slapstick geht hier nicht von einer bestimmten Aktion der Figuren aus, sondern vielmehr von der Konstruktion des Films an sich. Oder anders gesagt: Bei Zucker, Abrahams, Zucker rutschen nicht die Figuren auf Bananenschalen aus, es ist der Film selbst, der konstant ins Rutschen gerät, indem er urplötzlich die Register, den Ton, das Genre wechselt.

Wenn in Airplane! der Pilot mit seiner Geliebten am Strand von der Brandung überschwemmt wird und danach in Algen und zähem Schmutzschaum liegt, ist das erst wirklich komisch, wenn man darin die Verballhornung jener ikonischen Strandszene aus Fred Zinnemanns From Here to Eternity erkennt. Und wenn während der Autofahrt von Offizier Rex Kramer die Landschaft im Hintergrund sich nicht nur als offensichtliche Rückprojektion zu erkennen gibt, sondern dort plötzlich eine Indianerhorde auftaucht, liegt der unwiderstehliche Reiz dieser Sequenz einzig darin, wie hier Techniken und Formeln des Kinos durcheinandergewirbelt werden. Wiederum ist auch hier die Pointe, dass sich hinter der artifiziellen Oberfläche des Films nichts verbirgt. Die Figuren bleiben bloße Puppen, so wie der aufblasbare Autopilot im Cockpit, statt dass sie Witze reißen, ist es der Film selbst, der an ihrer Stelle Faxen macht.

Selbstreflexion, Simulation

Offenkundig funktionieren damit die Filme von Zucker, Abrahams, Zucker auch als verspielte Metakommentare über das Kino und dessen Regeln. Dasselbe ließe sich vielleicht generell für die Filme der Achtzigerjahre sagen. Insofern diese Filme bewusst an der Oberfläche verbleiben, sind sie gleichsam zur Selbstreflexivität verdammt. Nicht umsonst bedeutet das Wort «Film» ja laut Wörterbuch Häutchen, Membran, Oberfläche. In den glänzenden Oberflächen, so könnte man sagen, spiegelt und erkennt sich das Medium unweigerlich als das, was es ist, eben nur Film, nur Schicht.

Niemand hat diese Selbstreflexivität des Kinos der Achtzigerjahre so radikal durchdacht wie der Regisseur Brian De Palma. Sein Verschwörungsthriller Blow Out um einen Tontechniker, der glaubt, versehentlich ein Attentat belauscht zu haben, ist vor allem eine Lektion in Kinotechnik. Wenn der Protagonist aus Zeitungsfotos von einem Autounfall eine Sequenz zusammenstückelt, die zu seinen Tonaufnahmen passt, praktiziert er damit nur das tägliche Handwerk eines jeden Synchrontechnikers. Umso paradoxer ist es, wenn er so den Beweis erbringen will, dass der Unfall in Wahrheit ein Mordanschlag war. Denn wie sollte etwas, das erst nachträglich fabriziert wurde, Beweiskraft haben?

Und wenn es tatsächlich möglich ist, mit Fingiertem die Wahrheit zu zeigen, wer kann dann noch garantieren, dass sich nicht umgekehrt die Wahrheit nur wieder als Fiktion erweist? Der Philosoph Jean Baudrillard hat dieses Dilemma unter den Begriff der «Simulation» gebracht: Simulation ist nicht zu verwechseln mit

Body Double (1984)
Regie: Brian De Palma

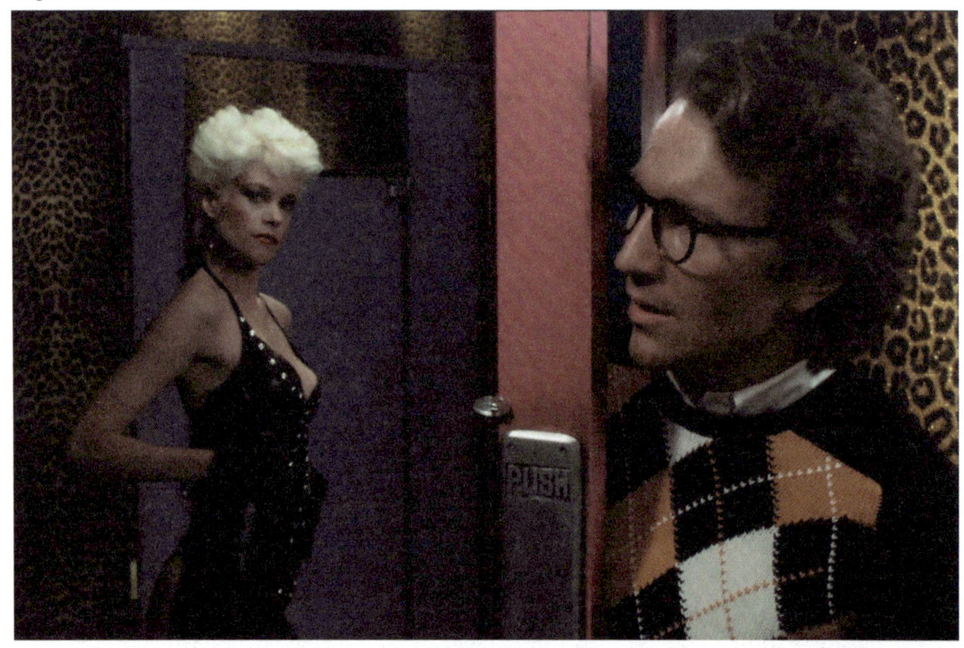

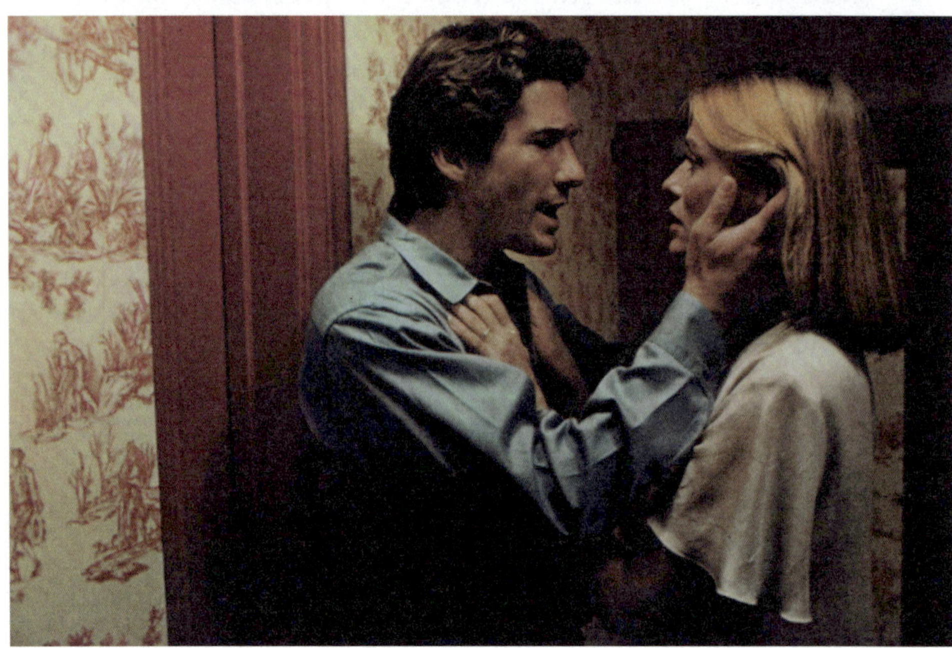

American Gigolo (1980)
Regie: Paul Schrader

Imitation, denn diese behält noch den Unterschied zwischen Original und Imitat bei. «Dagegen stellt die Simulation die Differenz zwischen «Wahrem» und «Falschem» (...) immer wieder in Frage. Ist ein Simulant, also jemand, der «wahre»Symptome produziert, krank oder nicht?» Wenn ein Simulant so weit geht, dass er tatsächlich Schweißausbrüche, Fieber, Schüttelfrost produziert, wie ist er dann noch von den sogenannt «echten» Kranken zu unterscheiden? Simulationen werden zu Originalen.

Bei Brian De Palma erweist sich so der Film als exemplarisches Medium der Simulation. Da den zweidimensionalen Kinobildern buchstäblich die Tiefe fehlt, wird es unmöglich, hier noch ein Davor von dem Dahinter zu unterscheiden. Die oberflächliche Camouflage ist vom dahinter Camouflierten nicht zu trennen. Im Zelluloid des Films finden wir - wie es bei Baudrillard heißt -, dass «die Realität selbst (...) mit ihrem eigenen Bild verschmolzen ist.» Im Film ist alles Simulation und damit alles zugleich wahr und falsch - mit extremen Konsequenzen: In <u>Blow Out</u> haben die fingierten Bilder echte Leichen zur Folge, während ein echter Todesschrei in einem fadenscheinigen Horrorstreifen als Soundeffekt verwendet wird.

In seinem verkannten Meisterwerk <u>Body Double</u> ist die Simulation noch totaler, Echtes und Gefälschtes noch perfekter zusammengeschmolzen: Die Figuren des Films sind allesamt Schauspieler, die zwar fortwährend aus der Rolle fallen, von denen man aber nicht wissen kann, ob sie nicht gerade dann nur wieder eine weitere Show abziehen. In einer Szene spielt der erfolglose Hollywood-Darsteller Jake Scully in einem Musikvideo zum Song «Relax» der Band Frankie Goes to Hollywood. Als er danach hinter die Kulissen geht, hat er dort Sex mit seiner Partnerin, und während die beiden - wie einst James Stewart und Kim Novak in Hitchcocks <u>Vertigo</u>, auf den De Palma explizit anspielt - ganz in ihrem Kuss und ihrer Lust versunken scheinen, zeigt sich plötzlich im Spiegel an der Tür das Drehteam eines Pornofilms. Jenseits des Sets, so muss das Publikum erkennen, geht das Schauspiel nur weiter. Hinter den Kulissen ist vor den Kulissen. Die Simulation macht keinen Unterschied zwischen On- und Off-Stage. So wie gespielter Film-Sex und «echter»

Porno-Koitus nicht mehr unterschieden werden können, so ist hier alles Künstliche auch echt und alles Echte immer nur *fake*. In diesem Zusammenhang ist denn auch der Filmtitel hochsignifikant: Mit dem Begriff «Body Double» verweist er auf jene gängige Filmpraxis, für Großaufnahmen bestimmter Körperteile nicht den tatsächlichen Star, sondern einen Ersatz, ein Körperdouble zu verwenden. Tatsächlich aber geht es in De Palmas Film gerade darum, zu zeigen, dass die Körperdoubles längst schon alles andere eliminiert haben. So etwas wie echte Körper gibt es nicht. Alle sind sie Body Doubles, Körpersimulationen, so wie die grausigen Aliens in Menschengestalt aus John Carpenters They Live.

Violence Is Only Skin Deep

Es ist wohl gerade diese grausige Erkenntnis, dass selbst Personen mit ihren Körpern nur bloße Body Doubles sind, Simulationen mit nichts dahinter, das einen dazu treibt, eben diese Körper zu öffnen, die Haut zu durchbohren, sei es in der Hoffnung, dabei doch noch zu so etwas wie Substanz vorzudringen, oder um sich endgültig zu vergewissern, dass die Hülle tatsächlich leer ist. In They Live genügt eine Röntgenbrille, um die blutige Fratze der Außerirdischen hinter der glatten Menschenhaut zu sehen. Der Attentäter aus Blow Out stranguliert seine Opfer mit einem Draht, der sich in den Hals einschneidet. Der Killer in Body Double muss noch weiter gehen: Er mordet mit dem Betonbohrer, dringt durch den Körper seines Opfers und noch durch den Fußboden hindurch, auf dem es liegt - je hermetischer die Oberfläche, umso extremer muss die Gewalt sein, um sie zu durchbrechen.

Es ist denn auch kein Zufall, dass sich die Romanfigur Patrick Bateman aus Bret Easton Ellis' berüchtigtem «American Psycho» obsessiv immer wieder Body Double aus der Videothek ausleiht. Der 1991 geschriebene Roman ist nichts weniger als *das* große und groteske Epos über die Achtzigerjahre in New York. Der Ich-Erzähler Bateman ist ein erfolgreicher Yuppie, dessen Existenz sich nur um die Frage dreht, was man anzieht und wohin man ausgeht. Seiner kompletten Oberflächlichkeit ist er sich dabei nur zu klar bewusst: «There is an idea of a Patrick Bateman, some kind of abstraction, but there is no real me», sagt er über sich selbst. Und als gelte es, diese Leere an persönlicher Substanz mit aller Gewalt zu füllen, macht sich der geschleckte Emporkömmling auf und bringt Menschen auf immer sadistischere Weise um. Seitenweise Auflistungen von Kleidermarken und schicken Clubs, pathetische Meditationen über Popmusik und leere Dialoge, in denen die Teilnehmer sich andauernd verwechseln, gehen unversehens über in die unerträglichsten Beschreibungen, wie Leiber erstochen, aufgebrochen, gehäutet, zerhackt und gar verspeist werden. Wenn beim Business-Lunch von Fusionen und Geschäftsübernahmen, von «mergers and acquisitions» gesprochen wird, missversteht Bateman das als «murder and excecutions». Von den brutalen Geschäftspraktiken ist es nur noch ein Schritt zu echtem Mord und Totschlag. Doch die verstörendste Pointe, die der Roman bereithält, ist die, dass all diese Morde vielleicht gar nie stattgefunden haben. Sie sind möglicherweise nur die verzweifelten Phantasien Batemans, seine vergeblichen Versuche, der absoluten Leere in und um ihn herum doch noch mit Gewalt etwas entgegenzusetzen: ein Pfund Fleisch, widerständiger Knochen. Doch da ist nichts. «THIS IS NOT AN EXIT», heißt es in Kapitälchen am Ende des Romans: Auch hier ist nichts dahinter, und das ist möglicherweise noch schrecklicher als sämtliche Greuel, die sich der Psychopath Bateman ausdenken kann. Aus einer leeren Insektenlarve kann nichts schlüpfen. Wo nur Haut ist, werden sämtliche Häutungen keinen Inhalt zutagefördern können.

Wahrscheinlich mussten die Achtzigerjahre erst zu Ende gehen, um einen derart radikalen Blick auf die Oberflächenbesessenheit des vergangenen Jahrzehnts zu ermöglichen. Doch mit dem Roman von Ellis im Kopf sieht man nachträglich, dass man auch schon in der Zeit deren Zeichen hätte lesen können: Wer etwa bemerkt, dass sich «American Psycho» offensichtlich an den Titel von Paul Schraders American Gigolo anlehnt, wird in der Rückschau diesen Film, der das Kino der Achtziger gleichsam eröffnete, anders sehen müssen. Auch wenn dessen Hauptfigur, der von Richard Gere gespielte Edel-Callboy

Julian Kay, vor jener Gewalt zurückschreckt, in der Bateman sich exzessiv suhlt - die beiden sind doch eigentlich ein und derselbe: gegenseitige Simulakren.

In den gleitenden Bewegungen von Schraders Kamera über Geres nackten Körper, über die Auslegeordnung von Anzügen und passenden Hemden wie auch durch die sterilen Einrichtungen der Luxusappartments findet man denselben Prozess wie in den detaillierten Beschreibungen bei Bret Easton Ellis. Die Gewalt in American Gigolo mag latent bleiben, aber gerade das macht sie extrem. Von der Latenz selbst, der bloßen Absenz, geht eine extremere Gewalt aus als von Patrick Bateman mit seinem Hackebeil. Die Gewalt der Latenz, die Gewalt der Leere mag nicht Personen töten, sondern will das Subjekt restlos auslöschen. In den merkwürdigen Kameraeinstellungen von American Gigolo sehen wir immer wieder: nichts. Sie zeigen uns eine Leere, die der Berliner Filmwissenschaftler Sulgi Lie als «Subjektivität ohne Subjekt» identifiziert hat. Was uns Schraders Bilder zeigen, ist der «körperlose Blick eines Nobody», verstörende Ansichten einer reinen Außenseite ohne Inhalt. Simulationen ohne die Spur des Originals.

Einer, der mit dieser Zurückgeworfenheit auf das Äußerliche bis zum Schluss gehadert hat und sich ihr schließlich doch nicht verweigern konnte, war Sam Fuller. Mit White Dog drehte er einen Film, der von der Verzweiflung darüber handelt, dass die Personen nur noch aus Haut bestehen. Der titelgebende weiße Hund, findet die junge Frau heraus, der er zuläuft, wurde von seinem früheren Besitzer darauf abgerichtet, alle Menschen mit schwarzer Haut sofort anzufallen. Der Hundetrainer Keys, selber ein Schwarzer, soll die Bestie umerziehen. Doch als ihm dies gelingt, geht der Hund nun auf die Weißen los. Das Tier bleibt rettungslos in die äußeren Erscheinungen verbissen - zähnefletschendes Sinnbild einer ganzen Zeit.

Hoffnungslos nostalgisch

Was aber tun jene, die Fullers Kraft nicht haben, «tapfer bei der Oberfläche stehen zu bleiben», wie es bei Nietzsche heißt? Sie flüchten sich in nostalgische Vorstellungen, dass es hinter dem Schein doch noch etwas anderes geben möge. Der Arzt Judah Rosenthal aus Woody Allens sagenhaftem Crimes and Misdemeanors etwa, der seine Geliebte umbringen lässt, nur um sein Ansehen zu wahren, zerbricht am Ende genau daran, dass ihm sein Unterfangen so gut geglückt ist. Verzweifelt und alleingelassen mit seiner geheimen Schuld, von der in dieser Welt des perfekten Scheins niemand etwas wissen will, sehnt sich Rosenthal zurück nach einem Gott, der hinter den Dingen steht. Dabei geht es ihm gar nicht mal darum, dass ihm verziehen werde, sondern nur darum, dass dieser Gott seine Schuld zumindest anerkennen möge. Weil Rosenthal die absolute Immanenz der perfekten Oberfläche nicht aushält, flüchtet er sich in die Transzendenz der Religion. Ein zürnender Gott, der einen schuldig spricht, ist immer noch besser auszuhalten als die erschütternde Einsicht, dass es Gott gar nicht gibt und mithin auch keine Moral, keine Schuld, keine Sühne, keinen Sinn.

Und wer sich nicht in einen neuen Glauben retten mag, der flieht zurück in den alten; der flieht in die Vergangenheit, als hinter den äußeren Erscheinungen noch etwas zumindest vermutet werden konnte. Ob das – neben der immer größeren kommerziellen Bedeutung von Teenagern als zahlungskräftigem Zielpublikum – nicht mit ein Grund war, warum der Highschool- und Collegefilm zum derart zentralen Genre der Achtziger werden sollte? Wehmütig erinnern wir uns jener Zeit an der Schwelle zum Erwachsenenleben, als man noch den Traum hatte, da draußen in der Welt warte etwas Echtes und nicht nur Simulationen über Simulationen. Sei es, dass man wie Walter in The Sure Thing von Rob Reiner vom ersten Mal phantasiert, sei es, dass man nur vom perfekten Streich träumt wie die Titelfigur in Ferris Bueller's Day Off von John Hughes – alle diese Jugendlichen glauben noch an das große Ding.

Doch werden nicht wenige und mit die besten Vertreter des Genres auch diese Nostalgie als bloße Schutzphantasie demontieren. Selbst der so heitere Fast Times at Ridgemont High von Amy Heckerling ist bei allem Witz auch erstaunlich nüchtern darin, wie er eine Generation porträtiert, für die es außer Träumen und Deckphantasien nichts zu gewinnen gibt.

Die Karriere des *senior student* Brad Hamilton führt ihn vom Burgerschuppen über den Piratenimbiss gerade mal zum Tankstellenshop, wo er sein Dasein als Verkäufer fristen wird. Und auch all die Mädchen und Jungs, die im Einkaufszentrum jobben, werden wohl auf immer dort bleiben. Auch für den ewig bekifften Jeff Spicoli wird sich in Zukunft nichts ändern, außer dass der Stoff, an dem er sich berauscht, härter wird. Noch tragischer aber ist das Schicksal des italoamerikanischen Jungen Sheik aus John Sayles' Baby It's You, der überzeugt ist, der neue Frank Sinatra zu werden. Doch der Größenwahn, der im College die anderen Schüler noch zu beeindrucken vermag, hält der Realität nicht stand: als Sheik aus der Schule fliegt, wäscht er Teller in einem Nachtclub in Florida, an den Wochenenden darf er Sinatra mimen – indem er zu dessen Platten stumm die Lippen bewegt. Wenn auch der Film in den Sechzigerjahren spielt, ist Sheik doch ganz eine Figur der Achtziger: Auch er ist ein Double, das es nie schaffen wird, ein Original zu werden, ist ein trauriger Simulant. Wenn er am Ende auf einer Klassenzusammenkunft mit seinem ehemaligen Schulschatz noch einmal zu «Strangers in the Night» tanzt, ist dies ein letzter nostalgischer Versuch, vom vollen Leben zu träumen und die bodenlose Leere, die die beiden da draußen erwartet, wenigstens einen Song lang aufzuschieben.

Auch Charles und Lulu, die zufällig aufeinanderstoßenden Hauptfiguren aus Jonathan Demmes grandiosem Something Wild, werden im Rahmen einer Highschool-Zusammenkunft versuchen, sich über die Sinnlosigkeit ihres jeweiligen Lebens hinwegzutäuschen. Er, der dröge Banker, kann an ihrer Seite so tun, als führe er jenes abenteuerliche Leben, vor dem er immer Angst hatte. Sie, die Entwurzelte, spielt an ihm jenen Traum vom heimeligen Liebesglück durch, den ihr der brutale Gatte verweigert hat. Dass der kriminelle Ehemann schließlich ebenfalls auf der Klassenzusammenkunft aufkreuzt, scheint eine Bedrohung dieser Romanze, in Wahrheit aber hält der Schurke sie am Leben. Als traumatische Figur der Vergangenheit ist auch er eigentlich ein willkommener Agent der Nostalgie. Denn nur so lange, wie er sich zwischen Lulu und Charles stellt, können diese sich noch Illusionen über eine gemeinsame Zukunft machen. Wenn sich aber am Ende die beiden, nun gänzlich befreit von allen Altlasten, auf der Straße gegenüberstehen, fragt man sich, ob es nicht gerade die Hindernisse waren, die die bittere Einsicht verhindert haben, dass sie beide gar nicht echt, sondern nur je des anderen Phantasie waren, oder genauer: deren Simulakren. Er hat den Wall-Street-Job an den Nagel gehängt und läuft nun im flippigen Outfit herum, sie hat umgekehrt ihren eigenwilligen Fummel gegen ein teures Deux-piece mit Hut getauscht. Die Rollen haben sich vertauscht, aber aus Hüllen bestehen die beiden nach wie vor. Das Dilemma der Simulation hält sie gefangen und mit ihnen das ganze US-Kino der Achtziger. This is not an exit!

Jean Baudrillard: Agonie des Realen. Berlin 1978.

Jean Baudrillard: Der symbolische Tausch und der Tod. München 1991.

Bret Easton Ellis: American Psycho. New York 1991.

Sulgi Lie: Die Außenseite des Films. Zur politischen Filmästhetik. Zürich 2012.

Friedrich Nietzsche: Die fröhliche Wissenschaft / Nachgelassene Fragmente. Berlin 1973.

Barbara Straumann: «Andy Wahrhol – Die selbstreflexive Diva» in: Elisabeth Bronfen und Barbara Straumann: Die Diva. Eine Geschichte der Bewunderung. München 2002.

Barbara Straumann: «exactly the same over and over again – Serialität und Wiederholung bei Andy Warhol» in: figurationen 2 (2003).

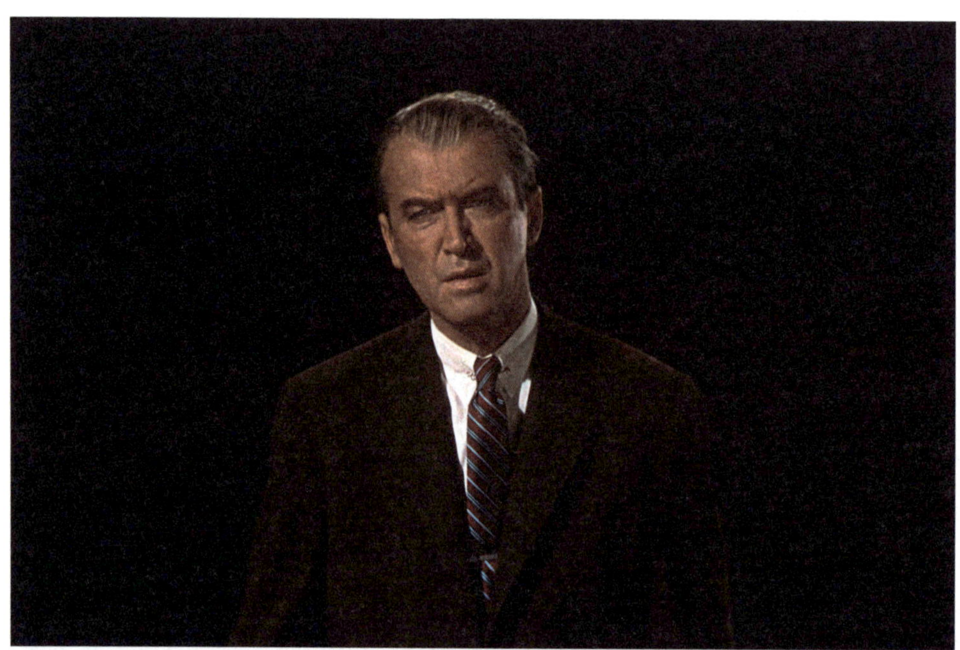

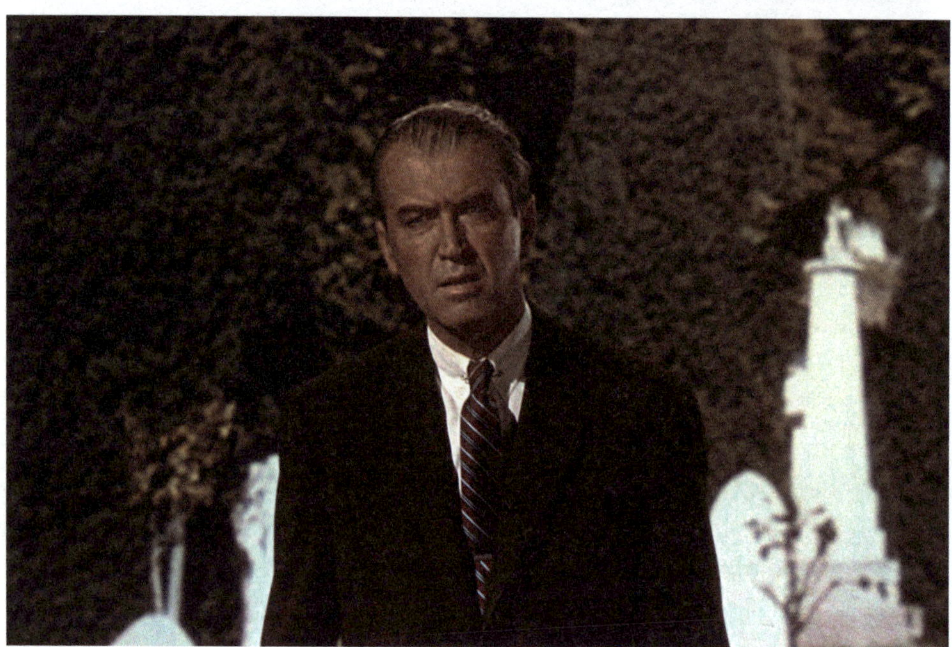

Vertigo (1958)
Regie: Alfred Hitchcock

Rück-Sicht auf Darstellbarkeit

Möglichkeiten der Rear Projection

Rear Projection, Rückprojektion oder auch Hintergrundprojektion – so nennt man in der Fachsprache des Films jenes alte Verfahren, um im Studio Außenaufnahmen zu simulieren. Anstatt sich in der realen Natur zu bewegen, agieren die Spielenden vor einer Leinwand, auf welche Landschaftsaufnahmen projiziert werden. Indem man nun die Personen filmt, wie sie sich vor dieser simulierten Landschaft bewegen, soll im fertigen Film der Eindruck erzeugt werden, sie befänden sich tatsächlich in jener freien Natur, die man im Hintergrund sieht. Entwickelt und beim Patentamt angemeldet hatte das Verfahren der deutsche Ingenieur und Erfinder Josef Behrens bereits in den späten Zehnerjahren des letzten Jahrhunderts und ließ es 1935 in einer für den Farbfilm verbesserten Version erneut patentieren. Die Technik sollte denn auch Furore machen, nicht nur in Behrens' Heimat, etwa in Fritz Langs Metropolis, sondern vor allem im klassischen Hollywoodkino, wo sie den Look einer ganzen Generation von Filmen prägte.

Wer kennt sie nicht, all jene Szenen, wo die Leute im Auto sitzen und man durchs Fenster die Häuserzeilen der Großstadt vorbeiziehen sieht, die offensichtlich nicht wirklich da, sondern nur eine Projektion, ein bloßer Abglanz der Realität sind. Neunmalkluge Zuschauende von heute grinsen gerne ob der Fadenscheinigkeit solcher Trickserei, und so gilt denn auch das Verfahren der Rear Projection bis heute als bloße Behelfsmäßigkeit, die man einzig dazu benutzte, um die Unwägbarkeiten des Wetters sowie den technischen und finanziellen Aufwand von Außenaufnahmen zu vermeiden. Hätten es die Filmschaffenden besser gekonnt, dann hätten sie es bestimmt anders gemacht – scheinen all jene überzeugt zu sein, die dem Medium Film per se Naturalismus unterstellen und die darum in der oft himmelschreienden Künstlichkeit der Rückprojektion nur einen Makel erkennen können.

Irritationen

Was aber, wenn die Rear Projection gar nicht realistisch erscheinen will, sondern vielmehr daraufhin zielt, mithilfe ihrer Künstlichkeit bewusst unsere Wahrnehmung zu irritieren? Die Rückprojektion wäre dann – wie in der treffend paradoxen Formulierung des Filmwissenschaftlers Sulgi Lie – eine «antiillusorische Illusionstechnik».

Instruktiv ist in diesem Zusammenhang ein Moment aus Alfred Hitchcocks Vertigo, in dem die Rückprojektion nicht bloß angewendet, sondern als technisches Verfahren erklärt wird. Der von James Stewart gespielte Privatdetektiv Scottie, traumatisiert vom gewaltsamen Tod jener Frau, die er hätte beschützen sollen, wird im Traum von bedrückenden Erinnerungen heimgesucht. In einem dieser Traumbilder sehen wir Scottie in Richtung der Kamera schreiten, während sich hinter ihm nichts als monochrome Schwärze auftut. Doch während Scottie im Dunkeln auf der Stelle zu treten scheint, wechselt unversehens der Hintergrund. Das monochrome Schwarz wird mit Filmaufnahmen jenes Friedhofs vertauscht, auf den Scottie einst seine Ermittlungen geführt haben. Wir sind zurück am Ort des Geschehens. Doch die Illusion bleibt fadenscheinig. Gerade weil die Umgebung erst verspätet, erst nachträglich «eingeblendet» wird, erkennen wir sie als das, was sie ja auch in Wahrheit ist, nicht physische Realität, sondern bloße Hintergrundprojektion. Dabei ist es ebenso stimmig wie sinnig, dass dieser Moment der Desillusionierung, in dem das Verfahren der Rückprojektion mitsamt seiner ganzen «Technizität» aufgedeckt wird, ausgerechnet in einer Traumsequenz zu finden ist. Denn der Rückprojektion war schon immer etwas Traumhaftes eigen, bereits da, wo sie vorgab, reale Natur zeigen zu wollen. Die Welt des Films, die an sich schon bloße Phantasie ist, wird durch das Verfahren der Rückprojektion nur noch traumartiger. So verändert denn auch diese Sequenz in Vertigo nachhaltig die Wahrnehmung des gesamten Films. Aufmerksam gemacht auf die Künstlichkeit dieser Rückprojektion, wird man nachträglich auch die frühere Szene des Films, auf die hier Bezug genommen wird, mit anderen Augen betrachten müssen, war doch auch diese schon mithilfe von Rear Projections gestaltet. Nicht nur dass wir der im Traum wiederkehrenden Erinnerung an jenen Moment auf dem Friedhof nicht trauen können, der erinnerte Moment selbst war nur eine Täuschung, nur eine aus Rückprojektionen gefertigte

Illusion. So ist es mithin, als ob dieser Traum in der Filmmitte den gesamten Film kontaminieren würde. Dass alles, was auf Scotties Albtraum folge, wahrscheinlich nur dessen Verlängerung sei, hat bereits der Filmemacher Chris Marker in seinen Notizen zu Vertigo überzeugend dargelegt. Tatsächlich aber scheint rückblickend auch das, was Scotties Traum vorausging, immer schon nur Traum gewesen zu sein. Denn die illusorischen Rückprojektionsbilder, wie sie den Traum auszeichnen, hatten von allem Anfang an, wenn auch weniger offensichtlich, den Film bestimmt.

Die Kehrseite der Bilder

Zu dieser Entsprechung von Filmtechnik und Traumzustand passt, dass sich der Begriff der Rear Projection wie eine eigenwillige Übersetzung eines Ausdrucks liest, den Sigmund Freud in seiner «Traumdeutung» verwendet. Man findet in Freuds Auflistung der für den Traum typischen Verfahrensweisen neben Begriffen wie «Verdichtung» und «Verschiebung» auch den schillernden Ausdruck «Rücksicht auf Darstellbarkeit». Damit meint Freud zunächst nur, dass der Traum nicht anders könne, als sich in Bildern darzustellen. Wie in den Bilderrätseln eines Rebus - so das von Freud verwendete Beispiel - verwandeln sich auch im Traum komplexe Vorstellungen in visuelles Material, das es wieder in Wortvorstellungen zurückzuübersetzen gelte.

Diese Bedingung, sich nur in Bildern ausdrücken zu können, mag einem als Beschränkung und Nachteil erscheinen. Statt dass sich die eigentliche Bedeutung des Traums unmittelbar mitteilen würde, finden wir diese immer nur verändert vor, entstellt. Was aber, wenn gerade erst durch diese Entstellung etwas Unerhörtes sichtbar gemacht und freigelegt wird? Was, wenn die Entstellungen des Traums eigentliche Ent-stellungen sind, Momente, in denen etwas offenbar wird, sich etwas unverstellt kundtut? Was also, wenn man «Rücksicht auf Darstellbarkeit» wortwörtlich liest, so wie Freud selbst verschiedentlich vorgeführt hat, dass Wörter immer genau und auf alle Nuancen hin zu lesen seien? Dann ließe sich «Rücksicht» nicht mehr nur als Rücksichtnahme, als Beschränkung verstehen, sondern wortwörtlich auch als eine Rück-Sicht, als ein verkehrter Blick, als Blick von hinten. «Rück-Sicht auf Darstellbarkeit» würde dann bedeuten, gleichsam hinter das Phänomen der Darstellung zu steigen, um sich die Kehrseite der Darstellbarkeit selbst anzuschauen.

Ein solches Hinter-die-Darstellung-steigen wäre vergleichbar mit dem, was man auf dem berühmten Barock-Gemälde «Las Meninas» von Diego Velázquez antrifft. Dort sieht man nicht nur eine Szene am Hof König Philipps IV. von Spanien, sondern auch Velázquez selbst, der diesen Moment malend festhält, ist mit auf diesem Bild. Darüber hinaus sieht man auch die Rückseite jener Leinwand, die er bemalt. Damit ist es, als würde dem Maler in diesem vieldiskutierten Meisterwerk gleichsam das paradoxe Unterfangen gelingen, im Bild über die Ränder des Bildes hinauszugehen: Die Rückseite der Leinwand, die ins Gemälde hineinragt, ist zugleich die Kehrseite eben jenes Gemäldes, das wir betrachten. Die Darstellung zeigt zugleich auch ihre eigene Rück-Sicht: die rückwärtige Sicht auf das, was Darstellbarkeit überhaupt erst ermöglicht, in Form jenes Gestells, auf dem die Leinwand aufgespannt ist.

So verstanden, wäre wiederum auch Freuds «Rück-Sicht auf Darstellbarkeit» alles andere als ein Mangel, sondern vielmehr ein Mehrwert des Traums: Nicht nur dass uns der Traum Bilder, Darstellungen vormacht – er liefert zugleich auch eine Reflexion über deren Funktionsweise. Der Traum ist somit, nicht trotz, sondern gerade in seinem Hang zum Visuellen, ein Erkenntnisinstrument, das erlaubt, innerhalb des Imaginären über das Imaginäre nachzudenken. Der Traum führt uns mit seiner «Rück-Sicht auf Darstellbarkeit» nicht nur die Bilder vor, die der psychische Apparat projiziert, sondern macht uns zugleich klar, dass sie nichts anderes als Projektionen sind. Die Illusionen sind zugleich auch deren eigene Analyse.

Und doch wäre es naiv anzunehmen, ein solch selbstreflexiver Blick hinter die Kulissen der Darstellung verschaffe dem Subjekt eine kritische Distanz zu den Bildern. Eher gilt umgekehrt, dass man sich so nur noch tiefer verstrickt. So, wie man sich in Velázquez' Bild immer stärker verliert, je mehr man hinter seine Leinwand zu blicken glaubt, so ist auch der Traum und mithin das Unbewusste nicht dadurch bezähmt, dass man seine Mechanismen erkennt.

Nicht umsonst steckt in der hier vorgeschlagenen Lesart von «Rück-Sicht auf Darstellbarkeit» ein räumliches Problem. Denn wo sollen sich die Betrachtenden befinden, wenn sie eine «Rück-Sicht auf Darstellbarkeit» einnehmen? Positionieren wir uns vor, innerhalb oder jenseits der Darstellung? Paradoxerweise befinden wir uns wohl an allen drei Orten zur selben Zeit. Das Unbewusste kenne kein Nein, heißt es bei Freud. Und das gilt auch für seine Räumlichkeit. Es ist überall und nirgends, vor, hinter und im Bild zugleich. Und die «Rück-Sicht auf Darstellbarkeit» zeigt nichts anderes als eben diese räumliche Omnipräsenz.

Neben sich

Genau solche «Rück-Sichten auf Darstellbarkeit» sind denn auch die Rückprojektionen in Vertigo. So wie sich in der Story des Films unablässig Täuschung und Realität zu jenem schwindelerregenden Taumel vermischen, von dem der Titel spricht, so sind auch die Bilder selbst allesamt doppeldeutig. Sie sind Entstellungen im zweifachen Sinn: Sie täuschen eine reale Umgebung vor, in der sich die Hauptfigur bewegt. Zugleich aber stellen sie durch ihre Künstlichkeit, durch ihre Gemachtheit klar, wie sehr dies alles nur eine Phantasie, nur der Traum der Hauptfigur ist.

In seinem späteren Film Marnie, wird Hitchcock sogar noch vehementer den psychischen Ausnahmezustand seiner Hauptfigur über die filmische Technik abbilden. Die offensichtlichen Rückprojektionen im Film, die die zeitgenössischen Kritik so peinlich berührten und als Beleg für Hitchcocks Antiquiertheit genommen wurden, entpuppen sich als perfektes Mittel, die Seelenzustände der Protagonistin darzulegen. So wie die merkwürdig verrutschten Rückprojektionen ist auch die Figur selbst nicht recht bei sich, ist aus den Fugen geraten. Über die Rückprojektionen spielen Hitchcocks Filme gleichsam ein doppeltes Spiel, wie Elisabeth Bronfen gezeigt hat: Wenn sich der Suspense bei ihm daraus ergibt, dass wir die

Verstricktheit der Figuren in ihre Illusionen nicht nur miterleben, sondern zugleich auch durchschauen, so erkennt das Kinopublikum auch die vom Regisseur verwendeten visuellen Tricks als Tricks und lässt sich trotzdem und gerade deswegen auf sie ein.

Diese buchstäblich hintergründigen Rückprojektionen bei Hitchcock greift denn auch François Truffaut in seiner Hitchcock-Hommage La mariée était en noir wieder auf: Wenn Jeanne Moreau als rachsüchtige Witwe im Zug zu ihrem nächsten Opfer reist, zeigt sich die Landschaft durch ihr Abteilfenster als offensichtlich fingiert. Doch was als Mangel an Realismus erscheint, ist zugleich ein Mehrwert an Charakterisierung: Die Rückprojektionen zeigen besser als jede wortreiche Erklärung, wie sehr sich die Protagonistin in ihrer ganz eigenen Welt befindet. So wie die Inszenierung sich nicht mehr nach der Realität richtet, so wird auch die Braut in Schwarz ihre Rachephantasie gegen alle Gesetze der Wahrscheinlichkeit verwirklichen.

Diesen Mehrwert der Rückprojektion, ihre Schieflage zwischen Darstellen und Entstellen, hat auch ein Filmemacher wie Hans-Jürgen Syberberg in seinen Filmen extensiv genutzt. Wenn in Ludwig – Requiem für einen jungfräulichen König von 1972 die Titelfigur in ihrer Schlittenkutsche durch den nächtlichen Wald fährt, sieht selbst das leichtgläubigste Publikum, dass es sich bei der verschneiten Landschaft im Hintergrund nur um ein projeziertes Bild auf einer Leinwand handelt, die man hinter dem Darsteller aufgespannt hat. Zu einer Zeit, da Außenaufnahmen längst kein Problem mehr sind und die Filmtechnik ungleich überzeugendere Tricks parat hätte, benutzt Syberberg das veraltete Verfahren offenbar ganz bewusst - nicht trotz, sondern gerade wegen seiner angeblichen Mängel. Indem die Rückprojektionen ihre Künstlichkeit aggressiv hervorkehren, machen sie klar, dass es Syberberg um etwas anderes als um eine naturalistische Darstellung geht. Statt die Figur konkret geografisch zu verorten, bringen die Rückprojektionen vielmehr eine Innenwelt zur Darstellung. So wie der Schauspieler optisch sich von der Rückprojektion abhebt, so ist auch die Figur, die er spielt, eine, die der Welt abhandengekommen ist. Isoliert und in den eigenen Phantasmen befangen, erleben wir Ludwig, den ewig tagträumenden

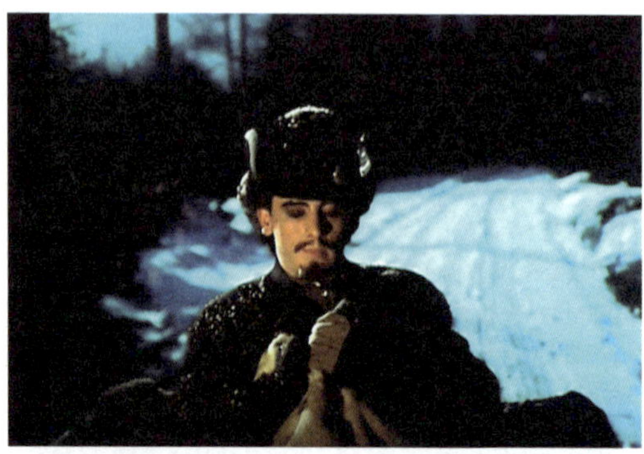

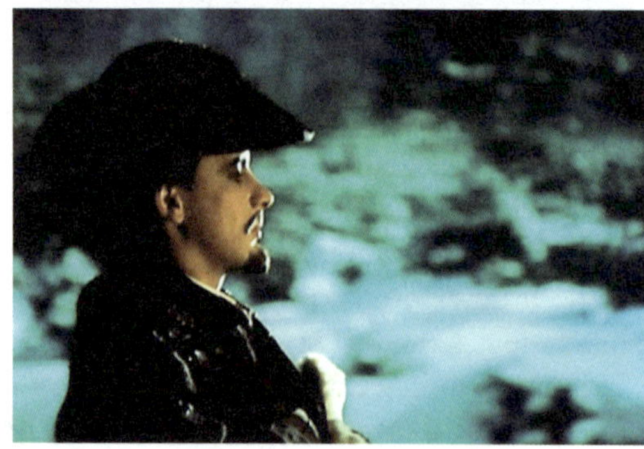

Ludwig – Requiem für einen jungfräulichen König (1972)
Regie: Vincente Minnelli

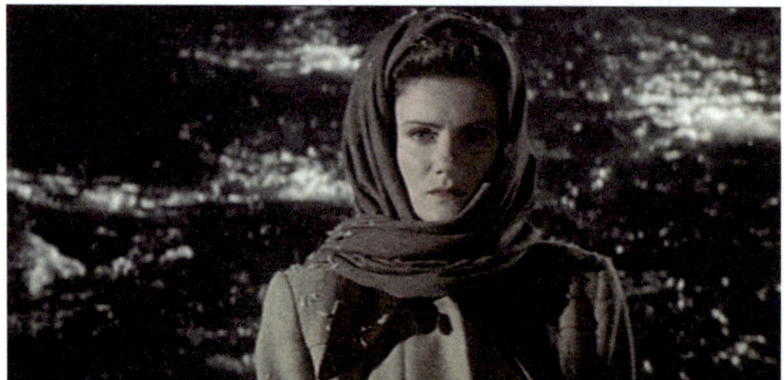

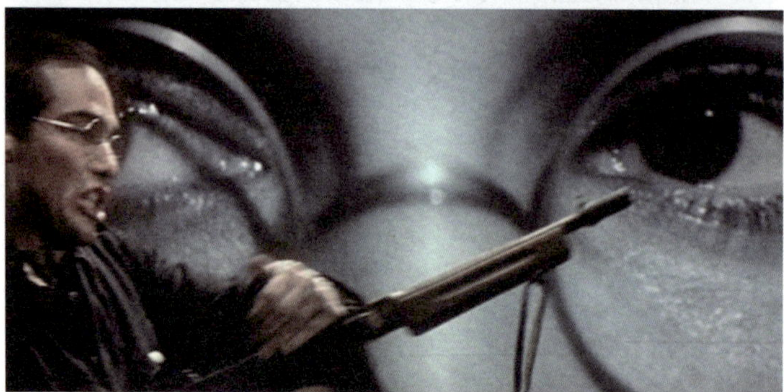

Europa (1991)
Regie: Lars vonTrier

König von Bayern, als gänzlich von seiner Umgebung losgelöst, im übertragenen ebenso wie im konkret optischen Sinne.

Ganz ähnlich hat in jüngerer Zeit Martin Scorsese am Anfang von Shutter Island Rückprojektionen (oder vielmehr deren modernes Äquivalent, die digitale Blue-Screen-Technik) verwendet, um damit das Wahnhafte der Situation anzudeuten. Wenn die Umgebung, in der sich der Protagonist bewegt, vollkommen künstlich erscheint, nimmt das nur den finalen Twist vorweg, dass die Hauptfigur immer schon psychotisch und ihre Welt nur ein paranoides Konstrukt war. Und Lars von Triers virtuoses Frühwerk Europa beginnt nicht nur mit der Stimme eines Hypnotiseurs, die ganze Inszenierung befindet sich in einem veränderten Bewusstseinszustand, mit ihrer hypnotisch immer sich in Kreisen bewegenden Kamera, vor allem aber mit den extrem stilisierten Rückprojektionen, die keinen Moment lang naturalistisch wirken wollen. Meistens sind in Europa Vordergrund und Rückprojektion sogar in unterschiedlichen Farbtönen gehalten, schwarzweiß das eine, farbig das andere: Sepia-braune Gesichter blicken in schwarzweiße Aussichten, und wenn sich im Schwarzweiß der Hintergrundprojektion ein Mann schneidet, leuchtet im Vordergrund grellrot sein Blut. Mitunter sind es nicht nur Aufnahmen der direkten räumlichen Umgebung, die als Rückprojektion gezeigt werden, sondern auch Detailaufnahmen, Texttafeln, mentale Bilder. Die Rückprojektion wird bei von Trier zum Stilmittel, das nicht mehr Kohärenz schafft, sondern vielmehr den Erzählraum konsequent aufbricht und erweitert.

Ohne Ausweg

Ist man erst einmal für die komplexe Aussagekraft der Rückprojektion sensibilisiert, wird man bald auch jene Filme anders anschauen, die dieses Verfahren scheinbar viel weniger reflektiert nutzen als Hitchcock, Syberberg, Truffaut, Scorsese, oder von Trier.

Auch ein B-Movie wie Edgar G. Ulmers legendärer road noir Detour erhält durch seine Rückprojektionen eine zusätzliche Bedeutungsebene zu. Die Hauptfigur, der verlumpte Barpianist Al

Roberts, verstrickt sich auf seinem Weg durch den Kontinent immer mehr in unglücklichen Zufällen, die am Ende seine ganze Existenz zerstören: Der Mann, der ihn im Wagen mitnimmt, stirbt bei einem Unfall. Als Roberts unter der Identität des Toten weiterfährt und einer Frau eine Mitfahrgelegenheit anbietet, erkennt diese den Wagen wieder und verdächtigt ihn des Mordes. Schließlich kommt auch diese Frau in einem bizarren Unfall ums Leben, und der vormals unbescholtene Roberts hat nun endgültig Blut an seinen Händen.

Die Reise quer durch Amerika, dieses sattsam bekannte Sinnbild für den optimistischen Fortschrittsgedanken der ganzen Nation, verkehrt sich in Detour zu einem ausweglosen Spießrutenlauf, der nur immer tiefer in den Schlamassel führt. Das einstmals offene Land, durch das Al Roberts vorstößt, hält keine Freiheit mehr bereit, keinen Platz mehr für den amerikanischen Traum vom Glück. Doch dass Al Roberts schon von allem Anfang an ein Gefangener ist, zeigt das Filmbild bereits: Die Landschaften, die an Roberts vorbeiziehen, sind nur Rückprojektionen. Der Mann ist umstellt von bloßen Leinwänden, die leere Straßen, einsame Motels und Tankstellen zeigen - es sind Landschaften, in die man nie wird flüchten können, weil sie nämlich nur als flaches Panoramabild existieren. Wo alles nur bloße Projektion auf einer Leinwand ist, gibt es keinen Horizont mehr, auf den man sich zubewegen, keinen Platz, an den man flüchten könnte. Statt sich auf dem Highway in ein besseres Leben zu befinden, ist Ulmers Protagonist in den perfiden Schlaufen eines Umwegs - Detour - gefangen. Aus dem mit Projektionsleinwänden verstellten falschen Leben gibt es kein Entrinnen. «No Way Out» - so hätte der Film auch heißen können.

Zweifellos war die Entscheidung, in Detour den weiten Westen nur als Rückprojektion aufscheinen zu lassen, weniger einer künstlerischen Überlegung geschuldet, sondern vielmehr ökonomisch bedingt durch das minimale Budget des Films. Und doch gibt das filmtechnische Verfahren diesem Film einen ganz eigenen und hintergründigen Dreh, und dies unabhängig davon, ob von der Regie bewusst intendiert oder nicht. So, wie sich in der «Rück-Sicht auf Darstellbarkeit» des Traums eine Mehrdeutigkeit des Unbewussten zeigt, über die das Bewusstsein des Träumers keine Kontrolle mehr hat, so besitzen auch die Hintergrundprojektionen im Kino eine Eigendynamik, die jeden Film mit Vieldeutigkeiten aufladen, egal ob gewollt oder nicht. Die Rückprojektion ist also kein neutrales Verfahren, sondern es vielmehr in sich selbst schon eine Aussage, die jeden Film, in dem sie auftaucht, kommentiert, differenziert, nicht selten gar subvertiert.

Ein besonders einprägsames Beispiel für letzteres ist etwa das glückliche Ende in Delmer Daves' Dark Passage, wenn Humphrey Bogart und Lauren Bacall in einem Lokal in Südamerika endlich glücklich vereint sind. Doch dieser schöne Schluss wird dadurch gestört, dass die exotische Aussicht nur das Bild auf einer Leinwand ist. Das Happy Ending existiert bloß als Vorstellung, nur als Projektion.

Ins Phantasma einsteigen

Diese subversive Ausdruckskraft des filmtechnischen Verfahrens gilt umso mehr, wenn es derart virtuos eingesetzt wird wie etwa in den Melodramen Douglas Sirks. Bei ihm wird die Rückprojektion immer wieder zum Emblem für die Gefangenheit seiner Figuren in künstlichen Welten. Die texanischen Ölfelder, die in Written on the Wind an der Windschutzscheibe von Dorothy Malones Wagen vorbeirasen, oder die idyllische Winterlandschaft, die man aus dem Fenster von Rock Hudsons Klause in All That Heaven Allows sieht, der Himmel, durch den die Flieger aus Battle Hymn oder The Tarnished Angels kreisen, und auch die exotische Inselwelt, durch die sich Zarah Leander in La Habanera kutschieren lässt - sie alle sind nur Rückprojektionen, es sind alles nur bloße «Imitationen des Lebens», wie im Titel von Sirks letztem Film.

In Sirks Magnificent Obsession können wir das Prinzip besonders präziose studieren: Da stellt ein reuig gewordener Playboy jener Frau nach, die er kurz zuvor zur Witwe gemacht hat. Bei einem Taxistand kommt es zum Disput. Die Frau will sich den Retterphantasien des aufdringlichen Mannes nicht fügen. Sie reißt sich los

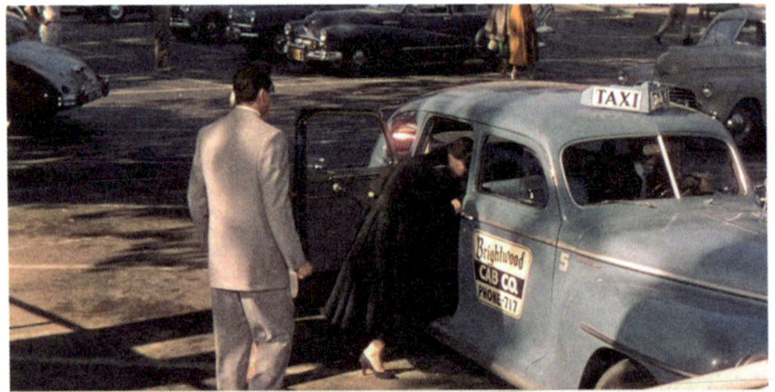

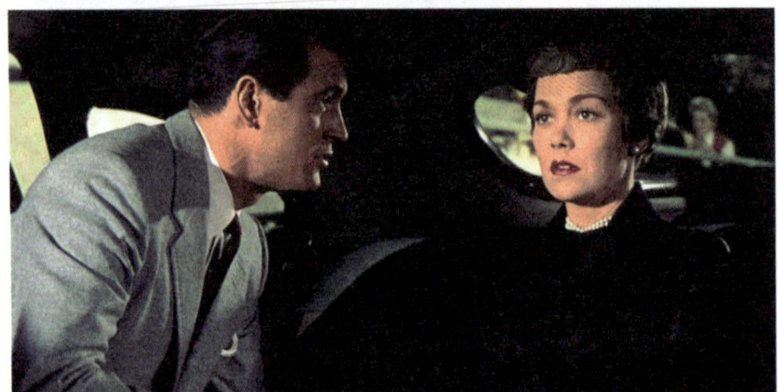

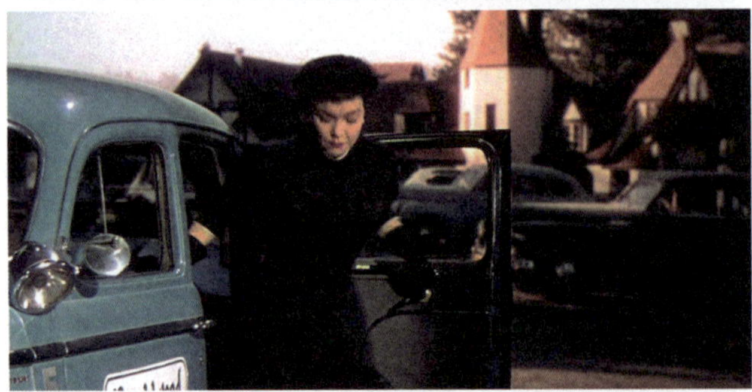

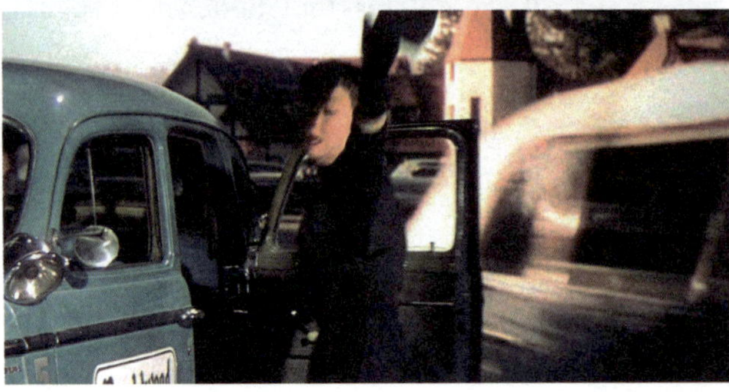

Magnificent Obsession (1954)
Regie: Douglas Sirk

und steigt in ein Taxi. Doch während der Moment, da die beiden ins Auto steigen, noch vor Ort, *on location,* gedreht worden ist, wurde dessen unmittelbare Fortsetzung im Taxi drin offenbar im Studio gefilmt: Der Mann folgt der Frau und bedrängt sie nun im Fond des Autos. Sie wehrt ihn ab und steigt auf der anderen Seite des Taxis wieder aus, zur Straße hin, wo sie von einem vorbeirasenden Wagen mitgerissen wird. Dieser Unfall ereignet sich mittels einer Rückprojektion. Was das Bild also vorführt, ist, wie die Frau vom realen Schauplatz on location ins Auto und von dort in die Studio-Illusion der Rückprojektion umsteigt.

Was ist geschehen: Die Welt wird verlassen, man flieht aus der unerträglichen Realität und man landet in deren Imitation. Damit aber wird diese Sequenz zu einem bösen Kommentar für den ganzen restlichen Film: Die Frau, die sich gegen den Mann wehrt, der in ihr nur ein Objekt sieht, das es zu beschützen und zu erobern gilt, verheddert sich schließlich doch fatal in dessen Phantasien. Oder anders gesagt: Indem sie aus dem Taxi in die Rückprojektion aussteigt, steigt sie in Wahrheit in seinen Traum ein. Sie begibt sich in ein Phantasieszenario, in dem der Mann sich nun endgültig als Retter und Liebhaber wird aufspielen können. Und so wird es weiter gehen: Wegen des Unfalls erblindet die Frau, der Mann aber wird sich ihrer annehmen, wird sie zunächst heimlich umsorgen, sie schließlich verführen und ihr am Ende gar das Augenlicht zurückschenken.

Was auf der Oberfläche dem Publikum als grandiose Liebesgeschichte verkauft werden soll, ist in Wahrheit eine Vergewaltigungsphantasie, in der der Mann die Frau restlos von sich abhängig macht. Wenn am Ende die Protagonistin wieder sehen kann, wird sie zu weinen anfangen. Es wäre naiv, dies einzig für Tränen des Glücks zu halten. Vielleicht weint die Figur auch deswegen, weil die Aussicht von ihrem Spitalfenster aus nur wieder Kulisse, nur wieder eine Rückprojektion ist, eine Fälschung, inszeniert und imaginiert von dem Mann, der sie nun vollends zur Gefangenen in seiner Scheinwelt gemacht hat. Immer fungieren in diesem Film die Rückprojektionen als «Rück-Sichten auf Darstellbarkeit» eines Alptraums, der sich so immer mehr selbst entlarvt. Sie sind nicht nur integraler Bestandteil des Traums, sondern weisen zugleich durch ihre Fadenscheinigkeit den Traum als solchen aus. Sie sind sowohl Teil der Konstruktion als auch Instrument der Dekonstruktion, doppelbödige Mittel der Ent-stellung.

Der Welt abhandengekommen

Unübertroffener Meister im Umgang mit Rückprojektionen als Mittel einer solch entlarvenden Ent-stellung ist indes Vincente Minnelli. Selten sind die Rückprojektionen so exaltiert, so offenkundig künstlich und dabei so tiefgründig und selbstreflexiv wie bei ihm.

The Clock von 1945 beispielsweise erzählt von einem jungen G. I. auf Wochenendurlaub in New York. Doch die große Stadt ist dem naiven Burschen suspekt, erst an der Hand von Judy Garland, die er im Bahnhof Penn Station trifft, wagt er sich hinaus zwischen die Hochhäuser. Im Bus und zu Fuß erkunden die beiden die Metropole, aber die Stadt wird immer Rückprojektion bleiben. Denn tatsächlich wurde der ganze Film auf dem Gelände der MGM-Filmstudios gedreht, und das wahre New York ist nur mittels Archivmaterial zu sehen. Die daraus sich ergebende Atmosphäre ist wundersam ambivalent: Zwar spielt New York in Minnellis Film eine regelrechte Hauptrolle und wird in zahlreichen, mitunter gar dokumentarisch anmutenden Szenen authentischer gezeigt als in manch anderen Filmen der Zeit. Und doch bleibt das Liebespaar in seiner eigenen Zweisamkeit aufgehoben wie in einer Blase. Die Stadt läuft als Rückprojektion an ihnen vorbei und sie selber bleiben so auch im dichtesten Menschengewühl immer bei sich. Die Liebenden sind der Welt abhandengekommen.

Dabei ist es von hübscher Ironie, dass die künstlich anmutenden Rückprojektionen mit den hier verwendeten Archivaufnahmen das eigentlich Authentischere zeigen, nämlich die Großstadt und ihre Betriebsamkeit. Die eigentliche Illusion hingegen spielt sich im Vordergrund ab, zwischen den Figuren.

Die Rückprojektionen funktionieren hier somit ähnlich wie das enge Zeitfenster, in dem der Film spielt und auf das bereits der Titel anspielt. Die begrenzte Zeit ebenso wie die Begrenzung durch die Wände, auf denen die Rückprojektionen abgespielt werden, schaffen erst den Rahmen, in dem sich die unwahrscheinliche Liebesgeschichte zwischen den beiden Hauptfiguren entwickeln kann. Nur innerhalb dieser engen Zeit- und Raumkapsel ist das Glück möglich. Und zugleich machen die Rückprojektionen klar, wie illusorisch dieses kurze Glück ist. «Das ist alles nur ein Traum. Genießt ihn, solange er dauert», sagt uns die Inszenierung, indem sie ihre eigene Künstlichkeit feiert und zugleich demontiert.

Don't shut me in!

Diese Spannung zwischen der Künstlichkeit als Versprechen und Desillusionierung prägt auch Minnellis The Bad and the Beautiful. Ein Film, der unentwegt und explizit seine eigene mediale Verfasstheit thematisiert, ist es doch ein Film über die Traumfabrik selbst. Es ist die Geschichte des ambitionierten Hollywood-Produzenten Jonathan Shields, gespielt von Kirk Douglas, und wie dieser mithilfe und später auf Kosten seiner Freunde im Filmgeschäft Karriere macht. Der Film ist ein Metakommentar über die Tätigkeit des Filmemachens an sich, in dessen Verlauf denn auch verschiedene Trickverfahren Hollywoods diskutiert und aufgedeckt werden. Gleichzeitig aber benutzt Minnelli für The Bad and the Beautiful eben jene Trickverfahren, die auf der Ebene der Story thematisiert und erklärt werden. Damit ergibt sich ein eigenartiger Doppeleffekt: Der Film scheint vorauszusetzen, dass wir uns auf seine Tricks einlassen, während er zugleich nichts anderes tut, als eben diese Tricks zu denunzieren und auseinander zu nehmen. Es ist dieser Doppeleffekt, welcher der Rückprojektion per se eigen ist, nämlich Darstellung und zugleich deren Subversion zu sein, zugleich Ansicht und Rück-Sicht.

Dieses Potenzial der Rückprojektion wird besonders radikal genutzt in einer Szene, in der die von Lana Turner verkörperte Schauspielerin Georgia ihren ersten Erfolg mit ihrem Produzenten und Geliebten feiern möchte. Als sie von der Premierenfeier ins Anwesen des Tycoons fährt, findet sie diesen zusammen mit einer anderen Frau. Schockiert vom wahren Wesen des Geliebten stürzt Lana Turner davon in ihr Auto, und was folgt, kulminiert in einer der zugleich artifiziellsten und beeindruckendsten Szenen in der Geschichte der Rear Projection. Die Situation ist mehr als ironisch. «Don't shut me out», flehte Lana Turner eben noch den Geliebten an, und tatsächlich wird sie ihren Willen kriegen. Denn als sie enttäuscht davonläuft, ist das nur scheinbar eine Flucht. In Wahrheit begibt sie sich vollständig in die trügerische Bildwelt des Produzenten und dessen Medium. Wenn durch die Scheiben ihres Wagens die Außenwelt als bloße Rückprojektion zu sehen ist, geht einem auf, dass sie eigentlich gar nicht davonfährt, sondern geradewegs in jenes Universum von Projektionen hineinsteuert, deren Maschinist Jonathan Shields ist.

Bei Hitchcock, Truffaut oder Syberberg ließen sich die Rückprojektionen noch klar als Projektionen des Seelenlebens der Figuren lesen. Bei Minnelli hingegen zeigt die Rückprojektion zwar auch den psychischen Ausnahmezustand der Figur, zugleich aber ist sie einfach sie selbst: ein Stück manipulative Filmtechnik, Teil jener Traumfabrik, vor der die Figur sich abzuwenden versucht. So scheint sich denn auch die Rückprojektionstechnik im Verlaufe dieser hysterischen Autofahrt gleichsam zu verselbständigen, sie geht über in ein bloßes Spiel von Licht und Schatten: *cinéma pur.*

Unzeitlich

Signifikant ist auch, wie Minnelli diese Sequenz enden lässt, nämlich mit einer Überblendung auf das Gesicht der sich erinnernden Lana Turner. So wird klar gemacht, dass es sich bei dem eben Gesehenen nur um eine bittere Reminiszenz handelt. Doch obwohl Lana Turners Figur ihre Erinnerung mit den Personen um sie herum zu teilen vorgibt, wendet sie sich in dieser Großaufnahme von ihnen ab und schaut nach hinten, dorthin, wo die Kamera steht. Von der Handlungslogik her gibt es keinen ersichtlichen Grund für diesen merkwürdigen Blick nach hinten – innerhalb der Bildlogik passt es aber umso mehr: Die Rear Projections, die wir eben gesehen haben, waren Rück-Sichten auch im zeitlichen Sinne. Der Blick richtet sich nach hinten, sowohl räumlich als auch zeitlich, auf vergangene Bilder im Rücken, von denen die Figuren nicht loskommen, in denen sie nach wie vor gefangen sind.

Die Technik der Rückprojektion, so hat Laura Mulvey argumentiert, schafft eine Art von doppelter Zeitlichkeit. Was im Hintergrund zu sehen ist, wurde zwangsläufig zu einem anderen Zeitpunkt aufgenommen als jetzt, da man dessen Wiederholung als Rear Projection filmt. Diese Verschränkung von divergierenden Zeiten und die damit einhergehende «temporal dislocation» scheint analog zu dem zu sein, was Freud die «Unzeitlichkeit» des Unbewussten genannt hat. So wie im Unbewussten und mithin auch im Traum vermeintlich Vergangenes immer wiederkehrt und sich neu aktualisiert, so schafft auch die Rear Projection eine Zeitschlaufe, aus der man nicht mehr hinausfindet. Die Figuren bleiben eingesperrt in der Unzeitlichkeit und Immanenz des Kinobildes, so wie Lana Turner auch in ihrem Auto nicht aus den Projektionen rauskommt. Es ist denn auch kein Wunder, wenn am Ende von The Bad and the Beautiful die drei Personen, die der skrupellose Produzent so schändlich hintergangen hat, nichts anderes tun können, als doch wieder gebannt seiner Stimme zu lauschen und sich wieder auf ihn einzulassen. So wie das Wissen um die Mechanismen des Traums nicht vor diesem schützt, sondern dessen Macht nur noch ausweitet, so gibt es auch aus der Traumfabrik kein Entkommen. «The End» steht auf der Leinwand - ein Hohn. Denn ein Ende kann es in den Zeit- und Raumschlaufen der Rückprojektion nicht geben.

Das entspricht exakt dem, was Gilles Deleuze in seinem Gespräch mit Claire Parnet als das Herausragende der von ihm so geliebten Filme Minnellis bezeichntete: «Minnelli hat erfunden, was ich eine echte Idee nennen möchte. Er beschäftigt sich mit der Frage: Was hat es eigentlich damit auf sich, wenn die Leute träumen? Nun, darüber ist natürlich schon viel gesagt worden. Aber Minnelli stellt eine ganz ungewöhnliche Frage, und er ist meines Wissens der Einzige, der sie so gestellt hat. Er fragt sich nämlich: Was bedeutet es, im Traum von jemand anders gefangen zu sein?»

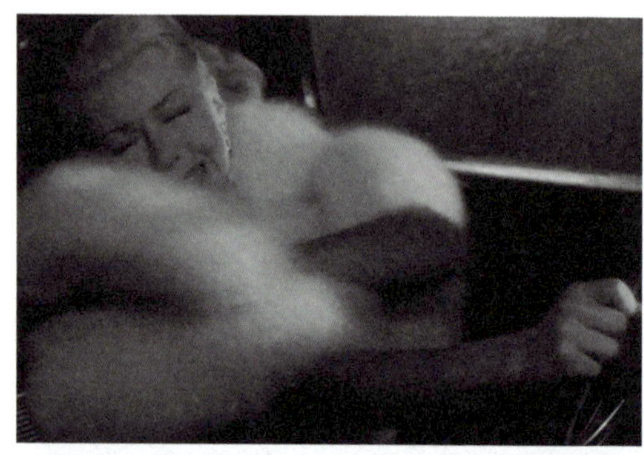

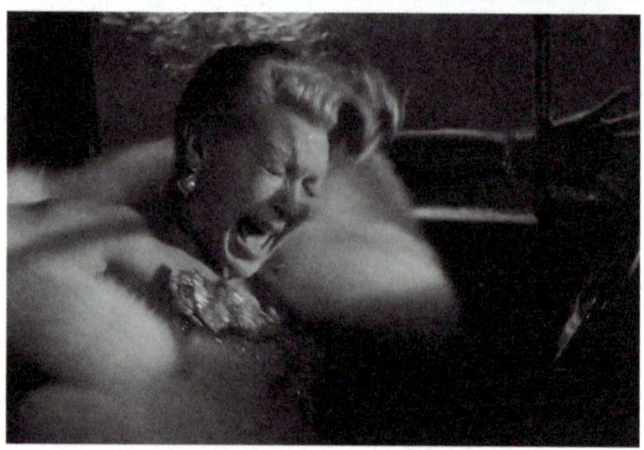

The Bad and
the Beautiful (1952)
Regie:
Vincente Minnelli

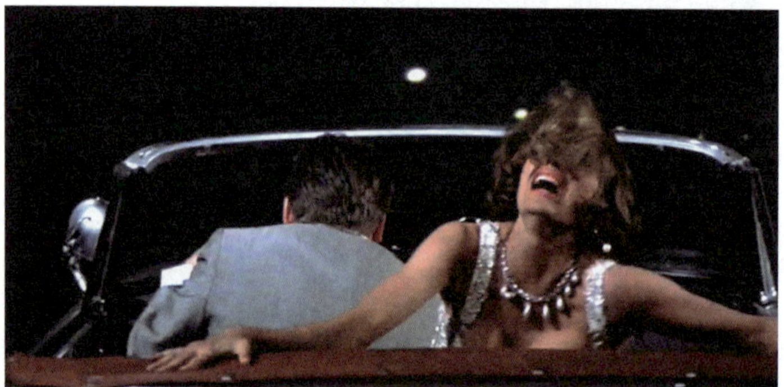

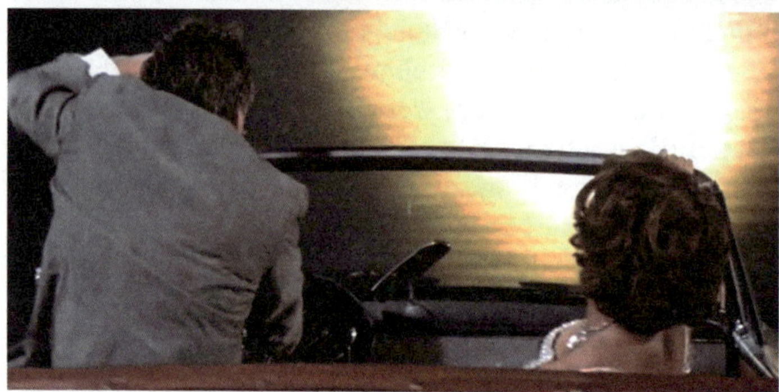

Two
Weeks in
Another
Town
(1962)
Regie:
Vincente
Minnelli

Gefangen zu sein in einem Traum, der nicht der eigene ist, sondern der Traum des Gegenübers - das ist exakt das, was auch die Psychoanalyse lehrt. Freuds berühmte Analogie vom Menschen, der nicht Herr im eigenen Haus ist, bedeutet nichts anderes, als dass auch der Traum und mithin das Unbewusste, das wir im Traum am Werk sehen, nicht wirklich dem Subjekt gehört. Vielmehr kommt dem Subjekt das Unbewusste von außen, vom anderen entgegen. Oder in Bezug auf den Traum gesagt: Gemäss der Psychoanalyse träumen wir nicht - es träumt uns.

Und tatsächlich scheint Minnelli - insbesondere mit seinen Rückprojektionen - genau dieses Dilemma treffend darzustellen. Das Unbewusste ist wie die Rückprojektion auf der Leinwand hinter dem Rücken der Figuren eine Repräsentation ihrer inneren Zustände und zugleich etwas ihnen ganz und gar Fremdes, Äußerliches, dem sie hilflos ausgesetzt sind. Der Psychoanalytiker Jacques Lacan hat dieses Dilemma in den treffenden Neologismus «Extimität» verkapselt: eine externe Intimität, das Innerste ist äußerlich und das Externe hochgradig intim.

Die letzte Grenze des Films

Zehn Jahre nach The Bad and the Beautiful erzählt Minnelli in Two Weeks in Another Town erneut die Geschichte der Gefangenschaft im extimen Traum des andern. Erneut spielt Kirk Douglas die Hauptrolle, wenn er auch hier nun nicht mehr den Produzenten, sondern den neurotischen Schauspieler Jeff darstellt.

Wenn dieser sich nostalgisch an seine früheren Erfolge erinnert, schaut er sich gar einen Ausschnitt aus The Bad and the Beautiful an, als Film im Film. Diese *Mise en abyme* ist auf ihre Art natürlich auch eine Rückprojektion: Ein Film von einst wird erneut projiziert, doch nicht etwa, um dadurch Distanz zur Vergangenheit zu schaffen, sondern vielmehr um zu zeigen, dass die Verstrickungen des früheren Films noch immer nicht gelöst, dass der Traum von einst noch immer nicht ausgeträumt ist. Entsprechend funktioniert denn auch der wahnwitzige Höhepunkt von Two Weeks in Another Town, wenn

Kirk Douglas, überwältigt von einer traumatischen Erinnerung an die Untreue seiner einstigen Gattin, mit dem Auto davonrast.

Offensichtlich zitiert Minnelli damit jene Szene mit Lana Turner aus dem Vorgängerfilm, und die zeitgenössische Kritik hat denn auch sehr schnippisch bemängelt, der Regisseur mache hier bloß dasselbe wie schon in The Bad and the Beautiful, nur farbiger, lauter und länger. Tatsächlich aber erleben wir vom früheren Film zu diesem nicht nur eine quantitative, sondern auch eine qualitative Steigerung: Wiederum haben wir eine Frau im Auto, die kreischend den Projektionen eines Mannes ausgesetzt ist, doch nun sitzt auch dieser selbst mit ihr im Wagen. Nicht nur, dass er seine Umgebung hilflos in seine Albträume verstrickt, er selbst ist nicht Herr dieses Traums, sondern auch nur dessen Spielball. Doch wenn er es nicht ist, der diesen Traum träumt, wer träumt ihn dann? Es träumt das Kino selbst.

«Jeff, we're in Rome! Not at the house on the hill!», versucht ihn seine Freundin zu erinnern. Aber sie hat natürlich Unrecht. Die Akteure befinden sich weder in Rom noch bei einem Haus in Kalifornien, sondern im unmöglichen Unort oder Abort des Traums, in einem Traum, den man nicht selbst träumt, sondern in dem man geträumt wird. Die Figuren sind nicht auf einer Straße von Rom, sondern im Studio vor einer Rückprojektionsleinwand.

«Racing down the hill, seeing that wall dead ahead!» ruft Jeff. Der Träumer versucht, in die Wand vor ihm zu fahren, was er anvisiert, ist der Tod – Dead ahead. Doch die Wand, auf die Kirk Douglas zusteuert, kann gar nie erreicht werden, eben weil sie nur als Rückprojektion auf der Wand existiert und der Wagen in Wahrheit gar nicht fährt.

Mehr noch: Diese «wall dead ahead» ist letztlich nichts anderes als die Kinoleinwand, vor welcher wir, das Publikum, sitzen und auf die jetzt gerade Two Weeks in Another Town projiziert wird. Es ist die Wand, auf der und dank der der Film überhaupt erst existieren kann. Sie zu durchbrechen, ist innerhalb eines Films nicht möglich, es sei denn, um den Preis, dass der Film aufhört und seine ganze Kinoapparatur zusammenbricht.

Und doch sind wir beim Betrachten dieser Szene immer schon jenseits dieser ultimativen Grenze des Kinos. Die aggressiv ausgestellte Unnatürlichkeit der Rückprojektionen, die nur noch Farbschlieren und Lichtblitze zeigen, vor denen sich das Auto um seine eigene Achse dreht, verunmöglicht es, die Darstellung für echt zu nehmen. Was wir sehen, ist nicht nur Darstellung, sondern bereits auch deren Kehrseite, die Rück-Sicht der Kinoleinwand.

Doch so wie das psychoanalytische Wissen um die Mechanismen der Traumarbeit vor den Träumen selbst nicht schützt, so verlieren auch Minnellis Bilder durch ihre Künstlichkeit nicht an Gewalt. Im Gegenteil. Gerade indem sie ihre eigene Konstruktion vehement bloßlegen, besiegeln die Traumbilder in einem letzten Kniff ihre Allmacht. So ist auch das Ende der Szene von einer grausamen Ironie: Der erschöpfte Kirk Douglas, dem Wahn scheinbar entronnen, rollt mit seinem Auto unter einem kleinen Wasserfall hindurch. Und wenn ihm das Wasser über das Gesicht rinnt, zeigt dieses tiefste Befriedigung. Statt die letzte Wand durchbrochen zu haben, badet die Filmfigur ihren Körper im Schleier des Wassers. Und auch diese Ansicht wird sich in einer letzten Überblendung wieder auflösen, wird von neuen Filmbildern über- und weggeschwemmt. Das Imaginäre wird nicht überwunden, man lässt sich von ihm überfluten. Die Kehrseite der Bilder zu beschauen, bedeutet nur, dass man sich schon gänzlich in ihnen drin befindet. Die Projektionen gehen weiter.

Elisabeth Bronfen: «Screening and Disclosing Fantasy: Rear Projection in Hitchcock» Screen 56, Nr. 1 (2015).

Sigmund Freud: Die Traumdeutung. London 1942.

Laura Mulvey: «A clumsy sublime» Film Quarterly 60, Nr. 3 (2007).

Claire Parnet: L'Abécédaire de Gilles Deleuze. Film (1988)

Sulgi Lie: Die Außenseite des Films. Zürich 2012.

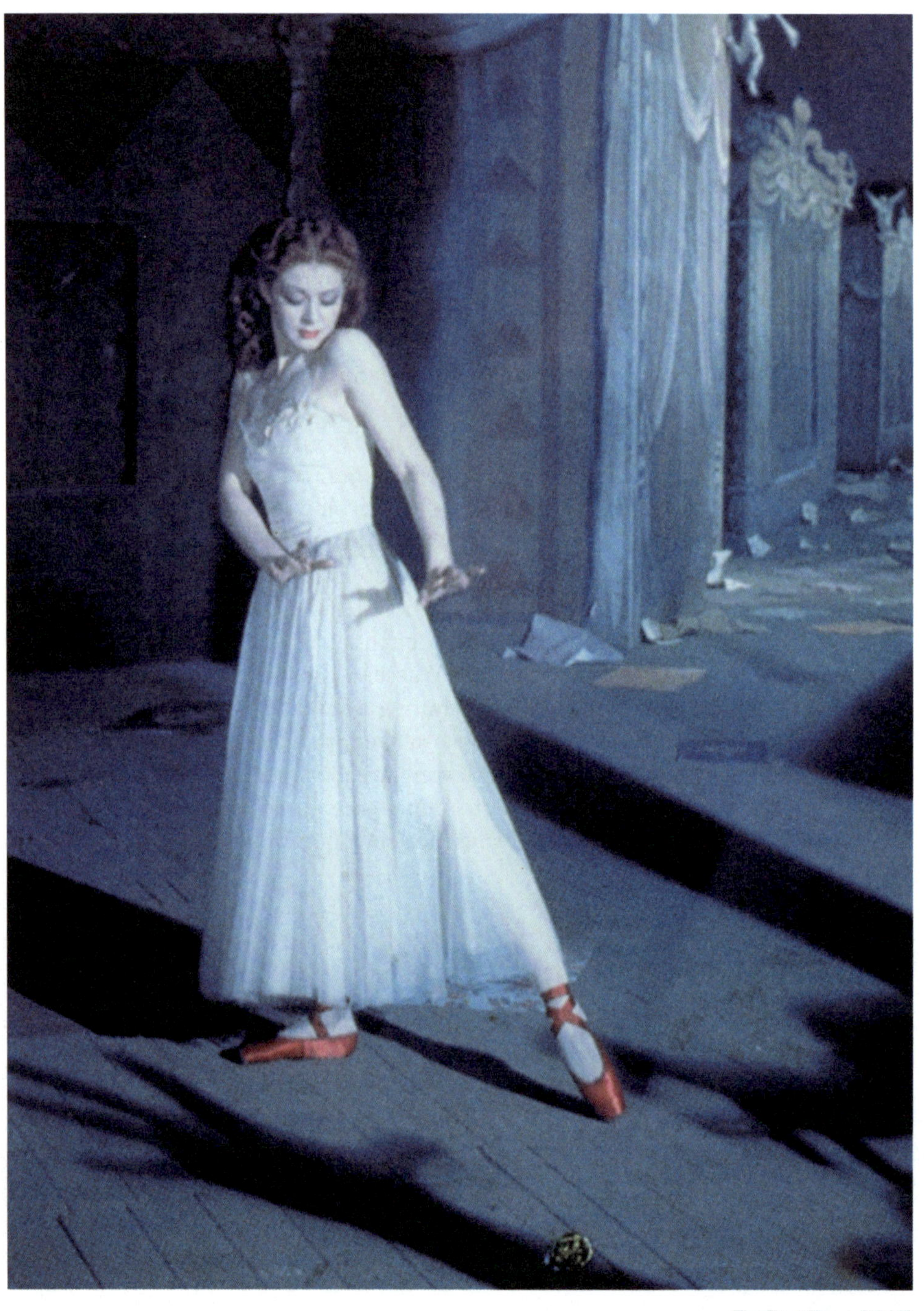

The Red Shoes (1948)
Regie: Michael Powell, Emeric Pressburger

Übernatürliche Farbe

Die Ästhetik von Technicolor

Filmplakate sind bekanntlich dazu da, das potenzielle Publikum zum Kinobesuch zu verführen, indem sie ihm ankündigen, welche Schauwerte es dort zu bewundern geben wird. Das ist auch beim Plakat zu Vincente Minnellis Revuefilm Ziegfeld Follies von 1945 nicht anders. «Greatest Production Since the Birth of Motion Pictures» steht da ganz unbescheiden geschrieben, und tatsächlich ist die daneben plazierte lange Liste der im Film auftretenden Stars mehr als beeindruckend: Fred Astaire, Lucille Ball, Judy Garland, Gene Kelly und William Powell gehören dazu.

An der Spitze der Liste aber, über allen thronend und in größeren Lettern als der Rest steht ein einziges Wort: *Technicolor®*. Die patentierte Farbtechnik, so macht die Werbung unmissverständlich klar, ist längst zum Status eines Superstars aufgestiegen. Nicht nur bewundern wir die Personen in Farbe, sondern auch und mehr noch die Farbigkeit des Films an sich, eine Situation, vergleichbar vielleicht mit dem Hype um 3D-Filme, die man sich vor allem aufgrund ihrer Bildtechnik und nicht wegen Stars oder Storys ansieht.

Kino war immer farbig

Technicolor war schon zu Lebzeiten ein Mythos und ist es bis heute geblieben. Ein Mythos mithin, ob dem zu vergessen gehen droht, dass das Kino seit seiner Geburt andauernd und auf unterschiedlichste Weise versucht hat, seine Bilder farbig zu machen. Eindrücklich zeigt dies das große Forschungsprojekt der Filmwissenschaftlerin Barbara Flückiger, die in der Online-Datenbank «Timeline of historical film colors» sämtliche Farbverfahren der Filmgeschichte vorstellt. Frühe Filmgeschichte erscheint hier als ein Ringen um die Farbe, von der monochromen Einfärbung über die Handkolorierung bis zu den unzähligen Farbtechniken, welche am Anfang des zwanzigsten Jahrhunderts miteinander konkurrieren, ehe dann 1935 mit Rouben Mamoulians Becky Sharp endlich der erste vollfarbige Technicolor-Film in die Kinos kommen sollte.

Schon neun Jahre zuvor hatte Douglas Fairbanks seinen Stummfilm The Black Pirate in einem früheren Technicolor-Verfahren gedreht, bei dem man noch zwei dünne Filmstreifen - der eine rot, der andere grün belichtet - übereinanderkleben musste, um durch Mischung Mehrfarbigkeit zu erzielen. Doch die verklebten Streifen dehnten sich vor der Lampe des Projektors unterschiedlich aus, und so musste für die anfallenden Notoperationen am lebenden Filmkörper in den Vorführkabinen immer technisches Personal von Technicolor sitzen. Die Farbe drohte den Film buchstäblich zu sprengen.

Kontrolle oder Entfesselung

Diese Unbändigkeit der Filmfarbe wird man zwar auf technischer Ebene und mit dem verbesserten Dreifarben-Technicolor-Verfahren zu zähmen lernen. Nicht wenige Filmschaffende aber haben die bessere Handhabung gerade dazu verwendet, die Filmfarbe endgültig zu entfesseln. Ihr extremer Umgang mit Farbe hat den Namen Technicolor zum Synonym für eine exaltierte Künstlichkeit des Kinos werden lassen. Das ist eigentlich ungerecht, war doch das Team um den Technicolor-Gründer Herbert T. Kalmus und dessen Gattin Natalie stolz darauf, besonders präzise Farbbilder zu liefern. Darum kriegte auch, wer in Technicolor drehte, von der Firma neben der Kameraapparatur auch gleich noch eine Farbberatung mitgeliefert. So figuriert beispielsweise Natalie Kalmus bis 1950, auch noch nach der Scheidung von ihrem Ehemann, prominent als «Technicolor Color Director» in den jeweiligen Filmcredits.

Die Arbeitsbezeichnung deutet schon an, dass es dabei um mehr ging, als bloß eine beratende Funktion einzunehmen. Vielmehr verlangte Kalmus, dass sich die gesamte Optik eines Films, von den Kostümen übers Make-up bis zum Set-Design, einem von ihr erarbeiteten Farbkonzept zu fügen hatte, welches natürliche Farbtöne bevorzugte und extreme Kolorierung nur punktuell zuließ. So fungierten die Color-Consultants von Technicolor als Garanten für Realismus - und stellten zugleich gerade das infrage. Denn wo man extra einen Aufpasser anstellen muss, kann es mit dem dabei entstehenden natürlichen Look nicht weit her sein. Dieselbe Paradoxie durchzieht denn auch den 1935 veröffentlichten Aufsatz «Colour

The Wizard of Oz (1939)
Regie: Victor Fleming

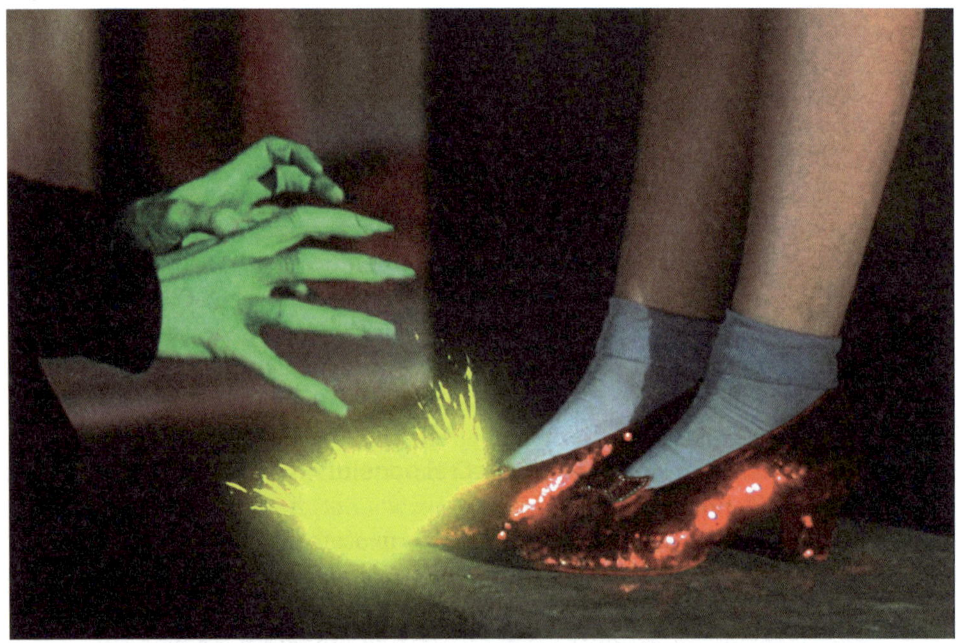

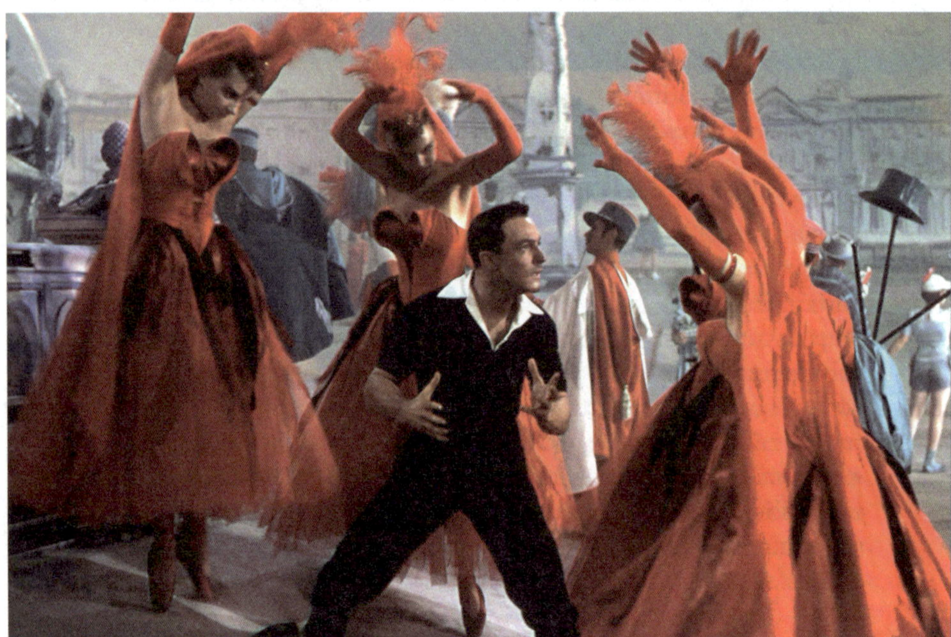

An American in Paris (1951)
Regie: Vincente Minnelli

Consciousness», in welchem Natalie Kalmus zwar behauptet, Ziel des Farbfilms sei die getreue Wiedergabe von «life and nature as it really is», danach aber einen regelrechten Katalog der Farbmetaphorik aufstellt. Realismus - ist daraus zu folgern - ist nicht etwas, was sich einfach ergibt, sondern muss hergestellt werden. «Realismus ist immer Neo-, Sur-, Super-, Hyper-», hat Frieda Grafe übers Sehen mit fotografischen Apparaten gesagt. Der natürliche Eindruck ist nie natürlich.

Technik-Farbe

Doch das ist ohnehin die Aporie des audiovisuellen Mediums: Statt Leben und Natur mimetisch wiederzugeben, wie dies Kalmus fordert, transformiert der Film sie zuallererst. Er kann technisch gar nicht anders. Dies umso mehr, wo man in Farbe dreht. Das macht uns schon der basale Aufbau der wuchtigen Technicolor-Kameras klar: In ihnen werden drei Filmstreifen gleichzeitig und durch verschiedene Filter belichtet. Die Buntheit dessen, was sich vor dem Objektiv befindet, wird also zuerst in drei Grundfarben zerlegt. Und erst aus diesen Einzelteilen wird man dann später, subtraktiv und gleichsam ex negativo, die einstige Vielfarbigkeit wieder zusammenmischen. Das, was am Ende auf der Leinwand strahlt, hat einen langwierigen Umwandlungsprozess hinter sich und entspricht bloß annäherungsweise der Realität. Kommt die Farbe in den Film, so immer nur verwandelt, übersetzt und zersetzt in chemischen Prozessen. So sagt denn auch der Name Technicolor mehr, als seinen Erfindern lieb ist: Filmfarbe ist kein natürliches Phänomen, sondern technisches Artefakt. Oder anders und euphorisch formuliert: Technicolor ist nicht natürlich, sondern *übernatürlich*.

The Wizard of Oz von Victor Fleming (1939) führt diese Übernatürlichkeit von Technicolor exemplarisch vor. Wenn das Mädchen Dorothy mitsamt seinem Haus aus dem tristen Alltag ins Zauberland fortgewirbelt wird, ist das auch eine Reise in die unbändige Farbe. Die triste Landschaft von Kansas ist braun monochrom, die Traumwelt aber funkelt bunt, wo Seen nur Schwimmbecken und die Blumen aus Plastik sind. Assoziert man Grün gemeinhin mit Natur, so kennt man es hier vornehmlich als Gesichtsfarbe der bösen Hexe des Westens. So wie das Kinopublikum der 1930er-Jahre Technicolor als neues Phänomen bewundert, so geht es auch Dorothy in Oz. Auch sie sieht Farbe als das, was sie im und durch das Medium des Films geworden ist: eine wundersame Anomalie. Sie habe noch nie so ein Pferd gesehen, meint sie zu ihrem Kutscher, und tatsächlich ändert dessen Gaul von Einstellung zu Einstellung die Farbe, von weiß zu violett zu rot zu gelb. Mit dem Ausdruck «a horse of a different colour» bringt man im Amerikanischen einen Irrtum zum Ausdruck: etwas ist ganz anders, als man es zunächst eingeschätzt hat. Der Film illustriert diese Redewendung gleich doppelt, er nimmt sie wörtlich und zeigt damit zugleich, dass auch die Erwartung, mit Farbe nähere sich der Film unserem Alltag an, nur eine Fehleinschätzung war. «Die Filmemacher haben sich auf die Farbe gestürzt, um vom Realismus des Kinos wegzukommen, und nicht um ihn durch realitätsnahe Farben noch zu konsolidieren», hat demgegen Frieda Grafe so treffend formuliert.

Farbe löst sich, sie tanzt

So gesehen, ist es also durchaus sinnig, wenn bis heute ausgerechnet jene Filme unsere Vorstellung von Technicolor prägen, welche sich an die restriktiven Richtlinien der Herstellerfirma gerade nicht gehalten haben. Er habe es Natalie Kalmus nie recht machen können, hat Vincente Minnelli einmal gesagt. Doch er hat in seinen Exzessen die grenzenlosen Möglichkeiten der Filmfarbe vielleicht besser verstanden als die Hüterin von Technicolor selbst. In Ziegfeld Follies sind die Sets der einzelnen Sing- und Tanznummern extremste Abstraktionen, die ihre Künstlichkeit unentwegt und offensiv zur Schau stellen. Die U-Bahn ist nur ein gelber Paravent, vor dem die Passagiere sitzen, der Himmel eine blau getünchte Wand mit aufgemalten dunkelblauen Schlieren anstelle von Vögeln. In der Realität nehmen wir Farbe als natürliche Eigenschaft der Dinge wahr. Bei Minnelli jedoch lösen sich die Farbhüllen von den Objekten und verselbständigen sich. Es ist gerade dieses Eigenleben der Farbe, welches uns begeistert. «I got shine on my shoes!» jubelt Fred Astaire in The Band Wagon und meint damit auch den Glanz von Technicolor. Auch An American in Paris, obwohl vorgeblich im realen Paris spielend, zelebriert diese Souveränität der Farbe. Es ist nicht umsonst ein Film über die Kunst, mit lauter Kunstmachenden als Hauptfiguren. Und so sind auch die Farben des Films Kunstfarben.

In der epochemachenden Schlussnummer wirbelt Gene Kelly als amerikanischer Jungkünstler Jerry Mulligan durchs Bildinventar des französischen Impressionismus und dessen Nachwirkungen. Minnelli, der selber einst davon geträumt hatte, Maler zu werden, zitiert hier die Grafiken von Toulouse-Lautrec und animiert sie zu Tanzsequenzen, während das Laub auf den Bäumen aussieht, als sei es von Henri Rousseau gemalt. Und doch wäre es zu simpel, darin einzig eine Hommage an die französischen Meister zu sehen. Denn mehr noch als die europäische Malerei in der zweiten Hälfte des neunzehnten Jahrhunderts feiert der Film seine eigene Farbigkeit, die neue Kunst des amerikanischen Technicolor-Films.

Paris aus Hollywood

Verglichen mit der gewaltsamen Intensität der Chemiefarbe sieht die Palette der europäischen Malerei nur noch lau aus. Die Bilder, welche Jerry im Stile des Impressionismus malt, sind weit weniger beeindruckend als die grelle Cinzano-Werbung an der Litfasssäule im Hintergund, wenn er mit den Kindern des Quartiers tanzt. Die Revolution der amerikanischen Pop-Art kündigt sich überall schon an. Nicht der europäischen Ölmalerei, sondern den amerikanischen Chemiefarben, wie sie auch der Film anwendet, gehört die Zukunft. Einmal sehen wir Jerry, wie er die Pariser Oper malt. Doch das Sujet existiert nur als Rückprojektion, als Film im Film. Das sagt alles. Jerry malt nicht nach der Natur, sondern nach dem Kino. Das Technicolor-Bild wird zur Referenzgröße, an der man sich orientiert. So erweist der mit US-Filmfarben malende Minnelli zwar den Meistern aus der alten Welt Reverenz, doch nur um sie sogleich zu überbieten. Wenn bei dem von ihm so verehrten Cézanne die Landschaft in Farbflecken zu zerfallen droht, löst sich bei Minnelli die ganz Welt im farbigen Licht auf. Gene Kelly und Leslie Caron tanzen miteinander vor einem Hintergrund, der alsbald alle Konturen verliert und zu monochromen Nebelschwaden zerfließt. Die Freisetzung der Farbe durch die Impressionisten findet ihre Apotheose im amerikanischen Kino. So birgt denn bereits der Filmtitel einen Schlüssel zum Verständnis des Films: Mag die Verehrung von Paris und dessen künstlerischer Tradition auch noch so betont werden, an erster Stelle im Titel und im Film steht das Amerikanische und seine Kultur, die Kultur Hollywoods.

Diesen Gedanken wird Stanley Donen in seinem poppigen Funny Face sechs Jahre später noch radikalisieren. Was dessen amerikanische Künstler von Paris wahrnehmen, ist endgültig nur noch ein Fantasma. «We will always have Paris» hatte einst Bogart zu Ingrid Bergman in Casablanca gesagt. Donen meint das wörtlich und zeigt sein Paris als reines Konstrukt der amerikanischen Traumfabrik. Wir haben Paris. Die existentialistische Philosophenkneipe, in welcher Audrey Hepburn im intellektuellen Rollkragenpullover auftritt, hat mit den realen Cafés von Saint-Germain-des-Prés nichts, mit dem farbrevolutionierten Hollywood-Kino aber umso mehr zu tun. Der Beat-Keller ist offensichtlich ein bloßes Studio-Set, mit grellgrünen und roten Spots ausgeleuchtet. Wunderbar vulgär ist das alles und zugleich ein Beweis der Intelligenz der Filmschaffenden, die verstanden haben, dass Filmfarbe nicht zur Bestätigung, sondern kontrapunktisch zur Wirklichkeit zu verwenden ist.

Wahrheit der Künstlichkeit

Die Farbe als Kontrapunkt zur Wirklichkeit – das haben Donen und sein Team vielleicht auch von Jean Renoir gelernt. «Die ideale Antwort auf das Problem der Farbe besteht darin, die Natur, die äußere Wahrheit, ganz zu vermeiden und ausschließlich in Dekorationen zu drehen», schreibt dieser im Zusammenhang mit seinem ersten Farbfilm The River. Renoir schien es, die Filmtechnik sei den komplexen Farbnuancen der Natur nicht gewachsen. The River drehte er in Indien und in Farbe, weil die exotische Vegetation mit ihren klaren Kontrasten an sich schon überhöht genug ist. Und auch dann musste noch nachgeholfen werden: Für eine Szene ließ er den Rasen grün übermalen. Mit den darauffolgenden Technicolor-Filmen La Carrosse d'or und French Cancan sollte er sich dann vollständig aus der Natur ins Studio zurückziehen. Beides sind Filme über Kunstwelten, übers Theater und das Varieté. Indes ist das Unvermögen der Filmfarbe bei der Naturabbildung auch für Renoir kein bloßes Manko, sondern ihr Potenzial. So fährt er nämlich fort: «Die innere Wahrheit verbirgt sich oft hinter einer rein artifiziellen Umgebung.» So kann Renoir auch seine Farbfilme noch dem Realismus zurechnen, einem poetischen Realismus indes, der nicht an der äußeren Erscheinung kleben bleibt, sondern der hinter die Dinge zu schauen versucht.

Erst in der Künstlichkeit zeigt sich eine Wahrheit, die sich anders nicht ausdrücken ließe. In Singin' in the Rain von Stanley Donen und Gene Kelly kann der Hollywood-Star Don Lockwood dem jungen Starlet seine Liebe nur unter künstlichen Bedingungen gestehen. Was er auf dem Herzen habe, lasse sich nur im richtigen Setting sagen, entschuldigt er sich und führt seine Dame in eine leere Studiohalle. Eine Leiter wird zum Balkon, das laue Sommerlüftchen kommt von der Windmaschine. Ein roter Scheinwerfer gibt den Sonnenuntergang, ein violetter das Mondlicht und dazu Sternenlicht aus Leuchtspots – «500 000 kilowatts of stardust». Die intime Szenerie ist reine Mechanik, penetrant artifiziell. Die Gefühle aber, die sich hier einstellen, sind es nicht.

Die Paradoxie von Don Lockwood, nur authentisch sein zu können, wenn die Situation gefälscht ist, das ist mithin dieselbe Paradoxie, in der auch das Publikum sich befindet. Auch für uns tut die Künstlichkeit des Farbkinos seiner Bewegtheit keinen Abbruch, sondern steigert sie im Gegenteil. Das ist am Ende die Pointe des gesamten Films, der sich von Anfang bis Schluss um die Spannung zwischen Realität und Erscheinung dreht. Am Ende von Singin' in the Rain wird man erkennen, dass Wahrheit und Illusion sich nicht ausschließen, sondern gegenseitig bedingen. Wenn in der letzten

Einstellung das Paar sich in die Arme fällt, tut es das vor einem riesigen Werbeplakat, das seinen nächsten gemeinsamen Film ankündigt. Dessen Titel, wie könnte es anders sein: «Singin' in the Rain».

Filme imitieren nicht das Leben. Wenn schon, dann ist es umgekehrt. Filme sind wahrer noch als die schale Realität. «Life is so unimportant», sagt der Impresario zur Ballerina in The Red Shoes von Michael Powell und Emeric Pressburger. Deren Film verheimlicht nicht die immensen personellen Kosten, die solch ein Sieg der Kunst über die Wirklichkeit mit sich bringt. Doch feiern tun sie diesen Sieg genauso.

Leuchtendes Gift

Mag sein, dass solch ein Triumph des Artifiziellen wenig verwundert im Genre des Musicals, welches immer schon den Eskapismus zelebrierte. Doch auch in anderen Genres wird man Farbe nutzen, um sich von den Zwängen der Mimesis zu befreien und darzustellen, was sich auf realistische Weise nicht zeigen lässt. John M. Stahl zum Beispiel dreht 1945 seinen Thriller Leave Her to Heaven in Technicolor. Das Genre des *Film noir,* sonst nicht zu trennen von der Ästhetik des Schwarzweißfilms, bekommt einen gelbstichigen Anstrich verpasst. Doch das macht den Film nur noch abgründiger. Wenn die krankhaft eifersüchtige femme fatale den behinderten Bruder ihres Gatten im Bergsee ersaufen lässt, geschieht dies am sonnenhellen Tag. Wir hätten es ahnen können. Denn die Idylle war immer schon gefälscht. Der glitzernde See ist aus Chemiefarbe gemacht, er ist toxisch. Alles entpuppt sich nur als fadenscheinige, als tödliche Illusion.

Auch das Gesicht von Hauptdarsteller Cornel Wilde sieht in Farbe immer maskenhaft aus, das bloße Bild eines Mannes. Tatsächlich hat die psychotische Frau sich nur in ihn verliebt, weil er der Fotografie ihres Vaters so ähnlich sah. Und wenn am Ende angeblich doch noch alles gut rauskommt, schippert unser Held mit einer neuen Frau im Boot in eben jene künstliche Natur, wo unter der schimmernden Oberfläche immer noch der Tod lauert. Es kann kein richtiges Leben im falschen geben. Imitation of Life, so heißt nicht umsonst einer von Stahls erfolgreichsten Filmen. Letzteren wird Douglas Sirk Jahre später nochmals neu adaptieren. Ebenfalls von Stahl übernimmt Sirk den Stoff zu Magnificent Obsession, um ihn weiter auszubauen und zusammen mit seinem Kameramann Russell Metty einen Technicolor-Film zu machen, der dort weitergeht, wo Stahl in seinem Leave Her to Heaven abbrach. Und auch in Sirks Magnificent Obsession entpuppen sich die Beziehungen zwischen Mann und Frau als abgründige Illusionen. Wenn die blinde Jane Wyman am Arm ihres Retters Rock Hudson durch Europa tappt, auf der Suche nach Heilung, wird das gemeinsame Liebesglück in verrutschten Farben gepinselt. Alle Aussichten sind wie übermalte Ferienpostkarten. Beißend grün und violett ist die Beleuchtung beim Dinner, und diese Farbkombination setzt sich fort in den lackglänzenden Fliedersträußen, mit denen der Mann seine Geliebte überhäuft. Man muss schon selber blind sein, um all die Warnzeichen nicht zu sehen. Wenn zuletzt die Heldin doch noch wieder sehen lernt, ist die Natur vor ihrem Krankenhausfenster giftig, schweflig gelb. Die Farbe unterminiert, was dem Publikum als Happy End verkauft werden sollte, und bringt zum Ausdruck, was sonst der Zensur unterliegen würde.

In Sirks All That Heaven Allows schließlich ist durch das Prismenfenster im Schlafzimmer der altklugen Tochter gar nichts mehr zu sehen. Die Scheibe ist blind in ihrer irrisierenden Farbigkeit - Sinnbild für die Selbsttäuschungen, denen alle Figuren unterliegen, und zugleich selbstreflexiver Verweis auf die Technicolor-Kameras mit all ihren Prismen und Filtern.

Farben des Begehrens

Es ist ziemlich ironisch, dass sich ausgerechnet im Augenfälligsten, im Oberflächenreiz der Farbe, Verdrängtes hervortut. So auch in Mitchell Leisens kuriosem Lady in the Dark, wenn sich die frustrierte Redaktorin eines Modemagazins einer Psychoanalyse unterzieht und damit einen regelrechten Farbrausch eröffnet. Der Büroalltag ist eintönig, auch im farblichen Sinne: Es dominieren Grau und

All That Heaven Allows (1955)
Regie: Douglas Sirk

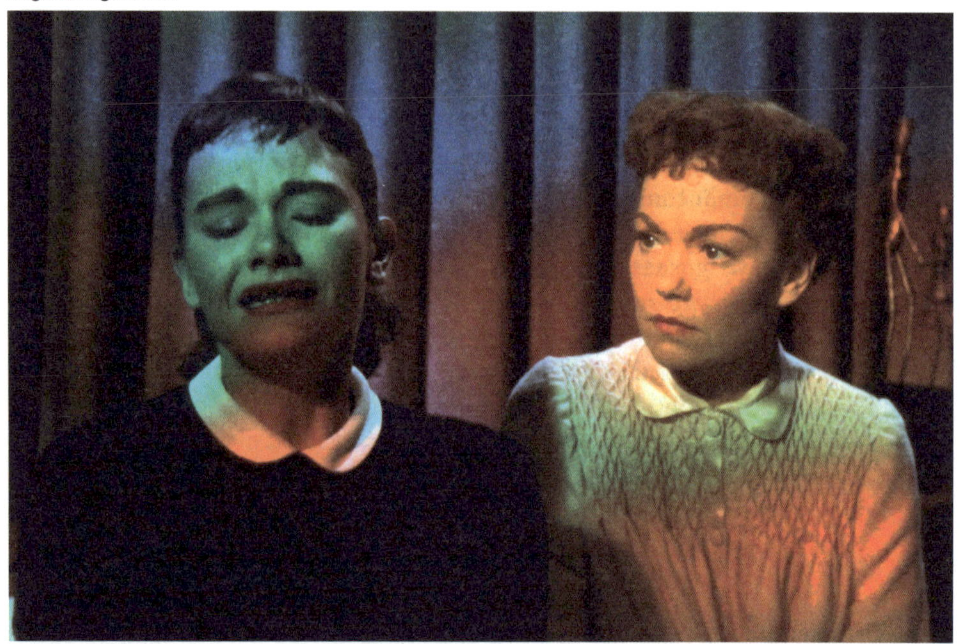

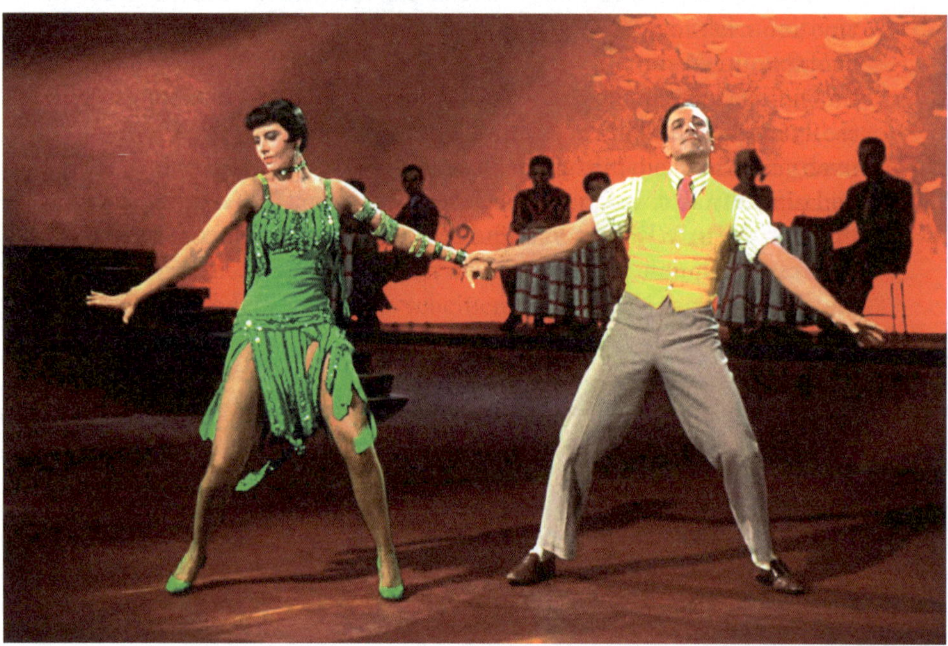

Singin' in the Rain (1952)
Regie: Stanley Donen & Gene Kelly

Braun. Die Träume aber funkeln in irren Farben, die sich allem und allen bemächtigen. Sogar die Gesichter der Menschen sind dort eingefärbt. Das unbewusste Begehren - so möchte man sagen - ist technicolor-getönt. Wenn in Michael Powell und Emeric Pressburgers Black Narcissus ein englisches Nonnenkonvent im Himalaya heillos aus den Fugen gerät, so geschieht dies mit und durch die Begegnung mit Farben. Die saftige Natur und die indischen Malereien bringen die keuschen Schwestern nachhaltig durcheinander und statt ihre Umgebung zu missionieren, werden sie selber von dieser konvertiert.

Wenn die abtrünnige Nonne vor den Augen der Mutter Oberin Lippentift aufträgt, ist das vor allem ein Duell der Farben: das Rot der Schminke gegen das Weiß des Habit. Später, wenn die junge Nonne endgültig die Lust überkommt, wird das ganze Filmbild von einem roten Farbschleier geflutet. Der Film selbst gerät ins Taumeln, wird ohnmächtig vor lauter Farblust. Ein Effekt übrigens, den Jahre später Alfred Hitchcock bei Marnie erneut verwenden wird.

Farbe zeigt nicht, sie ist

Und doch greift es zu kurz, die Farbe immer nur als Repräsentation einer subjektiven Leidenschaft zu lesen. Nicht nur, dass sich Technicolor von der mimetischen Naturdarstellung emanzipiert. Auch auf die Darstellung innerer Gefühlszustände lässt sie sich nicht reduzieren. «Gewiss gibt es eine Farbsymbolik, aber sie besteht nicht in einer Entsprechung zwischen einer Farbe und einem Affekt (Grün und die Hoffnung ...). Vielmehr ist die Farbe selbst der Affekt», schreibt Gilles Deleuze im ersten seiner beiden Kinobücher.

Das könnte erklären, warum die Interpretationen von Farben immer so unbefriedigend ausfallen: Wo immer man die Farbe in einen anderen Diskurs zu übersetzen versucht, verliert sich gerade das, was sie ausmacht. Farben lassen sich nicht erzählen. Wäre es anders, könnte man anstatt Bilder zu betrachten auch einfach Bücher lesen. Bewusst eingesetzte, intensive Farbe, schreibt hingegen Frieda Grafe, lenke von der Erzähllinie ab. «Sie ist ein Sprengstoff, der momentan vom Zwang der geregelten Erzählung befreit.» Die Farben bedeuten nicht. Sie sind! Die Farbe ist schiere Präsenz. Darin liegt der Clou auch von Technicolor: Es bringt etwas auf die Leinwand, was es so vorher nie gab, weder in der Natur, noch in der Kunst.

Die Farben von Technicolor sind deswegen legendär, nicht weil sie etwas Bestehendes besonders gut zu reproduzieren vermochten, sondern vielmehr weil sie etwas gänzlich Neues erst erschaffen haben. Die neue Farbigkeit ist selber ein neuer Affekt, den es anders als in Form von Farbe niemals gab und geben wird. Und jeder Versuch, ihre Funktion anders zu erklären, wird zwangsläufig gerade das Wesentliche unterschlagen. Wir können uns fragen: Was bedeutet das Grün des Kleids von Cyd Charisse in Singin' in the Rain? Wofür steht das immer wiederkehrende Rot bei Minnelli? Was meint das Gelb von The Wizard of Oz? Darauf gibt es keine klügere Antwort als die, einfach selber hinzuschauen. Die Farben stehen für sich selbst. Und das überwältigte Publikum sagt nicht: «Welch eine Leidenschaft! Welch eine Lust! Welch eine Angst!» Sondern es sagt: «Schaut mal, was für ein Rot! Was für ein Blau! Was für ein Grün!» Das Publikum wird direkt und ohne metaphorische Umwege von den Farben getroffen – «affected» wie man im Englischen so mehrdeutig sagt.

Nachschimmern

Ironischerweise konnte Technicolor mit dieser eigenmächtigen Agilität der Farbe alsbald selber nicht mehr mithalten. Mit ihren riesigen, schwer beweglichen Kameras und ihrem Kontrollwahn hat sich die Firma am Ende selbst gelähmt. Die Filmschaffenden sind irgendwann auf anderes Farbfilmmaterial von Agfa und Eastman umgestiegen, auch wenn deren Farben nicht mehr dieselbe Intensität und auch nicht dieselbe Haltbarkeit aufweisen sollten. Das legendäre Technicolor aber hat bis zum Schluss Legenden geschaffen. Noch 1977 lässt Dario Argento für seinen Fieberfarbtraum Suspiria auf der letzten in Rom verbliebenen Technicolor-Maschine Kopien ziehen. Doch auch bis heute sind wir mit Technicolor noch nicht zu Rande gekommen. Die Farbrevolution des Kinos, welche Technicolor so wesentlich mit angestoßen hatte, ist nach wie vor im Gange, und wo immer Filmschaffende sich mit dem Problem der Farbe auseinandersetzen, stellen sie sich in die Tradition von all jenen, die einst mit Technicolor experimentiert haben. Indem es die immensen Möglichkeiten der Filmfarbe überhaupt vorgeführt hat, bestimmt Technicolor auch heute noch unvermindert unsere Wahrnehmung im Kino. Wir bleiben von Technicolor affiziert.

Barbara Flückiger: Timeline of Historical Film Colors.
https://filmcolors.org

Barbara Flückiger, Eva Hielscher, Nadine Witelisbach (Hg.): Color Mania. Materialität Farbe in Fotografie und Film. Zürich 2020.

Gilles Deleuze: Das Bewegungs-Bild. Kino 1. Frankfurt a. M. 1989.

Frieda Grafe: Filmfarben. Berlin 2002.

Susanne Marschall: Farbe im Kino. Marburg 2005.

Jean Renoir: Mein Leben meine Filme. Zürich 1992.

Angela Dalle Vacche, Brian Price (Hg.): Color. The Film Reader. New York 2006.

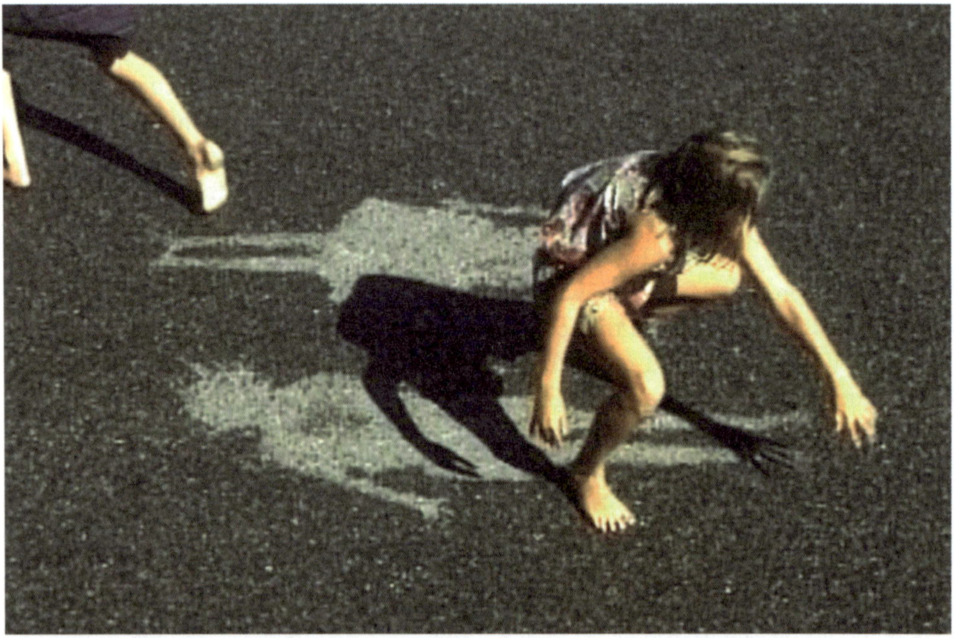

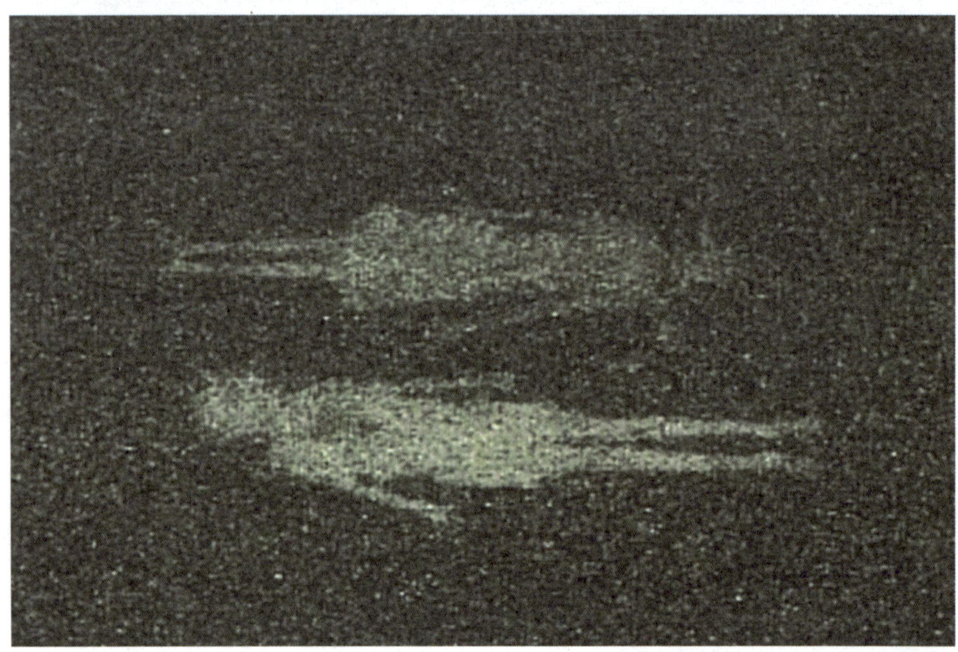

erst hell, dann leicht, dann himmelhoch (1999)
von Edith Flückiger

Transformation der Bilder

Was Video sehen lässt

Zwei Mädchen liegen auf dem sommerheißen Asphalt. Leicht nur zucken ihre Füße und Gesichter in Zeitlupe. Da beginnt es zu regnen. Die Tropfen färben den Boden dunkel, Punkt für Punkt. Auf der Tonspur ist das immer eiliger werdende Prasseln zu hören, wobei man bemerken kann, dass es sich dabei wohl weniger um Regengeräusche auf Asphalt als vielmehr um das Trommeln auf einem Perkussionsinstrument handeln dürfte. Irgendwann springen die beiden Mädchen auf und laufen davon, aus dem Bild hinaus. Im verlangsamten Videobild zeigen sich ihre Bewegungen als unscharfe Schlieren. Dann sind sie weg. Was bleibt, sind ihre Konturen als trockene Stellen auf dem Boden. Helle Flecken auf dunklem Grund. Doch der Regen fällt weiter, und allmählich verschwinden auch die Körperabdrücke. Tropfen für Tropfen lösen sie sich auf.

Verknappt wie ein Haiku führt das Video erst hell, dann leicht, dann himmelhoch der Schweizer Künstlerin Edith Flückiger zurück zu den Fundamenten jeglicher Bildgebung. Wer hat das als Kind nicht auch schon ausprobiert: mit nassem Finger Zeichen auf den trockenen Brunnenrand gezeichnet, um dann zuzuschauen, wie die Spuren langsam versickern, trocknen und verschwinden? So hat die Natur immer schon gemalt, mit Wasser auf Stein und das bereits Millionen von Jahren, bevor es überhaupt jemanden gab, der diese Bilder hätte bewundern können. Zugleich aber spiegelt sich in Edith Flückigers Regenbild nicht nur die älteste, sondern auch die modernste Bildtechnik: Die einzelnen Tropfen, welche Konturen malen, erinnern unweigerlich an die Pixel, aus denen sich jenes Videobild zusammensetzt, das wir da sehen. Und wenn am Ende nichts bleibt als nasser Asphalt, die ganze Fläche zugemalt von den nassen Pixeltropfen, sieht es aus wie ein Fernsehschirm, auf dem nichts läuft als elektrisches Bildrauschen. Video, so wird uns klar, kennt keinen festen Aggregatzustand, sondern nur laufende Transformation, wie sie bereits der Titel des Videos beschreibt: erst hell, dann leicht, dann himmelhoch. Statt etwas festzuhalten, wie man es gemeinhin Bildern attestiert, wird im Videoformat die Darstellung verflüssigt. Bilder schlagen sich nieder und vergehen im selben Zug wie Konturen im Regen.

Ich sehe was

Selten sagte eine Bezeichnung so wenig über seinen Gegenstand aus wie «Video». Das Wort kommt aus dem Lateinischen und meint dort schlicht «Ich sehe». Als Name für ein optisches Medium ist das einigermaßen tautologisch und verschweigt gerade das Wesentliche. Ich sehe! Aber *was*? Vielleicht ist jedoch eben diese Frage, was man denn eigentlich sehe, wenn man Video betrachtet, dessen eigentliche Pointe. Die Frage könnte uns sensibel machen für ein Medium, das absolut alltäglich ist und von dem wir trotzdem noch immer nicht wirklich verstanden haben, wie radikal anders es funktioniert, als was wir uns gemeinhin unter Sehen vorstellen.

Ich sehe! Aber *wie*? Die Frage müssten wir uns andauernd stellen, sind wir doch auch ständig mit Video konfrontiert. Seitdem auch Kinos die Filme nicht mehr ab analogem Filmmaterial, sondern ab digitalen Datenträgern zeigen, ist auch das, was man Filmkultur nennt, eigentlich schon längst eine Videokultur geworden. Doch gerade diese Allgegenwart von elektronischen Bewegtbildern, die uns nicht mehr nur von Fernseh-, sondern auch von Computerschirmen, von Werbetafeln auf der Straße ebenso wie vom Mobiltelefon in unserer Hand entgegenstrahlen, hat uns das Medium banal erscheinen lassen und uns blind dafür gemacht, wie merkwürdig es eigentlich funktioniert und wie radikal es mit all dem bricht, was wir uns unter Sehen vorstellen.

Lochscheibe und Elektronenstrahl

Um diese unerhörte Revolution zu verstehen, muss man zurück zu seinen Anfängen im Fernsehen gehen, wo der Begriff der «video transmission» in den Dreißigerjahren erstmals auftaucht. Die Technologie dahinter ist da bereits ein halbes Jahrhundert alt: Schon 1884 hat der deutsche Ingenieur Paul Nipkow ein Verfahren patentieren lassen, wie man Bilder mittels gelochter Scheiben in Punkte zerlegen, diese nacheinander telegrafisch versenden und dann am andern Ort wieder zu ganzen Bildern zusammensetzen kann. Sein «Elektrisches

Teleskop zur elektrischen Wiedergabe leuchtender Objekte», wie es auf dem Patentschein umständlich heißt, ist eigentlich bereits ein Fernseher und mit Patentjahr 1884 sogar noch vier Jahre früher da als die allerersten Filmaufnahmen der Geschichte durch Louis Le Prince. Fernsehen, so stellt man erstaunt fest, ist sogar älter als Kino.

Ebenfalls noch im 19. Jahrhundert wird auch jener Apparat erfunden, der noch bis ins Jahr 2000 anstelle von Nipkows Lochscheiben die Zerlegung und Zusammensetzung von Fernsehbildern übernehmen wird: Die Kathodenstrahlröhre, derentwegen man auch vom «Röhrenfernseher» sprach, ist ein Gerät, das nichts weniger kann, als Strom sichtbar zu machen. 1897 hatte der deutsche Physiker Karl Ferdinand Braun erkannt, wie man durch Anlegen von elektrischer Spannung an eine Kathode in einer luftleeren Glasröhre einen Strahl aus Elektronen erzeugen kann. Die Elektronen schießen durch die Röhre, um an deren anderem Ende auf einen chemisch beschichteten Schirm aufzuprallen, wo sie dann als leuchtender Punkt zu sehen sind. Diesen Elektronenstrahl kann man jedoch nicht nur gerade auf den Schirm prallen lassen, sondern seine Bahn durch elektromagnetische «Ablenkplatten» auf Abwege bringen. Dass man mit dem Elektronenstrahl der Braun'schen Röhre dadurch auch Bilder zeichnen könnte, kam dem Erfinder dabei noch gar nicht in den Sinn. Dafür umso mehr den Wissenschaftlern, die nach ihm den Elektronenstrahl in Zeilenbewegungen von oben nach unten über den Schirm wandern ließen, um mit dessen mal helleren, mal dunkleren Lichtpunkten jene groben Rasterbilder zu malen, wie sie Nipkow ausgetüftelt hatte.

Speicherung nicht vorgesehen

Dabei ist es wichtig, in Erinnerung zu behalten, dass das, was man auf dem Schirm einer solchen Röhre sieht, auf das träge Auge zwar wie ein Bild wirkt, in Wahrheit aber eigentlich nur ein rasender Lichtpunkt ist. Daher auch der Eindruck des Flimmerns, das einst so charakteristisch für den Fernseher war, dass man ihn auch «Flimmerkiste» nannte. Wo auf dem Filmstreifen eines analogen

Films immerhin noch ganze Einzelbilder zu finden waren, zeigt das Fernsehen nur einen wandernden Lichtpunkt, dessen horizontale Linien in der Wahrnehmung des Publikums erst wieder zu kompletten Ansichten zusammengefügt werden müssen. Sieht man sich eine tausendfach verlangsamte Zeitlupenaufnahme eines Fernsehschirms an, wird man verblüfft erkennen, wie wenig auf ihm eigentlich zu sehen ist, nämlich wirklich nur ein einzelner Lichtstreifen.

So, wie das Bild auf den Schirm geschrieben wird, so muss auch unser Auge diese Bewegungen mit abtasten und das Bild, Zeile für Zeile, Pixel für Pixel zusammensetzen. Von Bildern lässt sich hier eigentlich nur noch unter massiven Vorbehalten sprechen, wie die Videotheoretikerin Yvonne Spielmann festhält. Denn während man sonst unter Bildern mehr oder weniger stabile Repräsentationen «von etwas» versteht, ist das, was der elektrische Apparat hervorbringt, höchstens ein «Transformationsbild» - ein Bild, das niemals wirklich vorhanden ist, sondern nur als laufender Prozess existiert. Mit jedem Vorrücken des Elektronenstrahls auf den nächsten Platz erlischt der vorhergehende. Die Ansicht löst sich im selben Tempo auf, wie sie aufgebaut wird.

Nicht nur werden beim Fernsehen keine ganzen Bilder übertragen, auch sonst kennt Fernsehen eigentlich keine solide Basis. Als Medium, das mittels elektrischem Strom funktioniert, kennt das Videosignal ursprünglich keine Speicherung, sondern definiert sich durch Fließbewegung. Das vergessen all jene, die beim Stichwort «Video» nur an Videokassetten denken. Tatsächlich entwickelten sich diese Speichermedien erst deutlich später, funktionierende Magnetaufzeichnungssysteme erst in den Fünfzigerjahren und die VHS-Kassetten gar erst in den Siebzigern. Davor war Fernsehen zwangsläufig immer nur als Liveübertragung zu sehen. Fernsehspiele kamen nicht ab Band, sondern wurden für die Kamera in Echtzeit aufgeführt, wie im Theater. Wenn heute trotzdem noch Aufnahmen solch früher Fernsehspiele existieren, dann weil sie mit der Technik des Kinescope aufgenommen wurden, was konkret eigentlich nichts anderes bedeutete, als mit einer analogen Filmkamera einen Videomonitor abzufilmen. Schöner kann man Mediendifferenz wohl nicht zeigen: Fernsehen muss erst zu Film umgewandelt werden, um Bestand zu haben. Das elektrische Videosignal hingegen existiert von Natur aus nur als Sendung.

Bestehend aus Transformation

Diese beiden Grundeigenschaften von Video, nämlich die Auflösung von Bildern in einzelne Pixel und die Betonung von sofortiger Übertragung anstelle von anhaltender Speicherung, setzen sich auch mit der Digitalisierung des Fernsehens fort. Mag der Elektronenstrahl der Braun'schen Röhre durch die Flüssigkristalle des Computerdisplays ersetzt, das elektrische Bild seit den Fünfzigerjahren immer besser speicherbar geworden sein (vom Magnetband über VHS, Laserdisc, DVD, Blu-ray bis zu Festplatte und DCP) und sich die Pixeldichte laufend gesteigert haben (von den 405 Bildlinien des frühen Fernsehens bis zu den 8,29 Millionen Pixel von Ultra HD), seinen Hang zum Fragmentierten und Instabilen hat Video nie abgestreift. Im Gegenteil: Das Prinzip der konstanten Transformation hat sich nur noch totalisiert, indem an die Stelle der analogen Elektrotechnik, die immerhin noch mit kontinuierlich fließenden Signalen operierte, die Zerhackung des digitalen Binärcodes tritt.

So mag denn auch das digitale Kino von heute den Filmlook noch so sehr simulieren – eigentlich hat es mit Fernsehen mehr zu tun als mit irgendetwas anderem. Entsprechend lächerlich kann es einem vorkommen, wenn heutige Digitalproduktion mittels Filter versuchen, sich noch den Anschein von analogem Kino zu geben. Ungleich interessanter ist da das Videokino von Michael Manns Miami Vice (2006) oder von David Finchers Gone Girl (2014), die die Verfasstheit ihrer Elektrobilder gerade nicht kaschieren, sondern ausstellen. Vielleicht ist es kein Zufall, dass beide Regisseure, die derart vehement mit der traditionellen Filmästhetik brechen, ihre Anfänge beim Fernsehen und im Musikvideo haben. Wenn an einer zentralen Stelle in Miami Vice ausgerechnet das mit Kathodenstrahlröhre betriebene Radargerät auftritt oder am Ende von Gone Girl das Kinobild unversehens mit einem Fernsehbild vertauscht wird, dessen Linien- und Pixelstrukur uns unangenehm auffällt, dann machen die beiden Regisseure damit nur klar, woher ihre Filme eigentlich stammen. So, wie die Geschichte von Gone Girl am Ende dort ankommt, wo sie am Anfang schon war, kommt im Fernsehbild der Schlussszene der ganze Film zu sich selbst und gibt sich als Video zu erkennen.

Genau dieselbe Erfahrung machen aber auch wir alle, wenn wir uns Filme nicht mehr ab physischen Bildträgern, sondern als Onlinestream anschauen und dann erleben, wie wegen Überlastung das vermeintliche Bild plötzlich zu ruckeln und zu stocken anfängt, schließlicht zerfasert und in Glitches und digitale Artefakte auseinanderfällt. In solchen Störungen erkennen wir wieder, was wir sonst allzu gerne vergessen, dass es nämlich nur scheinbar Bilder, in Wahrheit aber elektrische Signale sind, die wir hier sehen - ein Medium, das weniger auf solide Darstellung ausgelegt ist als vielmehr auf pure Transformation, andauernd störanfällig.

Töne sehen, Optik hören

Dass in dieser Fragilität nicht ein zu überwindendender Nachteil, sondern gerade das ureigene Potenzial dieses Mediums besteht, führen all die Kunstschaffenden, die mit Video experimentiert haben, eindrücklich vor. Bereits Anfang der Fünfzigerjahre erprobt die amerikanische Filmemacherin Mary Ellen Bute in ihrem Film Abstronic das poetische Potenzial der Braun'schen Röhre. Sie filmt den Schirm eines Oszillografen ab, auf dem sie die Schlieren des Elektronenlichtpunkts im Rhythmus von Aaron Coplands Ballettmusik «Rodeo» tanzen lässt. Schon Coplands Ballett war eine verblüffende Mischung aus Avantgarde und Tradition gewesen, indem der Komponist Cowboykultur mit zeitgenössischem Tanztheater verquickt und amerikanische Folksongs zur Grundlage moderner Klassik gemacht hatte. Mary Ellen Bute setzt diese Hybridisierung fort und noch einen drauf, wenn sie das Rodeovolksfest sogar in avancierte Elektrotechnik weiterübersetzt, dabei aber die Bahnen, die der Elektronenpunkt auf dem Bildschirm zieht, erstaunlich vertraut

Abstronic (1952)
von Mary Ellen Bute

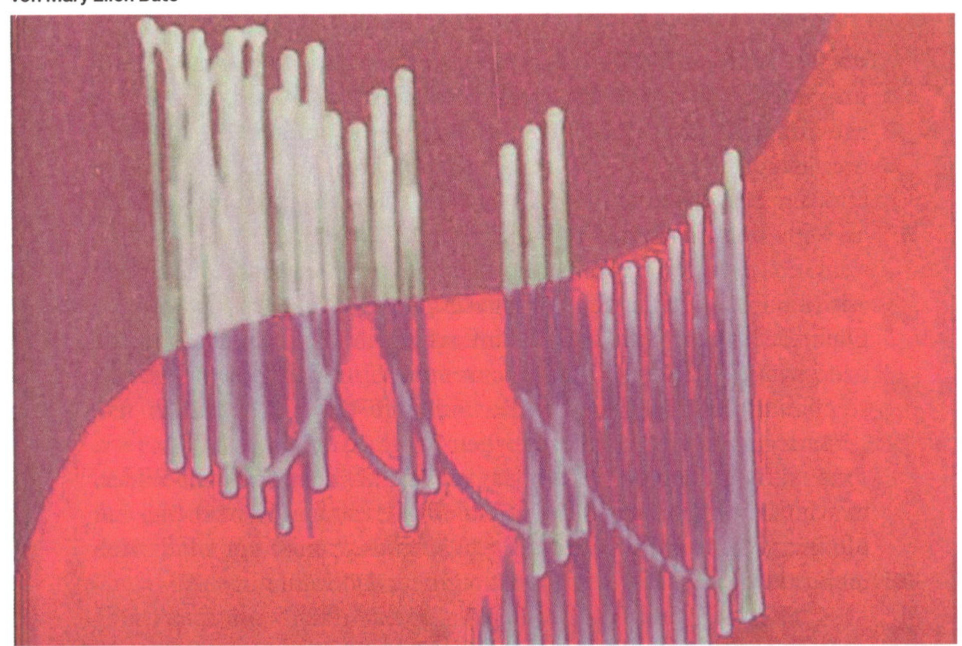

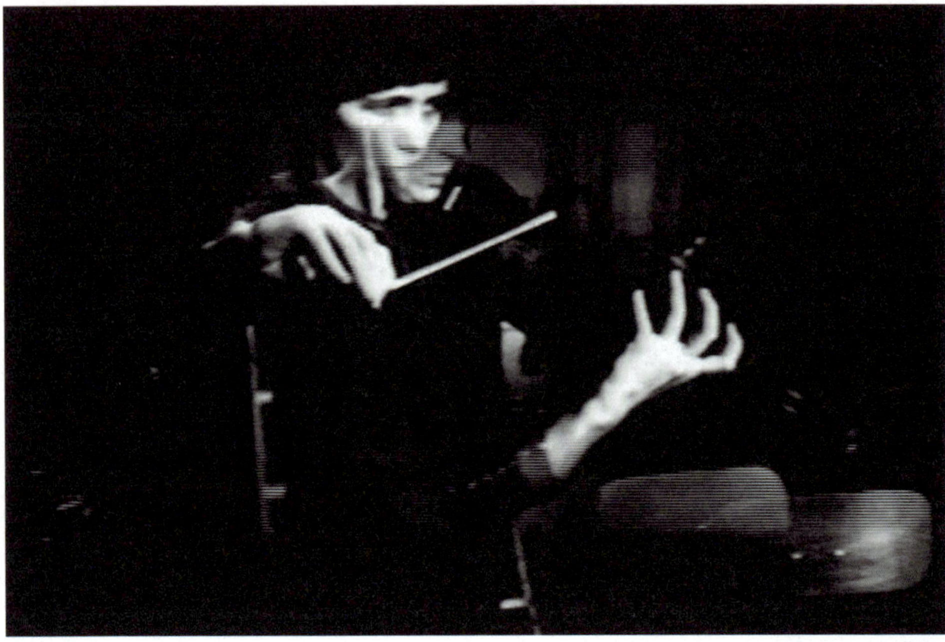

Violin Power (1970–1978)
von Steina Vasulka

aussehen lässt: wie die Schlingen eines kreisenden Lassos. Auch in seiner Machart ist Abstronic noch ein Hybrid aus Altem und Neuem. Kombiniert wird die neuartige Optik der Röhre mit traditioneller Animationstechnik, und das Elektrobild sehen wir nur als gefilmtes (wie beim Kinescope). So ist denn auch interessant, dass Mary Ellen Bute in einem Essay von 1954 vom Elektronenstrahl als einem «Pinsel» spricht. In solcher Ausdrucksweise zeigt sich, wie sehr sie das neue Medium noch als Fortsetzung des alten versteht. Die Kathodenstrahlröhre soll malen, was vorher der Pinsel gemalt hat.

Dass hingegen ihr eigener Film bereits in eine andere Richtung weist und schon erahnen lässt, wie wenig die elektrischen Videobilder noch mit den Maltechniken der Vergangenheit zu tun haben werden, scheint Mary Ellen Bute selbst noch kaum bewusst. Einer Künstlerin wie Steina Vasulka dafür umso mehr. In ihren Videoperformances Violin Power zwischen 1970 und 1978 sehen wir sie, die ausgebildete Violinistin, wie sie Geige spielt, doch mit jedem Strich auf ihrem Instrument beginnt das Videobild zu zittern und zu wabern, je nach Frequenz des gespielten Tons. Es ist, als würde der Strich von Vasulkas Bogen nicht nur die Saiten des Instruments, sondern auch das Videobild selbst zum Vibrieren bringen. Die «Power» der Violine, die vom Musikinstrument auf das elektronische Gerät übergreift, ist auch als Stromspannung zu verstehen. Hatte Mary Ellen Bute noch mit Frequenzreglern den Elektronenstrahl der Braun'schen Röhre so zu manipulieren versucht, dass seine Bewegungen zu einem bereits existierenden Musikstück passen, so modifiziert bei Steina Vasulka die Musik das Bild gleich im Akt des Spielens selbst, indem sie das Instrument über einen Prozessor mit dem Videogerät koppelt. Mit der Geige spielt Vasulka zugleich auch Video.

Der alte Traum einer visuellen Musik, wie sie Anfang des 20. Jahrhunderts dem Komponisten Alexander Scriabin mit seinem «Lichtklavier» oder dem Experimentalfilmer Oskar Fischinger mit seinen Studien vorschwebte, ist mit dem Medium Video endgültig Realität geworden. Doch um den Preis, dass die Begriffe Ton und Bild, Akustik und Optik für Video gar nicht mehr gelten. Strom ist Strom ist

Strom. Dass er uns mal optisch, mal akustisch erscheint, ist nichts als eine Simulation. Wenn wir im von Steina Vasulka gemeinsam mit ihrem Mann Woody gemachten Video Noisefields von 1974 zusehen, wie ein dunkler Kreis auf hellem Grund mit seinem Gegenstück (heller Kreis auf dunklem Grund) stroboskopisch abwechselt und dazu der Ton blubbert und pfeift, dann sehen und hören wir eigentlich nichts anderes als schiere elektrische Spannung. Denn weder hat das Künstlerpaar bereits existierende Kreise abgefilmt noch irgendwo Geräusche aufgenommen, um sie uns dann per Video zu übermitteln, vielmehr ist beides, Bild und Ton, nur Produkt des elektrischen Mediums selbst. So, wie der Titel Noisefields Geräusche und Felder zu einem Wort zusammenzieht, so lässt das Video Sichtbares und Hörbares zusammenfallen, entlarvt aber eigentlich beides nur wieder als bloße Täuschung.

Selbstreflexion

Die Arbeiten von Steina und Woody Vasulka führen exemplarisch vor, was die Videotheoretikerin Yvonne Spielmann meint, wenn sie von Video als «selbstreflexivem Medium» spricht. Anders als Fotografie und Film, die noch von sich behaupten können, eine vorgefundene Realität zu repräsentieren, die sich in Form eines Lichtabdrucks auf dem Filmmaterial einbrennt, spiegeln Videobilder vor allem sich selbst und ihre elektrotechnischen Prozesse.

Vollends wörtlich genommen wird diese Selbstreflexion im Prinzip der Rückkopplung. Richtet man nämlich die Videokamera auf einen angeschlossenen Monitor, dann staffeln sich die Aufnahmen zu einem unendlichen Tunnel. Was als Output auf dem Monitor erscheint, wird von der Videokamera wiederum als Input aufgenommen, um es auf dem Monitor als Output auszustrahlen usw. Die Kamera sieht via Monitor sich selbst beim Sehen zu.

Solche in sich kreisenden Videobilder provozieren auch ein Nachdenken über das Wesen von Wahrnehmung an sich als einem Akt andauernder Rückkopplung, der sich in seinem Verlauf unentwegt selber umbaut – eine Praxis, die sich durch die Videokunst bis zum zeitgenössischen Videoessay verfolgen lässt, wo es ebenfalls nicht darum geht, Bilder und Filme, die im Videoessay zitiert und analysiert werden, bloß zu erklären und auszudeuten, als vielmehr sie wieder in Fragen zu verwandeln. So fungiert im Videoessay das Bildzitat als Rückkopplung, das die zitierten Bilder nicht ein-, sondern mehrdeutiger macht.

Wie weit man solche Rückkopplungsverfahren treiben kann, führt bereits Richard Serras und Nancy Holts Videoperformance Boomerang von 1974 vor. Nancy Holt hört mittels Kopfhörer sich selbst beim Sprechen zu, jedoch immer mit zeitlicher Verzögerung, sodass sich alle Worte verdoppeln. Einen klaren Gedanken zu fassen, wird für die Künstlerin damit immer schwieriger: «I have a double take on myself. I am once removed from myself [...] I find, that I have troubles, making connections between thoughts», sagt sie im Echosound des Videos. Der Loop des Tons bricht mit den Gesetzen des linearen Denkens, in dem eine Idee auf die andere folgt. Mit seiner Verdoppelung gewinnt das Sprechen nicht an Autorität, sondern wird fragiler und tastender. Rückkoppelung steigert die Komplexität.

Enttrivialisierung

Wie der Kybernetiker Heinz von Foerster bereits in den späten 1950ern mit seinen Arbeiten zur Selbstorganisation von Systemen gezeigt hat, machen gerade Rückkopplungen aus trivialen Maschinen nichttriviale. Triviale Maschinen sind für von Foerster solche, die berechenbar immer gleich funktionieren und bei denen ein bestimmter Input unter Garantie immer dasselbe Resultat erzeugt: Wenn ich einen Lichtschalter drücke, geht jedes mal das Licht an, wenn ich einen Schlüssel drehe, startet der Motor. Nichttriviale Maschinen sind im Gegensatz dazu solche, deren Funktionsweisen sich laufend verändern, sodass derselbe Input zu immer neuen Resultaten führt. Und genau das führen die Experimente von der auf den eigenen Monitor gerichteten Videokamera vor, etwa wenn die Rückkoppelung des Signals unberechenbare und sich laufend verändernde Bilder erzeugt.

So ließen sich denn die Experimente mit Video insgesamt als Versuche der Enttrivialisierung verstehen. Das ist umso überraschender, wenn man bedenkt, dass Fernsehen aufgrund seiner horrenden Investionskosten ursprünglich ausschließlich Staatsmedium war und auch heute noch vornehmlich von denen bestimmt zu werden droht, die über die Macht und das Geld verfügen und das Fernsehen als Kanal benutzen, um die eigenen Werbebotschaften möglichst direkt in jeden Haushalt zu versenden. So droht das Fernsehen vor allem als triviale Maschine benutzt zu werden, die bei allen Konsument*innen möglichst gleichförmige und berechenbare Reaktionen hervorrufen soll.

Subversiver ist es demgegenüber, dass die Videokunst genau diese angeblich triviale Maschine des Fernsehens nimmt, sie umzubauen und zu enttrivialisieren beginnt. So legt beispielsweise der Videopionier Nam June Paik in seiner ersten großen Ausstellung, die «Exposition of Music - Electronic Television» 1963 in Wuppertal, starke Magnete auf laufende Fernsehgeräte, um damit deren Übertragung zu stören. Die Gallerie musste eigens für diese Ausstellung andere Öffnungszeiten führen, weil der damals einzige Fernsehsender der BRD jeweils nur abends für ein paar Stunden sendete. Das staatliche Monopol an der nur in eine Richtung laufenden Sendemaschine wird durch Paiks ebenso simplen wie radikalen Eingriff gebrochen und seine Trivialität mittels Magnet auf sich selbst zurückgeworfen. Bemerkenswert daran ist aber auch, dass Paiks Intervention zugleich nur vorführt, wie das Medium funktioniert: Der Magnet auf dem Fernseher zeigt dem Galleriepublikum eigentlich nichts anderes, als was im Kasten ohnehin schon passiert. Auch angeblich korrekte Fernsehübertragung funktioniert ja mittels elektromagnetischer Ablenkplatten. Paik macht nichts anderes, als mit seinen Magneten den Elektronenstrahl noch zusätzlich auf Abwege zu bringen.

Etwas Vergleichbares macht auch die Videokünstlerin Dara Birnbaum, wenn sie Fernsehsendung auseinandernimmt, neu zusammensetzt und danach wieder über den Fernseher abspielt. Für ihre legendäre Arbeit Technology/Transformation: Wonder Woman (1978/79) entnimmt sie der populären Fernsehserie Wonder Woman die Spezialeffektaufnahmen, die zeigen, wie sich die Protagonistin mit einem Knall zur Superheldin verwandelt, und lässt diese Aufnahmen in Wiederholungsschleifen laufen. Die Loops aus Explosionen und Blitzen werden zu Transformationsbildern in mehrfachem Sinn: Nicht nur zeigen sie innerhalb der Serie den Wechsel von der einen zur anderen Persönlichkeit an, Birnbaum transformiert die Bilder ihrerseits weiter. Indem sie die Minisequenzen aus jeder narrativen Logik herauslöst und sie stattdessen in sich kreisen lässt, macht sie diese zu Metaphern nicht nur dafür, welche Frauenbilder das kommerzielle Fernsehen entwirft, sondern auch dafür, wie sich solche Geschlechterbilder durch künstlerische Intervention dekonstruieren ließen: Die Künstlerin sendet ans kommerzielle Fernsehen dessen eigene Bilder zurück und fabriziert damit einen explosiven Kurzschluss.

Birnbaum sprengt das Medium mit dessen eigenen Mitteln. Es ist dabei von zusätzlicher Ironie, dass der Künstlerin, um diese Arbeit Ende der Siebzigerjahre öffentlich zeigen zu können, nichts anderes übrig blieb, als sie auf einem Fernsehgerät im Schaufenster eines Ladens zu zeigen. Die Vorübergehenden hielten denn auch das, was sie da flimmern sahen, zunächst für eine reguläre Episode von Wonder Woman und waren deswegen umso irritierter, je länger sie zuschauten.

Die Künstlerin Valie Export hatte es einige Jahre zuvor gar geschafft, ihr Video Facing a Family tatsächlich im regulären Fernsehprogramm unterzubringen. Das Video zeigt eine Familie beim Fernsehen. Es wurde durch seine Ausstrahlung im Februar 1971 ebenfalls zu einer verblüffenden Rückkoppelung: Statt des gewohnten Programms sahen österreichische Familien auf dem Fernsehbildschirm plötzlich sich selbst beim Schauen zu. Dem Publikum werden die eigenen Sehgewohnheiten per Videorückkoppelung zurückgespielt, damit unser Blick ein bisschen weniger trivial werden möge.

Video als Bewegung

Mit den Mitteln von Video gegen das Bildmonopol der Mächtigen und deren eingefahrene Sichtweisen anzutreten, wie dies Valie

Technology/Transformation:
Wonder Woman (1978) von Dara Birnbaum

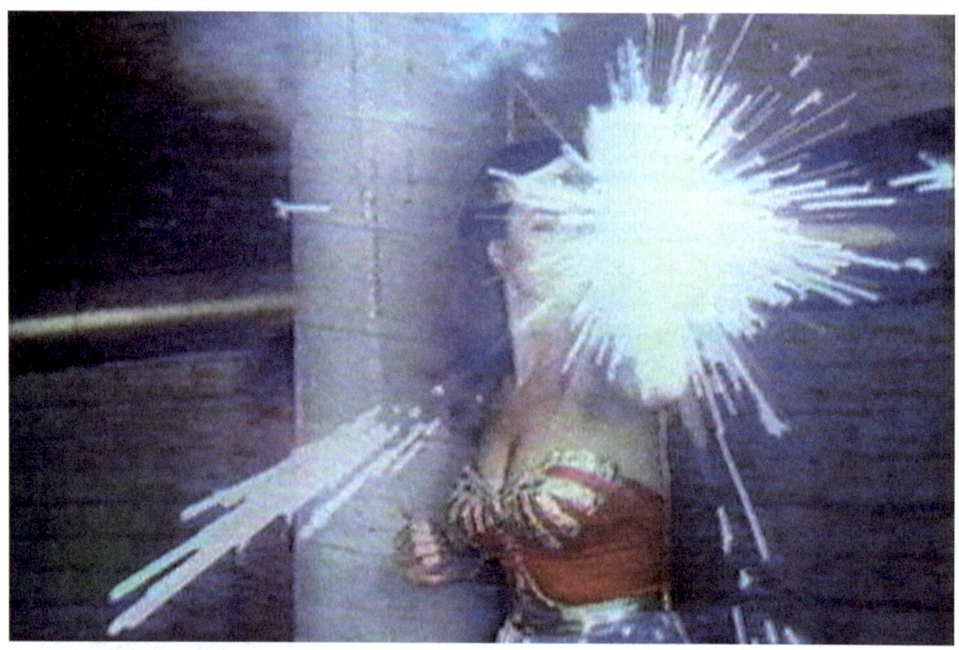

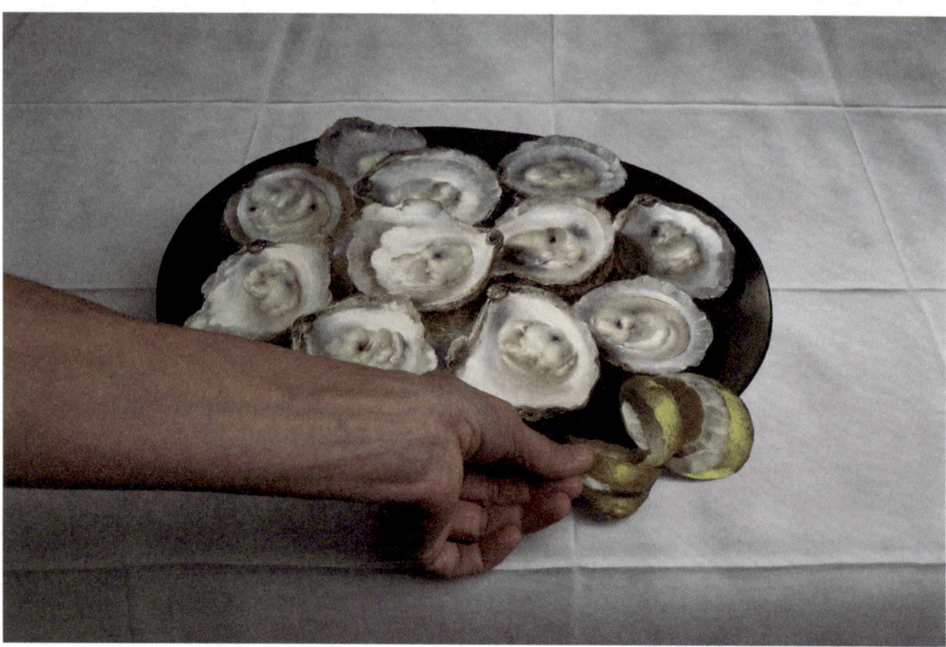

Austern (2017)
von Judith Albert

Export oder Dara Birnbaum taten, trieb auch die Videobewegung der 1970er- und 1980-Jahre an, der 2017 im Schweizerischen Nationalmuseum die große Ausstellung «Rebel Video» gewidmet war. Wie dort betont wurde, war für die Aktivist*innen insbesondere wichtig, dass sie im Vergleich zum 16-mm-Film dank Video Zugriff zu einer Technologie hatten, die nicht nur billiger war, sondern auch den Zwischenschritt der Filmentwicklung im Labor eliminierte. Die tragbaren Videokameras mit ihren mehrfach überspielbaren Bändern erlaubten es, nahezu ohne Geld und ohne Behinderung durch institutionelle Türwächter direkt Agitation zu machen.

Dass sich ausgerechnet um Video eine solche alternative politische Bewegung formierte, hängt nicht allein mit der vereinfachten Handhabung des neuen Mediums zusammen, sondern eben auch – wie unser Blick auf seine Geschichte gezeigt haben dürfte – mit dessen technischer Verfasstheit. Als Medium, das seit seiner Entstehung auf Transformation anstelle von Stabilisierung ausgelegt war, scheint es gerade prädestiniert als Mittel, um etablierte Vorstellungen zu hinterfragen. Video ist schon in seinen Grundfunktionen potenziell subversiv, indem es sämtliche vorgefertigten Bilder, die man ihm füttert, sogleich auseinandernimmt. Wenn im feministischen Protestvideo Froue – jetzt langt's von 1979 verschiedene Klischees von Weiblichkeit gezeigt, gegeneinander gesetzt und damit demontiert werden, dann arbeitet das Videoformat mit seinen Störungen bei dieser Dekonstruktion mit.

Video-Feminismus

Tatsächlich muss auffallen, wie stark Video von Frauen bestimmt wird, von Künstlerinnen und Theoretikerinnen, und dies ganz im Unterschied zur bis heute von Männern dominierten Filmgeschichte. «Ce sexe qui n'est pas un» hatte 1977 die Philosophin Luce Irigaray die Weiblichkeit genannt und damit gegen all jene fixierenden Zuschreibungen protestiert, die dazu dienen sollen, das Weibliche zu kontrollieren und einzuhegen. Und in denselben Jahren wird gegen konservative Vereindeutigungen die Transformationstechnik von Video eingesetzt: von der «falsch» eingestellten Bildfrequenz in Joan Jonas bahnbrechendem Vertical Roll (1972), die dazu führt, dass das Bild ihres Körpers nie «korrekt» übertragen, sondern von vertikalen Synchronstörungen unterbrochen und skandiert wird und so jeden voyeuristischen male gaze verunmöglicht, über die Körperdemontagen mittels verschiedener Bildschirme bei Friederike Pezold bis zu Pipilotti Rist Selbstdurchquerungen mittels Videokamera.

Ob aggressiv und explizit oder subtil und still - die emanzipierenden Möglichkeiten von Video scheinen bis heute noch immer nicht ausgeschöpft.

Ich sehe, ich denke

In Austern (2017), einer Videoarbeit der Schweizer Künstlerin Judith Albert, sehen wir, wie ihre Hand ein Blatt ausrollt, auf dem die Oberfläche eines Tischtuchs aufgedruckt ist. Auf dieses Bild legt sie das Bild einer Schale mit Austern, dann das Bild einer Zitronenschale an den Tellerrand, und darauf wieder, auf einem kleinen Podest aus Papier, einen Teller mit einem Fisch und eine Schale mit Oliven. Und obwohl wir immerzu sehen, dass es sich bei jedem neuen Gegenstand in Wahrheit bloß um ein bedrucktes Stück Papier handelt, lässt sich unser Auge immer wieder täuschen und glaubt, dreidimensionale Dinge zu sehen. So erleben wir, wie die Hände der Künstlerin ein Stillleben vor unseren Augen errichten. Als dann alles hingelegt ist, wird sie immer noch nicht aufhören: Mit einem Filzstift malt sie über all die verschiedenen Dinge, die eigentlich doch nur Bilder auf Papier sind. Verblüfft erkennen wir, dass auch diese angeblichen Papierstücke eigentlich gar nicht wirklich da sind, sondern offenbar nur eine Projektion auf einem Videobildschirm, auf dessen Oberfläche die Künstlerin nun ihre Linien aufträgt. Sie bringt damit an die Oberfläche, was technisch hinter dem Schirm passiert: dass nämlich die Bilder, die auf den ersten Blick so sehr nach Stilllebenmalerei des 17. und 18. Jahrhunderts aussehen, eigentlich etwas ganz anderes sind: gar nicht fertige Bilder, sondern endlose Prozesse, wundersame Verwandlungen, die am Ende nicht einmal mehr nur mit Sichtbarkeit zu tun haben: «Video ist für mich das beste Medium, um zu denken», hat Judith Albert einmal im Gespräch mit Isabel Zürcher gesagt. Und wir, die wir ihre Videos betrachten, beginnen mitzudenken, neu zu denken, unweigerlich.

Den herrschenden Verhältnissen stellt Video eine alternative und sich laufend verändernde Geschichte entgegen: eine andere Geschichte der Macht, eine andere Geschichte der Geschlechter, eine andere Geschichte des Sehens, eine andere Geschichte des Denkens - eine Geschichte, die nicht ist, sondern erst und immer noch wird.

Ursula Biemann: Stuff it. The Video Essay in the Digital Age. Wien 2003.

Heinz von Foerster: Wissen und Gewissen: Versuch einer Brücke. Frankfurt a. M. 1993.

Frieda Grafe: Schnittstellen. Berlin 2006.

Luce Irigaray: Das Geschlecht, das nicht eins ist. Berlin 1979.

Heinz Nigg: Rebel Video. Zürich 2017.

SIK (Hg.): Kompendium der Bildstörungen beim analogen Video. Zürich 2013.

Yvonne Spielmann: Video. Das reflexive Medium. Frankfurt a. M. 2005.

Contre-jour (2009)

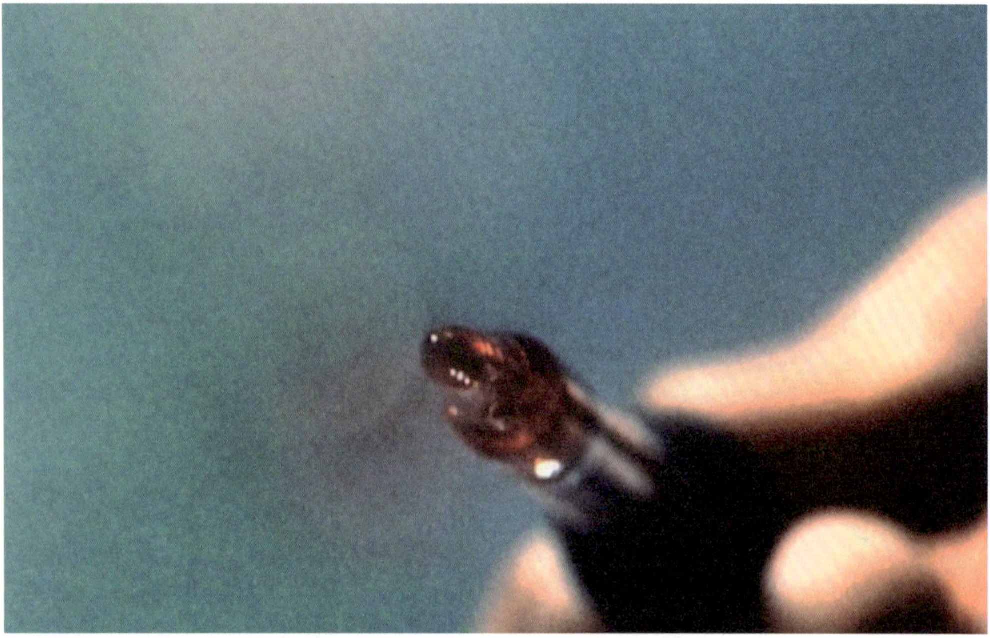

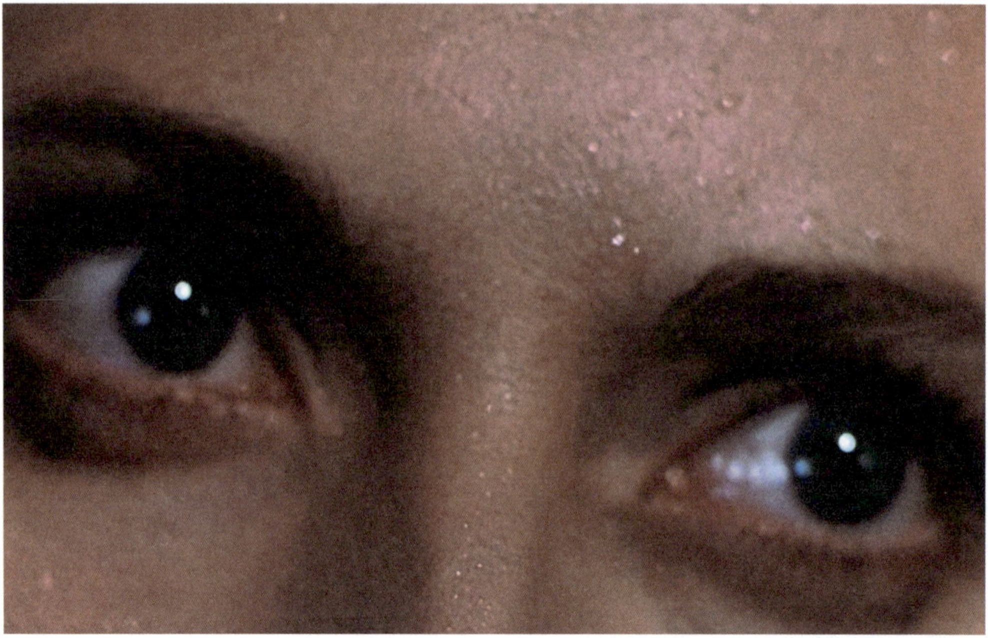

Cut (2013)

Phantombilder, Glance-Lichter

Die Fortführung des Kinos bei Christoph Girardet und Matthias Müller

«Eine relativ ausdruckslose Großaufnahme des aus dem Bild blickenden Schauspielers Ivan Mozzhuchin wird nacheinander mit Einstellungen einer Toten im Sarg, eines Tellers Suppe und eines Kindes kombiniert, woraufhin das Testpublikum angab, in Mozzhuchins Gesichtsausdruck Trauer, Hunger oder väterliche Zärtlichkeit zu erkennen.» So wird in *Reclams Sachlexikon des Films* jenes Experiment beschrieben, das der russische Avantgardefilmemacher Lew Wladimirowitsch Kuleschow in den 1920er-Jahren mit Testpublikum angestellt haben soll und das unter dem Namen «Kuleschow-Effekt» Theoriegeschichte gemacht hat. Auch wenn mitunter bezweifelt wird, dass jenes Experiment tatsächlich in dieser Form stattgefunden hat, sein Befund findet sich doch in jedem Film bestätigt: Eine einzelne Aufnahme ist nicht aussagekräftig in und für sich selbst, sondern ihr wächst erst durch die Kombination und Gegenüberstellung mit anderen Aufnahmen Bedeutung zu.

Differenz, maximal und minimal

Damit bestätigt der Kuleschow-Effekt für den Film freilich nur, was Ferdinand de Saussure ohnehin als Grundprinzip jeglicher Semiotik behauptet. Auch in der Sprache gebe es nichts als Verschiedenheiten ohne positive Einzelglieder, so der Genfer Linguist in seinen «Vorlesungen zur allgemeinen Sprachwissenschaft». So, wie sich im sprachlichen System jedes Zeichen erst dadurch definiert, wie es sich von den anderen Zeichen abhebt, so funktioniert auch die filmische Syntax über die mehr oder weniger ausgeprägten Differenzen zwischen den einzelnen Einstellungen.

Gilt diese Gleichung einer Bedeutungsproduktion durch Differenz für den Film per se, so zeigt sie sich doch selten so eindrücklich wie in den radikalen Werken des Künstlerduos Christoph Girardet und Matthias Müller, das in seinen Filmcollagen die Prinzipien der filmischen Syntax bis zum Extrem ausreizt, wenn es Bilder und Szenen aus ganz unterschiedlichen Quellen auf völlig unvorhergesehene Art zusammenfügt. Vor allem ist es der reiche Fundus der Filmgeschichte, aus dem die Künstler ihr Material nehmen. Found

Footage nennt man dieses Genre des Experimentalfilms, in dem einzelne Bilder, Szenen und Sequenzen aus einem fremden Filmkorpus herausgebrochen und neu zusammengefügt werden. Dabei sind die Fugen zwischen den Einzelteilen immer von besonderer Relevanz. Mal ist der Sprung von einem Bild zum andern maximal, wie in Cut, wo die Künstler an einer Stelle von der Rinde eines Baumes, über die Ameisen krabbeln, direkt auf die Nahaufnahme von schweißbedeckter Haut umschneiden. Dann wieder ist die Lücke zwischen den Bildern infinitesimal winzig, wie in Necrologue (einem Teil der Phoenix Tapes), in jenem kurzen Moment aus Hitchcocks Under Capricorn, in dem eine traumatisierte und zu Tode erschöpfte Ingrid Bergman aus ihrem Schlummer erwacht und ihre Augen aufschlägt. Girardet und Müller zerdehnen diesen buchstäblichen Augenblick zu einer mehrere Minuten dauernden Zeitlupe, in der jede noch so feine Regung der Augenlider und die kleinste Bewegung der hinter ihnen verborgenen Augen wahrnehmbar wird. Selbst den ruhigen Fluss des Blutes unter der Haut glaubt man erspüren zu können, vor allem aber wird jener andere Puls sichtbar, der Puls des Mediums selbst. In der Super-Zeitlupe sieht man das sanfte Pochen des Filmkorns und das unmerkliche Schwanken der Technicolorfarben zwischen den unendlich vielen Farbschattierungen des Gesichts, des Haars, des Kissens und der Dunkelheit im Hintergrund. Im scheinbar kleinsten Abstand zwischen zwei Bildern tut sich ein regelrechtes Universum von Nuancen auf. Die mikroskopische Lücke zwischen den Bildern ist hochgradig potenziert und überdeterminiert.

Fortsetzung des Melodrams mit experimentellen Mitteln

In einem Gespräch mit Isabella Rossellini, der Schauspielerin und Tochter Ingrid Bergmans, erwähnt der Regisseur Guy Maddin diesen Film von Girardet und Müller, um dabei betroffen festzustellen, dass deren Filmexperiment offenbar akkurat jenen Zustand der Erschöpfung am Rande des Todes abbildet, von dem auch Isabella Rossellini berichtet, wenn sie ihre Erinnerungen an die schwer krebskranke Mutter schildert. So entpuppt sich das scheinbar ganz und gar abstrakte Experiment von Necrologue als ebenso bewegendes wie akkurates Porträt einer Leidenden, viel erschütternder noch als Hitchcocks Kostümdrama, aus dem die hier zerlegte Szene stammt.

Die Filme von Girardet und Müller sind nicht nur kühl beobachtete Versuchsanordnungen, sondern entfalten in ihrer Präzision eine emotionale Wucht, mit der sogar das viel offensichtlicher auf Empathie ausgerichtete Erzählkino nicht mithalten kann. Abstraktion und Gefühlsaufwallung sind kein Widerspruch, sondern bedingen sich gegenseitig. Das mag denn auch die anhaltende Obsession der beiden Künstler für das Genre des Melodrams erklären. Denn auch die Melodramen des klassischen Hollywoodkinos bestechen gerade dadurch, dass sie unentwegt übersteigerte Künstlichkeit mit übersteigerter Emotionalität zu koppeln wissen. Nichts ist so fadenscheinig artifiziell wie ein Melodram und rührt trotzdem oder gerade deswegen das Publikum zu Tränen.

Dieses komplexe Verhältnis von Täuschung und Gefühl verdichtet sich denn auch im Objekt des Spiegels, dessen leitmotivische Funktion in den Melodramen von Douglas Sirk bereits oft beschrieben wurde, der aber auch sonst gleichsam emblematisch für die selbstreflexive Bildlogik des Melodrams steht. Girardet und Müller radikalisieren diese Spiegelmetapher des Melodrams in ihrem überwältigenden Kristall und dessen klirrendem Reigen unzähliger Spiegelszenen. So wie sich im Vorspann von Sirks Imitation of Life (der ja bereits im Titel auf den Spiegel anspielt) die Leinwand allmählich mit herunterrieselnden Gemmen füllt, so stoßen im Film von Girardet und Müller Filmscherben, zersplitterte Kinomomente funkelnd aneinander. Da legt Robert Taylor in Party Girl seiner Cyd Charisse vor dem Spiegel ein Juwelenhalsband um, dort schlägt Anthony Quinn in Portrait in Black Lana Turners Konterfei aus dem Spiegel, Spencer Tracy versucht, sich im Glas wiederzuerkennen, Barbara Steele senkt vor sich selbst den Blick.

Was die Filme, aus denen die Künstler ihre Edelsteine geraubt haben, über ihre gesamte Laufzeit hinweg entwickeln, komprimieren Girardet und Müller auf wenige Augenblicke. Auch Diamanten sind bekanntlich nichts anderes als unter besonderem Druck verdichtete Kohle. Die Kristallbilder Girardets und Müllers funktionieren genau so. Während man im bereits erwähnten Party Girl von Nicholas Ray erst allmählich und nur vage begreift, wie sich dieser Film um das Wechselverhältnis von weiblicher Inszenierung und männlicher Impotenz dreht, wird einem das in der Bearbeitung von Girardet und Müller schlagartig bewusst. Die fremden Filmbilder werden von den beiden Künstlern so umgeschliffen, dass das unheimliche Schillern von Frustration und Befriedigung, Lust, Angst, Gewalt, Versagen und Melancholie zugleich abstrakter und doch unvermittelter aufscheint. Doch nicht nur, dass wir sehen, wie die Figuren betört, verwirrt und hypnotisiert sind von den Glitzerdingen um sie herum, Girardet und Müller haben die Bilder aus den Filmen ihrerseits durch Scherben und Kristalle hindurch umkopiert, sodass sich die zitierten Szenen verfremden, die Körper verdoppeln und die Gesichter verziehen.

Die in den Szenen dargestellten Spiegelungen erobern also die Darstellung selbst. Das Vexierspiel greift vom Inhalt auf die Form über und totalisiert sich dadurch. Das Kunstwerk wird zur Fortsetzung und Vollendung des Melodramas mit experimentelleren Mitteln.

Der Kuleschow-Affekt

Man wird diesen Werken aber nicht gerecht, wenn man sie nur als Überhöhung einer bereits vertrauten Kinoerfahrung liest. So nah sich diese Kunstwerke auch an die Gefühlslage jener Filme anlehnen, aus denen sie sich bedient haben, und so bewegend Guy Maddins Beobachtung sein mag, dass ein Film wie Necrologue die tatsächliche Erfahrung am Sterbebett reproduziert – Girardet und Müller gehen immer noch weiter. Sie zapfen die im fremden Filmmaterial gespeicherte Emotionalität an, doch nur, um über diese noch hinauszugehen und Eindrücke zu schaffen, die man so noch nirgends erlebt hat. Das ist ja auch das, was an der eingangs zitierten Beschreibung des Kuleschow-Effekts zu unbefriedigend bleibt: Wenn es dort heißt,

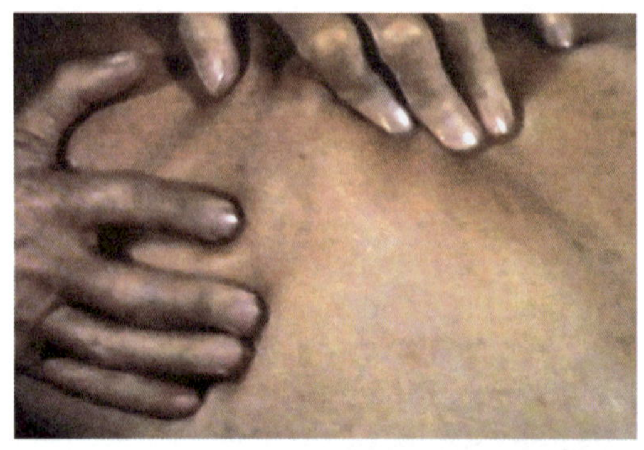

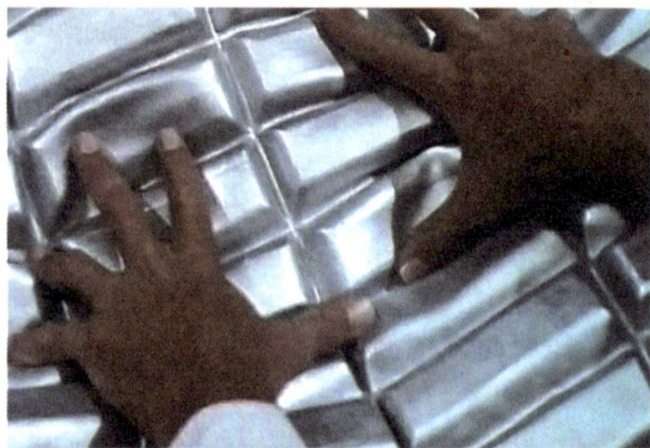

Manual (2002)

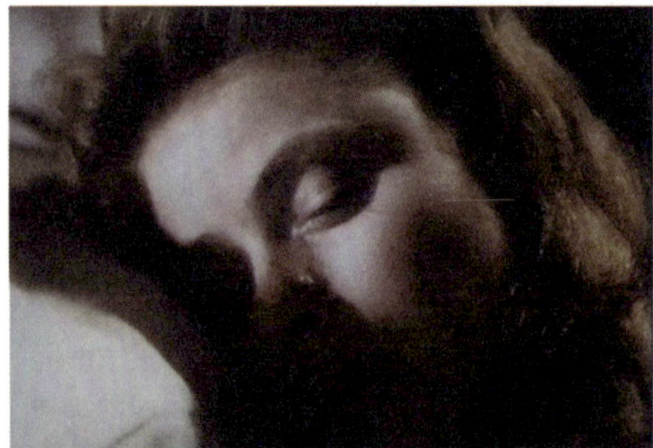

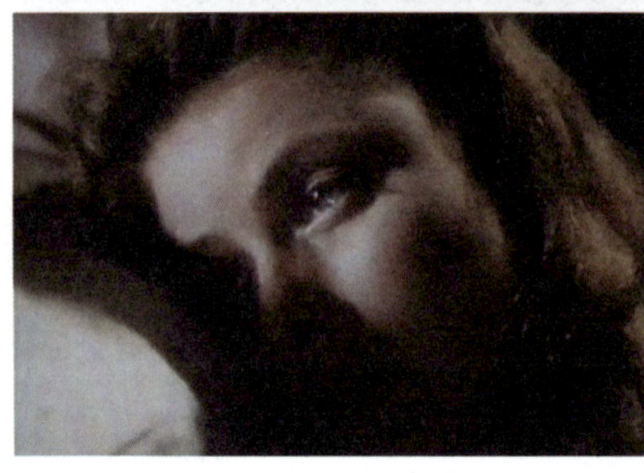

Phoenix Tapes:
#6 Necrologue (1999)

das Testpublikum habe dank der Kombination mit anderen Bildern in der ausdruckslosen Großaufnahme des Schauspielergesichts nun «Trauer, Hunger oder väterliche Zärtlichkeit» entdeckt, scheint dies allzu banal. Ist es nicht eher so, dass die Bildverkettung das Publikum in den Bildern neue Emotionen entdecken ließ, die man gar nicht so recht zu fassen wusste? Statt einfach ein bereits bekanntes Gefühl bloß abzubilden, kreiert die Bildkombinatorik von Kuleschow vielmehr neue Emotionen: Auf der Leinwand entsteht ein neuer, vorher nicht bekannter Zustand, weniger Kuleschow-Effekt als vielmehr Kuleschow-Affekt (ein Neologismus, den offenbar auch der Medienwissenschaftler Jörg Sternagel bereits verwendet hat, wenn auch mit ganz anderem Interesse). Kuleschow-Affekt - das wäre auch, was Sergej Eisenstein meint, wenn er in seiner berühmten Replik an Béla Balázs von der Schere als «Produktionsmittel» schreibt. Der Schnitt, die Montage, das Kombinieren disparater Bilder erschöpft sich nicht in der schieren Reproduktion des bereits Vorhandenen, sondern ist eigenständige Produktion, schafft Neues.

Affizierende Assoziationen

In den Found-Footage-Filmen von Christoph Girardet und Matthias Müller zeigt sich diese Produktivität, die allein vom Schnitt herrührt, in reinster Form, denn die einzelnen Bilder, ihre Inhalte und Einstellungen existierten bereits, die Künstler fügen als neues Element zuweilen einzig den Schnitt hinzu. Dieser aber verändert alles. In Manual schneiden Girardet und Müller die Bilder einer Hand auf nackter Haut zusammen mit den Bildern von einer andern Hand, die eine silberne Kunststoffmatratze knetet. Jedoch die Schnitte folgen so rasend schnell aufeinander, dass sich in den trägen Augen des Publikums die Massage des Körpers mit der Massage des Kunststoffs vermischt. Fleisch und Plastik verschmelzen - ein Anblick, der uns Zuschauende bis in die Eingeweide erschüttert und eine besondere Form der Übelkeit hervorruft, die sich gar nicht beschreiben lässt. Wir werden von einem Kuleschow-Affekt ergriffen, für den es kein Pendant und darum auch kein Vokabular jenseits dieses Films gibt.

Gilles Deleuze schreibt von der Farbe im Film, sie symbolisiere nicht Affekte (Rot für die Liebe, Grün für die Hoffnung), vielmehr sei die Filmfarbe selbst schon Affekt, ein neuer Gefühlszustand, unübersetzbar in irgendein anderes Medium. Dasselbe gilt samt und sonders für die Schnitte in den Filmen von Girardet und Müller: Auch sie symbolisieren nicht Emotionen, sondern schaffen selber neue, rätselhafte Affekte. In Cut, der nicht umsonst den Schnitt schon im Titel trägt, schneiden sie Körperbilder mit Naturaufnahmen, Anorganisches mit Organischem zusammen, sodass sich daraus eine körperliche Erfahrung ergibt, die ihresgleichen sucht: Wassertropfen, die auf Blüten fallen, assoziieren sich mit der tropfenden Medizin der Infusion, mit den Blutstropfen, die aus Wunden rinnen, und diese wiederum setzen sich fort im Wasser, das in Dario Argentos Profondo rosso aus dem Mund der Hellseherin stürzt.

Die Adern im Röntgenbild der kleinen Regan aus The Exorcist finden ihre Analogie in den verkrüppelten Ästen, die sich in Mario Bavas Maschera del demonio vor dem Gewitterhimmel abzeichnen. Und wenn die wahnsinnige Nonne aus Michael Powells Black Narcissus aus ihrer Ohnmacht wieder zu sich kommt, setzt sich ihr Augenaufschlag fort in jener spöttisch hochgezogenen Augenbraue von Dana Wynter aus Invasion of the Body Snatchers, mit der sie sich als Besessene zu erkennen gibt.

So verbinden sich die verschiedenen Gestalten und Objekte zu einem neuartigen, von rätselhaften Affekten beseelten Wesen. Die am Schneidetisch von Girardet und Müller entstehenden Körper haben ihre scharfen Konturen verloren und werden stattdessen zu dem, was Deleuze «organlose Körper» nennt - dezentrierte Leiber, die ihre Organisation abgestreift haben und stattdessen zu «Zonen der Ununterscheidbarkeit» werden, wo sich verschiedene Personen vermischen, wo technische Gerätschaft in Körperglieder übergeht und umgekehrt: Auf das Bild einer wütend unter die Haut geschobenen Kanüle antwortet die Großaufnahme eines weit geöffneten Mundes, aus dem der Atem rasselt. Die Haut ist auch ein Strumpf, den man zerreißt, der Teppich auch eine Epidermis, die blutet. Haar ist Schilf und die Kissenfüllung Eingeweide. Ein gänzlich neues Körpergefühl ereignet sich in Bildern und überträgt sich auf das sprachlose Publikum, dem nichts übrig bleibt, als sich überwältigen zu lassen von Affekten, die es nicht kennt. «Tell me what you see!» heißt es in Contre-jour, und mit gutem Grund war dies auch der Titel der Werkschau des beiden Künstler 2014 in Hannover. Eine Aufforderung von höchster Ironie - denn genau daran, übersetzen zu wollen, was sich da vor unseren Augen ereignet, scheitern wir. Die neuen Schnittaffekte lassen sich sehen und erleben, aber sie lassen sich nicht beschreiben.

Was sehen wir?

Doch selbst dieses Sehen ist instabil. So wie die neuen Affekte an den Grenzen, den prekären Schnittstellen zwischen den Aufnahmen, zwischen menschlichen, tierischen, pflanzlichen und technischen Körpern sich ereignen, so ist auch die Wahrnehmung dieser Affekte eine prekäre, fragile. Als 2001 an den Internationalen Kurzfilmtagen Winterthur spätnachts die Kurzfilme von Matthias Müller gezeigt wurden, ging die Lampe des Filmprojektors kaputt, und die Ersatzbirne, die man schließlich auftrieb, erwies sich als zu schwach. Müllers Filme waren nur schimmernd und schummrig zu sehen: ein Ärgernis für den anwesenden Filmemacher genauso wie für uns, die wir zum ersten Mal diese Filme sehen wollten und nun nur annähernd zu sehen bekamen. Und doch erweist sich rückblickend gerade der damalige Defekt des Vorführapparats als überraschend passend, gleichsam als die Vorwegnahme jenes Films, den Matthias Müller zusammen mit Christoph Girardet Jahre später unter dem Titel Contre-jour machen sollte. Das Flickern und Flackern der Projektion, das damals so störte, ist in Contre-jour intendierte Verfremdung. Die unzähligen Filmausschnitte von sich öffnenden Lidern, sich erweiternden Pupillen, Ärzten, die ihre Stirnreflektoren richten und ihren Patienten in die Augen leuchten, werden in bloßen Flashes gezeigt, als zittrige Lichtbilder, die nur kurz auflodern und wieder verlöschen. Dazwischengeschaltet ist selbst gedrehtes Material: Porträtaufnahmen von Menschen, deren dunkle Silhouetten allmählich erleuchtet werden. Ihre Gesichter werden erhellt, bis sie sich geblendet abwenden und die Hände schützend vors Gesicht halten. Sie sind Doubles von uns Zuschauenden, die wir diesen Film und seine knisternden Aufnahmen nur mit zugekniffenen Augen anzuschauen vermögen. Zweifellos sind die Augenärzte, die an den Sehwerkzeugen ihrer Patient*innen herumhantieren, auch Stellvertreter für die beiden Regisseure, diese *mad scientists*, die an ihrem Lichtpult wie auf einem Seziertisch Filme auseinander- und neu zusammenschneiden. Ihre Operationen am geöffneten Korpus der Filmgeschichte sind auch Operationen am offenen Auge des Publikums. So wie die neuen Affekte durch neue Sichtweisen bedingt sind, so wird, wer sich einmal den optischen Operationen von Girardet und Müller unterzogen hat, Filme nicht mehr sehen können wie zuvor.

Verätzte Augen, Röntgenblick, Fetischismus

«Tell me what you see!» – das ließe sich indes auch als Aufforderung an die Cinephilen verstehen, die ausgeliehenen Filmschnipsel zu identifizieren. Zerrissen zwischen dem Zwang, die Augen vor diesem Lichtgewitter in Contre-jour zu verschließen, und unserer Lust, noch genauer hinzuschauen, gucken wir durch die Finger hindurch und erblicken das sich öffnende Auge aus der Eröffnungssequenz von Michael Powells Peeping Tom, das todesstarre Auge Janet Leighs aus Psycho, erkennen, dass am Operationstisch Alida Valli aus Les Yeux sans visage steht und Ingrid Bergman aus Spellbound. Wir versuchen, uns alles einzuprägen, bis wir die schmerzenden Augen abwenden müssen, so wie der schreiende Ray Milland, der in Roger Cormans The Man with the X-ray Eyes es nicht mehr aushält, unentwegt alles sehen zu müssen.

Cinephilie – das wird einem bei Girardet und Müller klar – ist eine Art Röntgenblick, der durch die Filme hindurchdringt, sie auf der Suche nach jenen Momenten, die des Bewahrens wert sind, zerteilt und zersetzt.

So, wie in der ersten Einstellung von Contre-jour zischende Säure ins Objektiv und damit auch ins Publikumsauge tropft, so brennen sich bei Kinobesessenen einzelne Momente der Filmgeschichte in die eigene Netzhaut und Erinnerung ein. Das erlaubt uns, noch in den obskursten Filmen Augenblicke des Erhabenen zu erhaschen. Gerade mal zwei Sekunden dauert jener Moment aus dem deutschen B-Movie Der Unsichtbare, in dem eine mit Fotokamera bewaffnete Ellen Schwiers in die Kamera starrt. Doch Christoph Girardet dehnt in Delay diesen Moment zur dreieinhalbminütigen Szene und verstärkt damit jene Hypnose, die zuvor nur der obsessive Künstler in diesem flüchtigen Moment verspürt hatte.

Das entlarvt denn auch den Begriff «Found Footage», den man für solche Filme anwendet, als eigentlich irreführend. Die Rede vom «gefundenen Material» impliziert, dass einem diese Funde einfach zufällig in den Schoß fielen. Tatsächlich aber steckt hinter den Filmen von Christoph Girardet und Matthias Müller eine aufwendige archäologische Recherche, die auch als solche ausgewiesen wird, etwa wenn sie im Abspann sämtliche verwendeten Filme auflisten.

In Phoenix Tapes schließlich haben sich die beiden jenem Œuvre angenommen, das wohl wie kein anderes die Augenlust des cinephilen Publikums bis heute anstachelt. In sechs Kapiteln und in insgesamt über fünfundvierzig Minuten durchforsten die Künstler die Filme Hitchcocks, deren Bild- und Tonspuren, ihre Plätze und Objekte, Gesichter, Zeichen, Hände, Gesten, Farben und Klänge. Doch anders als beispielsweise das Internetprojekt «1000 Frames of Hitchcock», in dem jeder Hitchcock-Film in tausend Screenshots zusammengefasst ist, geht es bei Girardet-Müller nicht um Übersicht. Viel eher wird eine röntgenartige Durchsicht von Hitchcocks Werk versucht, in der sich visuelle Obsessionen und fixe Ideen des Masters of Suspense herauskristallisieren: all die Hände etwa, die nach den Dingen greifen, den Waffen, Zetteln, Ringen, Schlüsseln, Knäufen, Knöpfen, Kordeln, Tasten, Schaltern, und sich dann ballen, zittern und zucken, frustriert ob der Vergeblichkeit all dieser Gesten. Oder die vielen hilflosen, hoffnungslosen, haltlosen, lustlosen Männer, die mit ihren Müttern reden, sie anflehen, anfahren, anbeten, anklagen,

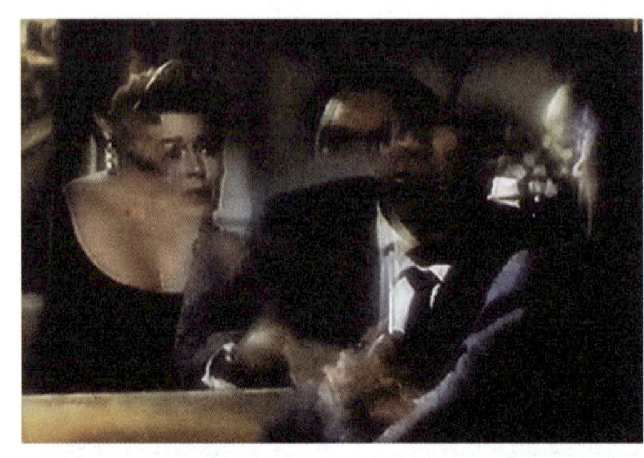

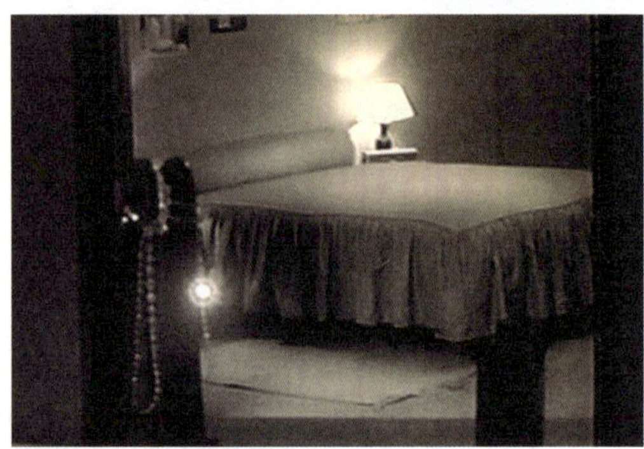

Kristall (2006)

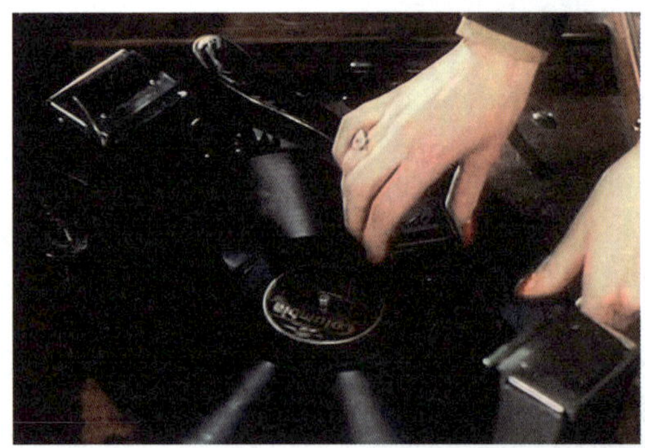

Scratch (2002)
von Christoph Girardet

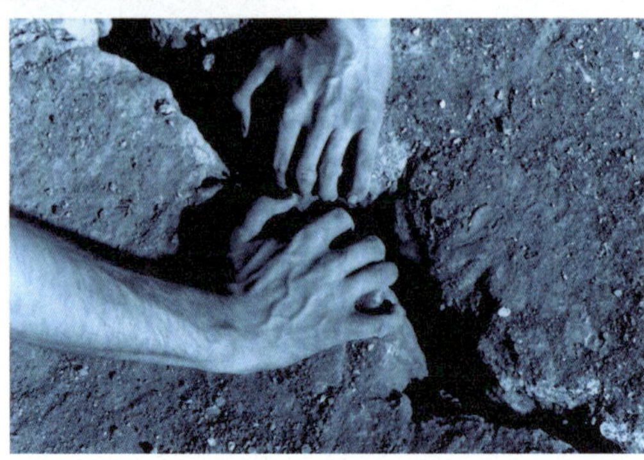

Sleepy Haven (1993)
von Matthias Müller

ihre müden, matten, gelangweilten, grimmigen, gierigen, grausigen, grinsenden, lästernden, lachenden Mütter.

Ein regelrechtes Kabinett der Pathologien entsteht so. Zugleich aber wird die Cinephilie als ebenfalls pathologisch und gewaltätig entlarvt. Indem die Cinephilen Filme in Lieblingsszenen zerstückeln, ähneln sie den Mörderinnen und Chirurgen, die mit ihren Messern und Skalpellen Körper auf- und zerschneiden. Der lebende, laufende Film muss gestoppt, unterbrochen, zerteilt und abgetötet werden, damit man ihm seine Einzelbilder und Einzelszenen entreißen kann.

Das ist es, was die Cinephilen in ihren Erinnerungen mit den geliebten Filmen anstellen. Girardet-Müller führen nur auf dem Schneidetisch aus, was wir in unseren Köpfen unentwegt tun. Die Lust am Kino erweist sich als Fetischismus, der sich an Partialobjekten, an einzelnen Szenen aufgeilt und dabei gar nicht mehr interessiert ist am Film als Ganzen. In Kristall gibt es eine Sequenz, in der ein leeres Schlafzimmer in einem Spiegel reflektiert wird, vor dem Spiegel aber hängt eine Schmuckkette. Da sich die Kamera langsam bewegt, verändert sich der Lichteinfall, und plötzlich erscheint ein Reflex auf einem der Edelsteine der Kette, ein Leuchten, ein Glanz trifft unser Auge. Es ist ein wunderbarer Moment, buchstäblich eine Epiphanie und zugleich exemplarischer Fall des hier zelebrierten Fetischismus.

Der Glanz auf der Kette in Kristall erinnert mich an jenen besonderen «Glanz auf der Nase», von dem einer von Freuds Patienten so besessen war und mit dessen Fall Freud seinen Aufsatz «Fetischismus» von 1927 eröffnet. Als Freud erfährt, dass sein Patient in England geboren wurde, wird ihm allmählich klar: «Der aus den ersten Kinderzeiten stammende Fetisch war nicht deutsch, sondern englisch zu lesen, der «Glanz auf der Nase» war eigentlich ein «Blick auf die Nase» (glance = Blick), die Nase war also der Fetisch, dem er übrigens nach seinem Belieben jenes besondere Glanzlicht verlieh, das andere nicht wahrnehmen konnten.»

Der Blick, der *glance,* erschafft den Glanz des Fetisch. Es braucht den besonderen Blick von Christoph Girardet und Matthias Müller, um jenes Glanzlicht im Filmmaterial aufzuspüren, das – wie Freud es formuliert – «andere nicht wahrnehmen konnten». Doch der Blick, der diesen Moment aufgespürt hat, war nie neutral in seiner Akribie. Er ist es vielmehr selbst, der den Glanz erst zum Leuchten bringt. Was wir im Glanz auf der Kette leuchten sehen, ist der Schimmer unseres eigenen fetischistischen Blicks.

Tote Stellen

So zelebrieren die beiden Künstler in einer Art *folie à deux* diese fetischistische Lust an der filmischen Einzelheit und reflektieren zugleich diese Lust äußerst kritisch und mit großer Ironie. Denn oft genug sind es gerade die unscheinbaren, die vermeintlich nichtssagenden Filmstellen, auf die es die beiden in ihren Found-Footage-Werken abgesehen haben. Filmverrückte Kinooperateure haben in der Vergangenheit ikonische Momente wie etwa die Kussszenen aus Casablanca aus Filmkopien herausgeschnitten, Girardet und Müller hingegen sind an solch offenkundigen Höhepunkten nicht interessiert. In Scratch hat Christoph Girardet lauter Filmmomente zusammengetragen, in denen sich Schallplatten drehen. Auf der Tonspur ist dazu nur das Knistern der leeren Rille zu hören. Die immer wieder im Loop sich wiederholenden Minisequenzen sind selbst wie eine hakende Platte, die nicht weiterkommt. Eine irr sich drehende Endlosschlaufe, genauso wie der sich aus lauter Aufnahmen von Uhren zusammengesetzte 60 Seconds, wo man zuschauen kann, wie der Sekundenzeiger einmal rundherum und dabei durch sechzig Filme durchgeht.

Auch im Gemeinschaftswerk Play sind es solche tote Momente, auf denen Girardet und Müller beharren. Das titelgebende Theaterstück auf der Bühne ist gar nie zu sehen, sondern stattdessen immer nur verschiedene Vorführräume und ein Publikum, das mal ergriffen klatscht, dann frenetisch applaudiert, das aufsteht, sich wieder setzt, auf dem Sitz nach vorne rückt, sich zurücklehnt, das gespannt ist, entrüstet, schockiert, gelangweilt und wartet. Das Verblüffende aber ist, dass aus der Aneinanderreihung solch toter Momente sich ein eigentliches Drama ergibt. Die Vorführung, die das Publikum vor unseren Augen veranstaltet, ist mysteriöser und spannender, als es die Szenen auf der Bühne je sein könnten. So wie der Glanz der Bilder vom *glance* unseres Blicks herrührt, so entpuppt sich hier das Publikum als das, was es eigentlich zu betrachten gilt. Was jenseits der Aufführung, gleichsam im toten Winkel der Vorfführung geschieht, ist das wahrhaft Spannende.

Auch in den rätselhaften, diesmal nicht aus fremdem Filmmaterial stammenden, sondern selbst gedrehten Tableaus von Mirror scheint man in jenen Limbus geraten zu sein, in jenem toten Moment, der sich zwischen zwei Aktionen auftut: Ein Mann, eine Frau, sie im Cocktailkleid, er in Anzug und Krawatte, stehen verloren in leeren Räumen, warten darauf, dass etwas passiere, oder sinnieren über das nach, was eben geschehen ist. Jedoch das, was wir sehen, ist immer nur die tote Zeit, der tote Raum dazwischen. Es gibt nichts als diesen Zwischenraum.

Anders als in ihren Found-Footage-Arbeiten haben die Künstler hier nicht die dominierenden Handlungen wegschneiden müssen, um die toten Stellen freizulegen. Sie haben die Wartezeiten eigens inszeniert und nichts als diese. Das Dazwischen ist die einzig vorhandene Attraktion. Erst allmählich erkennen wir beim Betrachten dieses Films, dass sich jeweils in der Mitte der Bilder eine haardünne Line auftut, ein Riss wie eine Spiegelachse. In ihren Collagen ließen Girardet-Müller immer schon fremde Bilder neu aneinanderstoßen, um dadurch neue Kuleschow-Affekte zu produzieren. Hier nun ist die Kante, an der sich die Bilder aneinanderreiben, als deren Mittelpunkt und Hauptsache ins Bild hineingesetzt.

Extremste Visualisierung eines solchen toten Zwischenreichs aber sind schließlich jene Bilder, die gar keine sind: all die vielen Schwarzbilder, mit denen die beiden ihre Filme immer wieder skandieren. Es sind Pausen, in denen der Atem der Bilder angehalten wird, sich ein schwarzer Abgrund auftut wie einst in der aufbrechenden Erde aus Matthias Müllers frühem Aus der Ferne – The Memo Book oder jenem Riss im Boden aus Sleepy Haven.

In solchen schwarzen Nichtbildern indes wimmelt es von Kuleschow-Affekten besonders gerne. Aufgrund der Nachbildwirkung hallt im Dunklen das eben Gesehene noch nach. Unsere Erwartung jedoch projiziert auf die schwarze Leinwand, was erst noch folgen wird, so wie in Maybe Siam, wo wir lauter Filmszenen mit Blinden zuerst nur zu hören kriegen, ehe wir sie dann - nun aber stumm - auch noch gezeigt bekommen.

Vor allem aber entfalten sich in den schwarzen Pausen all jene Bilder die man gar nicht gesehen hat und auch nicht sehen wird, die aber trotzdem in unserem Kopf herumspuken. In einer Art von optischem Phantomschmerz vergegenwärtigt das Schwarzbild die abwesenden Filmglieder. In den vielen Aufnahmen von Körperwunden etwa, wie man sie in Cut zu sehen bekommt, wird man all die berühmten Bilder nicht finden, die man erwarten könnte: weder das ausgeschlagene Auge aus Eisensteins Panzerkreuzer Potemkin noch der zerschnittene Augapfel von Buñuel und Dalí; weder das Messer aus Hitchcocks Psycho, noch der sich öffnende Leib aus Cronenbergs Videodrome. Die beiden Künstler wissen, dass wir diese Phantombilder ohnehin schon immer mit uns herumtragen, eingeätzt in unser von der Filmgeschichte verstrahltes Auge und Gehirn. Warum sie also noch zeigen, wenn wir sie ohnehin schon in uns tragen?

So wird die Verweigerung dieser Bilder zum finalen Coup von Christoph Girardet und Matthias Müller. Spätestens hier, wo wir nicht anders können, als auf den schwarzen Screen unser eigenes Found Footage zu projizieren, haben diese Filme uns restlos in ihrer Gewalt. Sogar unsere Erinnerungen haben sie sich einverleibt und spielen mit ihnen. Wir selber sind es, die man rettungslos eingenäht hat, in die Lücke zwischen den Bildern.

Gilles Deleuze: Das Bewegungs-Bild: Kino 1. Frankfurt a. M. 1989.

Sergej M. Eisenstein: Jenseits der Einstellung. Schriften zur Filmtheorie. Frankfurt a. M. 2006.

Sigmund Freud: «Fetischismus» (1927) in: Gesammelte Werke XIV. London 1948.

Christoph Girardet: A Stolen Life. Found Footage 1991–2003. Freiburg 2003.

Christoph Girardet, Matthias Müller: Tell Me What You See. Hannover 2014.

Jens Hinrichsen: Christoph Girardet. Hannover 2012.

Thomas Koebner (Hg.): Reclams Sachlexikon des Films. Stuttgart 2011.

Matthias Müller: Album. Film, Video, Photography. Frankfurt a. M. 2004.

Ferdinand de Saussure: Grundfragen der allgemeinen Sprachwissenschaft. Berlin 1967.

«Black Maria» – erstes Filmstudio
von Thomas A. Edison, 1892

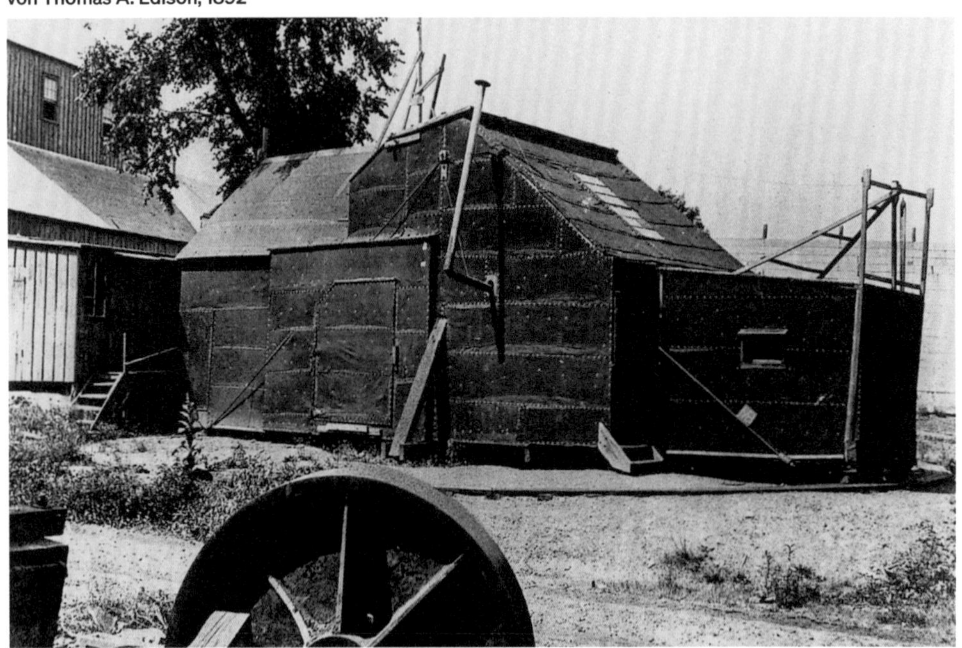

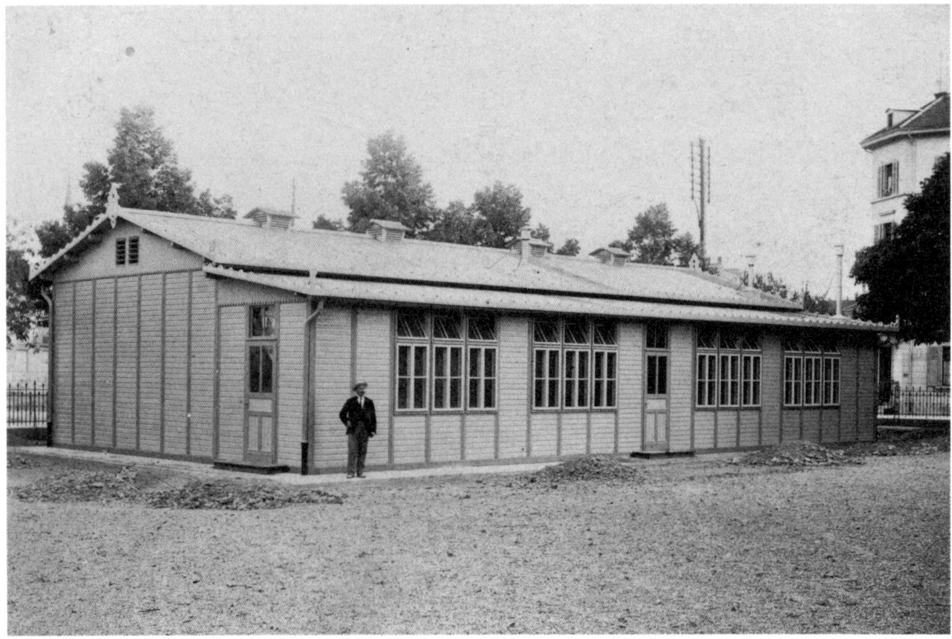

Fissler Pavillon beim Schulhaus Kanzlei
Zürich, 1904 – heute: Kino Xenix

Kino als Hütte

Vom Potenzial des Vorführraums

Zwischen den mehr oder weniger prunkvollen Kinos der Stadt Zürich muss die bescheidene Baracke des Kino Xenix zwangsläufig auffallen. Der einfache Holzbau ist mit seinen 120 Jahren nur wenig jünger als der Film - ein durchaus sinniges Zusammentreffen. Denn vielleicht ist die Hütte gerade als Provisorium die ideale Heimat eines Mediums, das sich nie durch Stabilität, sondern durch andauernde Beweglichkeit ausgezeichnet hat. So ist denn eine Baracke wie die des Xenix mehr als nur das Behältnis eines Programmkinos: sie ist Kommentar zu Geschichte und Wesen des Films.

Kino: Ort/Film

Spricht die Filmwissenschaft (oder auch die Filmkritik) vom «Kino», dann meint sie nur selten das gleichnamige Gebäude, sondern meistens das, was in ihm drin geschieht. Kino als Name für ein Erlebnis, für ein Medium und nicht für einen Ort.

In diesem Sprachgebrauch drückt sich die Auffassung aus, dass Kinoarchitektur kein eigentlicher Gegenstand der Filmbetrachtung darstellt. Der Raum, in welchem Filme vorgeführt werden, erscheint vielmehr als auswechselbarer Rahmen, der allenfalls die Soziologie, nicht aber die Filmbegeisterten zu interessieren hat. Diese Ansicht ist so verbreitet, dass man meinen könnte, sie habe immer schon vorgeherrscht. Doch das Gegenteil ist der Fall. In den frühen Kommentaren zum neuen Medium und den ersten Versuchen zur Theoretisierung erscheint Film immer wieder als innig verknüpft mit den Räumlichkeiten seiner Vorführung. Bereits in Maxim Gorkijs Beschreibung eines Besuchs des «Cinématographe Lumière» in Niznij Novgorod am 4. Juli 1896 überlagert sich das Erleben des bewegten Bildes mit dem Erleben des Vorführraums. Jenes «Reich der Schatten», von dem Gorkij schreibt, bezeichnet sowohl die lautlose und graue Welt auf der Leinwand als auch das Zwielicht des Filmtheaters selbst. Im diffusen Schattenspiel hier wie dort verwischt sich die Scheidung von Raum und Bild.

Es wäre zu simpel, diese Vermischung als mangelnde (theoretische) Schärfe auslegen zu wollen. Denn vielleicht ist gerade die heute gängige Auffassung, die das Medium des Films als isoliertes, ideales Objekt betrachtet, abseits von solchen «Begleiterscheinungen» wie Vorführraum und Kinogebäude, die eigentlich naive.

Medium des Mediums

Gerade wenn man sich ganz aufs Medium Film zu konzentrieren versucht, begeht man also paradoxerweise einen medientheoretischen Fauxpas. Man übersieht, dass der Film selbst wieder in ein weiteres (architektonisches) Medium eingelassen ist – in ein Medium des Mediums. Nun sind aber Medien nicht simple Behältnisse, sondern formen das, was sie angeblich «bloß» übermitteln sollen, wesentlich mit. Statt zu transportieren, transformieren sie. Es ist somit anzunehmen, dass auch zwischen dem Medium des Films und dem Medium der Architektur darum herum nicht bloß ein zufälliges, sondern ein produktives Verhältnis besteht.

Schon die Märkte, Messen und Wanderzirkusse, an denen das «Kinotheater» entstand, waren nicht bloße Schauplätze ohne Einfluss auf das, was da vorgeführt wurde. Sie waren vielmehr eigentliche Settings, welche die gezeigten Filme, deren Form und Inhalt formierten, die aber auch umgekehrt von diesen bestimmt wurden. Film und Raum der Vorführung führen somit einen intensiven Dialog.

Die Kurzfilme des Kinopioniers Georges Méliès, wie etwa Un homme de têtes von 1898 oder L'homme à la tête de caoutchouc von 1901, werden nicht nur im Umfeld des Varietés gezeigt, sie sind vielmehr selbst offensichtliche Varieténummern, in denen der Regisseur auftritt wie der Illusionist auf der Bühne. Acht Jahre später scheint Méliès mit seinem erstaunlichen Le locataire diabolique gar die fragilen, immer in Metamorphose begriffenen Räumlichkeiten des Jahrmarktes und Wandervarietés zur eigentlichen Filmhandlung zu machen.

So wie der «diabolische Mieter» in einem gewöhnlichen Wohnraum Einzug hält und aus seinen Koffern und Kisten ein ganzes Interieur samt familiärer Belegschaft herauszaubert, so verfährt auch der Wanderzirkus mit dem Dorfplatz, aus dessen vormals leerer

Mitte er Fabeltiere und Wunderwerke aufsteigen lässt. Und auch die Filme der Gebrüder Lumière, diesen scheinbar so eindeutigen Antipoden zum Phantasten Méliès, erscheinen – in solchem Umfeld gezeigt – nicht einem dokumentarischen Realismus verpflichtet, sondern entfalten phantastische Illusionen, welche ihrerseits den Raum ihrer Vorführung so radikal erweitern, dass die Zuschauenden darob verblüfft sind. Die unerhörten Bilder des Films verzaubern den Raum, und umgekehrt macht der karnevaleske Ort aus dem Film ein Spektakel.

Heterotopie Kino

Michel Foucault hat den Begriff der Heterotopie für Orte geprägt, wo das Wunder in der realen Welt statthat. Diese paradoxen Örtlichkeiten sind «Gegenorte (...), tatsächlich verwirklichte Utopien, in denen die realen Orte, all die anderen realen Orte, die man in einer Kultur finden kann, zugleich repräsentiert, infrage gestellt und ins Gegenteil verkehrt werden. Es sind gleichsam Orte, die außerhalb aller Orte liegen, obwohl sie sich durchaus lokalisieren lassen.» Foucault führt den Jahrmarkt als ein Beispiel für solch einen Gegenort an, der ohne festen Platz und doch lokalisierbar ist. Umso mehr ist das Zelt oder der Bretterverhau, in welchem der Kinematograph steht, ein Gegenort.

Foucault selbst erwähnt darum auch das Kino als Beispiel einer Heterotopie mit der «Fähigkeit, mehrere reale Räume, mehrere Orte, die eigentlich nicht miteinander verträglich sind, an einem einzigen Ort nebeneinander zu stellen.»

Der Film, der im heterotopen Kinoraum vorgeführt wird, präsentiert somit weitere, noch extremere Heterotopien. Der Blick der Zuschauenden gewinnt Ausblicke auf unwirkliche und doch sichtbare Räume, tief und doch so flach wie die Leinwand. Das Kino – weder profane Realität noch totale Illusion – ist eine Wunderkammer. Wie der Name sagt, ein paradoxes, eben heterotopes Gebilde, zusammengesetzt aus glitzerndem Wunder und ärmlicher Kammer. Eine Hütte voller Schätze.

Wunder-Kammern

In der Tat ließe sich die frühe Geschichte des Films als eine Erzählung von solchen Schatzkammern, solch heterotopen Hütten, in denen Wunder zur Welt kommen, lesen.

Diese Erzählung beginnt indes sogar noch vor dem Film mit jener berühmten Kammer nämlich, der Camera obscura, in welche durch ein winziges Loch das Licht einfällt, um so auf der Innenwand die äußere Welt verkehrt abzubilden. Von diesem obskuren Kasten, welcher aus der alltäglichen Umwelt ein optisches Wunder macht, stammen denn all die andern Kästen, Kammern und Hütten der Filmgeschichte ab.

So wie die Camera obscura zugleich Vorführ- als auch Produktionsraum ist, so sind auch die Kammern und Hütten, in welchen man die ersten Filme *projiziert*, mit jenen verwandt, in denen man sie *produziert*. Die «Black Maria» auf dem Fabrikgelände von Thomas Edison, das erste professionelle Filmstudio der Welt, war nichts als ein mit schwarzem Tuch verhangener Bretterverschlag, eine unansehnliche Hütte, deren Äußeres in keiner Weise jenes Faszinosum versprach, das im Inneren produziert wurde. Und ebenso wenig attraktiv war jene alte Taverne, in welcher 1911 die «Nestor Company» das erste Filmstudio Hollywoods eröffnete.

Von der Hütte zum Palast

Doch mit der Etablierung des neuen Mediums schien man dessen ärmliche Ursprünge vergessen machen zu wollen. Aus den Bretterbuden, in denen die frühen Filmstudios hausten, wurden rasch opulente Anwesen mit schmiedeisernen Toren und livrierten Portiers. Der Produzent David O. Selznick schließlich präsentierte in den Vorspanns seiner Filme das eigene Studio gar als herrschaftliche Villa: ein aristokratischer Prunkbau ganz im Stile seines Erfolgsfilms Gone with the Wind.

Eine irritierende Naivität drückt sich darin aus, die den Unterschied zwischen filmischer Illusion und realem Bau verkennt und damit auch das produktive Oszillieren zwischen beidem. Die Hütte hingegen, in welcher das filmische Medium entstand und in welcher es zu Anfang gezeigt wurde, hatte dieses Oszillieren besonders scharf akzentuiert. Doch solchen Ambivalenzen sollten neue Räume den Garaus machen. So, wie die Barackenstudios den luxuriösen Firmenparks weichen mussten, so ersetzten wuchtige Kinopaläste die umherziehenden Kinematographen und eilig zusammengezimmerten Filmtheater.

Kino/Kathedrale

Siegfried Kracauer zeigt sich in seinem Aufsatz «Kult der Zerstreuung» von 1926 als besonders aufmerksam für jene Überhöhungen, welche aus den ambivalenten Wunderkammern des Films nun eigentliche Paläste machen wollten. Dieser «gepflegte Prunk der Oberfläche», so stellt Kracauer fest, wird die Filmhütte demnächst gar in eine Kinokirche verwandeln. «Der architektonische Rahmen schon neigt zur Betonung der Würde, die den oberen Kunstinstitutionen eignete. Er beliebt das Gehobene und Sakrale, als umfinge er Gebilde von ewiger Dauer; noch ein Schritt weiter, und die Weihkerzen leuchten.»

Kracauers frühe Prophezeiung sollte von den kommenden Kinoarchitekturen nur bestätigt werden. Nicht zufällig lautet der Titel einer 1980 erschienenen Monographie über die englische Kinoarchitektur «Cathedrals of the Movies». Der Vergleich von Kino und Kathedrale, den Kracauer bereits nahelegte, entwickelt sich zum bis heute immer wieder bestätigten Topos. Und in der Tat scheint einiges für diese Identifizierung zu sprechen. Wie die Kathedrale als allgemein zugängliches Erzählbuch für den Gläubigen des Mittelalters fungiert, als ein - mit den Worten Victor Hugos - «festes und dauerhaftes Buch aus Stein», so funktioniert das Kino als Bilderbuch der modernen Masse.

Aus so einem Vergleich ergibt sich indes bereits die notwendige Kritik an dieser «sakralen» Kinoarchitektur. Denn so wie die Geschichten, welche der Gottespalast mit seinem Bau erzählt, eine bestimmte ideologische Funktion haben, so müsste dieser

Ideologieverdacht auch den Kathedralen des Kinos gelten. Kracauer kritisiert die neuen Tempel des Films: Solcher Architektur würden «reaktionäre Tendenzen» innewohnen. Der Prunk des Kinoraums gaukle die Unversehrtheit einer idealistischen Kultur vor, welche eigentlich schon längst nicht mehr existiere. Anstatt «Abbild des unbeherrschten Durcheinanders unserer Welt» zu sein, umhänge man dieses mit «Draperien» und zwinge es zurück «in eine Einheit, die es gar nicht mehr gibt. Statt zum Zerfall sich zu bekennen, den darzustellen ihnen obläge, kleben sie die Stücke nachträglich zusammen und bieten sie als gewachsene Schöpfung an.»

Die Eliminierung des Kinoraums

Kracauer scheint indes zu übersehen, dass die Ambivalenzen und Unbeständigkeiten der Gegenwart, die er in der Kinovorführung repräsentiert sehen möchte, dem Medium und seinem Raum schon von allem Anfang an innewohnten.

Die alten Hütten des Kinos, ebenso schnell gebaut wie abgerissen, hatten sie nicht jene Unbeständigkeiten der Gegenwart offensichtlich gemacht, welche die späteren Lichtspielpaläste zu verbergen versuchen? Doch statt sich auf diese Alternative einer früheren, heterotopen Kinoarchitektur zu besinnen, fordert Kracauer eher, das Kino als Gebäude möglichst zum Verschwinden zu bringen. So propagiert er einen Kinoraum, der (zumindest optisch) ebenso flach sein soll wie das projizierte Bild. Nur die «Räumlichkeit des auf der Leinwand Gezeigten» ist diejenige, die er gelten lässt. Den Raum des Kinos hingegen sieht er höchstens als Konkurrenz, als negative Ablenkung zu jenem des Films.

Mit seiner Forderung nach einem Kinoraum, der sich vollständig dem Bild unterwirft, propagiert Kracauer jedoch nun selber eine Glattheit und Homogenität, die er zuvor als reaktionär deklassierte. Nur dass er nun statt dem Palastbau das Filmbild zur einzig gültigen Vergleichsgröße erklärt, der sich alles andere anzupassen hat. Eine produktive Verschränkung von Raum und Bild wird hingegen auch in dieser geforderten Ausschaltung des physikalischen Raums nicht erreicht. Statt als wesentlicher Bestandteil des Filmerlebnisses wird der Raum des Kinos zur Störung erklärt, die es soweit als möglich zu eliminieren gilt.

Diese Vorstellung, die bei Kracauer erst angedacht wird, findet sich schließlich 1971 vollständig ausformuliert in Peter Kubelkas Traum eines «Invisible Cinema», das im gleichnamigen Manifest des Kollektivs der «Anthology Film Archives» skizziert wird: Ein angeblich idealer Kinoraum wird hier vorgestellt, in dem sich das Publikum ganz auf Bild und Ton konzentrieren könne. Wie wohl kaum ein anderer macht dieser Text endlich den Kinoraum zum Thema der Filmtheorie, doch leider nur, um sogleich seine Eliminierung zu fordern: «Der Betrachter sollte keinerlei Gefühl bekommen für die Gegenwart von Wänden oder die Größe des Zuschauerraums als seinen Anhalt für Größe und Abstand. Es sollte nur die weiße Leinwand haben, in Dunkelheit isoliert. (...) Alle Elemente des Kinos sind schwarz: der Bodenbelag, die Sitze, die Wände, die Decke. Sitzhauben und der Anstieg der Reihen schützen den Blick auf die Leinwand vor Behinderung durch die Köpfe der davor Sitzenden. Blenden schließen die Möglichkeit seitlicher Ablenkung aus. Wir nennen es das Unsichtbare Kino.»

Hatte für Kracauer immerhin noch ein Zweifel bestanden, inwiefern sich Film und Raum gegenseitig in die Quere kommen, so werden hier die beiden endgültig als Gegensätze gedacht. Will man den Film sehen, gilt es, den Raum als spür- und erlebbaren Ort zu vernichten. Der Lohn für jene Unsichtbarkeit des Kinos soll die unentrinnbare Permanenz des Visuellen sein. Das unsichtbare Kino entpuppt sich damit als eigentlich erschreckende Sehmaschine, in die das Publikum eingespannt und von allen anderen Eindrücken abgeschnitten werden soll. Regungslos in den weichen Sitz wie in eine bequeme Zwangsjacke geschnürt, werden die Zuschauenden isoliert. Und werden zusätzlich auf einen bloß aus Augen und Ohren bestehenden Wahrnehmungsapparat reduziert. Warum nicht noch weitergehen und die auf einzelne Rezeptoren reduzierten Sehsubjekte gleich ganz durch selbstsehende Maschinen ersetzen, wie es Paul Virilio in seiner Analyse von Kino als Kriegstechnik beschreibt?

Verlautbarungen und Bewegungen des Körpers der Zuschauenden sind aus solcher Perspektive nur Störungen des Filmerlebnisses. Wie Christian Metz argumentiert hat, sind körperliche Aktivität der Zuschauenden während einer Filmvorführung und ihre akustischen Einwürfe in der Tat weniger Zeichen für totale Versunkenheit in der Fiktion als vielmehr gerade das Gegenteil, nämlich eigentliche Schutzmaßnahmen gegen den Film. Insofern fungieren die Artikulationen des Publikums also tatsächlich als Störung des Films. Aber gehören solche Versuche, die filmische Illusion abzuwehren, nicht gerade zum Filmerlebnis dazu?

Für eine «politique des collaborateurs»

Im «unsichtbaren Kino» sollen die Körper der Zuschauenden unsichtbar gemacht werden. Und mithin sogar der Körper des Films, denn hier - so fordert das Manifest - sollen nur Kopien von idealer Qualität gezeigt werden, ohne Kratzspuren, Ausbleichungen, ohne all das also, was auf eine Materialität des Films, auf die Körperlichkeit des Filmmaterials verweisen könnte. «Wo sonst kann man Filme genau so sehen wie der Autor sie machte?» lautet schließlich die rhetorische Frage der Autoren. Dieses letzte Argument zugunsten eines «unsichtbaren Kinos» ist nun aber genau der Punkt, an dem sich die Problematik des ganzen Vorhabens zeigen lässt. Die Eliminierung des Kinoraums wird hier als direkte Konsequenz aus den Forderungen einer Autorenpolitik des Films. Die Auffassung aber, die sich in der Formulierung «... wie der Autor sie machte» zu erkennen gibt, erweist sich als fatale Verkürzung, die in der Regieperson den alleinigen Ursprung eines Films sieht.

Doch ein Film ist niemals das Produkt eines oder einer Einzelnen, sondern wird ständig mitbestimmt von all seinen Mitarbeitenden, aber auch von den technischen Möglichkeiten, vom Material des Films und der Linse der Kamera, vom Licht der Sonne und den Launen der Stars.

Statt einer «politique des auteurs» wäre also vielmehr eine «politique des collaborateurs» betreiben - wie das Walt R. Vian, der

Show People (1928)
Regie: William Wellman

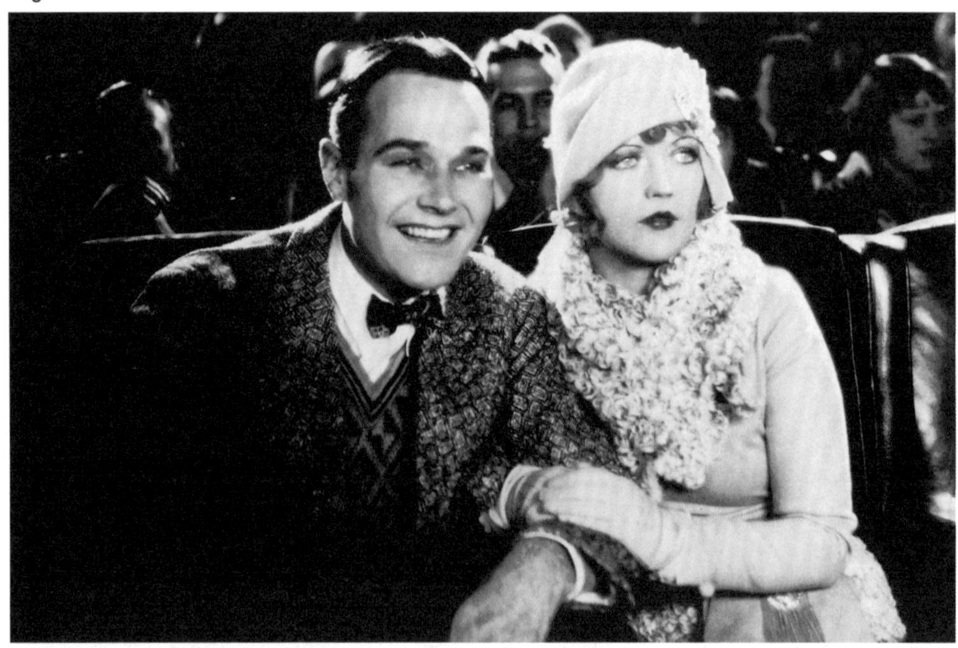

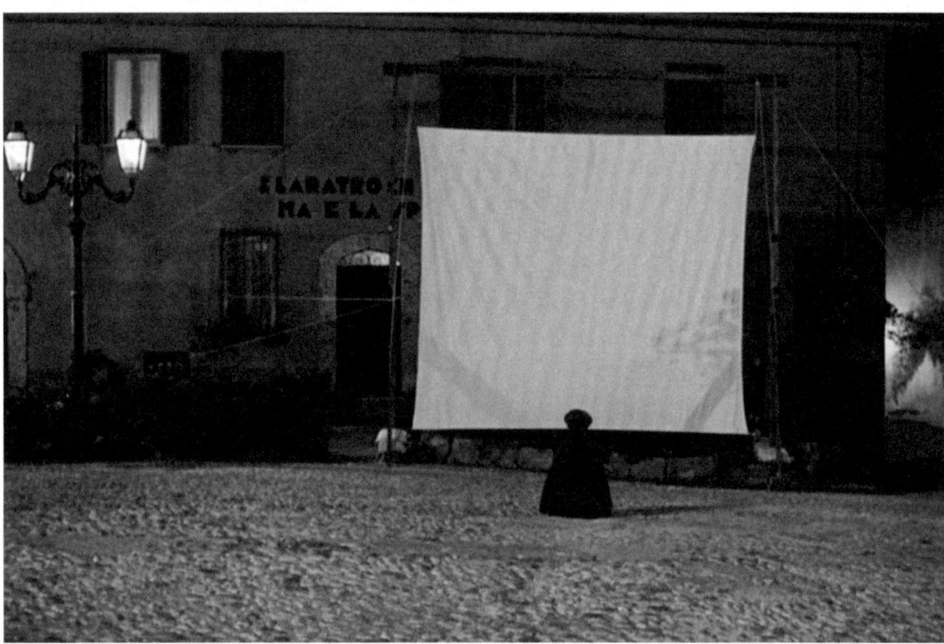

Splendor (1989)
Regie: Ettore Scola

einstige Chefredaktor der Zeitschrift Filmbulletin jeweils genannt hat. Eine Politik der Zusammenarbeit, welche all die vielfältigen personellen Einflüsse, die einen Film formieren, anerkennt. Und in einer solchen «politique des collaborateurs» müsste denn schließlich auch der Raum des Kinos berücksichtigt werden, nicht als eine dem Film äußerliche Bedingung, sondern als aktiver Mitgestalter.

Potenziale, Provisorien

Wir sollte also für heterotopes Neben-, oder genauer: Ineinander von Filmraum und Kinoraum wieder eintreten, statt deren Separierung zu betreiben. Dieses Eintreten wäre nicht zuletzt auch eine politische Handlung. Das heterotope Vermischen verschiedener Orte selbst ist dieses Politische, indem mit Orten ja auch soziale, ideologische, diskursive Orte gemeint sind, die es zu hybridiseren, zu verbinden und neu voneinander zu differenzieren gilt.

Das Kino könnte gleich in doppelter Hinsicht ein solcher «anderer Raum» sein: Zum einen eröffnen bestimmte Filme selbst einen neuen Denkraum, einen filmischen Möglichkeitsraum, von dem Gilles Deleuze (in Bezug auf die Filme Michelangelo Antonionis) sagte: «Er (der Raum) hat keine Koordinaten mehr, er ist reines Potenzial.»

Doch zum andern konzentriert sich dieses Potenzial nicht mehr nur auf der Leinwand, sondern entsteht auch im Vorführraum, in dem es verschiedene Personen als sein Publikum versammelt. Der Kinoraum könnte innerhalb eines reglementierten Territoriums wie dem einer Stadt, sowie innerhalb der verkrusteten sozialen Gefüge einer Gesellschaft einen Gegenort aufreißen. Das Kino als Gegenort wäre dann nicht bloß temporäre Ausflucht aus den starren Zusammenhängen des Alltags, sondern ein Riss, eine Lücke mitten in diesen erstarrten Zusammenhängen drin, ein Ort der Potenzialität.

In der urbanen Schweiz war es die Bewegung der 1980er, die sich besonders sensibel für solche Gegenorte zeigte. Aus eben dieser Bewegung heraus entstand auch der Filmclub Xenix. In seinen ersten Jahren hatte dieses Kino des Aufbruchs verschiedene Domizile gehabt und war damit eines, das nicht nur mit seinen Programmen gegen Stillstand antrat, sondern auch selbst ganz konkret in Bewegung war, als Wanderkino, wie zu Beginn der Filmgeschichte. Und selbst später hat sich das Xenix dies erhalten: Ausgerechnet in einer Holzbaracke, einem Provisorium, dessen Nutzungsdauer ursprünglich nur auf fünf Jahre angelegt war, hat sich das Xenix schließlich bis heute installiert. In einer Hütte also, welche all die Hütten, in denen die Filmgeschichte ihren Anfang nahm, wieder in Erinnerung ruft: den Lumièreschen Kinematoghraphen-Kasten und Méliès' Wanderbühne, Edisons «Black Maria» und die ersten Schuppen in Hollywood. Das Kino, welches in solchen Räumen stattfindet, ist weder reaktionär sakral, noch versucht es, den Film seinen divergenten Zusammenhängen zu entreißen. Vielmehr ist es ein Kino, das neue Zusammenhänge schaffen will und dadurch immer wieder auch die Gültigkeit bereits bestehender Zusammenhänge hinterfragt.

Als Baracken-Kino betreibt man Film als Provisorium - als Ort von Potenzialität, eine Heterotopie. Zugleich verstrickt in eine lange Filmgeschichte, sich wandelnder Räume, diese dokumentierend und kommentierend und zugleich immer bereit, das Gegebene zugunsten eines Möglichen zu verlassen. Die Holzhütte ist ein fragiles Zuhause. Wer sie abbricht, tut es nur, um sie woanders wieder aufzubauen.

Anthology Film Archive: «Das unsichtbare Kino» in: Karsten Witte (Hg.): Theorie des Kinos. Ideologiekritik der Traumfabrik. Frankfurt a. M. 1972.

Christoph Bignens: Kinos. Architektur als Marketing. Zürich 1988.

Gilles Deleuze: Das Bewegungsbild. Kino 1. Frankfurt a. M. 1997.

Michel Foucault: Die Heterotopien. Der utopische Körper. Frankfurt a. M. 2005.

Maxim Gorkij: Flüchtige Notizen. Bericht über den Cinématographe Lumière in Niznij Novgorod, zitiert nach: Anne Paech, Joachim Paech: Menschen im Kino. Film und Literatur erzählen. Stuttgart 2000.

Ben M. Hall: The Best Remaining Seats. The Story of the Golden Age of the Movie Palace. New York 1961.

Siegfried Kracauer: «Kult der Zerstreuung» in: Das Ornament der Masse. Frankfurt a. M. 1963.

Christian Metz: Le signifiant imaginaire. Psychanalyse et Cinéma. Paris 1977.

Paul Virilio: Krieg und Kino. München 1986.
Walt R. Vian: «In eigener Sache» in Filmbulletin 3/91 (August 1991).

A Star is Born (1976)
Regie: Frank Pierson

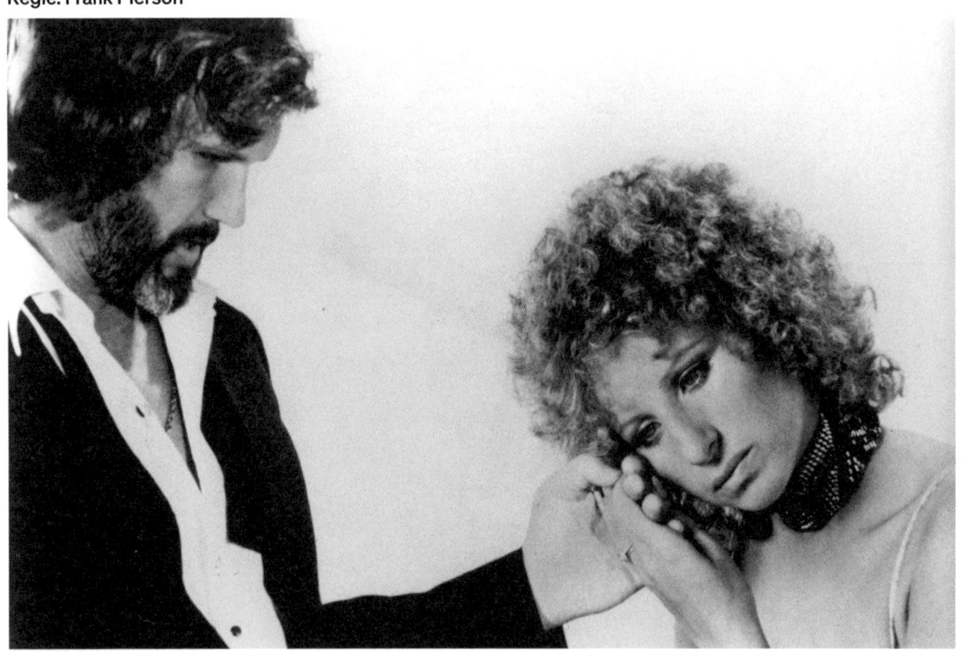

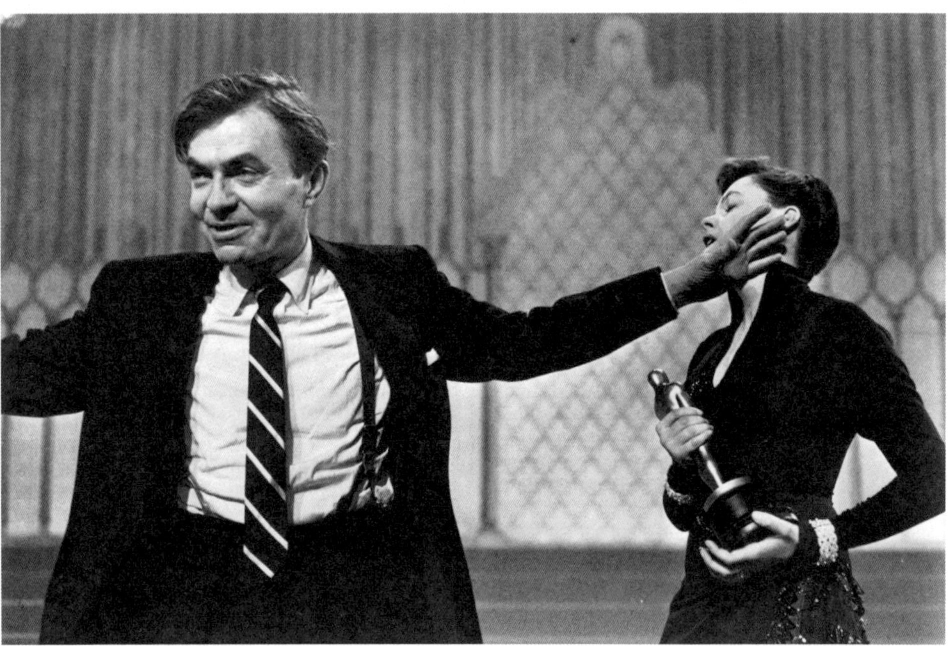

A Star is Born (1954)
Regie: George Cukor

Wiederholung als Überschreitung

Eine Verteidigung des Remakes

Franz und sein Liebhaber haben die Bank bereits verlassen, da kehrt die Kamera noch einmal zurück zum Schalterbeamten hinter der Glasscheibe. «Bar ... bar ... bar ...» spricht dieser vor sich hin. «Wenn man ein Wort ganz oft sagt, versteht man gar nicht mehr, was es bedeutet.» Diese wundersame kleine Szene findet sich in Rainer Werner Fassbinders Faustrecht der Freiheit – ein kurzer Moment des Stockens und Stotterns, wo der Lauf des Films sich unterbricht, sehr auch zur Irritation des Publikums. Und genau darum geht es: Irritation und Iteration gehen Hand in Hand. Unterbrechung und Wiederholung sind gar keine Gegensätze, sondern vielmehr ein und dasselbe Phänomen. Wenn man etwas nur oft genug wiederholt, kennt man es nicht mehr – so weiß der Mann hinter dem Schalter. Repetition bringt keine größere Vertrautheit, sondern schafft im Gegenteil Verwirrung, so wie ein Déjà-vu uns gerade deswegen so irritiert, weil wir es als etwas erleben, das wir doch bereits gesehen haben. Die Wiederholung ist eine Praktik der Verfremdung.

Fassbinders Szene könnte mithin als Denkbild dienen, wie man sich der Praktik des filmischen Remakes anzunähern hat: nämlich als einem faszinierenden Versuch, über Wiederholung Unvertrautheiten zu schaffen. Mag sein, dass die Gründe, warum das amerikanische Kino immer wieder gern auf bereits vorhandene Filmstoffe zurückgreift, vor allem kommerzieller Natur sind. Man betreibt Recycling als günstigere Alternative zur Neuerfindung. Daraus aber abzuleiten, dass ein Remake zwangsläufig über weniger Ideenreichtum verfüge als die Vorlage, ist gleichwohl falsch. Diese leider gängige Auffassung folgt jener Logik des Kopierens, die überzeugt ist, dass bei jeder Reproduktion ein bisschen mehr an ursprünglicher Information verloren geht, so wie wenn man eine Textseite auf den Fotokopierer legt, um dann die entstandene Kopie ihrerseits wieder abzulichten, immer wieder, so lange, bis man den ursprünglichen Text nicht mehr entziffern kann. Aber wächst den Kopien mit diesem Unleserlichwerden des Textes nicht zugleich auch etwas zu? Was der Text an Lesbarkeit verliert, gewinnt die Kopie an Rätselhaftigkeit.

Wie die Szene bei Fassbinder zeigt, schafft selbst noch das stumpfsinnigste Wiederholungsverfahren etwas Neues. «Wenn man ein Wort ganz oft sagt, versteht man gar nicht mehr, was es bedeutet.» In der schieren Repetition vermag das Wort sich zu verwandeln. Wenn man es ganz oft sagt, wenn man es lange genug kopiert, kann es seine Bedeutung abstreifen und zum puren Klang werden, zum rätselhaften, undeutbaren Phänomen, dem nicht mehr allein durch die Semantik beizukommen ist.

Wiederholung macht Differenz

Wiederholt man ein Wort ganz oft, merkt man, wie wenig man eigentlich von ihm weiß. Das Wort nicht mehr zu verstehen, ist Verlust nur für jene, die glauben, es gäbe nur eine einzige und nur eine richtige Weise, was Wörter sein können. Nur wer bloß eine einzige Möglichkeit kennt, hält jede Kopie für minderwertig. Sie haben das Potenzial der Wiederholung nicht verstanden.

In seinem Buch «Differenz und Wiederholung» unterscheidet Gilles Deleuze die Wiederholung von etwas, womit sie gerne verwechselt wird und was er im Folgenden «Allgemeinheit» nennt. Das Denken der Allgemeinheit geht von einem allgemeingültigen Gesetz aus, vor dessen Hintergrund alle sich wiederholenden Phänomene nur wieder Bestätigungen dieses Gesetzes sind. Dass beispielsweise Naturphänomene immer wieder gleich ablaufen, liegt daran, dass sie auf einem einzigen Gesetz gründen: Dass Regentropfen immer von oben nach unten fallen, dann darum, weil sie von ein und demselben Gesetz der Schwerkraft beherrscht werden. Die Allgemeinheit stellt also den Bezugsrahmen her, in dem die Phänomene sich ereignen und so miteinander vergleichbar werden.

Diesem Denken der Allgemeinheit folgt auch der Begriff des Originals: Wie ein Naturgesetz bildet das Original den absoluten Bezug, mit dem alle vorkommenden Varianten verglichen werden müssen. Und daraus ergibt sich denn auch, wie wir gemeinhin mit Kopien umgehen: Eine Kopie wird immer nur als Kopie *von etwas* wahrgenommen. Die Kopie wird danach bewertet, wie sie sich zum Original verhält, wie ähnlich oder unähnlich sie dem Original gegenüber ist.

Bei der Wiederholung geht es für Deleuze aber um etwas ganz anderes. Die Wiederholung ist gerade nicht Bestätigung eines allgemeinen Gesetzes, sondern dessen Demontage. Wiederholung ist nicht konformistisch, sondern transgressiv. «Die Wiederholung ist in jeder Hinsicht Überschreitung.» Die Wiederholung anerkennt denn auch nicht das Original als unhintergehbare Referenzgröße, sondern verschiebt und verwandelt vielmehr dieses Original im Akt der Repetition. Genauer gesagt: Es gibt für das Denken der Wiederholung überhaupt kein Original mehr, sondern immer nur neue Wiederholungen.

Die Wiederholung ist das Primäre, so wie beispielsweise in den Reproduktionen Andy Warhols, wo sich kommerzielle Produkte und deren Erscheinung in Kunst verwandeln und diese ihrerseits wieder in ein Konsumprodukt. Wir können uns fragen: Welches ist das Original von Warhols «Campbell's»-Suppen-Bildern? Die allererste Suppenbüchse, die die Firma Campbell hat produzieren lassen? Oder die unzähligen Suppenbüchsen in den Supermärkten? Oder die Werbeanzeige davon in den Illustrierten? Oder Warhols erster Siebdruck? Oder die erste der 32 Abbildungen auf seinem Gemälde «32 Campbell's Soup Cans»? Oder sie alle zusammen? Ein Original, so macht Warhols Pop-Art besonders plakativ klar, gibt es nicht, sondern nur laufende Wiederholungen, die in jedem Wiederholungsschritt immer etwas Neues schaffen und die, wie es bei Deleuze heißt, «einen Unterschied machen». Die Wiederholung ist folglich eine Praktik der Differenz und nicht etwa deren Gegenteil.

Schluss mit dem Original

Diskussionen von Film-Remakes bleiben demgegenüber allzu oft in der Sackgasse eines Denkens der Allgemeinheit stecken. Wie Kopien werden auch Remakes meist danach beurteilt, wie sie sich zum Original verhalten. Was ist besser, was ist schlechter als im Original? Wie ähnlich sind sie ihm? Eine besonders bornierte und möglicherweise auch typisch europäische Originalfetischisierung geht dabei fast immer stillschweigend davon aus, dass die Vorlage zwangsläufig besser sein müsse als deren Remake. Man übersieht freilich, wie heikel der Begriff «Original» im Fall des Kinos ohnehin ist. Ist nicht der Film jene Kunstform, die ganz besonders exzessiv mit der Idee des Originals Schluss gemacht hat? Nicht nur, dass die Entstehung eines Films ein Prozess andauernder technischer Reproduktion ist, angefangen vom Dreh, bei dem die optischen Erscheinungen vor der Linse auf Film kopiert werden, über die verschiedenen Arbeitskopien bis zu all den Vorführkopien, die schließlich in die Kinos verschickt werden.

Nicht nur, dass die Materialbasis eines Films aus lauter Kopien besteht, vielmehr wird diese Materialbasis noch zusätzlich entmaterialisiert: als Kunstwerk, das erst im Akt der Vorführung entsteht und sich sofort unweigerlich wieder verflüchtigt. Der Film kennt nicht nur kein Original und ist die wiederholte Aufführung, er ist auch bei jeder Wiederholung ein anderer. Jede Aufführung ist anders, weil sich die Vorführbedingungen und nicht zuletzt wir selbst als Publikum uns verändern. Fassbinders Schalterbeamter würde sagen: Wenn man einen Film ganz oft sieht, versteht man nicht mehr, was er bedeutet. Beim Déjà-vu wird uns unheimlich.

Remakes sind deshalb interessant, weil sie die Logik einer Wiederholung als Verschiebung und Differenz, die dem Film bereits als Medium inhärent ist, auf einer zweiten, expliziten Ebene noch einmal wiederholen. Indem Remakes Geschichten, aber auch formale Gestaltungsweisen wiederholen, decken sie gleichsam die inneren Wiedersprüche und internen Differenzen auf, die diese Geschichten immer schon auszeichneten. Remakes sind also nicht nur Verschiebungen im Vergleich zu ihren Vorgängern, vielmehr gelingt es ihnen, diesen Vorgängern ihren Status als Original abzuerkennen und sie nachträglich in Wiederholungen umzuwandeln. Indem Remakes einen älteren Film wiederholen, verschieben und verändern sie diesen zugleich und machen ihn zu nur einer weiteren Variante, einer weiteren Wiederholung. Es kann deshalb auch nicht mehr darum gehen, zu beurteilen, welche Version nun besser oder schlechter ist, sondern darum, die sich ereignenden Verschiebungen wahrzunehmen und zu untersuchen.

Psycho (1960)
Regie: Aldfred Hitchcock

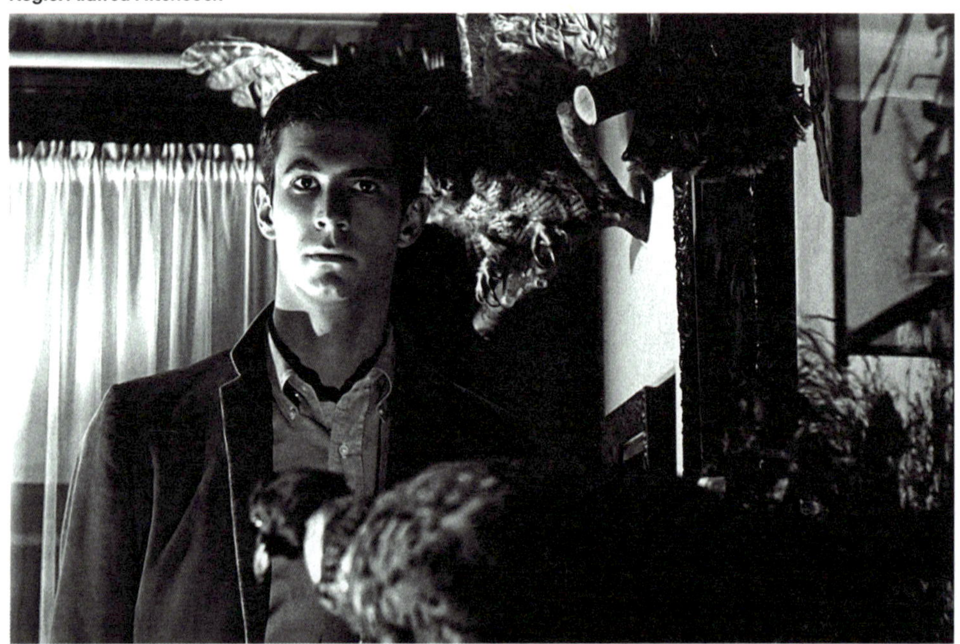

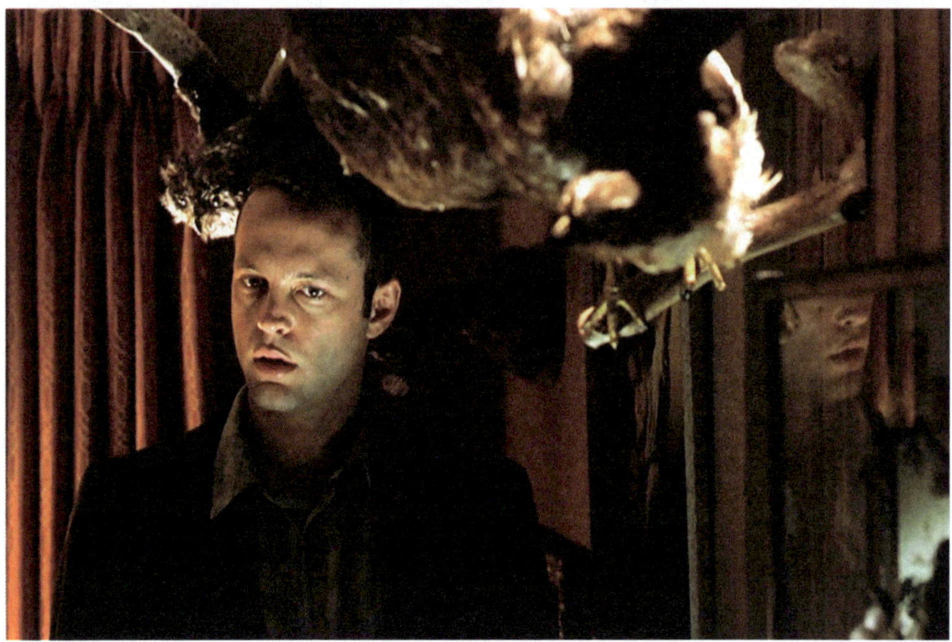

Psycho (1998)
Regie: Gus Van Sant

Remake als Kontrastmittel

Ein besonders eindrückliches Beispiel für die Möglichkeiten einer bedeutungsverschiebenden Wiederholung liefert ein besonders berüchtigtes, weil als regelrechte Freveltat wahrgenommenes Remake: Gus Van Sants Psycho von 1998. Der Versuch, eines der berühmtesten Kinokunstwerke neu zu verfilmen, musste umso wahnwitziger erscheinen, als sich die Version von Gus Van Sant nicht nur beim Drehbuch, sondern mitunter bis in die Bildeinstellungen hinein getreu an Alfred Hitchcocks Vorlage hält. Gerade in dieser offensiv ausgestellten Nähe zu Psycho von 1960 musste sich Van Sants farbiges Nachspiel von Hitchcocks Meisterwerk immerzu als leicht entstellter Zwilling ausnehmen, was die Kritik sofort zum Anlass nahm, die Abweichungen des Remakes von der Vorlage zu protokollieren, wie etwa Thomas Leitch in seinem Aufsatz «101 Ways to Tell Hitchcock's Psycho from Gus Van Sant's», der sich einzig darin erschöpft, alle Unterschiede aufzulisten.

Interessant an der Frage, wo und wie das Remake von der Vorlage differiert, ist indes nur, wie diese Differenzen nicht nur den neuen Film auszeichnen, sondern zugleich auch den alten Film neu akzentuieren. Die Szene etwa, in der der Motelbesitzer Norman Bates durch ein Loch in der Wand seines Büros die Protagonistin Marion Crane dabei beobachtet, wie sie sich auszieht: Van Sant macht im Gegensatz zu Hitchcock klar, dass der Voyeur dabei masturbiert. Slavoj Žižek hat just auf diese Szene hingewiesen als Beleg dafür, dass Van Sant gerade die psychologische Pointe von Hitchcocks Film verpasse. Wäre Norman nämlich, so Žižeks Argument, überhaupt in der Lage, beim Beobachten der Frau onanierend sexuelle Befriedigung zu erlangen, bräuchte es wohl das ganze Morden nicht.

Allerdings geht dieses Argument nicht weit genug. Denn das eigentlich Interessante an Van Sants Anänderungen ist, dass dadurch Hitchcocks Voyeurszene im Nachhinein noch verstörender wird. Die eindeutig deklarierte Masturbation bei Van Sant, fern davon, schmutziger und obszöner zu sein als die Hitchcock'sche Variante, ist in Wahrheit eigentlich eine Beruhigung. Wo das heimliche Beobachten eines anderen Körpers einzig dazu dient, sich einen runterzuholen, bewegt man sich im vertrauten Terrain physiologischer Erregungsökonomie. Das weit geöffnete Auge bei Hitchcock indes, dem keine bestimmte Gefühlsregung abzulesen ist, sondern das nur unablässig schaut, fast wie festgeschraubt in der Wandöffnung und gleichsam entkoppelt von Normans Körper, mutet da ungleich beunruhigender an. Gerade weil der Blick sich selber zu genügen und auf ewig erstarrt zu sein scheint in seiner puren Triebhaftigkeit, die nie eine Abfuhr in Form einer Masturbation erleben wird, zeugt er von einer Perversion, die weit über die banalen Wichsphantasien von Van Sants Norman hinausgehen. So dient das Remake gleichsam als Kontrastmittel, anhand dessen sich nicht nur die Brillanz von Hitchcocks Film zeigt (wie die Kritik sofort eilig unterstrichen hat), sondern vor allem zeigt sich, was bereits in Hitchcocks Psycho drinsteckte, ohne dass es dessen Regisseur wohl selbst wusste.

«Mother isn't quite herself today»

Dies aus Hitchcocks Werk herauszukitzeln, hatte einige Jahre vor Gus Van Sant bereits der französische Künstler Pierre Huyghe mit seiner Arbeit Remake gemacht, wo er unter minimalsten Bedingungen in einem Appartement der Pariser Banlieue und mit französischen Laiendarsteller*innen Hitchcocks Rear Window Einstellung für Einstellung akribisch nachgedreht hat. Was Van Sant über Zugaben erreicht, gelingt Huyghe durch Reduktion: nämlich mithilfe eines Remakes zu zeigen, was schon im Hitchcock-Film irgendwie nicht stimmte. Huyghes Skelettierung von Rear Window macht klar, mit welchen verfremdenden Reduktionen bereits die Vorlage operierte. Und im Gegenzug erlauben einem die Ausschmückungen, die sich Van Sants Remake leistet, noch schärfer zu erkennen, wie abstrakt der alte Psycho eigentlich immer schon war.

Im Wiedersehen durch die Linse des Remakes erkennen wir beispielsweise, wie leer und rudimentär die Sets bei Hitchcocks Psycho sind, ein Effekt freilich nicht zuletzt von Hitchcocks Ambition, einen Kinofilm unter den Produktionsbedingungen des Fernsehens zu machen. Die quasi antiillusionistische Kargheit früher amerikanischer Fernsehserien wie Playhouse 90, Twilight Zone, Dragnet oder eben auch Alfred Hitchcock Presents kann einem im Nachhinein wie als Ankündigung jenes nackten Stils von Jean-Marie Straub und Danièle Huillet vorkommen. Und eben dieser Stil herrscht auch in Psycho. Wo die Räume bei Van Sant nur schon aufgrund ihrer Farbigkeit viel vielfältiger ausgestattet wirken, sind die Schauplätze bei Hitchcock gerade in ihrer Leere klaustrophobisch.

Der Keller, in dem die Mumienmutter wartet, ist bei Van Sant ein schillerndes Kabinett und somit gefundenes Fressen für eine Hermeneutik, die alle dort versammelten Gegenstände auf ihre symbolische Bedeutung hin abklopfen möchte. In Hitchcocks Kartoffelkeller hingegen gibt es buchstäblich nichts zu sehen. Die Szenen scheinen vielmehr wie in einer Installation des deutschen Künstlers Thomas Demand zu spielen, der in seinen Modellen aus Papier und Pappe reale Räume zwar präzise nachbaut, die aber doch immer modellhaft, künstlich und leer wirken. So wie Demand die realen Orte in Form seiner Modelle wiederholt und dadurch in ihrer Bedeutung verschiebt, erscheinen auch die Szenerien bei Hitchcock als Wiederholungen von Wiederholungen: Kopien von kopierten TV-Kulissen, die ihrerseits Bühnenkulissen kopieren. Hier gibt's kein Original. Nur Wiederholungen.

Das passt freilich als Verfahren haargenau zum gesamten Hitchcock'schen Œuvre und vor allem zu diesem Film, der sich ja auch inhaltlich genau um solch verschiebende Wiederholungsverfahren dreht. Wie sagt Norman Bates doch so treffend: «Mother - what's the phrase - isn't quite herself today.» Mama Bates, die wir im Keller von Psycho aufspüren, ist ja tatsächlich nicht recht sie selbst, sondern vielmehr eine durch den Sohn fabrizierte Mumienkopie. Mama Bates ist das, was der Philosoph Jeremy Bentham, der Erfinder des panoptischen Überwachungsgefängnisses, eine Auto-Ikone nannte und nach seinem Tod aus sich selbst machen ließ: ein Denkmal, fabriziert aus den eigenen mumifizierten Überresten. Mama Bates ist eine Wiederholung ihrer selbst, die wiederum von und durch ihren Sohn wiederholt wird und so weiter ...

Wiederholungsspiralen

Die Remakes von Pierre Huyghe und Gus Van Sant zeigen also nicht zuletzt dies: Bei Hitchcock sind Remakes schon im eigenen Werk mit eingebaut. Das gilt nicht nur dort, wo er explizit einen früheren Film noch einmal verfilmt, wie bei seinen beiden Versionen von The Man Who Knew Too Much aus den Jahren 1934 und 1956, oder dort, wo er Versatzstücke von Film zu Film wiederholt, sondern eben auch innerhalb ein und desselben Films, wie etwa in Vertigo, der in zwei Teile zerfällt und die zweite Hälfte eine Nachbildung der ersten ist. So wie in Vertigo der ehemalige Polizist Scottie im zweiten Teil des Films jene Frau nacherschaffen will, die ihm im ersten Teil gestorben ist, so operiert der ganze Film über sich wiederholende und dadurch sich verschiebende Szenen. Von den Schwenks über San Francisco, die mal von rechts nach links und dann von links nach rechts verlaufen, bis zu den Figuren, die sich hinsetzen, wenn die andere aufsteht, und aufsehen, wenn das Gegenüber den Blick senkt. «I look up ... I look down ... I look up ... I look down ...» – so versucht sich Scottie selbst von seiner Höhenangst zu heilen, während er dazu auf den Küchenschemel klettert.

Aber natürlich kommt man mit diesem Spiel der Wiederholungen weder zurück zum sicheren Anfang noch bei einem glücklichen Ende hinaus, sondern gerät nur immer tiefer in die Spirale der Wiederholungen hinein. Es wird sich denn auch prompt erweisen, dass das Remake jener toten Frau, die sich Scottie im zweiten Teil zusammenbastelt, tatsächlich jene Frau ist, in die er sich im ersten Teil verliebt hatte. Scottie hatte immer nur mit einer Kopie zu tun, nie mit dem Original. Dieses gab's gar nie, am Anfang war immer schon die Wiederholung.

Was Scottie also macht, ist das Remake eines Remakes. So müsste man denn auch das Argument in Chris Markers berühmtem Essay «A Free Replay (notes sur Vertigo)» umkehren. Wenn Marker sagt, dass der zweite Teil des Films eigentlich nur die geträumte Fortsetzung des ersten sei, dann scheint einem beim Wiedersehen das Gegenteil mindestens so plausibel: Eigentlich ist der zweite Teil der heimliche

Beginn und der erste Teil dessen phantasmatische Wiederholung. Bitte alles nochmal von hinten. «I look up ... I look down ...» - Replays und Remakes, Wiederholungen über Wiederholungen.

Unerlaubte Fortpflanzung

Wo hat es eigentlich angefangen? So fragt man sich auch in Jacques Tourneurs Cat People (1942), wenn die Protagonistin im Restaurant von einer katzenartigen Frau mit «moja sestra» - «meine Schwester» angesprochen wird, und dies noch ehe die Heldin selbst von ihrer Doppelidentität als Wildkatze weiß. Das Wiedererkennen durch die anderen kommt vor der Selbsterkenntnis. «Du bist nicht die Erste» - auch das bedeutet die Begrüßung der Protagonistin durch die fremde Frau im Restaurant. «Moja sestra» - «du bist nur die Wiederholung von mir.»

In seinem Remake von Tourneurs Film von 1982 macht Paul Schrader nichts anderes, als auch diese Wiederholung noch zu wiederholen. Wo man sich bei Tourneur fragt, wie alles angefangen hat, führt uns Schraders Eröffnungsequenz an den Anfang aller Zeiten. Oder ist es das Ende? Im mal glutroten und dann nachtblauen Nirvana zum Filmanfang findet ein Ritual statt, in dem sich Mensch und Panther vereinigen, offenbar nicht zum ersten Mal, sondern immer und immer wieder. Und wo es bei Tourneur eine Heldin gibt, sind es bei Schrader deren zwei: Schwester und Bruder. «Moja sestra, moj brat.» Die sodomistische Vereinigung von Mensch und Tier wird noch in Form einer inzestuösen Geschwisterliebe wiederholt und weitergetrieben. Es ist, als habe Schrader Tourneurs Film weiterdeliriert, so wie man ein grausiges Märchen bei jeder neuen Wiederholung noch etwas mehr ausschmückt, noch etwas weitertreibt, bis es etwas ganz anderes geworden ist. Das Remake als Bastardisierung.

Philosophiegeschichte zu betreiben, schreibt Gilles Deleuze in seinem berüchtigten «Brief an einen strengen Kritiker», stelle er sich als einen Akt unerlaubter Fortpflanzung vor: «Ich stellte mir vor, einen Autor von hinten zu nehmen und ihm ein Kind zu machen,

Invasion of the Body Snatchers
(1956) Regie: Don Siegel

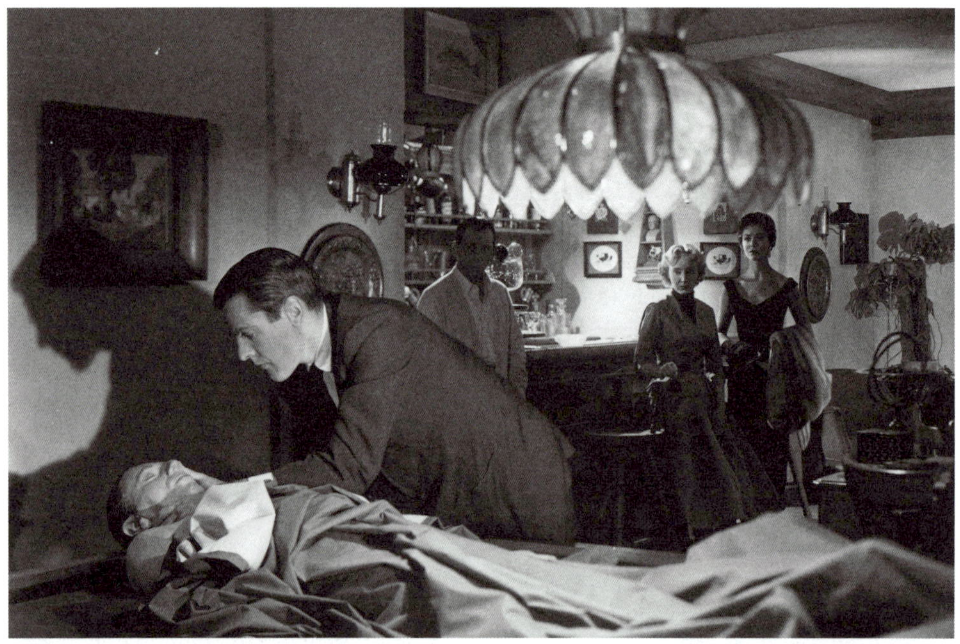

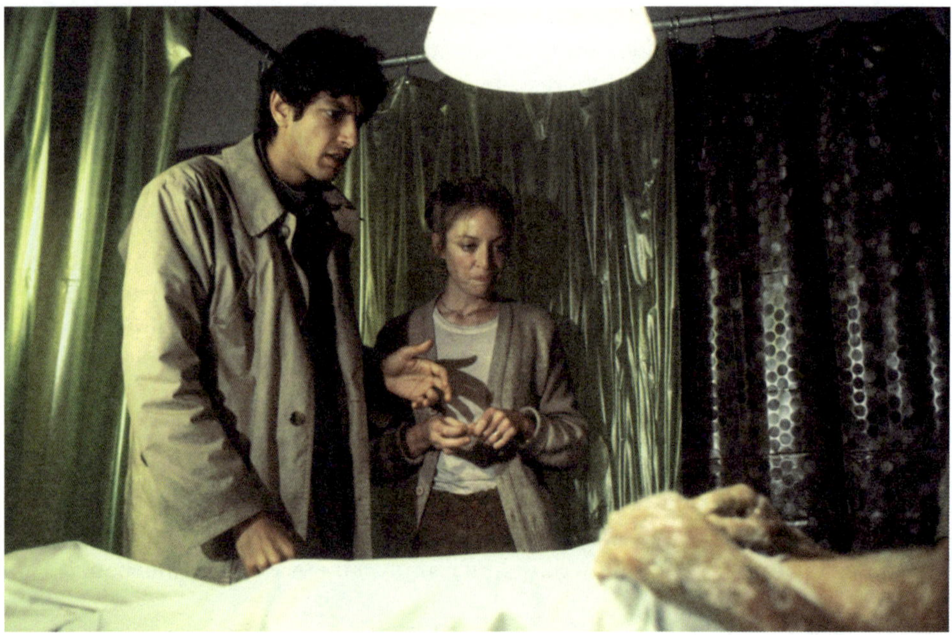

Invasion of the Body Snatchers
(1978) Regie: Philip Kaufman

das seines, aber trotzdem monströs wäre.» Was Deleuze am philosophischen Denken und an der Wiederholung interessiert, ist eine Fortsetzung, die sich nicht auf eine Treue zum Original oder zum allgemeinen Gesetz berufen kann, sondern die aus dem Vorhandenen etwas ganz Neues macht und ihm dadurch illegitime Nachkommen entlockt. So wäre auch das Remake als bastardisierende Wiederholung zu verstehen, die gerade nicht eine legitime, genealogisch saubere Fortführung ist, sondern die Herkunftsverhältnisse verschiebt, verkehrt, transformiert und überschreitet.

Unheimliche Wucherungen

Wie passend, dass denn auch ein Film wie Don Siegels Invasion of the Body Snatchers von 1956 sowie dessen Remake durch Philip Kaufman im Jahr 1978 sich genau um solche ungehörigen Fortpflanzungen drehten. Die «Body Snatchers», von denen der Titel spricht, kapern die Körper der Menschen und benutzen sie als Hüllen ihrer außerirdischen Existenz. Sie nehmen die Menschen von hinten und machen aus ihnen neue. Ähnlich wie die Mumie im Keller von Psycho, die Auto-Ikone von Mama Bates, eine Kopie ihrer selbst ist, werden in Invasion of the Body Snatchers die besessenen Menschen zu illegitimen Nachkommen von sich selber. Obwohl äußerlich immer noch ganz die Alten, sind sie doch ganz andere geworden. Der Unterschied sei nicht wahrzunehmen, sagt in Siegels Film eine Frau über ihren Onkel, von dem sie spürt, dass er sich verwandelt hat: «He looks, sounds, acts as Uncle Ira.» Also sei es doch auch Onkel Ira, meint dazu der sie behandelnde Arzt. «But he isn't. There's something missing!»

Etwas fehlt den Wiedergängern, oder vielmehr - und das kommt auf dasselbe raus - sie haben etwas zu viel, eben jenes zusätzliche Außerirdische in ihnen, was sie so subtil anders macht. Die Kopien in Invasion of the Body Snatchers, die genau so aussehen, sprechen und sich verhalten wie die menschlichen Originale und doch anders sind: Diese Außerirdischen sind selbst nichts anderes als Remakes. Remakes, die noch genauer die Vorlage zu imitieren versuchen, als es die Arbeiten von Gus Van Sant oder Pierre Huyghe vermochten, Remakes, die eigentlich überhaupt nicht mehr von den Vorlagen zu unterscheiden sind. Perfekte Kopien.

Und doch hat der Akt des Wieder-Machens, des Re-Making, zur Folge, dass diese Wiederholungen sich bei aller äußerlichen Ähnlichkeit mit der Vorlage doch zugleich ganz und gar neu und unvertraut anfühlen. Die Wiedergänger in Invasion of the Body Snatchers sind buchstäblich die Verkörperungen der Deleuze'schen Wiederholungslogik: Was sich wiederholt, erweist sich gerade dadurch als anders. So verschiebt sich im Lauf von Siegels Film allmählich die ganze Welt. Sind es am Anfang nur einige wenige Personen, die als von einer außerirdischen Macht besessen erkannt werden, ist es am Ende die ganze Stadtbevölkerung, und nur ein Einziger vermag sich noch gegen die Invasion zu wehren.

Steigert sich die Paranoia in Invasion of the Body Snatchers von 1956 erst schrittweise und in Form von Wiederholungsschlaufen, ist dann im Remake von 1978 die Angst bereits von allem Anfang da. Schon die allererste Figur, eine Lehrerin mit ihrer Klasse auf dem Weg zum Spielplatz, die uns in diesem Remake entgegenkommt, schaut so merkwürdig, dass uns klar wird, dass etwas mit ihr nicht stimmt. Breiteten sich in der Vorlage die Außerirdischen erst allmählich aus, haben sie im Remake schon alles infiltriert. Und war die Invasion im früheren Film noch auf eine fiktive kalifornische Kleinstadt beschränkt, betrifft sie im Remake ganz San Francisco. Die Wiederholungen wuchern: innerhalb der Filme, aber auch von Film zu Film.

Doch wenn am Ende alle um einen herum Aliens sind, wie kann man dann noch wissen, ob man nicht selber verrückt ist? Wie im Witz vom Geisterfahrer, der meint, alle anderen würden in die falsche Richtung fahren, beginnen sich in der Wiederholungsstruktur von Invasion of the Body Snatchers die Zuordnungen umzudrehen: Ob nicht vielleicht diejenigen, die eine Invasion zu erkennen glauben, die eigentlichen Besessenen sind? Sind nicht vielleicht die angeblichen letzten echten Menschen die wahren Aliens? Wenn es zur Logik der Wiederholung gehört, mit der Idee des Originals Schluss zu machen und das, was man einst fürs Original hielt, nun selbst als Wiederholung zu entlarven, dann führen die beiden Versionen von Invasion of the Body Snatchers uns genau diesen Prozess auf unheimlichste Weise vor. Allmählich beginnen wir, die angebliche Realität als bloße Fälschung zu verdächtigen und die Kopien als das eigentlich Reale zu sehen.

Weiter spielen, wieder spielen

Was Invasion of the Body Snatchers ins Science-Fiction-Gruselhafte wendet, ist freilich nur das, was in der Traumfabrik immer schon Sache war. Das unheimliche Gefühl, die Kopie nicht mehr vom Kopierten unterscheiden und die Realität nur noch als Wiederholung einer Fiktion erleben zu können, ist genau das, was in den drei Versionen von A Star is Born als Dilemma des Showbusiness an sich präsentiert wird. Von William Wellmans A Star is Born von 1937 über George Cukors Variante von 1954 bis zu Frank Piersons Fassung von 1976 kreisen all diese Wiederholungen immer wieder um die Frage, wie lange es dauert, bis die fiktive Star-Persona den realen Menschen dahinter endgültig aufgefressen hat. Invasion der Körperfresser – das könnte auch als Beschreibung der Unterhaltungsindustrie durchgehen.

What Price Hollywood? fragt der Titel jenes Films von George Cukor, der eigentlich am Anfang dieser Remake-Reihe steht. Freilich ist von einem Anfang zu sprechen genauso falsch wie an der Idee des Originals festzuhalten. Die Erzählung vom Aufstieg und tragischen Fall der großen Stars, wie sie in What Price Hollywood? sowie den drei Versionen von A Star is Born vermittelt wird, war natürlich immer schon eine alte Geschichte. Alles nur Wiederholungen. Und gerade daraus ziehen diese Filme ihr besonderes tragisches Pathos. Wenn in George Cukors A Star is Born von 1954 Judy Garland die aufstrebende Sängerin Esther Blodgett spielt, deren Aufstieg zum Sternenhimmel einhergeht mit dem Niedergang des Manns an ihrer Seite, dann ist dieser Film nicht nur ein Remake von Cukors eigener sowie Wellmans früherer Fassung des Stoffs, sondern zugleich auch ein Remake von Judy Garlands eigener Karriere mit all ihren tragischen Tiefs. Auf der Leinwand und für jedermann sogleich ersichtlich wiederholt sich das, was das Publikum bereits aus den Klatschheftchen über Garland wusste. Nicht nur scheint Judy sich selbst zu spielen und das eigene Leben als Performance zu wiederholen, wie in jener Shownummer des Films «Born in a Trunk», sondern auch die Figur an ihrer Seite, der alkoholkranke Norman Maine, der an seinem früheren Erfolg zerbricht, ist nichts anderes als nur wieder eine weitere Spiegelung, eine weitere Wiederholung Garlands. Wenn in einer Szene die von Garland gespielte Esther während einer Drehpause zusammenbricht, danach aber trotzdem weiterspielen, weitersingen und weiterlachen muss, dann weiß man nicht mehr, wo die Rolle beginnt und die Schauspielerin endet.

Die offensichtliche Künstlichkeit von Cukors Film, die ganze Technicolor-Artifizialität dieses wahnwitzigen Films ist direkter, schonungsloser und mithin dokumentarischer als das, was man sonst je von Hollywood gesehen hat. Authentizität, hat Richard Dyer in seiner Lektüre von A Star is Born gezeigt, ist offenkundig eine Konstruktion - eine Performance, die fabriziert, die gespielt wird für das Publikum im Film und für uns im Kinosaal. Gerade darin aber, in ihrer exzessiven Ausstellung als Performance, ist sie trotzdem auch echt oder genauer: echter als echt.

Was für A Star is Born und dessen Hauptdarstellerin gilt, kann auch als Fazit des Remakes gelten. In den Vorführungen Judy Garlands, in all den Re-Takes und Re-Makes ihrer selbst, sehen wir scharf und schmerzhaft, was Wiederholung macht: Es gibt kein Original, keine Person hinter der Schminke, keine Person hinter den Kulissen. Es gibt nur das Spiel, das sich immer wiederholt, immer wieder und jedes mal anders. Nur das Remake ist wahr.

Bitte noch mal!

Gilles Deleuze: Differenz und Wiederholung. München 1992.

Gilles Deleuze: Unterhandlungen. 1972-1990. Frankfurt a. M. 1993.

Richard Dyer: «A Star is Born and the construction of authenticity» in: Christine Gledhill (Hg.): Stardom. Industry of Desire. London 1991.

Slavoj Žižek: «Is There a Proper Way to Remake a Hitchcock Film?» in: Richard Allen, Sam Ishii-Gonzales (Hg.): Hitchcock: Past and Future. London 2004.

Zu den Texten

Die hier gesammelten Essays sind über einen Zeitraum von 15 Jahren in der Zeitschrift «Filmbulletin» publiziert worden und wurden für dieses Buch nur minimal angepasst. Gewiss würde ich heute manches anders schreiben oder in andere Richtungen weiterentwickeln. Meine Bezüge auf Filme und Theorien haben sich im Lauf der Jahre verschoben. Mir fallen heute Einseitigkeiten auf, und ich habe in der Zwischenzeit anderes gelesen und gesehen, von dem ich jetzt finde, dass es in meinen Essays unangenehm fehlt. Aber Anspruch auf Vollständigkeit wollten diese Texte ohnehin nie haben.

Trotzdem ergeben sich in der Zusammenschau interessante gemeinsame Fluchtlinien und bis heute anhaltende Obsessionen. Allen voran mein Wunsch, Film und Kino als Assemblage, als ein Zusammenspiel unterschiedlichster Einflüsse zu verstehen, als Resultat nicht nur von bewussten Entscheidungen, sondern auch überraschenden Unfällen und als Gemeinschaftswerk menschlicher und nicht-menschlicher Mitarbeitenden.

Ich glaube an ein Unbewusstes von Film und Kino, das sich der vollständigen Kontrolle widersetzt. Filme sind dadurch auch niemals fertig, sondern werden laufend durch unsere Betrachtung anders. Immer neu können in ihnen Dinge sichtbar werden, die keine Regie bewusst in sie hineingelegt hat und die doch unleugbar in ihnen enthalten sind. Das erlaubt uns beispielsweise, eine angeblich nur kommerziell ausgerichtete Kinoindustrie, wie jene Hollywoods, als Ort avantgardistischer Experimente und radikaler Subversion zu entdecken oder in einem technischen Phänomen wie dem Videosignal eine ethische Haltung. Die Bildbewegung des Zoom hat mit dem Gefühl des Ekels zu tun, und falsche Farben können treffender sein als richtige.

Statt einer strikten Kategorisierung von Formen, Genres, Stilen und Epochen wie man sie wohl von der Filmgeschichtsschreibung erwartet, interessieren mich vielmehr die Schnittstellen und Übergänge zwischen scheinbar weit auseinander liegenden Technologien und Verfahren, Zeiten, Themen und Personen.

Wie stören Film und Kino unsere gewohnte Erfahrung? Das ist die Frage, die alle hier gesammelten Texte antreibt. Und diese Störungen nicht einzudämmen, sie nicht zu fixieren oder zu zähmen, sondern vielmehr wie sie sich aufmerksamer erleben, verstärken und ausweiten ließen - das ist, was diese Texte vorzuführen versuchen. Die Hoffnung ist, dass wir dadurch inspiriert werden, neue Wahrnehmungsstörungen auch bei jenen Phänomenen zu entdecken, an die diese Essays noch gar nicht gedacht haben.

Erstveröffentlichung (chronologisch)

«Kino als Hütte. Vom Potenzial des Vorführraums» Filmbulletin (FB) 5.05 (2005) 51-59.

«Angst vor der Leerstelle . Zodiac und das Genre des Serienkillerfilms» FB 5.07 (2007) 8-10.

«Der Bruch mit allen Gesetzen. Eine Filmgeschichte des Bösen» FB 3.09 (2009) 14-23.

«Für ein unreines Kino . Film und Surrealismus» FB 3.10 (2010) 33-39.

«Übernatürliche Farben. Die Ästhetik von Technicolor» FB 6.12 (2012) 33-39.

«Rück-Sicht auf Darstellbarkeit. Möglichkeiten der Rear Projection» FB 2.13 (2013) 37–43.

«Abgrund der Oberfläche. Das US-Kino der Achtzigerjahre» FB 4.13 (2013) 12-19.

«Phantombilder, Glance-Lichter. Zur Fortführung des Kinos bei Christoph Girardet und Matthias Müller» FB 1.14 (2014) 38-43.

«Konvergierende Parallelen. Zu den Filmen von Paul Thomas Anderson» FB 1.15 (2015) 16-23.

«Fall Out. Zum Kino von Sam Peckinpah» FB 5.15 (2015) 6-17.

«Whiteout. Eine Theorie des Schneewesterns» FB 8.15 (2015) 6-16.

«Bilder geben. Übertragungen zwischen Film und Psychiatrie» FB 2.16 (2016) 46-55.

«Wiederholung als Überschreitung. Eine Verteidigung des Remakes» FB 5.16 (2016) 58-69.

«Wahrnehmung auf Abwegen. Was Filmbildung sein könnte» FB 6.17 (2017) 6-17.

«Transformation der Bilder. Was Video sehen lässt» FB 3.18 (2018) 51-59.

«Unvorhersehbares. Wissenschaft und/als Film» FB 7.18 (2018) 8-17.

«Vorläufiges. Sieben Thesen zum Vorspann» FB 1.19 (2019) 4-11.

«Unerträgliche Exzesse. Ekel im Film» FB 4.19 (2019) 4-12.

«Wahn der Gewissheit. Amerikanisches Kino, amerikanische Paranoia» FB 6.20 (2020) 4-13.

Dank

Tereza Fischer, die erstmals die Idee zu diesem Buch hatte und Elisabeth Bronfen, die mich ermutigt hat, es dann auch tatsächlich zu machen.
Walt R. Vian, der meine ersten Essays in Filmbulletin publiziert und Josef Stutzer, der diese so liebevoll redigiert und bebildert hat.
Selina Hangartner und Michael Kuratli, das aktuelle Redaktionsduo von Filmbulletin, dafür, dass sie dieses Buch ermöglicht haben und noch mehr dafür, dass sie ihre Zeitschrift auch weiterhin zu einem Ort für essayistische Experimente machen.
Oliver Camenzind, der die Texte gesammelt und das Layout des Buches erstellt hat und der mich mit seinem Film- und Text-Enthusiasmus aufgeweckt hat, wenn ich selber müde geworden bin.
Der Grafikerin Sina Egger für ihr scharfes Auge und die finale Gestaltung.
Der Hochschule Luzern – Design Film Kunst für die finanzielle Unterstützung dieser Publikation und dafür, dass ich hier meine Entdeckungslust für Film und Kino auch an die Studierenden weitergeben darf.
Dem Schüren Verlag in Marburg für die zuverlässige Realisierung des Buches.

Gewidmet ist das Buch meinem Vater Armin, der seine Veröffentlichung nicht mehr erlebt hat, aber dessen Kinolust, mit der er mich schon in meiner frühen Kindheit ansteckte, der Ursprung ist für alles, worüber ich hier schreibe.

Filmverzeichnis

D

E

F

G

H

I

J

K

L

M

N

O

P

Q

R

S

T

U

V

W

Y

Z